종교윤리와 정산사상

능혜(能慧) 김 용 환

도서출판 개신

머리말

오늘날 직면하고 있는 가장 심각한 문제점으로는 생태위기, 생명공학의 오용(Misuse of Biotechnology), 조지 오웰이 경고한 전체주의 풍조, 에리히 프롬이 강조하는 사이비 희망의 기제 등이다. 이들은 모두 오늘을 사는 인간에게 비인간화의 요소로 작용한다. 이러한 위기에 대한 진단은 서양사상이 지니는 이원론적인 구조에서 찾을 수 있다. 근대이전의 인간은 우주의 유한한 존재로서 이해했다. 객체에 주체를 포함시키기에 인간의 초월성은 문제삼지 않았다.

근대의 철학적 단계에서는 객체와 주체가 일정한 거리를 둔 상태이다. 당연히 인간의 주관성이 강조되었다. 이렇게 인간의 주관이 강조됨에 물질과 정신이란 이원론이 대두되었다.

그런데 탈현대 이후의 기능적 단계에서는 주체와 객체의 구별이나 참여없이 오로지 관계성이 존재하는 상태로 이어지면서 생태적 절망감이 팽대해졌다. 이러한 생태위기 앞에서 인류에게 희망을 비쳐줄 수 있는 새로운 종교윤리를 기대하게 되었다.

새 희망은 100년 전에 인간의 몸으로 이 땅에 오셔서 새 희망을 주신 정산선생의 종교사상을 종교윤리 가치와 접목시켜 새롭게 조명해 보는 것에서 찾을 수 있다. 정산선생은 일제 강점기에 관심을 둔 사람이면 그 이름을 기억할 것이다. 태극도를 창시한 정산선생의 생애와 사상은 도통진경(道通眞境)의 문제였다.

우리는 이 글에서 도통진경에 관한 정산선생의 생애와 사상을 종교윤리 시각에서 조명해보고자 하였다. 역사적으로 태극도는 점호

(點呼), 봉심(奉審), 시학(侍學), 시법(侍法), 강식(降式), 수련(修練), 치성(致誠) 등으로 자기수련과 종교의례를 수반하는 특징을 보여주고 있다고 할 것이다.

태극도상은 구한말부터 사용된 것이지만, 일제의 강압기에 사용할 수 없다가 이를 정산선생께서 복원하여 조국광복 시기에 내놓았다. 구한말에도 외형으로는 음양사상을 복원하여 4괘를 배열한 조선국기가 사용되었지만, 일제 강점기에 정산선생은 상제신앙을 태극원리와 연계함으로써 화현(化現)사상, 애국(愛國)사상, 음양합덕(陰陽合德)사상, 신인조화(神人調和)사상, 해원상생(解冤相生)사상, 안심안신(安心安身)사상, 경천수도(敬天修道)사상, 도통진경(道通眞境)사상으로 체계화시켰다.

이 글에서는 종교윤리의 관점에서 조명하면서 정산사상을 생명사이를 매개하는 '한'의 체계로 규찰하여 보았다. 일찍부터 동양사상은 무극과 태극의 원리를 근본으로 삼고 있다. 정산선생은 무극이 정(靜)하고 태극은 동(動)하는 연유를 살피며 '한'으로 이어주고 살리는 가운데 생명을 구하고 상제와 상통하며 통변하고, 통달하는 과정의 태극의 가치를 중시하였다. 더욱이 정산선생은 스스로의 몸으로 횡단매개의 이치를 체현하면서 실천하여 이 땅에 펼치게 된다. 이는 상극이 지나가고 후천개벽이 도래함을 알려줌이다.

종전의 태극사상이 음양이법(理法) 원리를 강조하면서 명분에 치우친 반면에, 정산선생은 정음정양을 '한'으로 횡단 매개하여 대화와 협력을 통하여 상생의 '개신'이 가능함을 보여주었다. 갈등세상을 교화하고, 망각된 상제상통을 열게 되었다. 종전의 음양 상극의 비인격 원리, 불간섭의 배타주의, 상호배척의 원리를 타파하여 상제상통을 매개로 중재·조정하여, 해원 상생하고 태극이치로 도통 진경하는 실천기제를 내어 놓았다.

이처럼 태극도의 창도정신은 고래에서 전래된 '한'의 '상제신앙'을 다시 살려, 하늘과 땅의 조화를 이루게 하려고, 인간의 책무의식을 일깨우기 위한 정신이다. 음양합덕이 남녀 사이의 인간정리에 달려 있기보다, 오히려 인간이 생태계를 자율적으로 책임지고 주체적으로 살려서 상생되게 하는 정음정양의 시대를 열어가야 한다는 것이다.

여기서 정음정양의 가치는 음(陰)과 양(陽)을 횡단 매개하여 바른 자리(正位)를 회복하고 기동(機動)을 시켜서, 닫히고 맺힌 한(恨)을 열리고 푸는 '한'으로 바꾸었다.

정산선생은 일찍이 태안의 안면도(安眠島)를 찾으셨다. 이곳을 우일재(宇一齋)로 명명한 이후부터 단(壇)을 쌓고 불철주야로 도수(度數)를 보면서, 엄동설한에는 냉방에서 법수를 받드시고, 졸음이 오면 신명이 혹여 응하지 않을까 하여 목에 칼을 대고 공부를 하시니 손가락이 터지고 피가 흐를 정도였다. 자리를 옮기시며 50년간 도법을 짜며 겪으신 고통은 형언하기 어려운 고초였다고 전해진다.

증산성사의 도수를 풀어 도법기제로 짜서 구체적 방편으로 내어놓음으로, 정산선생은 50년 동안 공부종필(工夫終畢)의 실천방편의 새 기제를 일구었다. 이는 삼계(三界)를 광구(匡救)하여 진멸지경(殄滅之境)에서 벗어나게 하는 것이며, 또한 선경(仙境)을 건설하여 영화와 복록을 누리게 하는 공공가치의 실현이다.

태극도의 수도 법방은 총체적으로는 천지우주의 구성과 운행의 도수(度數)인 동시에 천지인 삼계를 개벽하고 상극의 정신을 개벽하여 상생의 선경을 여는 공부법방(工夫法方)의 생명살림이다.

앞으로 펼쳐지는 후천오만년은 인존시대가 열려 인간이 천지도수를 맡아 신인조화로 운행하는 이치를 강조한다. 이제 인간이 주체적으로 도덕을 부활시키고, 평등세계를 이루고자 인반(人盤)을 짜는 법방(法方)이 요청된다.

바둑판 형상에서 바둑판은 361점인데 중앙 태을(太乙)이 두목점이고, 나머지 360점에 36명씩 앉히면 12,960명이 된다. 정산선생은 1년 360일을 하루 36명씩 맡아가는 법방으로 가운데 '한'으로 이어지게 하였다. 무극대운의 기초 동량(基礎 棟樑)도수와 새로운 태극 기동(機動)도수가 상통하여 시루와 솥, 증정지간(甑鼎之間)의 횡단매개로서 '도로써 일체'임을 만천하에 드러낸 것이다.

증산성사의 『현무경(玄武經)』에 의거하여 '무이 9곡'의 명당(明堂), 보화성역(普化聖域), 청학동(青學洞), 부산감천에 새 도통둥지를 마련하시고 베푸는 법방(法方)을 몸소 설치하여 본격적으로 섭수방편의 후천선경을 열어 갈 수 있는 체계를 갖추었다. 이러한 '한'을 계기로 몸과 마음을 편안히 하여 도통진경에 몰입하는 태극 기동(機動)을 가동하였다. 부산 감천은 영지(靈地)가 되어 태극의 운도(運度)를 대기동(大機動)으로 바꾸는 책임지기로서 후천개벽을 위한 성전의 역할을 감당하려고 애쓰게 된다.

이처럼 50년 공부완결의 결산으로 도통법방을 일러주신 정산선생은 용성(龍聲)으로 "대강(大降) 대강(大降)"의 옥음(玉音)을 남기시고 화천(化天)하시니, 무술(1958)년, 음력 3월 6일 을미(乙未)시로서 인세향수(人世享壽)로서는 64세가 된다. 본도서는 정산선생의 인간적 고뇌와 사상을 이해하고자 종교윤리의 관점을 횡단매개로 삼아 자율적 비판과 객관적인 이해가 함께 될 수 있게 역점을 두었다.

'우리나라의 미래가 새로운 영광으로 개신한다.'는 청사진을 이해하면서 이제 절망과 아픔에서 깨어나 긍지를 갖도록 하는 데 기여할 수 있다면 큰 보람이 될 것이다. 이를 통하여 우리 겨레의 미래가 한빛 새 깨침의 영광으로 개신한다면 우리가 사는 이 세대의 소중한 변통이 될 뿐만 아니라 저자로서 더할 나위 없는 큰 기쁨이 되지 않을 수가 없다.

본도서는 반만년 동안 계승되면서 늘 새로운 일깨움을 준 '한'의 정신작용을 횡단매개로 삼아서, 종교윤리와 정산사상을 이어주고 새롭게 하려는 의도를 반영하였다. 『조정산 전기 자료편』, 『진경(眞經, 무극진경·태극진경)』에 근거하여 본 도서를 저술한 것임을 밝혀두면서, 특히 자료선별과 교열작업에 혼신을 다한 박종도 태극도 서울지부장님께 감사를 드린다. 독자제현의 아낌없는 질정을 바란다.

2009년 8월, 개신 벌의 밝은 기운을 들이키면서

능혜 김 용 환

차례

제1장 종교윤리와 화현(化現)사상
종교윤리의 교육의미 · 12
봉황둥지의 성현 · 17
화현(化現)의 종교윤리 · 23
태몽의 화현 · 50

제2장 성현현상과 애국(愛國)사상
성현의 종교윤리 · 58
봉천결행과 애국활동 · 69
진언득음(眞言得音)의 종교윤리 · 76
환국(還國)과 삼천완비(三天完備) · 85

제3장 정서존중과 음양합덕(陰陽合德)사상
정서존중의 종교윤리 · 98
무극대도의 창도 · 105
음양합덕의 종교윤리 · 118
잠룡 회룡 도수(潛龍 廻龍 度數) · 124
현룡 해방 도수(現龍 解放 度數) · 131

제4장 신인조화(神人調和)와 태극진리 사상
사음정양의 종교윤리 · 138
수심정기의 종교윤리 · 144

신인조화와 태극진리 · 158
입금산 도수(入金山 度數) · 164
신인조화와 도인집단 도수(道人集團 度數) · 169
황극신·대신문 도수(皇極神·大神門 度數) · 178
범질 도수(范質 度數) · 188
도강이서 도수(渡江而西 度數) · 196

제5장 보화성역과 해원상생(解冤相生)사상
상제신앙의 초월과 내재 · 202
보화성역의 체제정비 · 209
해원상생의 종교윤리 · 218
사향노루와 성자의 해원상생 · 230

제6장 보화감천과 안심안신(安心安身)사상
마음의 '성령'과 몸의 '기' · 242
보화성역 감천 · 254
안심안신의 종교윤리 · 264
삼천지반(三千之班) 도수 · 272
황극(皇極)의 안심안신 · 282

제7장 조화정부와 경천수도(敬天修道)사상
경천의 향방 · 294
조화정부와 진리의 성전 대강전 · 300
태극의 백의군왕 · 313
태극도의 상제인식 · 319

경천수도의 종교윤리 · 324

제8장 진법공부와 도통진경(道通眞境)사상
진법공부 · 349
시학공부 · 356
강식법방 · 362
시법공부 · 368
도통진경의 종교윤리 · 372

제9장 화천과 삼세인과(三世因果)사상
삼세인과의 종교윤리 · 384
오십년 공부결정 · 393
회광반조의 신명회통 · 401
공부매듭과 화천(化天) · 409

제10장 상제상통과 횡단매개(橫斷媒介)사상
실존의 종교윤리 · 420
상제상통과 응답매개 · 428
횡단매개의 종교윤리 · 435
태극의 종교윤리 · 450

간추린 정산연보 · 459

제1장

종교윤리와 화현(化現)사상

함안 조씨 시조 고려대장군 조정(趙鼎)집안의 28대손

종교윤리의 교육의미

일찍이 화이트헤드(Whitehead)는 교육의 본질은 종교적이어야 함을 역설한 바 있다. 종교윤리의 교육은 종교적 의무와 경외심을 가르치는 교육이다. 종교적 의무는 종교현상의 과정에 대한 통제 가능성에서 생기며, 경외심의 토대는 현재로서, 존재의 완전한 총체적 모습을 지닌 채로 과거 전통과 미래 희망으로 이어지며 신앙을 통한 시간의 흐름은 영원하다는 것을 인식하는 것이다. 그 의무의 토대가 되는 통제가능성은 자기규율의 중요성을 강조한 것임에 반해, 경외심의 토대가 되는 개인의 현재성은 개인의 내부에서 흥미와 관심을 스스로 불러일으키는 자발성을 강조한 것이다.

화이트헤드는 미시구조의 지성적 발달에서 뿐만 아니라 종교윤리와 같은 거시적인 생의 높은 단계의 인격리듬의 발달에서도 자기실현과 공공사회로 안내하기 위한 자유와 자율이 중시되어 이를 토대로 이루어진다고 하면서 다음과 같이 말하고 있다.[1)]

> 우리는 리듬적 발달의 일반 법칙을 교육이라는 생의 보다 높은 단계에서 분석하고 있다. 즉, 최초의 깨우침과 규율 그리고 보다 높은 비상을 통해 결실을 구현해야 한다. 내가 주장하려는 것은 그 발달의 원리가 내면에서 일어난다는 것이다. 그 발견은 우리 자신에 의해 이루어지고, 규율은 자기 규율이며, 결실은 자신의 자발성에 의해 성취된다.

이처럼 종교윤리의 교육은 종교윤리에 대한 비교 문화적인 연구결과를 교육 자료로 활용하고 해석하면서 종교윤리에 관한 교육적

---

1) Whitehead, A. N. (1961). *The aims of education and other essays*(12th ed.). New York : A Mentor Book. p.49.

안목을 갖게 한다. 이는 곧 우리나라를 포함하여 세계문화에서 발견되는 여러 형태의 종교윤리 체계들을 기술하고 분석하는 교육의 분야이다. 무엇보다도 종교윤리에서 진리주장은 어떻게 이루어지는가를 살피게 된다. 종교윤리의 제시와 실천을 통한 진리주장은 문화적 가치가 있는 기록을 면밀히 대조하고 이성적으로 검토하여 교육적 활용 가치를 탐색하는 데 목적을 둔다.

이 과정에서 진리에 대한 주장과 진리 자체와의 동일시를 경계해야 한다. 실제로 이 세상에는 종교의 이름으로 혹세무민하는 경우가 허다하기 때문이다. 그러므로 주장된 내용과 진리의 구별은 평상심을 유지하는 노력만큼 깨어 있지 않으면 안 된다.

궁극적 진리, 상제, 신명 등과의 교감 형태는 다양하지만, 과연 진여(眞如)의 정법(正法)과 제대로 교류하고 소통하고 있는지는 면밀한 관찰과 검토를 통하여 시대를 뛰어 넘는 객관적인 검증을 요구한다. 이처럼 종교윤리는 진리에 대한 경험 자료를 기초로 삼아 이성적으로 파악하거나 감성적으로 느껴서 증거를 확보하게 된다.

따라서 기적적 환상이나 시현에 대한 관심보다 종교윤리에 대한 이성적인 통찰이 중시되고 있다. 종교윤리 교육의 지향점은 고요라는 동굴, 지혜의 동굴, '영성적 눈'이라는 동굴의 발견과 종교 간의 평화적 소통에 있다.

진리에 대한 눈이 열려야 진실성을 볼 수 있고 종교 간의 경계를 벗어나야 지구촌의 평화를 기대하게 된다. 지성적 성장의 자연스런 발달에 적용되어야 할 자유와 규율이라는 두 가지 원리의 적용이 '종교윤리교육의 리듬'이다. 즉, 지성적 성장은 자유와 규율에 대한 긴장과 조화의 문제이며, 이때 자유는 학습자의 자발성을 일으키고 유지시키기 위한 것이며, 규율은 스스로를 경외심을 향해 통제함을 의미한다.

화이트헤드의 교육적 리듬이 교수-학습 여건에 전하는 메시지는 크게, 학습자는 하나의 유기체이며, 가장 생생한 교과내용은 삶 자체이며, 교수-학습은 학습자의 현재 상태에서 출발한다. 그리고 학습자에게 가르쳐야 할 것은 세계의 평화를 지향하면서 학습자들이 직면하는 신앙의 당면과제를 해결하는 일반적이며 살아있는 폭 넓은 '종교적 아이디어'이다. 또한 지성적 성장의 리듬이 교수-학습의 방법 측면에서 이해될 경우에는 낭만의 단계, 정확의 단계, 일반화의 단계 형태로 제시된다. 종교윤리교육의 목적은 한 마디로 학습자에게 능동적 지혜를 생산하도록 돕고 안내하는 것이다. 이러한 종교윤리 교육의 전일적 목적(whole aim)은 교육받은 사람이 성취해야 할 가장 고귀한 목표이며, 사람됨의 극치이며, 성취한 완벽함에 대한 심미의식을 내포한다.

화이트헤드의 유기체 철학의 아이디어와 그 기본개념은 그물망처럼 연계되어 있으며, 그의 교육적 논의 또한 그의 철학적 그물망 내에서 서로 관련된 것으로 이해된다. 종교윤리의 지성적 성장의 리듬은 교수-학습의 주기성으로 설명된다. 이러한 교수-학습의 주기성은 지성적 성장의 세 가지 특성을 반영한다.

첫째, 교수-학습은 낭만의 단계, 정확의 단계, 일반화의 단계 순으로 하나의 주기를 이루며, 이 교수-학습의 주기는 보다 작거나 큰 주기의 영향을 받는 '교수-학습 주기의 위계질서'를 갖는다.

둘째, 교수-학습 주기 내에서는 어느 한 단계가 지배적으로 나타나는 '지배적 단계의 교체'를 경험하게 된다.

셋째, 교수-학습의 주기 내의 각 단계는 나머지 단계와 관련이 있는 '주기 내 각 단계의 관계성'을 정립한다.

종교윤리 교육과정의 입장에서 볼 때 시간 속에 있는 존재의 '앎의 단계(phases of concrescence)'는 역동적이고, 직접적이고, 비가역적이고(irreversible), 연속적인 특징을 지닌 것으로 규정하고 있다.[2] 이 앎의 단계는 고정된 순서, 즉 '최초의 조응(an initial encounter)'의 단계, 불안정한 상태의 재조정 단계, 그리고 최후의 안정의 단계로 설명하고 있다.

바로 이 세 단계가 화이트헤드가 말한 지성적 성장의 세 단계이며, 학습자의 학습을 안내하고 도와주는 교수-학습의 세 가지 단계, 낭만의 단계, 정확의 단계, 일반화의 단계이다. 종교윤리 교육에서 이 단계를 적용할 수 있다.

무엇보다도 종교윤리교육의 목적은 학생들로 하여금 자신의 전 생애 동안 끊임없이 쏟아질 종교현상의 흐름에서 '종교윤리의 가치와 삶을 이해하게 하는 일반적 원리가 무엇인지를 알도록 하는 것'이다. 학생들에게 가르쳐야할 아이디어는 소수의 중요한 것이어야 하며, 소수의 중요한 아이디어는 학습자가 '현재 처한 상황(here and now)'에 맞게 제시되어 학습자 스스로 자신의 것으로 구조화하여 실제 환경 속에서 적용할 수 있도록 변형되어야 한다. 여기서 자기 발달은 학습자의 삶 속에서 끊임없이 발생하는 종교현상을 학습자 스스로 실제로 해결할 수 있는 능력을 말한다.

화이트헤드는 학습자의 자기발달을 저해하며 정신적 부패를 촉발하는 교육실제로부터 우리를 보호하는 두 가지의 '교육적 계율(educational commandments)'을 선언하였는데, 그것은 "너무 많은 교과를 가르치지 말라"와 "가르치고자 하는 내용을 철저히 가르쳐라"는 것이다.[3] 이 두 가지 계율에 대해 그는 부연 설명하고 있다.

너무 많은 교과 내용의 일부분만 가르치면 그 결과는 생명의 불

---

2) Brumbaugh, R. S. (1982). *Whitehead, Process philosophy, and education*. Albany: SUNY Press. 4, p. 38
3) Whitehead, A. N. (1961). 앞의 책, p.14

꽂으로 빛을 발하는 것이 아니라, 단절된 아이디어를 수동적으로 수용하게 하는 것이다. 아이들에게 제공되어야할 아이디어는 소수의 중요한 것이어야 하며, 그것들은 모든 조합이 가능하게 제시되어야 한다. 아이들은 이 아이디어를 자신의 것으로 만들어야 하며, '지금-여기(here and now)'의 실제 환경 속에서 이것들을 적용하는 것을 이해해야 한다. 아이들은 교육을 처음 시작할 때부터 발견의 기쁨을 경험해야 한다. 아이들은 발견해야 하는 것은 자신의 전 생애동안 쏟아질 현상의 흐름을 이해하게 하는 일반적인 아이디어들(general ideas)이다.

화이트헤드에게 있어서 학습자에게 가르쳐야 할 것은 소수의 일반적 원리이며, 이 소수의 일반적 원리는 학습자가 현재 처한 상황에 맞게 변형된 것이어야 하며, 학습자가 생활 속에서 직접 활용하여 학습자 스스로 발견의 기쁨을 누릴 수 있는 것이어야 한다.

유용한 종교윤리 교육은 다양한 구체적 사안에 적용할 수 있는 방법상의 기초가 되는 몇 개의 일반적인 규범과 원리를 이해시키는 것이다. 이는 실제생활에서 학생들은 그들이 배운 세세한 것을 잊어버릴지라도 직접 접하는 환경에 무의식적인 감각으로 원리를 적용하는 방법을 제대로 이해하고 아는 것이다.

우리는 이 글에서 정산선생의 생애와 사상을 조명하면서, 그 속에 담긴 종교윤리 문제를 고찰하고자 한다. 이를 위해서 일차적으로는 태극도의 자료를 통하여 종교적 사실을 확인하고, 이를 이성적으로 통찰하고 일반적 종교윤리 가치와 비교하여 영성적 직관의 관점에서 비추고 조정함으로써 자율적 안정의 단계에의 접근이 스스로 가능해지도록 할 것이다.

봉황둥지의 성현

우리나라는 겨레 얼의 영적 기운을 떨치며 우뚝 솟아 있는 백두산이 남으로 태평양을 향해 내려오다가 태백산맥으로 이어지면서 한반도를 하나의 기운으로 관통하는 곳에 자리 잡고 있다.

백두대간은 한국의 국토를 동·서로 크게 갈라놓은 산줄기를 의미하며 이 산줄기는 각각 1개의 대간(大幹)과 정간(正幹), 13개의 정맥(正脈)으로 이루어졌다. 백두산에서 시작되어 갈라진 산줄기는 모든 강의 유역을 구분하는데, 동해안·서해안으로 흘러드는 강을 양분하는 큰 산줄기를 대간·정간이라 하고, 그로부터 갈라져 강을 나누는 분수산맥(分水山脈)을 정맥이라 하였다.

백두대간은 백두산에서 시작되어 동쪽 해안선을 끼고 남쪽으로 흐르다가 태백산부근에 이르러 서쪽으로 기울어 남쪽 내륙의 지리산까지 이르는 거대한 산줄기로 국토의 근골(筋骨)이다. 대간을 이루는 주요 산은 백두산을 기점으로 하여 지리산에서 끝이 난다. 대간을 중심으로 여러 갈래로 뻗어 나간 산줄기들은 지역을 구분 짓는 경계선이 되어 각지의 언어·습관·풍속의 영역을 이루었고 행정경계가 되었으며, 오늘날의 자연스러운 각 지방의 분계선이 되었다. 백두대간의 태백산맥이 반도척주를 이루며 남으로 부산을 향하여 뻗다가 오른쪽으로 한강을 낀 서울을 이루고 소백산맥의 죽령, 추풍령을 넘어 서라벌과 달구벌로 이어진 다음, 낙동강을 끼고 내려와서 창녕과 서화(西火)로 불리던 영묘한 산의 고을을 펼치게 된다.

이 영산 건너에, 소백산맥이 지리산과 남해안으로 우회하여 함안에 이르고 여항(艅航), 광려(匡廬)의 산군(山群)으로 이어진 봉황둥지에 자고산(紫皇山)이 우뚝 솟아 있고 그 아래 무릉도원의 회문리

▲ 회문리 주위에 펼쳐진 명산

(會文里)가 있으니, 정산선생이 화현한 곳이다.

이 회문(會文)은 후천(後天)의 문명(文命)의 결집 장소이다. 문명(文命)은 상제가 문덕(文德)으로 내린 종교윤리의 기제이다. 문덕으로 건강한 몸과 마음을 유지하고 스스로를 단련하며 개벽에 대비하려 하였다. 정신이 건강하면 행복하며 마음의 여유를 갖게 되는데, 회문리는 이러한 마음의 여유를 갖게 하는 곳이다.

> 회문리는 동방의 영산인 백두·금강·태백·지리의 백두대간이 다시 낙동정맥의 남단 부산을 향하여 동으로 울퉁불퉁 구불구불 이어진 낙남정맥의 중간에서 여항·광려·무학의 여러 명산을 이루고, 그 연맥인 자고산의 주봉이 동으로 힘차게 뻗은 구릉 끝에 봉소형(鳳巢形)으로 이루어진 마을이니라. 그 주위를 우로는 천주·작대·무릉, 좌로는 안국·대곤 등의 명산이 둥글게 에워싸고, 인근에 천계·안기·신산·무릉·구성·유원 등의 마을이 있으며, 회문리 앞들 중앙에는 곤천(鵾川: 일명 광려천)이 흐르고, 그 건너에는 구미산이 회문리의 안산(案山)격인 대상형(臺床形)을 이루니라. (『태극진경』 1:3, 이하는 장절만 표시)

회문리의 조산(祖山)은 여항산이며 주산(主山)은 자고산(紫皐山)이고 안산(案山)은 작대산이며 좌청룡(左靑龍)은 안국산이고 우백호(右白虎)는 광려산으로서, 그야말로 명산, 영산(靈山)이 한 자리에 모인 형국이다.

회문리는 봉황둥지 형상을 이루는 곳이다. 이 자고산은 후천문명을 주재(主宰)하실 옥좌(玉座)의 모습을 담고 있어 당당한 기풍을 엿볼 수 있다. 이른바 하늘이 지켜보는 형상이다. 하늘의 마음을 열려는 사람은 결코 인생을 포기하지 않는다. 하늘의 눈길을 생각하면서 다시 일어설 힘을 얻게 되는 것이다.

『위지(魏志 郭后傳注)』에 따르면 '용이 자극(紫極)에 날아 황제와 어울린다<龍飛紫極 作合聖皇>'고 하여 '황제자리'의 '자극'이라 한다. 『진서(晉書 天文志)』에는 '자미(紫微)' 별을 '상제거처의 처소<天帝之常居也>'라고 하며, 『예기(禮記)』에는 황궁(皇宮)의 높고 으뜸되는 문을 '고문(皐門)'이라고 한 것으로 미루어 '자고'는 상제의 자리, '제좌(帝座)'의 뜻을 갖는다.

정산선생께서 인세에 화현하실 당시는 칠원현 서면 회문리(漆原縣 西面 會文里)였지만 현재는 함안군 칠서면 회산리(咸安郡 漆西面 會山里)이다. 함안군은 원래 6가야(伽倻)의 하나로 아라가야(阿羅伽倻), 또는 아시량(阿尸良)국으로 불리다가 신라 때 현재이름으로 고쳐졌다. 이곳에 '조·리·안(趙李安)'이라는 함안 조씨(咸安趙氏), 재령 이씨(載寧李氏), 순흥 안씨(順興安氏)의 3대성(三大姓)이 있는데 함안 조씨를 첫손으로 꼽는다. 정산선생은 인격으로는 함안 조씨 가문의 종손이다.

주역에서 건괘(乾卦)를 찬양한 '수출서물 만국함녕(首出庶物 萬國咸寧)'의 '함녕'과 정산선생의 본관인 이 '함안'이 같은 뜻을 지녔다는 사실로 보아 '태극도주'가 되실 정산선생의 화현은 봉황산의 위풍과 상응한다. 함안 조씨의 시조는 고려 대장군 조정(趙鼎)으로 정산께서는 28대손이시다.

> 상제님 인신 선조의 연원은 중국 황제헌원씨라 하며 28대조 휘 정, 시호 충장은 고려 개국벽상공신 대장군 원윤이시며, 19대조 휘 열은 고려말의 공조전서로서 고려가 망하매 함안으로 낙향하여 새 왕조의 부름에 불응하시니 이후 후손이 함안에 세거하시니라. 17대조 휘 여, 호 어계, 시호 정절은 단종조 생육신의 한 분이시며, 13대조 휘 방, 호 두암은 임진왜란때 의거한 전공으로 호조참판에 추증되시니라. 11대조 휘 함익, 호 임계는 문장과 덕망이 높으셨으며, 고조부 휘 화식, 호 죽헌은 효행으로 조정에서 내린 정려(旌閭)의 명을 받으시니라. 증조부 휘 성의, 호 벽봉은 도학과 신망으로 향리 사림의 사표가 되셨으며, 증조모는 진주 강씨시니 상제님 인신의 세계는 11대조 임계공의 종손이시니라.(1:7)

그 선조 중에 충국애민(忠國愛民)의 인물을 살펴보면 19대조 열(悅)은 고려의 공조전서(工曹典書)로 있다가 고려가 망하게 되자 함안으로 낙향하였는데 조선조에서 다시 불렀으나 전조(前朝)에의 충의로 불응하였다. 이때부터 그 자손들이 세거(世居)하면서 본관(本貫)을 함안으로 정하였던 것이라 한다.

17대조 여(旅 호는 漁溪)는 조선 단종(端宗)때 생육신(生六臣)의 한 분으로서 숙종 때 정절(貞節)이란 시호(諡號)와 함께 이조판서에 추증(追贈)되기까지 하였으며, 그의 손자 연(淵 호는 耐軒)은 명필로 명성이 후세에 전하고 있다. 또한 13대조 방(埅, 호는 斗巖)은 임진왜란 때 의병을 일으켜 곽재우(郭再祐)장군과 창녕 화왕산성(火旺山城)에서 전공(戰功)을 세우고 이조참판의 추증을 받았으며 11대조

함익(咸益 호는 林溪)은 학문과 덕망이 당대의 사표(師表)가 되었는데 정산선생은 그의 종손(宗孫)이시다.

고조부 화식(華植 호는 竹軒)은 그 효행이 조정에 알려져 정려(旌閭)의 왕명(王命)을 받았으며 조부 영규(瑩奎 호는 聚堂)는 을사보호조약 당시 승정원 주서에 있으면서 민영환(閔泳煥), 이상설(李相卨) 등과 그 조약의 부당성을 상소하였으나 뜻을 이루지 못하게 되어 심화병(心火病)으로 토혈(吐血)하여 순국(殉國)하였다. 더구나 부친 용모(鏞模 : 호는 復宇, 도호는 道丈)께서는 3형제(중씨 鏞懿의 호는 曙山, 계씨 鏞瑞의 호는 晨山)가 왜적에 항거하여 의병을 일으킬 때 필요한 화약 공장을 차렸다가 발각되어 망명하는 등 항일정신이 강하셨다.

천·지·인 3계의 본체로서 무극(无極)표상의 증산(甑山)성사가 전라도 정읍, 당시 고부에 출현하신 것이라고 비유한다면, 태극(太極)도주의 정산(鼎山)선생은 경상도의 함안사람이다. 이 두 분에 대한 기록은 태극도의 『진경』에 근거하여 살펴볼 수 있다. 두 분은 영성적으로 상통하였고 이를 신앙하는 종교단체는 부산 감천(甘川)에 본부를 둔 태극도이다.

일찍부터 동양종교의 윤리사상에서는 무극과 태극 원리를 우주진리로 표상한다. 여기서는 무극이 곧 태극으로 그 태극이 기동(機動)하여 음양, 양의(兩儀)가 생기고 거기에서 4상(四象)이 생기며, 마침내 8괘(八卦)를 이루어 우주 삼라만상이 생성(生成) 발전하는 전개과정을 이루게 된다.

무극은 정(靜)하고 태극은 동(動)하는 태극사상을 생활실천윤리로 하는 태극도를 창시한 정산선생은 태극진법의 화현(化現)으로 태극도에서 추앙받고 있다.

> 그의 신격위는 "태극주 옥황상제님" 이시고, 인격위는 "무극신 대도덕 봉천명 봉신교 태극도주 조성정산상제님" 이시니, 삼계의 최고위이신 "태극도주 옥황 조성상제님" 으로서 구천상제님과 도로써 한 몸이시니라.(1:2)

이는 곧 선천의 상극이 가고 후천의 개벽(開闢)이 도래한다는 신종교의 신념체계에 의한 것으로 종교윤리 측면에서는 도(道)의 당체가 화현하였음을 뜻한다. 이러한 화현(incarnation)사상은 동서고금으로 소통된다.

'화현'은 원래 불보살이 중생을 교화하고 구제하려고 여러 가지 모습으로 변하여 세상에 나타남을 의미한다. 생명으로 이 세상에 다가오는 이치는 스스로의 행복을 실현하려는 입장과 타인의 고통을 감내하고 벗어나게 하려는 자비심으로 오는 경우로 나눌 수 있다.

화현은 모든 살아 있는 자의 괴로움을 자기의 괴로움이라고 여기고 몸으로 감내하기에 '한' 몸의 대비라고 말하며, 위를 덮을 만한 것이 없는 넓고 큰 것이기에 '무개'(無蓋)의 대비라고 한다. 무릇 살아 있는 생명에 대해서 일어나는 자비를 실천하는 존재가 화현의 주인공이다.

화현의 당체는 자신의 업을 소멸하고 생명체를 교화하고 자비로운 방편으로 섭수하여 고통이 없는 생명의 바다에 무사히 안착시키는 데 종교윤리가 있다.

화현(化現)의 종교윤리

화현의 종교윤리 사상은 궁극의 신이 사람들의 소원에 따라 그들을 이 세상의 고통으로부터 구하기 위하여 여러 모습으로 변신하여 나타나서 생명을 화육한다는 사상이다. 우주가 수렴하는 지점을 가운데 '한'이라고 할 때 이는 '오메가 포인트'에 해당되며, 정다산의 '성중일여(誠中一如)'의 화육사상에 따르면, 이는 '오메가 그리스도(Omega Christ)에 해당한다.

인간과 우주가 함께 지성(至誠)과 중화(中和)가 일여(一如)하는 길을 따라갈 때, 우주의 질서를 유지할 수 있다. 인간뿐만 아니라 동물과 식물간의 모든 삶을 영위하게 하며 생육을 유지할 수 있게 함도[4] 성인(聖人)만이 할 수 있다. 성인(聖人)은 천지인이 제회(際會)된 상태의 인간이다.

남을 다스린다는 치인(治人)의 관점에서 보면 도덕적 인간이요, 하늘에 통하고 우주를 자기에 포괄하는 점에서 종교적이다.[5] 화신은 기독교의 예수 그리스도의 역사적인 인물뿐만이 아니고, 이 세상에서 활동하시는 신명작용의 모든 역사(役事)의 방식이며 양태이다.

신명은 자신을 점차로 현시하심으로써 마침내 모든 피조물은 어떤 의미에서 '신의 몸'(The Body of God)이 된다.

노먼 피텐버그(Norman Pittenberg)는 '일체화신(All Incarnation)'이라고도 한다.[6] 인류역사에 성자가 태어나서 개신능력을 보이거나 감추거나 할 때, 모든 것의 주재자 관점에서 인간에 나타난 '초점현시'(focal manifestation)가 된다. 이러한 화신을 성육신이라고도 부

4) 致中和 天地位焉 萬物育焉 (中庸一章)
5) 盡人性治人而至於至善也盡物性上下草木鳥木咸若也 (中庸自三)
6) Norman Pittenberg, *God in Process*, London, SCM Press, 1967. p.20.

르며 '말씀이 육신이 되어 우리 가운데 거하시더라 말씀은 곧 하느님이시더라.(요 1:1:14)'는 표현과 동양의 성(誠)의 개념으로 '불성무물(不誠無物)'의 표현과도 상통한다.

이것은 인도의 성전(聖典)인 《바가바드기타》에서 볼 수 있다. 인도의 비슈누 신(神)은 마부(馬夫)·목동(牧童)의 모습을 한 '크리슈나'로 변신하여 사람들을 구원한다는 이야기가 널리 알려져 있다.

반면에 불교의 윤리사상에서도 이것을 받아들였다. 대승불교(大乘佛敎)에서 절대자의 법신(法身)이 부처·보살, 그리고 이 밖의 여러 형태로 세상에 출현하는 것을 말하는데, 이는 종교윤리에서 화현(化現)이라고 말한다. 같은 의미에서 권현(權現)·응현(應現) 등으로도 표현이 된다. 이런 사상은 일반적인 신앙으로 되었으며, 그 중에서도 관세음보살(觀世音菩薩)은 그 전형적인 예이다. 중생이 이 보살의 이름을 부르면 보살이 그 소리를 듣고 곧 그 중생을 구제하고 소원을 이루어 준다고 믿게 된다.

그밖에 지혜를 대표하는 문수보살(文殊菩薩), 의지와 실행을 상징하는 보현보살(普賢菩薩), 지혜와 자비의 세지보살(勢至菩薩), 무한한 지성을 상징하는 허공장보살(虛空藏菩薩), 대지의 근원을 뜻하는 지장보살(地藏菩薩) 등 모두 법신의 권화로 알려져 있다.

힌두교에서 최고 권화, 시바신(神)과 양립하는 하늘의 신은 비슈누신이다. 베다 시대에는 3보(步)로 우주를 건너가는 태양신(太陽神)으로 되어 있었다. 그는 기원전 수세기 경부터 인도의 신관(神觀)이 변천됨에 따라 세력이 더욱 커져서 브라만 · 시바와 더불어 3대신(三大神)이 되어 제각기 우주의 창조·파괴·유지(維持)를 관장하였다.

종교윤리 측면에서 비슈누가 "세계의 악을 몰아내고 정의를 회복하기 위하여 지상에 부활한다."고 하는 화현의 사상도 같은 시기에 나타났다. 가장 많을 때는 22종의 권화가 있었다. 이 가운데는 고대의 신(神)·성선(聖仙)·영웅으로부터 석가모니까지도 포함하여, 역사 및 신화에 나타나는 위대한 존재들을 총망라하여 비슈누 파(派)사상의 보편성을 강조하고 있다. 보통 열 가지 종의 권화를 말하는데, 그 중에서 가장 중요한 영웅의 신은 크리슈나로서 그 뒤에는 비슈누신의 화신이 된다.

반면에 그리스의 아테나는 아테네의 수호신이다. 제우스와 해신(海神) 오케아노스의 딸 메티스 사이에 태어났으며, 올림포스 12신(神) 가운데 하나이다. 메티스가 임신하였을 때 지신(地神) 가이아가, 메티스에게서 태어나는 아들이 제우스의 지위를 빼앗을 것이라고 하는 소리를 듣고, 제우스는 메티스를 삼켜버렸다. 그런데 태어날 시기가 되었을 때 심한 두통을 못 견딘 제우스가 프로메테우스에게 도끼로 자신의 머리를 쪼개달라고 부탁하였는데, 머리를 쪼개자 아테나가 갑옷을 입은 모습으로 함성을 지르며 태어났다.

아레스가 남성 전쟁신(戰爭神)인 데 비해 아테나는 전쟁의 여신이다. 이는 여신이 원래 선주민족의 신으로서 아크로폴리스의 성채(城砦)에 모셔진 데서 유래한다. 정복자인 그리스인도 이를 이어받아 아테네를 대표하여 국가와 국가의 운명을 좌우하는 영웅들을 지키는 여신으로 모셨다.

아테나는 전차(戰車)를 비롯한 많은 무기를 발명한 여신으로 알려졌으나, 한편 여성이 맡은 일의 신으로서 방적(紡績)과 기직(機織)의 신이다. 뿐만 아니라 도기(陶器)와 금세공(金細工) 등, 수공업을 중심으로 하는 여러 가지 기술의 여신으로도 알려졌는데, 마침내는 지력(知力)의 화현으로 보기에 이르렀다.

생활공간에서 4월의 탄생석, 다이아몬드는 화신개념으로 순수, 청정, 무심을 상징하며 폭풍우를 방지하고 평화를 지킨다고 한다.

보석의 왕 다이아몬드는 탄소의 결정물에 지나지 않지만 지구상에 존재해 있는 천연 광물 중 가장 강한 것으로 알려져 있다. 대부분 화산 분화구에서 생성되고 화산폭발에 의해 주위로 흩어져 산의 바위나 돌 틈에 있으며 아주 드물게 강가에서 채취된다. 1캐럿 다이아몬드 한 개를 생산하기 위해서는 250톤의 자갈과 바위를 캐내야 할 만큼 어렵고 힘든 작업을 거쳐야 한다.

사막에서 갈증에 허덕이던 어머니가 다이아몬드를 넣은 꿀을 마시자 금새 다 죽어가는 아이에게 젖을 주어 아이를 살릴 수 있었다고 전해진다. 그래서 여성들이 반드시 간직해야 하는 수호석이라고 여겨졌다. 다이아몬드는 승리와 성공의 정점을 상징하는 보석이다. 당연히 왕의 머리에 없어서는 안 되는 돌이라고 여겨져서 왕관의 중심보석으로 사용되기도 하였다. 부와 행복을 가져다주는 행운의 상징으로 믿어져 결혼 때 다이아몬드를 사용하는 의미는 이러한 믿음을 반영하게 된다.

또한 생활공간에서 5월의 탄생석, 에메랄드는 불사의 상징으로 재판에서 이긴다고 한다. 기원전 4천년 경 당시의 대제국이던 바빌로니아의 수도 바빌론에서는 에메랄드가 "비너스에게 바치는 보석"이라 불리었으며 심원한 녹색의 아름다움을 간직한 에메랄드는 여름길목에 접어듦을 알려주는 상큼한 신록과 같은 색채를 띠는 보석이다. 그 투명한 초록빛 색채만으로도 눈의 피로를 잊게 해줄 정도로 사람들의 친밀한 사랑을 받았다. 이 사랑스런 녹색 보석은 봄마다 다시 태어나는 자연의 아름다움을 대변하며 비너스 여신의 상징으로 자리 잡게 되었다. 에메랄드는 피곤해진 눈을 상쾌하게 하는 의학적인 능력을 가진 것으로 알려져 왔다

실제로 전생에 충족되지 않은 욕망의 해소를 위하여 거듭거듭 몸을 받게 될 수도 있다 하지만, 화현의 경우는 자신의 욕망을 위한

몸이 아니라 수많은 생명을 구하려는 서원이 가슴깊이 자리 잡기에 차이가 난다. 종교윤리 관점에서 우리는 화현(化現)에 대한 또 다른 인도사례를 확인할 수 있다.

수천 년 전 인도의 어느 강가에 우그라세나라는 왕이 다스리는 왕국이 있었다. 수도인 마투라 근처에는 야무나 강이 흐르고 있었는데, 백성들은 왕이 야무나 강의 물만큼이나 순수한 사람이라고 칭송하였다. 그러나 우그라세나 왕은 한 가지 엄청난 슬픔을 지니고 있었다. 왕세자인 캄사는 사람들을 탄압하고 신을 거역하는 인간 악마였다. 캄사는 냉소적으로 말하였다. '신은 존재하지 않아! 어리석은 자들만 기도한답시고 몇 시간씩 허비하는 거지.' 그는 현자들을 무자비하게 괴롭혔다. 현자들한테서 불평을 들은 왕은 캄사에게 금령을 내렸다.

현자들을 옹호하는 아버지의 태도에 화가 난 사악한 왕자와 그의 부하들은 반란을 꾀하였다. 그리하여 그들은 컴컴한 한 밤중에 거사하였다. 캄사는 덕망이 높은 아버지를 죽이려 하였지만 백성들이 대대적인 폭동을 일으킬 것을 염려하여 죽이지는 못했다. 그 대신 우그라세나 왕을 감옥에 가두었다. 캄사가 제일 좋아하는 오락거리는 성자들에게 힘든 노역을 시키는 일이었다. 위대한 성자 마두카는 명상에 몰입해 있다가 끌려 나와서 말처럼 캄사의 마차를 끌라는 명령을 받았다. 마두카가 항의하자 캄사는 한참동안 큰소리로 웃었다.

"나는 왕이니라. 누가 감히 나를 거역할 수 있는가?"

마두카는 조용하면서도 강한 어조로 말했다.

"주님은 사티야 유가에는 나라야나로 오셨고, 트레타 유가에는 트리비크라마와 라마로 오셨습니다. 그리고 그분은 드와파라 유가에도 오셔서 선을 보호하고 악을 다스릴 것입니다. 악을 다스린다는 것에는 당신 같은 사람들을 다스린다는 뜻도 포함됩니다, 폐하."

친누이가 없었던 캄사는 사촌 누이인 데바키를 좋아하였다. 그녀가 결혼하는 날, 캄사는 데바키와 그녀의 남편 바수데바를 친히 자신의 마차에 태워서 신혼집으로 안내해 주었다. 많은 사람들이 거리에 쏟아져 나와서 환호하는 것을 보고 왕은 기뻐하였다. 그는 생각하였다.

'나는 여기 있는 이 모든 사람들의 군주이다. 어리석은 마두카, 존재하지도 않는 신의 이름을 들먹거리다니!'

그때 갑자기 어디인지 알 수 없는 사방에서 어떤 목소리가 들려와서 그의 간담을 서늘하게 하는 말을 하였다.

"바보! 바로 이 여자의 여덟 번째 아이가 너를 파멸시킬 것이다."

순식간에 캄사는 칼을 빼들고 마차 안으로 뛰어들었다. 그러나 재빨리 기지를 발휘한 바수데바가 왕에게 데바키의 목숨을 살려달라고 애원하면서 아기를 낳는 대로 모두 왕에게 넘겨주겠다고 약속하였다. 캄사는 마음이 누그러지기는 하였지만, 바수데바의 약속을 확실하게 받아내기 위해서 그 부부를 무자비하게 궁전의 지하 감옥에 처넣었다. 아기가 태어날 때마다 캄사는 즉시 아기의 다리를 잡고서 공중에서 빙빙 돌리다가 판석에 패대기쳐서 죽여 버렸다. 그렇게 해서 여섯 명의 아기가 지상에서 극히 짧은 시간의 삶 밖에 경험하지 못하였다. 억눌린 백성들은 항의할 엄두조차 내지 못하였다.

야무나 강의 건너편에 있는 고쿨람에는 족장 난다를 중심으로 하는 목축민들이 살고 있었는데, 신령의 뜻에 의하여 데바키의 일곱 번째 아기는 난다의 부인들 중의 한 명인 로히니의 자궁으로 옮겨졌다. 캄사는 데바키가 유산하였다는 말을 듣고는 안심하였다. 데바키가 여덟 번째로 임신하였다는 말을 들은 캄사는 극심한 불안에 휩싸였다. 그래서 그는 감옥의 경비를 두 배로 늘렸지만 불길한 예감이 그를 짓누르고 있었다. 한밤중에 데바키의 여덟 번째 아기가 태어났다. 이상한 징조들이 아기의 탄생에 앞서서 발생하였다. 날이 저물면서 꽃잎을 접었던 꽃들은 다시 활짝 피어나 밤의 공기를 달콤한 향기로 가득 채웠다. 새들은 깨어나서 즐겁게 짹짹거렸고, 공작새들은 장엄한 깃털들을 활짝 펴고서 춤을 추었으며, 구름은 메마른 땅에 비를 뿌려주었다.

아기가 태어날 때 감방 안에는 부드러운 광선이 감돌고 있었다. 바수데바와 데바키가 놀라움을 감추지 못하고 있는 동안, 아기는 검은 피부의 아름다운 젊은이로 변하였는데 미소 띤 얼굴과 빛나는 눈을 지니고 있었다. 그 젊은이가 바수데바와 데바키에게 정중하게 절을 하는 동안 두 사람은 놀라움과 경외감으로 그 젊은이를 쳐다보았다. 젊은이가 말하였다.

"어머니, 아버지, 두 분은 지금 꿈꾸고 있는 것이 아닙니다. 몇 년 있으면 제가 이런 모습을 하게 될 것입니다. 저는 두 분께 말씀드릴 것이 있어서 이런 모습을 취한 것이고 곧 어린 아기의 모습으로 돌아갈 것입니다."

그는 계속해서 바수데바에게 말하였다.

"아버지, 시간이 별로 없습니다. 저를 즉시 고쿨람에 있는 목축민들의 족장 난다의 집으로 데려가야 합니다. 난다의 부인 야쇼다가 딸을 낳았는데, 그 아기를 마투라로 데려오고 저를 그 자리에 두어야 합니다."

그리고 그 젊은이는 무척 당황해 하는 바수데바와 데바키에게 축복의 미소를 짓고서는 다시 아기가 되었다. 아기를 고쿨람으로 데려가라! 고쿨람은 야무나 강의 건너편에 있었다. 게다가 그들은 차꼬에 묶여서 감옥에 갇혀 있었고 엄중한 감시를 받고 있었다. 그런데 바수데바가 문득 보니 자신의 차꼬가 신비하게도 풀려있는 것이 아닌가! 자신의 눈을 의심하던 그는 문을 쳐다보았다. 빗장이 풀린 문이 돌쩌귀에서 조용히 흔들거리고 있었다. 쿨쿨 잠들어서 새어나는 부드러운 숨소리에 이어 코고는 소리가 들렸다. 시원한 공기에 취해 감시병들은 곧 잠이 들었다.

이런 모든 상황이 제대로 파악되기도 전에 바수데바는 거리로 나와 있었다. 초저녁에 조용히 내리던 비는 폭우로 변해 있었다. 바수데바는 아기를 자기 옷으로 꼭 감싼 채 발각되지 않기를 바라며 온 힘을 다하여 거리를 내달렸다. 그러나 사람들은 모두 자신들의 포근하고 안락한 집안에서 쉬고 있었다.

따라서 아기를 안은 남자가 가끔씩 터지는 번개의 불빛에 의지해서 빗물로 넘실대는 도시의 거리를 유령처럼 빠져나가는 모습을 본 사람은 아무도 없지만 귀를 통해 존재를 느낄 수 있었다.

불가능할 것 같았던 탈출은 마침내 성공하는 것 같았다. 그러나 강에 도착한 바수데바의 가슴은 절망으로 철렁 내려앉았다. 폭우로 인해 야무나 강에 홍수가 나서 강물이 넘실대고 있었던 것이다. 정상적인 상황에 처해 있었다고 해도 그는 그런 물속에서 헤엄을 칠 엄두조차 내지 않았을 것이다. 아기까지 안고 있는 상황에서는 헤엄을 친다는 것이 불가능하며 물에 휩쓸려 내려갈 것이 분명하였다.

"시간이 별로 없습니다. 저를 고쿨람으로 데려가야 합니다."

아들의 목소리가 귓전에서 울려오자 바수데바는 비참한 심정으로 물가로 들어섰다. 넘실대는 강물이 그를 사납게 밀쳐대면서 건너간다는 것은 거의 불가능한 것으로 보였다. 이때가 바로 바수데바로서는 회의가 가장 커지는 순간이었으며 자신의 신념에 대한 최고의 시련의 순간이었다. 돌아가는 것만이 가장 현명한 길로 판단되는 상황에서 그는 계속 나아가야만 하는가? 그러나 바수데바는 계속 나아가야만 한다고 결정하였고 물속으로 들어갔다. 이 때 아기의 발이 물에 닿았다. 그러자 쾅하는 엄청난 소리와 함께 눈에 보이지 않는 거대한 힘이 하늘에서 내려온 것처럼 기적적으로 물이 갈라지고 강바닥을 가로질러 길이 나타났다. 바수데바는 양쪽으로 펼쳐진 물의 벽에 놀라움을 감추지 못하면서 건너편 강둑으로 뛰어올랐다.

그는 난다의 집에서 몰래 아기를 바꿔치기한 다음, 갓 낳은 여자 아기를 안고 급히 돌아서서 강을 건넜다. 그가 강둑으로 올라섰을 때 와르르하고 무너지는 소리가 천둥같이 들려왔다. 돌아다보니 물의 벽은 이미 사라진 다음이었다. 야무나 강은 아무 일 없었던 듯이 다시 흐르고 있었다. 그가 감방 안으로 돌아오자 빗장은 도로 잠기고 차꼬도 다시 그의 발목에 채워졌으며 바닥에 떨어져 있던 빗물들은 말라버렸다. 아기의 울음소리에 잠이 깬 감시병들은 부랴부랴 궁전으로 달려가서 데바키가 여덟 번째 아기를 낳았다는 사실을 왕에게 보고하였다. 캄사는 감옥으로 달려갔는데 태어난 아기가 여자 아이라는 것을 알고는 무척 당황해 하였다. 데바키가 말하였다.

“그래요. 이 아기는 여식입니다. 오라버니, 우리가 어렸을 때 궁전의 마당에서 어울려 놀던 일 잊지 않았죠? 한때 당신은 저를 무척이나 사랑해 주었잖아요. 그 사랑을 다시 한번 생각하셔서 이 아이의 목숨만큼은 지켜주십시오. 여자 아이가 무슨 힘으로 당신을 해칠 수 있겠습니까?”

사촌동생의 말에 자신의 폐부를 찔린 왕은 냉혹한 마음이 잠시 흔들렸다. 그러나 그것은 안타깝게도 잠깐 동안에 지나지 않았다. 왕은 고함을 질렀다.

“애가 여자아이든 남자아이든 나에게는 상관이 없다. 애가 너의 여덟 번째 아이라는 것이 바로 문제니라.”

그러고 나서 왕은 그 아기를 움켜쥐고는 예전처럼 죽이려 하였다. 그러나 왕이 분노에 차서 아기를 빙빙 돌리는 순간 아기는 왕의 손에서 빠져나가 공중에 던져졌다. 왕이 멍하니 바라보고 있는 가운데 아기의 형체가 부서지더니 악과 미망의 파괴자로서의 위상을 가진 성모의 형상으로 변하였다. 성모는 왕에게 슬픈 목소리로 준엄하게 말하였다.

"이 아이들을 죽인 당신은 그 영혼들까지 파멸시키지는 못할 것이다. 당신은 또한 진리를 파괴할 수는 없다. 세상에서 당신의 폭정을 제거할 운명을 타고난 아이는 분명히 살아 있느니라."

그 동안 난다의 집에서는 야쇼다가 사내아이를 낳았다는 말이 퍼져나갔다. 난다가 말하였다.

"어젯밤에는 딸이 태어난 것으로 알고 있었는데, 아마 내가 착각했나 보지. 어젯밤에는 가축들을 폭풍으로부터 안전하게 지키기 위하여 늦게까지 아주 힘들게 일했었지. 굉장한 밤이었어!"

위대한 현자 가르가차리야가 불려와서 난다의 아이들의 이름을 짓게 되었다. 가르가차리야가 말하였다.

"로히니의 아들은 굉장한 힘을 지닌 사람이 될 것이므로 발라라마라는 이름을 갖게 될 것이고, 야쇼다의 아들은 피부가 검고 매력이 넘치므로 크리슈나의 이름을 갖게 될 것입니다." 현자는 난다를 따로 불러서 귀에다 대고 속삭였다.

"크리슈나를 잘 보살펴 주세요. 보통 아이가 아닙니다."

참으로 시의적절한 경고의 말이었다. 바로 그 순간에 마투라에서는 캄사가 나라 안의 모든 아기들을 죽이는 작전을 개시하였기 때문이다. 그는 심복들을 불러서 집집마다 샅샅이 뒤져서 아기들은 모두 죽이라고 지시하였다. 언제나 크리슈나는 기적적인 보호를 받았다. 그러나 이런 사건들이 온 마을을 두려움에 떨게 하였다. 마을 사람들은 부족회의를 열어 의논한 끝에 고쿨람도 이제 안전하지 못하므로 강을 따라 내려가서 브린다반에 정착해야 한다고 결론을 내렸다.

그리하여 브린다반의 목가적인 풍경 속에서 자란 크리슈나는 목동이 되었다. 그가 십대의 나이로 마투라로 진격해서 캄사를 물리치고 부모님을 해방시킨 다음 우그라세나에게 왕좌를 되찾아준 일은 그의 일생을 그린 서사시의 일부분으로 오늘날까지도 사람들의 입에 오르내리고 있다. 몇 백 년 뒤 크리슈나의 탄생에 얽혀있는 상황과 놀라우리만치 비슷한 사건이 발생하였다.

▲ 예수 그리스도 사진

종교윤리 측면에서 화신으로 예수 그리스도의 탄생을 든다. 천사들이 밤에 목자들한테 출현한 것과 같은 징조들이 그리스도의 탄생에서도 나타났다. 크리슈나는 습기 찬 지하 감옥에서 태어났고, 그리스도는 초라한 구유통에서 태어났다. 유대국의 캄사였던 사악한 왕 헤롯도 위협을 느낀 나머지 아기들의 대량 학살을 명령하였다. 캄사로부터 크리슈나를 구하기 위하여 바수데바가 고쿨람으로 도망친 것처럼, 마리아와 요셉도 헤롯왕을 피해 이집트로 아기 예수를 빼돌렸다. 예수는 성장하여 소박한 목수가 되었고, 크리슈나는 겸손한 목자가 되었다.

그들의 탄생과 마찬가지로 그들의 죽음 또한 비슷하여, 그리스도와 크리슈나의 삶은 주변의 폭력으로 마감되었다. 그리스도는 십자가형을 받아 인류 원죄의 대속의 영성의미를 보여 주었으며, 크리슈나는 화살에 맞아 임종을 재촉하게 된다.

크리슈나는 모든 것을 정리한 다음 숲속으로 들어가서 고요히 명상을 하고 있었는데, 어떤 사냥꾼이 그를 사슴으로 잘못 알고 운명의 화살을 날렸다. 그 사냥꾼은 자신이 무슨 짓을 저질렀는지 뒤늦게 깨닫고서는 심한 충격에 빠지게 되었다.

▲ 크리슈나 축제 사진

그러나 크리슈나는 고통을 느끼면서도 그 사람을 축복하면서 말하였다. 물리적인 신체는 떠나갈 때 물리적인 이유를 필요로 하는 법이라고. 또한 크리슈나는 이전의 생에서 자신이 그 사냥꾼에게 잘못한 일이 있다는 사실을 털어놓으며, 이번 일은 그로 인한 업보였고 따라서 그 사냥꾼에게 어떤 카르마도 붙지 않을 거라고 말하였다. 크리슈나는 카르마를 초월하였기 때문에 어떤 카르마의 영향도 받지 않았다.

그것은 그리스도가 피할 수 있었음에도 불구하고 십자가형을 달게 받기로 한 것과 같은 이치이다. 크리슈나는 마지막으로 축복의 표시를 하면서 위대한 열반에 들어갔다. 해마다 바가반 크리슈나의 탄생일인 잔마쉬타미와 예수 그리스도의 탄생일인 크리스마스가 가까워지면 전 세계에서 신앙심이 깊은 사람들은 내적인 기쁨이 고조되는 것을 느끼게 된다. 기쁨의 두 화신은 앞으로 다가올 모든 시대에 대한 유산으로 화현의 사랑, 영원하며 무조건적 사랑의 부활이라고 할 것이다.

붓다와 예수의 가르침이 우리사회의 종교윤리로서 나타나 있다.

먼저 산상수훈과 법구경이 무엇인지 간략하게 살펴본 뒤, 그 가르침의 종교윤리를 살펴본다. 종교윤리교육의 교과에 수반되는 모든 흥미는 '지금-여기(here and now)'에서 제시되어야 한다. 학교에서 가르치는 정신적 삶의 실현 가능성은 학습자의 현재성을 고려하여 전달하고 실천될 수 있어야 한다. 이것이 "종교윤리 교육의 황금률(the golden rule)"이 된다.

종교경험과 동떨어진 사상의 분석과 행동의 역사는 단지 '소리 나는 꽹과리(mere sounding brasses)'에 지나지 않는다. 이 황금률로 마음을 깨치면 근심걱정 다 떨어내고 일체를 다 포기하여 자유와 즐거움을 얻게 된다. 고통을 벗어날 수 있는 환한 길이 있음을 일러주고 개발할 수 있다.

◈ 산상수훈(山上垂訓)

'산상수훈'(山上垂訓)은 마태복음 5장부터 7장까지 기록된 예수 그리스도의 교훈 또는 설교를 말한다. 여기서 '산상수훈'에서 '산상(山上)'이란 말 그대로 산 위에서 이루어진 예수의 가르침을 의미하는 데, 이는 예수가 제 1차 갈릴리 사역 기간 중 갈릴리 지역의 한 야산에서 행해진 일련의 설교의 기록이기 때문에 신학자들이 그렇게 명명하였다. '수훈(垂訓)'이라 하는 이유는 단순히 예수가 그의 열두 제자에게 가르침을 전달하는 데에 그친다는 것이 아니라 그들을 통해 그 가르침이 후세에도 길이 전수되어 후대의 사람들에게도 그 가치를 전수하도록 하는 의미가 있다. 또한 이 산상수훈은 그 가치를 인정받아 '산상보훈'(山上寶訓) 또는 기독교의 근본을 말하는 '기독교의 대헌장'이라고 부른다. 삼위일체는 성부 · 성자 · 성령이 '삼'이면서 하나의 위격(位格)이라는 그리스도교의 신관이다. 인간이 하나의 위격(位格)만을 가진다면 삼위일체의 하느님은 3개의 위격을 가지면서 한 분이라는 관념이다.

◈ 법구경(法句經)

'법구경(法句經)'이란 팔리어(Pali語)의 담마파다(Dhammapada)를 번역한 것으로, 여기서 '담마'란 흔히 법(法)이라 하여, 진리, 이법, 가르침을 뜻하며, '파다'는 발, 발자취, 길을 가르친다. 즉 '담마파다'를 의미하는 법구경은 '진리의 말씀', '깨달음의 길', '부처님의 경지'에 대하여 설파하고 있다.

법구경은 모두 운문으로 되어 있다. 붓다가 평소에 사용하였던 고대인도 속어의 하나로 팔리어로 그의 뜻을 담은 시구를 말한 내용이기 때문이다. 즉, 이러한 붓다의 말씀을 2세기경 인도의 불교학자인 달마트라타가 이를 선별하여 423편의 시구를 엮어놓은 것이 바로 '법구경'이다. 사제(師弟)로서 스승과 제자의 관계를 맺고, 제자는 스승의 가르침을 듣고, 스승은 수행단계에 따라 훈육을 제시한다. 계율준수, 정진, 무아실천이 이루어져 지혜정진을 기대한다.

◈ 산상수훈과 법구경에 나타난 종교윤리

1 이타심을 발휘하라 : 사랑, 자비

산상수훈(山上垂訓)	법구경(法句經)
또 네 이웃을 사랑하고 네 원수를 미워하라 하였다는 것을 너희가 들었으나 나는 너희에게 이르노니 너희 원수를 사랑하며 너희를 박해하는 자를 위하여 기도하라 이같이 한즉 하늘에 계신 너희 아버지의 아들이 되리니 이는 하나님이 그 해를 악인과 선인에게 비추시며 비를 의로운 자와 불의한 자에게 내려주심이라 너희가 너희를 사랑하는 자를 사랑하면 무슨 상이 있으리오 세리도 이같이 아니하느냐 또 너희가 너희 형제에게만 문안하면 남보다 더하는 것이 무엇이냐 이방인들도 이같이 아니하느냐 그러므로 하늘에 계신 너희 아버지의 온전하심과 같이 너희도 온전하라. **(마5:43-48)**	履仁行慈　　博愛濟衆 有十一譽　　福常隨身 인(仁)을 따르고 자비를 행하고 중생을 널리 사랑해 건지면 열 한 가지의 기림이 있어서 그 복은 항상 몸을 따른다. **법구경/자인품(慈仁品)** 一切爲天下　　建立大慈意 修仁安衆生　　是爲最吉祥 하는 일은 모두 천하를 위하되 큰 자비의 뜻을 굳게 세우고 어짐을 닦아 중생을 편히 하는 것 그것이 가장 좋은 길상이니라 **법구경/길상품(吉祥品)**

☞ 산상수훈에서 예수는 자기 이웃을 사랑하고 심지어 원수까지도 사랑하라 명한다. 이는 붓다가 말하는 자비와 연관되어 후대에 우리가 실천해야하는 도덕성에 핵심을 이룬다. 먼저 산상수훈이 말하는 사랑은 자기이웃을 사랑하고 심지어 자기의 원수를 사랑하라 명한다. 이웃이라 함은 속해 있는 공동체 속에서의 협소한 이웃을 말하는 것이 아닌 광범위한 차원에서 무제한적 사랑을 의미한다. 또한 원수도 사랑하라는 말에서 사랑의 무조건성이 드러난다. 법구경에서 말하는 자비 또한 공과 색이 일치한다. 즉 불이(不二)의 진리인 연기(緣起)를 지혜로부터 깨달아, 모든 중생으로 하여금 깨우치게 함으로써 고통으로부터 제도하려한다. 타자지향의 이타심은 종교윤리의 골격이다.

2 살생하지마라

산상수훈(山上垂訓)	법구경(法句經)
옛 사람에게 말한 바 살인하지 말라 누구든지 살인하면 심판을 받게 되리라 하였다는 것을 너희가 들었으나 나는 너희에게 이르노니 형제에게 노하는 자마다 심판을 받게 되고 형제를 대하여 나가라 하는 자는 공회에 잡혀가게 되고 미련한 놈이라 하는 자는 지옥 불에 들어가게 되리라(마5:21-22)	一切皆懼死　莫不畏杖痛 恕己可爲譬　勿殺勿行杖 생명가진 모든 것은 다 죽음을 겁내나니 몽둥이 아픔을 두려워하지 않는 것 없네. 자기를 용서하는 것을 비유로 삼아 죽이지 말고 때리지 말라. 법구경/도장품(刀杖品)

☞ 산상수훈과 법구경에서 나타난 종교윤리로서 중요한 것은 바로 생명공경이다. 모든 생명은 그 자체로 존귀하며, 존중받아야 마땅하니 생명존중사상을 근저에 둔다. 이는 현대시대 문제시되고 있는 생명조작, 임신중절, 뇌사, 안락사, 장기이식, 사형제도 등 생명의 존엄성을 필두로 한 여러 문제들에서 우리가 가져야 할 생명존중사상을 일깨워주며, 또한 나날이 증가하고 있는 살인, 강도, 상해 등의 범죄에 대한 경각심을 일깨워주고 있다.

3 금욕하라

산상수훈(山上垂訓)	법구경(法句經)
너희를 위하여 보물을 땅에 쌓아 두지 말라 거기는 좀과 동록이 해하며 도둑이 구멍을 뚫고 도둑질하느니라. 오직 너희를 위하여 보물을 하늘에 쌓아 두라 거기는 좀이나 동록이 해하지 못하며 도둑이 구멍을 뚫지도 못하고 도둑질도 못하느니라. 네 보물 있는 그 곳에는 네 마음도 있느니라. 눈은 몸의 등불이니 그러므로 네 눈이 성하면 온 몸이 밝을 것이요 눈이 나쁘면 온 몸이 어두울 것이니 그러므로 네게 있는 빛이 어두우면 그 어둠이 얼마나 더하겠느냐 (마6:19-23)	愚以貪自縛　不求渡彼岸 貪爲敗處故　害人亦自害 어리석은 사람은 탐욕으로 저를 묶어 저 언덕에 건너가기를 구하지 않네. 탐욕이란 망하는 법이기에 남을 해치고 또 저를 해치느니 無欲無有畏　恬淡無憂患 欲除使結解　是爲長出淵 욕심이 없으면 두려움 없고 마음이 결백하면 근심 걱정 없나니 욕심을 버리어 맺어 부림(結使)을 풀면 그는 영원히 깊은 못을 벗어나리라. 법구경/애욕품(愛欲品)

☞ 현대사회는 물질만능주의, 황금만능주의와 이를 통하여 발생하는 소비의식 팽

배, 인간의 계량화 등의 문제를 노출한다. 여기서 산상수훈과 법구경이 말하는 중요한 바는 이러한 물질에 대한 집착을 버리라는 것이다. 즉, 산상수훈에서 보물을 추구한다는 것은 이 세상의 부를 지나치게 추구하는 것을 금지한다.[7] 법구경에서는 재물에 집착하는 것은 자신의 마음에 근심과 걱정을 불러일으키는 것으로 보았다. 산상수훈과 법구경의 가르침에 담겨있는 종교윤리는 절제와 금욕이다.

4 욕정을 버려라

산상수훈(山上垂訓)	법구경(法句經)
또 간음하지 말라 하였다는 것을 너희가 들었으나 나는 너희에게 이르노니 음욕을 품고 여자를 보는 자마다 마음에 이미 간음하였느니라. 만일 네 오른 눈이 너로 실족하게 하거든 빼어 내버리라 네 백체 중 하나가 없어지고 온 몸이 지옥에 던져지지 않는 것이 유익하며 또한 만일 네 오른손이 너로 실족하게 하거든 찍어 내버리라 네 백체 중 하나가 없어지고 온 몸이 지옥에 던져지지 않는 것이 유익하니라. 또 일렀으되 누구든지 아내를 버리려거든 이혼 증서를 줄 것이라 하였으나 나는 너희에게 이르노니 누구든지 음행한 이유 없이 아내를 버리면 이는 그로 간음하게 함이요 또 누구든지 버림받은 여자에게 장가드는 자도 간음함이니라. (마5:27-32)	愛喜生憂　愛喜生畏 無所愛欲　何憂何畏 애욕을 탐하면 걱정 생기고 애욕을 탐하면 두려움 생긴다 사랑하는 생각 마음에 없으면 근심이 어디 있고 두려움 왜 있으리 법구경/호희품(好喜品) 人爲恩愛惑　不能捨情欲 如是憂愛多　潺潺盈于池 사람들은 은혜와 사랑에 빠져 능히 정욕을 버리지 못하나니 그리하여 근심과 애정은 많아져 온 몸에 가득히 흘러 넘친다. 夫所以憂悲　世間苦非一 但爲緣愛有　離愛則無憂 무릇 근심하고 슬퍼하는 일 세상의 괴로움은 하나가 아니지만 그것은 애욕이 있기 때문이니 애욕을 떠나면 근심이 없느니라. 법구경/애욕품(愛欲品)

☞ 산상수훈과 법구경에서 강조한 종교윤리는 바로 욕정을 버리라는 것이다. 산상수훈에서는 간음하지 말라는 것을 강조하며, 실제로 간음을 하는 행위 이외에도 부부가 이혼을 하여 재가하는 행위 자체도 간음이라고 하여 올바른 성의식을 갖추라고 한다. 법구경에서도 이 욕정을 버리는 것이 중요한 가르침이다. 우리가 걱정과 두려움 등의 번뇌를 버리고 열반에 이르려면, 재물에 대한 탐욕과 함께 애욕을 버릴 것을 강조하였다. 재물과 애정에 대한 집착으로 인해 괴로워지게 된다.

---

7) 요한 웨슬리 著, 차동재 譯, 『요한 웨슬리의 산상수훈』, 아가페출판사, 1999. p197

5 근면하고 성실하라

산상수훈(山上垂訓)	법구경(法句經)
사람에게 보이려고 그들 앞에서 너희의를 행하지 않도록 주의하라 그리하지 아니하면 하늘에 계신 너희 아버지께 상을 받지 못하느니라 그러므로 구제할 때에 외식하는 자가 사람에게서 영광을 받으려고 회당과 거리에서 하는 것 같이 너희 앞에 나팔을 불지 말라 진실로 너희에게 이르노니 그들은 자기상을 이미 받았느니라 너는 구제할 때에 **오른손이 하는 것을 왼손이 모르게 하여 네 구제함을 은밀하게 하라** 은밀한 중에 보시는 너의 아버지께서 갚으시리라 또 너희는 기도할 때에 외식하는 자와 같이 하지 말라 그들은 사람에게 보이려고 회당과 큰 거리 어귀에 서서 기도하기를 좋아하느니라. 내가 진실로 너희에게 이르노니 그들은 자기상을 이미 받았느니라. 너는 기도할 때에 네 골방에 들어가 문을 닫고 은밀한 중에 계신 네 아버지께 기도하라 은밀한 중에 보시는 네 아버지께서 갚으시리라 (마6:1-6)	戒爲甘露道 放逸爲死徑 不貪則不死 失道爲自喪 계율은 감로(甘露)의 길이 되고 방일은 죽음의 길이 되나니 탐하지 않으면 죽지 않고 도(道)를 잃으면 스스로 죽게 된다. 慧智守道勝 終不爲放逸 不貪致歡喜 從是得道樂 이런 이치를 밝게 알아서 방일하지 않는 사람은 게으르지 않음을 기뻐하고 이로써 도의 즐거움 얻게 되나니 不自放逸 從是多寤 羸馬比良 棄惡爲賢 언제나 스스로 방일하지 않고 항상 깨어 부지런한 사람 날랜 말 하루에 천리를 가듯 악 버리고 어질어 성인이 되네 **법구경/방일품(放逸品)**

☞ '네 오른손이 하는 것을 네 왼손이 모르게 하라.'는 말은 산상수훈을 모르는 일반 사람들에게도 많이 통용되며, 인용되는 구절이다. 이는 네가 의를 행함에 남에게 보이려 그것을 행하지 말라는 것이다. 여기서 예수가 엄밀히 금하는 것은 사람들이 보는 앞에서 행하는 의로운 행위 자체가 아닌 사람들에게 보여 주려하는 의도를 말하는 것이다. 이러한 보여주기 위한 의도는 올바른 윤리의식 자체를 삼켜버릴 수 있다. 이로써 자신이 행하려는 의의 존엄성을 퇴색시킬 수 있음으로 과시를 금하고 자신선행을 최대한 비밀로 함으로 성실히 솔선수범하라는 의미이다.

법구경에서도 성실함은 중요시하게 강조되고 있다. 붓다는 법구경 <방일품>에서 방일함을 버리고 게으르지 않게 자신을 꾸준히 수행하는 것을 강조하였다. 때문에 방일하지 않는 사람은 준마가 둔마를 제치고 달리듯[8] 나아가며, 방일하지 않은 자는 항상 칭찬을 받고 방일한 자는 항상 비난을 받는다고 하였다. 여기서 우리는 현대사회의 자동화, 정보화된 우리 사회의 편의성을 빌미로 게으르고 나태해져가는 현대인의 생활적 경향을 다시 바라볼 수 있는 눈을 가질 수 있는 것이다.

6 말한 것은 지켜라

산상수훈(山上垂訓)	법구경(法句經)
또 옛 사람에게 말한 바 헛맹세를 하지 말고 네 맹세한 것을 주께 지키라 하였다는 것을 너희가 들었으나 나는 너희에게 이르노니 도무지 맹세하지 말지니 하늘로도 하지 말라 이는 하나님의 보좌임이요 땅으로도 하지 말라 이는 하나님의 발등상임이요 예루살렘으로도 하지 말라 이는 큰 임금의 성임이요 네 머리로도 하지 말라 이는 네가 한 터럭도 희고 검게 할 수 없음이라 오직 너희 말은 옳다 옳다가 아니라 하라 이에서 지나는 것은 악으로부터 나느니라. (마5:33-37)	如可意華　色美且香 工語有行　必得其福 아름답기 이를 데 없는 꽃이 빛깔도 곱고 향기 또한 좋은 것처럼 아름다운 말을 바르게 행하면 반드시 그 복을 받게 된다. **법구경/화향품(華香品)** 有信則戒成　從戒多致賢 亦從得諧偶　在所見供養 믿음이 지극하면 계행을 이루고 계를 지키면 어짐을 이루나니 사귀는 벗 마다 어질고 착해 가는 곳 어디서나 공양 받으리. **법구경/광연품(廣衍品)**

☞ 산상수훈과 법구경은 맹세의 중요성에 대하여 논하였다. 즉 우리는 함부로 맹세하지 말며 약속한 것은 충실히 이행하여야 하는 것이다. 이러한 약속으로 그는 기도, 예배 등 하느님과의 약속, 시간, 거래 등의 이웃과의 약속, 또한 진리 안에서 추구해야할 자신과의 약속에 대하여 신실하게 이행하여야 함과 동시에 이를 정하는 말의 중요성을 역설하였다. '말한 것을 지켜라'고 하는 종교윤리는 각박한 세상 속, 불신이 만연하는 풍조에서 개인의 신뢰성을 되돌아보고, 말의 중요성과 함께 이를 이행해 가는 약속의 중요성, 이에 발현하는 서로간의 믿음을 강조한 것이다.

8) 정태혁 譯, 『법구경이야기』, 민족사, 1994. p34

7 비난하지 마라

산상수훈(山上垂訓)	법구경(法句經)
<u>비판을 받지 아니하려거든 비판하지 말라</u> 너희가 비판하는 그 비판으로 너희가 비판을 받을 것이요 너희가 헤아리는 그 헤아림으로 너희가 헤아림을 받을 것이니라. 어찌하여 형제의 눈 속에 있는 티는 보고 네 눈 속에 있는 들보는 깨닫지 못하느냐 보라 네 눈 속에 들보가 있는데 어찌하여 형제에게 말하기를 나로 네 눈 속에 있는 티를 빼게 하라 하겠느냐 외식하는 자여 먼저 네 눈 속에서 들보를 빼어라 그 후에야 밝히 보고 형제의 눈 속에서 티를 빼리라 거룩한 것을 개에게 주지 말며 너희 진주를 돼지 앞에 던지지 말라 그들이 그것을 발로 밟고 돌이켜 너희를 찢어 상하게 할까 염려하라 구하라 그리하면 너희에게 주실 것이요 찾으라. 그리하면 찾아낼 것이요 문을 두드리라 그리하면 너희에게 열릴 것이니 구하는 이 마다 받을 것이요 찾는 이는 찾아낼 것이요 두드리는 이에게는 열릴 것이니라. 너희 중에 누가 아들이 떡을 달라 하는데 돌을 주며 생선을 달라 하는데 뱀을 줄 사람이 있겠느냐 너희가 악한 자라도 좋은 것으로 자식에게 줄 줄 알거든 하물며 하늘에 계신 너희 아버지께서 구하는 자에게 좋은 것으로 주시지 않겠느냐 그러므로 <u>무엇이든지 남에게 대접을 받고자 하는 대로 너희도 남을 대접하라</u> 이것이 율법이요 선지자니라 (마7:1-12)	不好責彼　　務自省身 如有知此　　永滅無患 남의 허물 꾸짖기 좋아말고 스스로 잘못을 힘써 살피라 만일 이렇게 알고 행하면 길이 잊으리 환란이 없어지리 **법구경/쌍요품(雙要品)** 不務觀彼　　作與不作 常自省身　　知正不正 남의 잘못을 보려하지 말고 행하고 행하지 않음을 보려하지 말고 항상 자신을 돌아보아 옳고 그름을 살펴야 한다. **법구경/화향품(華香品)** 擊人得擊　　行怨得怨 罵人得罵　　施怒得怒 남을 때리면 나도 때림을 받고 남을 원망하면 나도 원망을 받는다. 남을 나무라면 나도 나무람 받고 남에게 성내면 나도 성냄 받는다 **법구경/악행품(惡行品)**

☞ '무엇이든지 남에게 대접을 받고자 하는 대로 너희도 남을 대접하라.' 도덕 황금률이라고 불리는 이 문구는 우리가 우리 자신에게 자연스럽게 관심을 가지고 애착을 가지듯, 형제자매인 타인에게도 자신을 대하듯, 즉 자신이 원하는 바와 일치하게 대하고 관심을 기울이라는 뜻이다. 이는 반대로 비판을 받지 아니하려거든 비판하지 말라와 같은 의미로 해석될 수 있는데, 이는 법구경에서 말하는 <쌍요품>의 말씀(不好責彼 務自省身 如有知此 永滅無患), 화양품의 교리(不務觀彼 作與不作 常自省身 知正不正), 악행품의 교리(擊人得擊 行怨得怨 罵人得罵 施怒得怒)와 상통한다.

▲ 보드가야 [Bodhgaya]
보드가야는 석가모니가 보리수 나무 아래서 깨달은 장소로 유명하다.
부다가야 [Buddha Gaya]라고도 한다.
불교의 4대 성지는 탄생지인 네팔의 룸비니, 최초의 설법을 한 사르나트, 그리고 열반지인 쿠쉬나가르와 보드가야이다.

우리가 함께 어우러져 살기위해서는 자신만을 위한 삶을 살 수는 없다. 즉, 우리가 공동체 생활을 하기 위해서는 타인이 무엇을 원하는 지, 무엇을 꺼려하는지에 대하여 바로 알아야 하며, 이를 위해 타인의 입장과 자신의 감정을 서로 대조하여 조심스럽게 대하여야 하는 것이다. 불교의 지계(持戒)는 삼보를 받드는 평신도들이나 출가한 승려들이 계를 받은 후 지켜나감을 말한다. 세간에는 5계가 지켜지는 데, 이에는 '생명을 죽이지 말라· 주어지지 않는 것을 취하지 말라· 불륜의 행위를 하지 말라 · 거짓말을 하지 말라 · 취기와 나태의 원인이 되는 음주를 하지 말라'의 다섯 계율이 강조된다. 출가사문과 가족에 집착하지 아니하는 경건한 평신도는 10계를 준수하고, 비구는 250여계, 비구니는 450여계를 지키도록 한다.

8 모든 것에는 인과응보가 따름을 명심하라

산상수훈(山上垂訓)

거짓 선지자들을 삼가라 양의 옷을 입고 너희에게 나아오나 속에는 노략질하는 이리라 그들의 열매로 그들을 알지니 가시나무에서 포도를, 또는 엉겅퀴에서 무화과를 따겠느냐 이와 같이 좋은 나무마다 아름다운 열매를 맺고 못된 나무가 나쁜 열매를 맺나니 좋은 나무가 나쁜 열매를 맺을 수 없고 못된 나무가 아름다운 열매를 맺을 수 없느니라. 아름다운 열매를 맺지 아니하는 나무마다 찍혀 불에 던져지느니라. 이러므로 그들의 열매로 그들을 알리라
(마7:15-20)

법구경(法句經)

妖孽見福　其惡未熟
至其惡熟　自受罪虐
악한 자가 복을 받는 것은
악행의 열매가 아직 익지 않아서이다
그러나 그 악이 때에 이르면
저절로 혹독한 죄를 받는다
禎祥見禍　其善未熟
至其善熟　必受其福
착한 이가 화를 당하는 것은
선행의 열매가 아직 익지 않아서이다
그러나 그 선행이 때에 이르면
반드시 그 복을 받을 것이다
법구경/악행품(惡行品)

공통된 가르침 중 특이한 점은 인과응보의 정신이다.

즉 모든 행위에는 인과응보가 따르니, 이를 유념하여 선한 행동을 하여야 하며, 사람을 평가함에도 그가 해왔던 행동의 결과[9] 로서 그의 성품이 결정되니 이를 고려하여 사람을 대하라는 것이다. 구체적으로 산상수훈에서는 선행을 하면 그것이 바로 자신의 죄를 씻는 길이요, 계율을 따르는 것으로서, 천국에 이르는 길이며, 법구경에서는 선행을 함은 중생을 계도하고 자신을 수행하는 것으로서 열반에 이르는 길이다. 이러한 인과응보, 종과득과, 권선징악, '뿌린 대로 거둔다.' 라는 말이 우리사회에 있어 점차 잊히고 사라져 간다. 오늘날, 악행을 하여 부를 축척한 사람이 행복해지며, 선행을 하는 사람은 대부분 사회적 약자의 입장에 서 있으며 이러한 의식 또한 당연한 진리로서 받아들여지고 있다. 이러한 때에 우리가 갖추어야 할 것이 바로 종교윤리의 인과응보 정신이다. 적어도 이러한 마음가짐을 갖는 것만으로도 행동은 변화할 수 있고, 작은 마음가짐 하나에서 우리사회의 개신은 시작되는 것이다.

▲ 석가모니의 최초 설법지 사르나트(녹야원) (Sarnath,鹿野園)

종교윤리를 행함을 기준으로 하여 더욱 구체화하고 다양화되어가는 덕목을 함양함으로써, 다각화되고, 전문화되고 있는 사회윤리와 발맞추어, 구조화, 계량화된 사회에서 발생하는 도덕문제를 극복할 수 있다. 나아

9) 산상수훈과 법구경에서는 이를 동일하게 열매라고 표현하였다.

가 우리사회가 도덕적인 사회로 거듭하기 위한 초석으로 작용할 것임에 분명하다.

이는 바로 산상수훈과 법구경을 매개하는 정신이며, 성현의 제자들이 그 말씀을 기록하고 보존하는 진정한 이유이다.

가톨릭의 교계제도는 전세계 가톨릭교회를 하나의 조직으로 연결하는 보편교회의 모습을 전형적으로 보여주는 것으로 초대 교황 베드로를 머리로 하여 교황을 중심으로 한 교회체제의 중심이 된다. 교회체제의 중심이요 핵심은 신품권(神品權)과 재치권(裁治權) 두 가지로 나누어 볼 수 있다. 신품권으로서의 교계제도는 주교, 사제, 부제의 3 계층으로 구성되어 있고, 재치권으로서의 교계제도는 입법, 사법, 행정권과 관련된 것으로 교황과 주교의 권한을 말한다. 재치권의 일부는 사제단의 부제에게 위임되어 있고 제2차 바티칸 공의회 이후에는 상당한 권한이 평신도들에게도 '위임'되어 있다.

한국의 불교는 금강경을 소의경전으로 삼아 공사상을 체득하고 육바라밀 실천을 우선시하는 관점에서 대승불교의 특징을 보여준다.

▲ 삼성각은 대웅전 왼쪽에 위치해있다. 산신(山神), 칠성(七星), 독성(獨聖)을 함께 모시는 당우를 삼성각(三聖閣)이라 하고, 각각 따로 모셨을 때는 산신각, 칠성각, 독성각이라 부른다. 삼성각은 우리나라에 불교가 토착화 하면서 민간 신앙인 산신 신앙과 도교의 칠성 신앙 등을 불교가 수용하면서 생겨난 단각이라 할 수 있다.

대승불교는 실체(實體)로서의 신(神)이나 자아(自我)는 존재하지 아니한다는 '공(空)' 사상을 내세우고, 서방극락정토 왕생을 염원하는 염불과 함께 보시(布施) · 지계(持戒) · 인욕(忍辱) · 정진(精進) · 선정(禪

▲ **호국불교의 상징 - 고려대장경과 장경판전**

대장경은 경(經)·율(律)·논(論)의 삼장(三藏)을 말하며, 불교경전의 총서를 가리킨다. 고려 현종 2년(1011)에 거란병(契丹兵)의 침입 때 대장경(초조대장경)을 새겨 몽고의 침입을 부처님의 힘으로 물리치게 하여 달라는 염원에서 시작했다. 몽고의 침입으로 초조대장경이 몽고군의 침입으로 불타버리자 다시 고종 19년(1232)에 몽고의 침입을 불력(佛力)으로 막고자 국가적(國家的)인 차원에서 대장도감(大藏都監)을 설치하여 다시 새긴 것이다. 고려대장경은 우리 선조들의 호국염원과 지혜를 총결집한 문명의 보고(寶庫)이다.

1011년에 시작되어 1251년까지 240년간 걸쳐 완성된 대장경은 81350장의 경판, 총 1538종의 경전, 글자 수 5200여 만자로 이루어져 있어 그 규모와 내용에서 세계 초고(最古), 최대(最大)로 평가받고 있다. 해인사 대장경판은 현존(現存) 최고(最古)의 대장경판일 뿐 아니라 가장 완벽하고 정확한 대장경판으로 우리 민족이 남긴 세계에서 가장 위대한 문화유산(文化遺産) 가운데 하나이다. 팔만대장경은 유네스코 세계기록유산으로 등록 되었고, 보관 장소인 장경판전은 유네스코 세계문화유산으로 등록되었다.

定) · 지혜의 육바라밀(六波羅蜜)의 실천법이 강조된다. 이러한 대승불교는 인도에서 아시아 북방으로 퍼져 중국의 격의불교를 거쳐 한국에 전해졌고 태국, 스리랑카 등의 남방불교와 구분되는 대승불교 특유의 창조적 불교문화를 한국에서 개화시켰다.

한국의 불교는 호국불교의 특징을 보여준다. 호국불교의 이러한 특성은 몽고의 침입을 불법(佛法)에 의지해 극복하고자 팔만대장경을 판각한 경우와, 조선시대의 불교 승병이 임진왜란이 일어났을 때, 물밀듯이 밀어닥친 왜군의 침입을 막기 위해 궐기한 사례 등에서 검증이 가능해진다. 이러한 호국불교로서 한국불교는 나말여초에서는 국가와 민족의 안위를 책임지는 호국사상의 기틀로서 작용했다. 이른바 왕실에서는 자신들의 국가경영의 목표를 불교의 염원인,

전륜성왕 구현으로 삼았으며, 백성에게는 불국토(佛國土)의 '공동체 구성원'이라는 자긍심을 심게 되었다. 아울러 나라를 위하는 것이 극락왕생하는 삶의 요체가 됨을 믿고 애국애족 정신을 정착하게 하였다. 이처럼 한국불교는 융합·무아의 세계시민의 보편성을 한국문화의 독특성과 어우러져 전승되면서 통불교의 특징을 드러낸다. 무속신앙과의 통합에서 한국 사찰에서는 삼성각 즉 산신, 독각, 그리고 단군을 모시고 있는 전각에서 발견되는 통불교의 특징이 발견된다. 최남선은 중국불교를 각론의 불교, 한국불교를 통불교로 이해하였으며, 원효의 '십문 화쟁의 회통사상'을 그 근거로서 제시하였다. 그 이후에도 이 회통사상은 면면히 이어졌다. 한국 불교도 '깨달음의 체현'이라는 불교고유의 모습을 구현하기 위하여 '일체중생실유불성(一切衆生悉有佛性)'에 근거하여 근본불교정신으로의 회귀가 요청된다. 반면에 한국의 불교특성을 호국불교 또는 통불교라고 규정하는 언급에 대한 반론이 나타나고 있음도 주목할 필요가 있다. 이러한 한국불교 정체성 개념에 대한 반론은 '역사적인 우연'을 확대해석하거나, 종교 이데올로기 해석에 기초하여 의도적 해석을 한 것에 대한 반성적 성찰에서 야기되었다.

기독교를 유대교에서 결정적으로 분리시켜, 인종과 지역을 초월한 세계종교로 발전시킨 것은 사도 바울로의 선교활동이었다. 바울로는 로마 시민권을 가진 엄격한 유대교도로서, 처음에는 그리스도교 박해의 선두에서 활약하였으나, 마침내 결정적 계기에 의해 기독교 신앙에로 회심(回心)한 이후 열렬한 선교활동을 하였다. 그의 전도 대상은 유대인뿐만 아니라 여러 이방인도 포함하였다. 그리하여 그리스도교는 유대민족의 범주를 벗어나 지중해 연안의 종교로, 세계종교로 확장되기에 이르렀다. 사도시대로부터 바울로의 이방인 선교시대를 '원시 그리스도의 시대' 라 하는데, 이 시기에 초대교회가 형

모악산 대원사 : 증산선생께서 대오(大悟) 자각(自覺)하신 곳.

종전의 경륜(經綸)과 법술(法術)만으로서는 세상을 광구(匡球)할 수 없고, 오직 자유자재(自由自在), 무애무구(無碍無拘)한 권능(權能)으로라야 함을 깨달으시고, 이곳에서 불음불식(不飮不食)으로 49일 간을 두문수도(杜門修道)하시고 몸소 삼계의 무극주(无極主)로서 구천상제의 당체(當體)이심을 대오(大悟) 자각(自覺)하신 곳.

성되고 종교적 매개가 중시된다.

태극의 도리를 믿고 실천하는 태극도에서는 양위일체(兩位一体 - 체와 용을 맡으신 진리 속에서 일체)인 구천상제와 옥황상제를 신앙대상으로 신봉하고 있다. 지금으로부터 1세기전 전라도 고부(古阜)땅에 출현하신 강증산께서 무극주이시며, 또 경상도 칠원(漆原)땅에 강세하신 조정산께서 태극주이시라고 확신하고 있다.

종교학에서 말하는 '자기화현(化現)의 사실적 신관'으로 한 자연인이셨던 증산께서 무극주 구천상제이신 것과 정산께서 태극주 옥황상제이신 것을 태극도 경전 진경(眞經)을 통해 살펴본다.

> 49일간을 두문수도(杜門修道)하시더니, 7월 초5일 자시에 두우성(斗牛星)이 섬광방전(閃光放電)하고 오룡이 허풍(噓風)하며 천지가 뒤늪는 가운데, 탐음진치(貪淫瞋癡)의 사마정(四魔精)과 제귀악령(諸鬼惡靈)을 극복하시고, 몸소 삼계의 무극주(无極主)로서 구천상제의 당체(當體)이심을 대오(大悟) 자각(自覺)하시니라.(무1:50)

금산사 미륵불

미륵불상 아래 철수미단(鐵須彌壇)

금산사(金山寺) : 진표율사가 미륵불(彌勒佛)의 강림을 예견하시며 중창한 금산사.
증산선생께서 미륵금신(彌勒金身)에 영(靈)으로 30년을 머무르셨고, 화천 후 구천상제의 제위에 오르시기 전까지 영(靈)으로 계시던 곳.
1934년 설날 정선선생께서 "내가 봉천명한 지 이제 26년이니 머지않아 무극주(无極主)께서 구천상제님 제위에 임어하시게 되느니라. 전도인은 각자 납폐지 10만 장씩을 백일 이내에 소화하라." 하시므로 봉행하니라.
이해 3월 초9일에 금산사의 미륵존불이 원인 모를 화재로 소실되었다.

"원시(元始)의 신(神)·성(聖)·불(佛)·보살(菩薩)이 회합하여 '이와 같은 삼계의 겁액(劫厄)을 구천상제님 아니시면 광구할 수 없다' 고 호소하므로, 내가 이에 서천서역(西天西域) 대법국(大法國) 천계탑(天階塔)에 내려와서 삼계를 주시(周視)하고 천하를 대순(大巡)하다가 이 동토(東土)에 그쳐, 승 진표(眞表)가 미륵경(彌勒經)에 의거한 당래(當來)의 비의(秘意)를 감통(感通)하고 모악산에 금산사를 건조하여 지심기원(至心祈願)하던 미륵금신(彌勒金身)에 임하여 30년을 지내면서 최제우(崔濟愚)에게 천명(天命)과 신교(神敎)를 내려 대도(大道)를 수창(首唱)하게 하였노라. 그러나 제우가 능히 유교의 구형(舊型)을 초월하지 못하고 무극태극의 진법(眞法)을 천명(闡明)하여 인신(人神)의 표극(表極)을 지으며 대도의 진광(眞光)을 계명(啓明)하지 못하므로, 드디어 갑자(甲子)년에 천명과 신교를 거두고 잠시 제방(諸邦) 당저(當佇)에게 인민섭호(人民攝護)의 명을 붙였다가, 그로부터 태극(太極) 팔괘(八卦)에 응하여 8년이 되는 신미년에 내 몸소 인신으로 강세하였노라." 하시니라.(무2:34)

"봉천명(奉天命)" 의 도열(道悅) 속에 몸소 "태극진주(太極眞主)" 임을 대오자각(大悟自覺)하시고 삼계(三界)를 광구(匡救)하실 각오를 마음 속에 맹세하시니라.(태1:39)

증산상제님께서 '나와 그대는 증정지간(甑鼎之間)이라.' 하시고 또 '이도일체(以道一體)니라.' 하셨으므로 상제님의 도호 '증산(甑山)' 에 이어 나를 '정산(鼎山)' 으로 하셨느니라. 상제님께서는 무극주로서 재천(在天)하시고 나는 태극주로서 재인(在人)하니, 체용(體用)은 둘이 아니요 하나니라." 하시니라.(태5:62)

"내가 상제님의 도수로 무극대도를 개창(開創)하였으니 이는 체를 밝힘이고, 다시 태극의 도문을 열음은 그 도수를 푸는 용의 기동이니라. 내가 이제부터 그대들에게 설(設)할 모든 법방은 무극주의 체를 태극주로서 용함이니라." 하시니라.(태5:64)

친히 영대의 옥황상제님 위패의 위지를 떼어 소화하신 다음, 그 위(位)에 옥체진영(玉體眞影)을 봉안하시니라. 임원들은 이때 어의를 헤아릴 수 없어 묵묵히 시립하였을 뿐이니라.(태8:76)

태몽의 화현

을미(乙未 : 1895)년 12월 초4일(양력 1896년 1월 19일) 미시(未時)에 경상도 함안군 칠서면 회문리에 함안 조씨의 후예로 휘는 철제(哲濟), 자는 정보(定普), 호는 정산(鼎山)으로 화현 강세(降世)하셨다.

정산선생에 대한 시각(視角)은 다양하다. 태극도 신도는 그를 신격으로 믿지만 경쟁 입장의 신종교에서는 둔궤와 체백봉안 등으로 인격적 비난을 가하기도 하였다.

그럼에도 그가 거금(距今) 1세기 전에 이 땅에 나서 당시 왜정에 신음하던 민중을 인도하면서 도통법방을 실천하였을 뿐만 아니라 수많은 도인들이 어떻게 교화 받았는지는 앞으로 역사적 사료자료를 확보하여 보다 철저한 규찰이 이루어져야 한다.

무엇보다도 태극원리를 승화시켜 개창한 시기가 조국의 국장(國章)을 예고(豫告)하면서 국가사건으로 무게를 싣게 된 예견은 눈여겨 볼 문제이다. 이러한 의미에서 그의 생애와 사상을 종교윤리의 시각에서 정립하여 그 행적을 살펴볼 필요가 있다.

특히 정산선생의 가풍이 대대로 안빈낙도(安貧樂道)하고 충절애민의 기상으로 면면히 이어져 왔음에 주목하면서 변증법적 시각에서 분석할 필요가 있다.

흔히 인간의 태몽은 아이를 잉태할 징조의 꿈 또는 잉태하였을 때 꾸는 꿈으로 우리나라에서는 오래 전부터 태몽이 태아성별이나 미래운명을 예시한다고 믿어 왔으며, 그 꿈을 풀이하는 태몽의 점은 민간신앙의 하나가 되어 있다.

복우도장댁은 대대로 안빈낙도를 숭상하는 유가의 가풍으로써 4대가 함께 사는 화목한 대가족이니라. 상제님께서는 종손이시며 독자이신 귀공자로서 가족들의 총애를 한 몸에 받으셨으나 평소에 말씀하시기를 "안빈낙도는 처신의 알맞은 가르침이요, 검소하고 절약함은 물건을 접하는 요결이며, 호의호식은 몸을 망치는 천한 습관이요, 나를 이롭게 하고 남을 해침은 이름을 더럽히는 만행이니라. 군자는 오직 의방과 요결을 취함이 마땅하니라." 하시며 몸소 실천하시니라. (1:20)

습관이 반영된 태몽의 종류는 대체로 남아상징의 꿈 · 여아상징의 꿈 · 흉몽 · 길몽으로 구분된다. 보통 사람의 출생에도 태몽(胎夢)이 있게 마련인데 하물며 민족종교 창시자의 강세에 어찌 특이한 이적과 경서징조(慶瑞徵兆)가 없었을 것인가? 당시에는 선비의 집안에서 결혼을 하면 3년 만에 우귀하는 것이 통례였다.

정산선생의 부친되시는 복우도장과 모친이신 숭덕부인, 민씨께서도 결혼 초가 되어 을미년 정월, 우귀(于歸)의 풍습을 따라 결혼 후 처음으로 시집에 들어가서 설날 차례(茶禮)를 마치고 밀양군 하남면 파서리(密陽郡 下南面 巴西里)에 있는 처가에 가서 머무르게 되셨다. 우리는 꿈에서 우리의 이름이나 육체나 국적이나 소유물이나 약점을 잊으며, 무의식적으로 영혼의 본질적인 속성인 자유를 즐긴다. 영혼이 현재의 육체 환경과 세계 환경이나 성별이나 인종에 영원히 종속되어 있지 않고, 편재하고 영원하며 어떤 제약에서도 자유로운 존재라는 진리를 깨닫게 된다. 민씨 또한 이러한 상태였다.

자유로운 상태에서 창조한 우주 꿈과 거기에 부속된 다양한 감각들은 우리가 촉감(觸感)할 수 있고 실제적인 것으로 인식하게 만든다. 꿈의 현상들은 우리가 사는 세상의 세속적 생활경험들을 실감나게 복제하기 위하여 마음의 도구를 사용한다는 것을 보여준다.

부인께서 초3일 밤에 꿈을 꾸었는데 그 꿈이 참으로 신기한 꿈이었다. 그것은 천지가 갑자기 환해지면서 하늘에서 오색구름을 탄 선관(仙官)이 좌우에 시종(侍從)을 거느리고 내려오더니 부인께 경배(敬拜)하고 "저는 천제(天帝)님의 명에 따라 진멸지경(殄滅之境)의 삼계군생(三界群生)을 광구(匡救)하기 위하여 이 동녘 조선 땅에 내려오고자 합니다. 어여삐 받아주소서"하고 아뢰며 부인의 품에 안기는 꿈이었다. 꿈을 깬 부인께서 너무 신기하고 두려운 마음으로 부군(夫君)에게 말씀드리기를 주저하다가 마침내 이 꿈 이야기를 하게 되었다. 이때 복우도장도 같은 꿈을 꾸고 잠이 깨어서 생각 중에 있었는데 부인의 말을 듣고는, "여보! 우리 두 사람이 꼭 같은 꿈을 꾸었으니 이것은 예사로운 꿈이 아니라, 천기(天機)에 속하는 대몽(大夢)일 것이오. 그러니 이 일을 아무에게나 함부로 발설하지 말고 하늘의 뜻에 어긋남이 없도록 각별히 유의합시다."하며 함께 다짐하였다. 두 분은 그날 밤 잠을 이루지 못하였는데 방안에는 향기가 밤새도록 가득하고 창밖은 서광이 낮과 같이 밝게 하늘에 뻗쳐 있는 것을 보며 말할 수 없는 감회에 젖으셨다. 신이한 몽조(夢兆)는 이에서 그치지 않았다.

당시 도장의 부친되는 취당공(聚堂公)은 서울에 있었는데, 그는 일찍이 문과에 급제하여 홍문관 정자(弘文館 正字), 지춘추관 기사관(知春秋館 記事官), 승정원 주서(承政院 注書)등을 역임하였다.

그 취당공도 도장 내외분이 태몽을 꾸던 거의 같은 시각에 대몽을 꾸었다. 뇌성벽력이 일고 천지가 진동하는 가운데 큰 불기둥이 사방을 휩쓸더니 바닷물이 흘러넘쳐 불기둥을 뒤덮자 천지가 캄캄해졌다. 그러더니 하늘이 갈라지며 찬란한 태양이 솟아올라 천지가 광명해졌는데 그 해가 자부 민씨 품으로 들어가 안기는 것이었다.

취당공은 이 꿈이 자부의 태몽이라 생각되어 도장 내외분에게, "우리 가문에 하늘서 내리는 경서가 있을 것이니 정성을 다하여 하늘의 뜻을 받들 준비를 하고 기다리라"는 당부의 서찰을 전편(專便 : 특별히 보내는 인편)으로 내려 보냈다.

그 후 12달 만의 출산에 즈음하여 승덕부인께서 난산으로 산통이 극심하셔서 3일 간이나 신음하시더니, 온 가족의 극진한 조산(助産)과 구호에도 불구하고 기혈이 약해져 심신을 가누지 못함에 이르시니라. 이때 비몽사몽간에 갑자기 산실이 밝아지며 옥피리 소리와 함께 천상에서 손에 약탕기를 든 한 선녀가 무지개를 타고 내려와서 부인께 경배하며 말하기를 "소녀는 천존상제(天尊上帝)님의 명을 받들었사온 바 지금 탄생하시는 옥동자께서는 천제님의 명에 따라 세상을 널리 구하실 참 주인이심을 아뢰옵고 해산을 돕고자 하오니 시름을 놓으시고 이 약을 드시옵소서." 하며 약탕기를 기울여 입에 드리우니라. 부인께서 의식이 흐릿한 중에 받아 마시니 삽시간에 기력이 회복되어 정신이 상쾌하여지고 산통이 진정되며 드디어 옥동자를 순산하시니라. 이윽고 선녀는 하직 인사를 올린 다음, 천상으로 올라가고 산실에는 이상한 향기와 상서로운 빛이 가득하니라.(1:10)

당시 칠원 고을 일대에 사흘 동안 눈이 내렸는데 정산의 출생과 동시에 멎고 일기가 청명해지며 지붕 위로부터 흰 무지개가 하늘로 뻗쳐올랐고 다른 곳에는 눈이 쌓였으나 산실 지붕에는 녹아있었다.

세상에 내려오신 초부터 기골이 장대하시고 기상이 준수하시더니, 차츰 성장하시매 전신에서 후광을 발하시고 천중천정(이마 한 가운데)이 크고 넓으시며 일월각 (천정왼쪽 아래 부분을 일각, 오른쪽 아래 부분을 월각)이 넉넉하여 높으시고 봉의 눈에 눈빛이 빛나시며 우뚝한 코에 용의 얼굴이요 학의 목에 거북이의 등이시니라. 등면에 칠성무늬, 붉은 점이 오른쪽 넓적다리에 3개, 왼쪽 넓적다리에 72개, 두 발바닥에 각각 3개로 뚜렷하시고, 장년 후에는 용의 수염과 용의 손톱을 지니셨으며 음성은 우레 같은 용의 음성이시니라.(1:12)

조정산선생께서 강세하신 성지 : 도력(道曆)기원전 14(1895, 乙未)년 음력 12월 초4일, 양력 1896년 1월 19일 경오(庚午)일진 계미(癸未)시에 인간의 몸으로 강세하신 현재의 경상남도 함안군 칠서면 회산리

그는 어려서부터 무슨 일이든지 깊이 생각하고 캐어묻기를 좋아하여 어른들조차도 대답하기가 힘들어 했다. 사람들은 생이지지(生而知之)의 신동(神童)이 출현하였다고 찬탄이 자자했다. 7세까지의 유년시절에도 많은 기행(奇行) 이적(異蹟)이 있었다. 7세에 한문서당에 입학하셨는데 그해에 육갑(六甲)과 역서(曆書)의 구성법을 홀로 창안하신 일은 훈장을 비롯한 지방 유림(儒林)의 화제가 되었다.

> 계묘(1903)년 12월 어느 날 서당에서 독서 중 책상에 의지하여 잠시 잠에 드셨는데, 비몽사몽간에 선풍도골의 한 선비가 나타나 공손한 태도로 상제님께 사배를 올리므로 "선비는 누구시뇨?" 하시니 "저는 천제님의 명으로 진인을 알현함이옵나이다." 하니라. 그 후에도 심신이 편치 않으실 때면 이 선비가 나타나 호위 · 보좌하느니라. (1:22)

널리 알려진 매개의 상징중 하나는 옴, 즉 우주의 진동 또는 우주의 음 형태이다. 통에서 기름이 지속적으로 흘러나오는 것처럼 옴도 우주의 본원으로부터 지속적으로 흘러나온다. 옴은 우주의 음이며, 만물에 스며있는 소리로서, 지속적으로 울리는 징소리와 비슷하다.

옴은 처음에는 체내에서 들을 수 있고, 다음에는 고요 또는 확장된 지각에 의해서 모든 창조물에서 발산되는 소리로 들을 수 있다.

옴은 원자의 진동으로부터 뿜어져 나오는 소리이다. 우주의 소리, 옴에 대하여 집중하고, 옴 영창을 하고, 옴의 의미를 이해하려고 할 때, 옴을 큰 소리로, 또는 속삭이는 소리로, 또는 마음속으로 찬송하는 것 이상을 의미하며, 수도자는 체내에도 존재하므로 특정한 기법의 수행을 통해서 내면에서 들을 수 있는, 우주진동으로부터 발산되는 옴 소리에 마음을 끊임없이 투입해야 함이다. 옴을 큰 소리 또는 속삭이는 소리로 찬미하는 사람들은 목소리와 상상을 통해서 자신의 소리만을 만들어낼 뿐이고, 그들의 옴에 대한 의식은 그 소리에 제한된다. 많은 사람들은 옴에 대한 중요성을 제대로 이해하지 못하고, 찬미할 뿐 우주에 존재하는 진정한 옴 소리를 동시에 느끼려고 하지 않는다. 이 옴 소리는 『요한계시록』에 묘사된 바와 같이, 성 요한이 들은 우주의 "나팔" 소리에 비견된다. 이는 무슬림에게는 "아민"이며 기독교인에게는 "아멘"이며, 천지창조의 힘에 대한 "충실한 증인"이며 수도자에게는 "남모르는 공부"의 양심스승의 주인공이다.

이때부터 대청 건넌방에 경서와 제가서를 마련하신 다음, 방문을 잠그신 채 바깥출입을 않으시고 공양도 방안에서 하시니라. 도장께서 걱정되셔서 누누이 물으셔도 "전날 말씀드린 대로 '남모르는 공부' 를 하는 중이오니 염려하지 마옵소서." 하시는 말씀이 너무 진지하고 근엄하시므로 더는 캐묻지 못하시니라.(1:31)

초월의식 찬미나 옴 소리의 내적 지각에 의하여 그리고 옴의 중요성에 대하여 생각함으로써 수도자는 자신의 의식을 체내에서 들리는 옴과 동일시하고 또한 우주에서 표현되는 옴에 대해서도 동일시하기 시작한다. 그것의 중요성을 생각하라는 말은 체내에서 들리는 그 소리에 대한 집중의 영역으로 옴을 한정하지 말고, 육체영역을 넘어서 만물에서, 영원에서 옴을 느끼도록 확장함에 있다.

인간영혼의 본성은 지복이며, 언제나 새롭고 언제나 변하는 기쁨이 내적으로 지속하는 상태이며, 그 기쁨은 시들지 않는 지복을 영원히 제공한다. 영혼의 기쁨에 의하여 지복으로 가득 차게 된 사람은 육체적 고통이나 죽음의 시련을 겪을지라도 지복이 유지된다는 것을 알게 된다.

무욕(無慾)은 신의 기쁨 안에서 모든 욕구들이 충족될 수 있다는 것을 아는 것이다. 자신의 영혼의 내면에 잠재해 있는 모든 충족의 영원한 유산을 되찾기 위해서는 자제력을 획득하여야 한다. 우선, 내면의 단련으로 영혼에게 지복을 발현할 기회를 주고, 다음에는 항상 이 상태에 머물면서 자신의 육체와 세상에 대한 의무를 수행하며 초의식의 비전 형태로서는 태몽으로 나타나기도 한다.

이러한 태몽에서 연유하여, 신성한 진여의 화현으로 삶을 영위하게 된다. 이 세상은 신성의 무대감독의 지휘를 받아 각자 자신의 역할을 수행하는 무대이다. 그 본성은 영원한 지복인 것이다.

정산께서 11세 되던 해, 조부 취당공께서는 한일보호조약의 체결단계에서 관직을 사임하고 항일운동에 전념하다가 통분이 차서 토혈(吐血)하며 귀향하여 45세를 일기로 순국(殉國)하셨다.

정산선생께서는 이때 어린 나이에도 조부의 유언에 따라 "나라를 위하는 충성심"이 남달랐으며 또한 "남모르는 마음공부"와 "남을 살리는 공부" 계속 하였다.

제2장
성현현상과 애국(愛國)사상

성현의 종교윤리

'세속의 시공범주에서 성스러운 현상이 나타난다.'는 성현 이론가로 알려진 멀치아 엘리아데(Mircea Eliade :1907~1986)는 1907년 3월 9일 루마니아의 수도 부쿠레슈티에서 태어났다. 그는 부쿠레스트대학 문학철학과에 입학해, 이탈리아 르네상스 철학자에 대한 연구로 학사 학위를 받았다. 이 때 르네상스의 휴머니즘은 그의 사상의 큰 축을 형성한다.

엘리아데가 대학 졸업 후 신부가 될 생각으로 면접시험을 보러 갔다가, 그 곳 도서관에서 기다리는 동안 인도 철학사를 읽고 마음을 바꾸어 인도로 간 것은 유명한 일화이다.

1928년 11월 인도에 도착한 엘리아데는 캘커타 대학의 다스쿱타(Das Cupta)교수 밑에서 공부를 시작하여 이후 1931년까지 캘커타 대학에서 연구 생활을 했다. 그 동안 인도의 리쉬케시(Rishikesh)에서 요가의 수련법을 닦기도 했다. 여기서 그는 인간의 삶에 있어서 종교가 지닌 의의와 기능을 처음으로 이해하게 되었다고 한다. 특히 저명한 산스크리트 학자인 다스쿱타 교수 밑에서 요가에 대한 학위논문을 준비하던 중, 신화와 의식이 살아 있다는 사실을 생생하게 체험하였다고 한다. 이때부터 그는 종교의 본성과 의미를 탐구하는 일에 몸을 바칠 뜻을 세웠던 것으로 전해진다. 특히 그는 고대인의 알려지지 아니한 과거를 복원하고 신화의 보고(寶庫)를 확연히 드러내기 위하여 자신이 택함을 받은 것이라고 확신하게 되었다. 그는 이 사명을 과학적으로 수행할 수 있도록 부름 받았다고 생각했다.

2차 세계대전 종전 후 그는 공산화의 길로 들어선 루마니아로 돌아갈 수 없었다. 1945년 파리에 정착하여 소르본대학 고등연구원에 초빙되어 비교 종교학을 강의하며 연구생활을 하였다. 이후 엘리아데의 저작은 주로 불어로 출간되었다. 엘리아데는 1956년 바하(J. Wach)교수가 불시에 작고(作故)하자, 그 후임 교수로 시카고 대학교에 초빙되어 종교사를 가르쳤다. 바하의 뒤를 어어 종교사학과장이라는 중책을 맡게 되었으며, 1961년에는 비교 종교 연구의 국제적인 학술지인『종교사(History of Religion)』를 창간했다. 그는 자신의 대표적인 저서인 『입문의례와 상징』(1958) 『성과 속』(1961)『신화와 현실』(1963) 『종교사상사』(전3권:1978~1985) 등을 잇달아 내놓았다.

엘리아데는 한 종교 형태를 이해하는 방법은 다른 것과 비교하는 것이라고 생각했다. 역사가들은 시간의 변화와 공간의 차이라는 조건을 들어 이에 반대하지만, 엘리아데는 종교에는 일반적 형태가 있다고 주장했다. 그러므로 종교 현상의 형태론적 보편성을 찾을 수 있는 것이다. 예를 들어 고대 그리스의 제우스 숭배는 '하늘 신(sky god)'의 보편적 형태이며, 이는 여러 문화에서 공통적으로 찾아볼 수 있는 것이다.

엘리아데가 언급한 하늘신은 인간에게 최후의 의지 장소이자, 동시에 너무나 아득한 신이어서 농경생활을 하던 고대인들은 후에 비를 주관하는 신이나 바람의 신, 대지의 신으로 그 신앙대상을 옮겼다고 한다.

우리나라와 같은 경우에는 단군이 그 수하로 풍백(風伯), 우사(雨師), <운사(雲師) -바람, 비, 구름을 각각 주관하는 주술사(呪術師)>를 이끌고 왔다는 것이 독특한 특징이라 할 수 있겠고, 우리나라의 단군신화 역시 농경사회의 산물임을 알 수 있게 하는 점이다.

엘리아데는 자신의 종교개념을 그의 저서 <聖과 俗>(1957)에서 제시한다. 그에 따르면 고대인들은 명확히 다른 두 가지 차원(성과 속)에서 살았는데, '속'이란 가변적인 일상생활의 영역이고, '성'이란 초자연적, 비일상적, 항구적인 초자연의 영역이다.

성에 대한 직관은 인간의 사고와 행동 속에 항상 존재하는 것이다. 다만 고대인들에게 성은 보다 절대적이고 결정적이었으며, 그들은 성의 틀에서 생활했다고 할 수 있다. 이는 고대 그리스와 스칸디나비아 등 세계 도처에서 확인할 수 있는 바이다.

신적 모델을 따라 살았던 사례들은 여러 가지가 있는데, 가장 대표적인 것은 성현(聖顯, hierophany)의 처소와 관련된 거주형식이다. 여기서 성현(hierophany)은 '거룩한 것이 드러나는 사건'을 가리키는 말로 즉, 어떤 신성한 것이 드러남, 신성성현(聖顯)을 말한다. 그리고 종교의 역사는 다수의 신성현현으로, 성스러운 실재들의 현현으로 이루어져 왔다고 말할 수 있다. 원초적인 신성현현, 돌과 나무 같은 것에 성스러운 것이 나타나는 것에서 신성현현, 예수의 성육신에 이르기까지의 현현에는 일관된 연속성이 존재한다. 즉 "종교적 경험을 가진 인간에게 있어서 모든 자연은 우주적 신성성(神聖性)으로서 자신을 계시하는 능력을 갖는 것이다. 그 때 우주는 그 총체성에 있어서 하나의 신성현현이 될 수 있다."

종교적 경험을 가진 사람에겐, 모든 자연은 우주적 신성성(神聖性)으로서 자신을 열어 보일 능력을 갖는 것이다. 우주는 총체성에 있어 한 성현이 될 수 있다.

고대인들은 세계의 중심이라 여기는 곳에 기둥이나 기타 수직적 대상물을 세워 표시하고, 그것을 중심으로 구획을 나누어 조화로운 형태의 마을을 만들었다. 이는 창조주가 만든 태초의 세계를 모방하는 것이다. 한편 집을 짓거나, 마을을 세우거나, 혹은 출산하거나 하는 삶의 새로운 국면은 늘 창조의 재현으로 인식되었다.

이 점에서 다시 단군신화로 접근을 시도해 보면 환웅이 태백산 신단수(神壇樹) 밑에 내려와서 그 곳을 신시(神市)라 불렀다는 점에 주목할 필요가 있겠다. 여기서 신단수는 신에게 제사를 드리는 제단인 신단에 서 있는 나무로서, 지상에 있으면서 하늘과 땅을 연결하는 신성한 지점의 표지라 할 수 있다. 따라서 이 나무가 서 있는 지역은 세계의 중심이며, 그 나무를 중심으로 하여 살고 있는 사람들은 다른 지역에 사는 사람과는 달리 하느님의 선택을 받은 종족이라는 자부심을 가지게 된 것이라 생각할 수 있다.

엘리아데는 이러한 기본 개념에 따라 성에 대한 상징과 신화의 분석으로 나아간다. 상징이란 유사성, 유비의 원리에 기초한 것으로, 종교경험의 영역에서 성과 유사한 것, 혹은 지시하는 것을 의미한다. 상징은 초자연적인 것에 대한 실마리를 제공하는 것이다. 한편 신화도 역시 상징적인 것이지만, 상징보다는 더 복합적이고 이야기 형식을 취한다는 점이 다르다. 상징이란 그 자체로는 아무런 의미도 없는 것이 어떤 계기를 통해 성스러운 것으로 변형되는 것이다. 그러므로 상징에는 그 자체로서의 사물의 성격과 성스러움의 성격 두 가지가 병존하는 것이다. 엘리아데는 이처럼 '속'의 대상이 '성'의 대상으로 바뀌는 것을 '성의 변증법'이라고 개념화한다.

엘리아데는 일상으로부터의 탈출이라는 욕구는 '낙원에 대한 향수'를 의미한다는 것을 강조했다. 고대인들은 역사를 폐지(abolish)하고 태초의 시간으로 돌아가려는 욕망을 가지고 있었고, 따라서 고대의 의례는 창조의 재현을 포함하고 있었다. 이는 순수하고, 신화적이고, 근본적인 시간을 회복하려는 동기를 가지며, 진정한 의미는 역사 안에서 발견할 수 없다는 인식과 관련된다. 즉, 모든 종교적 축제, 모든 제사와 예배의 시간은 신화적인 과거에 태초에 일어난 거룩한 사건의 재현을 나타낸다.

인도정신은 이 세계를 마야(환상)로 보며, 인간을 카르마(업)의 사슬에 묶여 있는 존재로 규정한다. 그래서 흔히 인도 연구자들은 인도정신을 금욕적, 이상적, 염세적인 것으로 파악하기도 한다. 하지만 더 깊이 인도정신을 이해하는 자는 지상적 삶과 인간의 몸에 대해 인도인들이 부여한 심도 깊은 의미를 들여다 볼 것이다. 요컨대 삶의 진실은 한두 가지 단면만으로 포착될 수 없을 만큼 총체적인 것이다. 엘리아데는 이런 총체성에 이르는 길을 '역의 합일' 혹은 '반대되는 것의 일치(coincidentia oppositorum)'라는 정식으로 표현하고 있다. 대립적인 모든 것들은 실은 그 밑바닥에서 서로 통하고 있다는 것이다.

실제로 엘리아데의 삶은 늘 현실과 환상이 교차하면서 짜여진 직물 같은 것이었다. 이처럼 대립된 세계를 동시에 산다는 것은 결코 쉬운 일이 아닐 것이다. 거기에는 인격의 분열이나 위선적인 자기기만에 빠질 위험성이 항상 도사리고 있다. 하지만 그럼에도 불구하고 엘리아데는 우리의 '있음'이 늘 사실과 환상, 일상과 비일상, 논리와 상상력 사이의 진동에 의해 가능한 거라고 생각한 듯싶다. 그 진폭이 클수록 존재는 더욱 불안해진다. 그러나 이 진동이 멈춘 곳에서는 아예 참된 '있음' 자체가 불가능해질 수도 있다.

우리문화에서 성현은 어떻게 이해될 수 있는가?

『천부경(天符經)』'여든 한' 글자가 처음과 끝이 한결같이 '한'(一)의 「무시무종(無始無終)」으로 되어 있다. 『천부경』을 우리말로 풀이한다면 「하늘의 뜻을 기록한 글」이다. 그러고 보면 하늘의 뜻, 시공의 무한성으로 엮어진 이 우주는 결국 「한」일 따름이다. 그러므로 결국 처음이 따로 없고 끝이 따로 없음으로써 「한」의 우주론적 무한성이 여기에 깃들어 있다.

그러나 노자의 「도생일 일생이(道生一 一生二)」에서처럼 홀수 하나가 짝수 둘을 발생한다거나 '한'태극이 양의(兩儀)로 분화되거나 이것이 사상(四象)으로 나누어진다면 '한'의 「무한성」이 짝수로 전환된다고 할 것이다.

그런데 『천부경』에서는 이를 따르지 않고 「석삼극 무진본(析三極 無盡本)」이라 하였으니 이는 '한'은 둘의 유한을 벗어나 삼극(三極)으로 '한'을 나누었고, 그것은 곧 만물의 무진장한 근본이 됨을 일깨워 준다. 이처럼 삼일수리(三一數理)는 우주의 형상이요, 그것은 '한'의 일원상(一圓相)이다. 이 일원상이 바로 「한」의 형상이다. 그런데 「한」이라는 어휘의 의미는 다양하게 나타난다.

①크다(大) ②동쪽(東) ③밝다(明) ④하나(單一), (唯一) ⑤통일(統一) ⑥꾼·뭇(大衆) ⑦오래다(久) ⑧일체(一切), (全體) ⑨처음(初), (始) ⑩한나라·한겨레(韓民族) ⑪희다(白) ⑫바르다(正) ⑬높다(高) ⑭같다(同一) ⑮많다(多) ㉮하늘(天) ㉯길다(長) ㉰으뜸이다(元) ㉱위다(上) ㉲임금(王) ㉳온전하다(全) ㉴포용성(包容)

여기서 수리와 관계가 있는 항목을 간추려본다면 ①크다 ④하나 ⑤통일 ⑥뭇 ⑧일체, 전체 ⑭같다 ⑮많다 외에 ⑦오래다 ⑨처음까지를 셈한다 하더라도 겨우 열손가락을 넘지 않을 정도요, 그 밖에는 애매모호한 추상개념에 지나지 않는다. 어찌 이렇게 잡다한 추상개념을 가지고 「한」의 양자 묘합의 원리나 회삼귀일(會三歸一)의 진의를 헤아릴 수 있겠는가!

그런데 생물세계는 「유생어무(有生於無)」이지만, 마음, 신명의 세계는 「무생어유(無生於有)」이다. 우리는 앞의 경우에는 익숙하지만 뒤의 경우는 낯설다. 사건발생은 창조, 생물진화, 종교설화 등 모두 「유생어무(有生於無)」에 근거한다. 노자도 '천지만물은 있음에서 있음은 무(無)에서 생긴다'고 하였다. 그렇다면 역순경계로 나아가 태극(太極)은 어디로부터 발생한 것일까?

다시 역(易)의 태극을 놓고 볼 때, 「태극생양의(太極生兩儀)」이지만 양의에는 태극이 '무'의 형태로 그 안에 잔류하고 있다. 그러므로 비록 「유생어무(有生於無)」라고 하더라도 역수의 원래상태로 되돌아가면, 「무생어유(無生於有)」가 되어 개신의 모습을 드러낸다. 이를 일러 역수의 원래 상태로 되돌아 간 '무(無)'는 무이지만 '유'에서 생성된 무이기 때문에 '유' '무' 형태로 그 안에 내포한 '무'인 셈이다. 「한」은 「하나」를 압축 요약한 수이지만 「한」사상의 핵심으로서의 「한」은 양자 묘합으로서의 「한」과 '회삼귀일'로서의 「한」의 두 기둥이 버티고 있다.

먼저 양자 묘합의 양자는 음양이요 묘합은 불이(不二)로서의 「한」이다. 앞서 언급한 엘리아데의 성속관계를 바라보면, 이 역시 '한'으로 표현할 수밖에 없다. 이로써 무극(無極)의 무(無)로서의 태극(太極)이 존재할 수 있다고 할 것이다. 회삼귀일에서의 '한'도 마찬가지다. 셋이 모여 하나로 돌아갔으니 이 '한'은 셋의 '유'를 내포하게 된 '무'로서의 '한'이다. 이는 가설적 잔류법칙에 의하여 추론이 가능하다. 이로써 「한」 뿐만 아니라 신마저도 가설적 잔류법칙에 의하여 존재를 추리할 수가 있다.

무생어유(無生於有)에 의하여 '유'의 세계에서 생성되어진 '무'이기 때문이다. 그러므로 이 법칙대로라면 신이 만물을 창조한 것이 아니라 만물세계에서 신은 '무'의 형태로 창조되어지고 있다. 우주마저도 개신하는 것이라면, 신명세계도 지금 이 시각에 만물과 더불어 창조된다. '신'은 완전무결한 대조화의 상징적 존재이다.

우주질서야말로 개신하면서 동시에 개신되는 '무'이다. 같은 논리로 마음도 「한」의 질서나 신의 조화처럼 논리적 도덕률로 창조되었고 지금도 쉼 없이 개신하여 간다고 할 것이다. 신은 우주에 가득 차 있지만 때로는 내 안에 있으니 능소능대(能小能大)하다고 할 수밖에 없다.

이로써 「한」으로서의 「마음」은 「출입무상」하며, 「무시무종(無始

無終)」하다. 그러므로 마음에 대한 공부도 다름 아닌 「무생어유」로서의 무심을 현실 속에서 찾아가는 공부가 중요하다. 이에 따라 「한」사상은 「유생어무(有生於無)」라는 노자의 생함(生咸)과 구별되기에 「무생어유(無生於有)」라는 한국의 혁신적인 개신사상이고, 전통적 고유사상이라고 할 수 있다.

태극에 나타난 성현현상을 설명하면 이와 같다. 아이들의 가위바위보 놀이와 같이, 서로를 쫓으며 끊임없이 도는 태극 도형은 우주가 음양 원리로 갈리며 만물을 생성해 나가는 원초적인 상태를 표상한다. 이는 천지가 개벽하여 혼돈과 무정형의 상태가 하늘과 땅으로 나누어지는 상황을 성현으로 보여주는 것이다. 이러한 성현의 사고가 철학적 관념으로 발전하여, 태극은 존재하는 모든 것들의 궁극적 실재로서 음양대립과 순환을 통해 만물의 생성을 지속해가는 하나의 원리가 되었다.

마치 하늘의 달이 천 개의 강에 비칠 때 강마다 둥근 달이 존재하는 것처럼, 만물이 하나의 태극에서 나왔고 동시에 만물 하나하나 속에 태극이 깃들어 있는 것이다. 이처럼 성현의 관점에서 태극 형태는 어느 특정 민족이나 종교에 국한되지 않은 매우 보편적인 상징체계라고 할 것이다.

이렇게 발화를 시작한 태극은 사상(四象), 즉 노양(老陽), 노음(老陰), 소양(小陽), 소음(小陰)으로 나누어지며, 다시 사상은 팔괘(八卦)로, 팔괘는 육십사괘(六十四掛)로 끊임없이 진화해 나가며 만물을 관장하는 기운을 이룬다.

무극이 태극(無極以太極)이라는 관점에서 바라보면, 모든 원은 태극이 된다. 청동기시대의 거울이나, 고인돌, 암각화에 새겨진 원은 그 자체가 태양이고 하늘이고 우주이며, 태극으로 성현의 만다라를 이루게 된다.

▲ 신라 감은사지에 나타난 태극의 문양.

▲ 1400년전 백제시대 태극의 문양

2009년 6월 3일 공개된 전남 나주 복암리 유적 출토 `태극무늬 목제품` 한 쌍의 사진과 적외선 사진
지금까지 가장 오래된 태극문양으로 알려져 있던 경주 감은사지 장대석의 태극무늬(682년)보다 앞선 백제 사비시기(538~660년)의 것으로 추정된다. 이는 중국에서 나타난 태극문양보다도 훨씬 앞선 것이다.

태극 문양으로 가장 오래된 것은 신라 감은사지 장대석에 새겨진 태극과 미추왕릉에서 나온 신라 보검의 칼자루 장식에서 발견되는 태극으로 알려져 있다. 이는 중국에서 처음으로 태극 문양이 형상화된 송나라 때의 「태극도설(太極圖說)」보다도 훨씬 거슬러 올라가는 연대이다. 이 태극은 하늘, 땅, 사람의 삼재(三材)의 원리를 성현으로 표현하고 있다. 이는 곧 단군 이래의 삼신사상(三神思想)을 나타낸 것으로 그 기원을 『단군세기』에서 찾을 수가 있다.

"기해원년 즉 B.C. 2182년에 우리 단군 임금께서 삼랑(三郞) 을보륵(乙普勒)을 불러 신왕(神王)의 치화와 교화의 치도를 물으시니, 보륵은 엄지 손가락을 교환하여 오른손에 보태어 삼육대례(三六大禮)를 행하고 왕의 덕(德)과 이(理)로써 세상을 다스리기를 진언하였다." <행촌선생 이암 문정공>, 「단군세기」

을보륵이 말하는 삼육대례란 삼신영고제(三神迎鼓祭)를 지낼 때 초배에는 세 번, 재배에는 여섯 번, 삼배에는 아홉 번 북을 두드리는 의식에서 비롯된 것인데 그 삼육대례의 표식이 바로 태극 문양을 나타낸 것이라 한다.

이로부터 제례 의식이나 성전(聖殿), 사묘(祠墓) 등의 건축물과 문비(門扉)에 태극이 새겨지거나 그러한 의례에 쓰이는 악기, 특히 북의 양쪽 면에 태극을 그려 넣는 풍속이 생기기 시작했다고 전해진다.

삼국시대부터 나타나는 태극의 문양은 특히 조선시대에는 충절과 효행, 또는 높은 공을 세운 공신의 무덤이나 집 앞에 세웠던 홍살문에 태극문이 많이 남아 있다. 이처럼 태극문은 건축물, 민화는 물론 무속, 가구, 장신구 등에 광범위하게 쓰여 왔다고 할 것이다. 태극은 하나의 길상문의 성현현상으로 괘(卦)를 읽지 못하더라도 세상사가 음양의 이치에 합당하면 모든 것이 조화롭고 이를 통해 행복과 장수를 얻을 수 있다고 믿게 된 것이다.

주역(周易)에서는 '역유태극(易有太極)하여 시생양의(是生兩儀)하고 양의(兩儀)가 생사상(生四象)하고 사상(四象)이 생팔괘(生八卦)라' 한 말이 있고 북송(北宋)의 주렴계(周濂溪)는 '무극이태극(无極而太極)이니 태극(太極)이 생양의(生兩儀)하고 양의(兩儀)가 생사상(生四象)하고 사상(四象)이 생오행(生五行)이라.'고 하였다.

이것을 정리해 보면 무극이 곧 태극이다. 태극에서 음양이 생겨나고 음양에서 8괘 또는 5행, 나아가 만물이 생겨난다고 하는 것이다.

우주만물의 근본은 음양이고 음양의 본체는 태극이며 태극은 본래 무극이었다는 것이 된다.

따라서 음양·5행·만물의 체가 태극이고, 음양이 있으면 그것이 곧 태극이며, 크게는 우주(시간·공간) 전체도 하나의 태극이라는 것과 작게는 미물(종이 한장 풀잎 하나)까지도 다 각각 하나의 태극이라는 사실이다.

무극은 태극으로 움직이기 이전의 체로써 고정돼 있고 태극은 그 체가 기동으로써 활용되는 것이 세계의 모든 종교의 원리, 자연과학의 원리가 될 것이다.

이 무극과 태극이 바로 우주 전체, 세계 전체라고 봐도 좋을 것이니 태극도 진경에서 살펴본다.

> "모든 족속들이 각양각색의 생활경험과 전통사상으로 각기 다른 문화를 지어냈으나 이는 본시 무극·태극 체·용의 일부씩에 불과하므로..." (2:29)

바로 그 무극과 태극을 주재 관장하시는 무극주(无極主)와 태극주(太極主)께서 인간의 육체를 입고 이 동토(東土)에 화현(化現)하셔서 무극의 체(体)와 태극의 용(用)으로써 오직 진멸(殄滅)의 위기에 놓인 군생(群生)을 구하시려는 당위(當爲)의 성려(聖慮)이셨던 것을 믿는 것이 태극도이다.

봉천결행과 애국활동

애국애족사상은 자기(自己)의 나라와 민족을 사랑하는 사상으로 당시는 민족주의 입장에서 일제로부터 자주권을 회복하기 위하여 근대적 교육과 산업을 일으켜서 힘을 길러야 살 수 있었다.

정산선생의 경우, 항일애국운동은 일제 강점기의 민족적 아픔을 승화하여 겨레얼을 살려나가는 구국운동의 가치를 갖는다. 나라에 충성하고 백성을 사랑하는 정신은 정산선생의 가풍에도 계승되었다. 취당공의 순사 이후에도 복우도장 3형제분의 애국충정은 배일운동으로 이어졌다.

3형제 가운데 도장께서는 천성이 관후하고 인자하신 선비셨으며 두 작은 아버지는 성정이 굳세고 담대한 무사의 기질을 갖추셨다.

하루는 맏이이신 도장께서 동생들을 불러 모으시고 중대한 결의를 다짐하신 후, 직접 행동에 관한 논의를 하셨다.

"우리가 조상 대대로 이어받은 가풍, 특히 순국하신 아버님의 한이 맺힌 항일 구국운동에 직접 나서야 할 때가 된 것 같다. 지금 각처에서 나라를 찾으려는 의병들이 일어나 젊은 피를 쏟고 있는데 우리 3형제가 무사안일하게 세월만 보내고 있을 수 있느냐?"

이러한 도장의 비장(悲壯)한 말씀에 서산공이 의견을 내었다.

"형님! 마산에 사는 산본(山本)이란 왜놈을 아시는지요. 그가 광산으로 돈을 벌어 거기에 고리대금업(高利貸金業)으로 우리 민족의 고혈(膏血)을 착취(搾取)하고 있으니 그의 돈을 빌려서 독립운동을 합시다!" "그놈이 순순히 응할까?"

"담보를 대고 이자를 배로 준다고 하면 응할 겁니다!"

이때 막내 계씨 신산공은 그저 두 형님이 하자는 대로 신명을 바처 뛰겠다고 다짐하며 부채질을 한다. 그리하여 산본에게 돈을 빌려 독립운동의 자금으로 한다는 기상천외(奇想天外)의 결정을 하였다. 그것도 산본에게 적은 돈을 꾸어 신용 있게 갚은 다음 그가 자진해서 거액을 대부하도록 하였다.

"당신들은 지방 유지이고 신용도 있으니 많은 돈을 가져다가 3칠(칠원 3면의 별칭)일대의 땅을 모두 사시오. 내 얼마든지 빌려 드리겠소이다."하고 산본이 도리어 달라붙는 것을 처음에는 사양하는 듯하다가, "그래도 담보는 3형제의 전재산을 제공하겠으니 우선 5천원을 빌려 주시오"하여 5천원을 빌리기에 성공하였다.

이때 산본의 속셈은 토지는 대부금의 배로 잡고 평가는 반으로 해서 3칠일대의 토지 전부를 착취하겠다는 것이었다. 사실 그 5천원은 당시 시가로 상답(上畓) 수 10만평을 살 수 있는 거금이었다. 당시의 회문리 앞 들이 지금도 '산본들'이라고 불리는 것은 이 담보사건으로 그들의 대부분이 한 때 산본의 소유였기 때문이다.

도장 3형제분은 신용 반 담보 반으로 빌린 돈 5천원을 가지고 우선 칠원(漆原) 도덕골에 화약 공장을 설치하는 한편 무기를 수집하다가 왜헌(倭憲)에 밀고 되어 피신해야 하는 처지가 되었다.

이때 은신처로 찾아가 진언하시기를 "저도 이제는 오래지 않아 호패를 찰 연령이고 세상 물정도 다소나마 짐작하므로 어른들의 대사 도모에 감히 말씀드릴 수 있사옵니다. 저의 요량으로는 이번에 거금을 얻으심은 실로 하느님의 감응이오며, 선령의 감호이옵니다. 그러나 이대로 구국운동을 추진하심에는 때가 늦사옵고 국외에서가 아니면 불가능할 듯하며 지금 중국 만주의 간도지방에는 우국지사가 많이 망명 중이오니 활동이 적합한 곳이라고 생각하옵니다. 이 기회에 아버님께서는 중부님과 함께 간도로 가셔서 근거지를 정하시고 이어 온 가족도 그곳으로 가서 대사

도모에 보좌하도록 하심이 좋은 계책이겠나이다." 하시니라. 복우도장께서는 상제님의 사리에 맞고 그 당시의 사정에 적합한 일에 대한 방책을 들으시고 감동하셔서 즉석에서 결정하시고 우선 도장, 서산 두 분이 이튿날 간도로 떠나시니라.(1:35)

당시 정산선생은 14세 어린 나이였지만 일제시대이므로 어른들에게 항일구국(抗日救國)을 위하여 국외(國外)로 나가야 함을 진언하셨다. 그래서 1년간의 준비 끝에 중국 연변 곧 만주의 서간도지방으로 망명하게 되었다.

기유(己酉 : 1909, 한일합병 1년 전)년 4월 28일 미명에 창원역에서 기차로 전 가족이 망명길에 올랐다.

태극도에서 이 해를 도력기원(道曆紀元)의 원년(元年)으로 정한 연유는 천명(天命)을 받든 기사(奇事)에서 비롯된다. 이날 하오 1시경, 기차가 대전부근에 이르렀을 때 정산선생은 마음의 공부가 입신(入神)의 경지에 이르러서 한 신인(神人)을 대하셨는데 그 신인은 정산에게 '일광(日光)같은 얼굴에 황금색 용포(龍袍)……. 우레 같은 음성으로' 이렇게 명령하셨다고 전한다.

창원역을 출발하신 후 처음에는 망명준비의 과로로 피곤하셨으나 미시경, 대전 부근에 가셔서는 정신이 상쾌하시고 기운이 하늘을 찌르는 중에 마음공부를 조금도 늦추지 않으시니라. 이때 홀연히 일광 같은 용안에 황금색 용포의 신인 한 분이 나타나셔서 우레 같은 음성으로 명령을 내리시기를

"내 그대를 기다린 지 오래노라. 그대는 세상의 참 주인이니 이는 막중한 천기라. 그대가 나의 도통을 이어 천하도수를 다스려 무극대운(无極大運)의 대공사를 성취하되, 내 명교를 받들어 태극의 진법을 쓰면 무위이화로 널리 삼계를 구하리라. 그대의 호는 정산(鼎山)이니 나와 그대는

증정지간(甑鼎之間)이며 도로써 일체니라. 나는 구천의 천존상제로라." 하시니라. 상제님께서는 이 말씀에 정신이 더욱 밝게 깨달으셔서 이 신인이 바로 진리의 당체이신 구천상제님이심을 깨닫는 동시 "천명을 받든" 도의 기쁨 속에 몸소 "태극진주(太極眞主)" 임을 스스로 깨달으시고 세상을 널리 구하실 각오를 마음속에 맹세하시니라. (1:39)

이는 곧 정산선생의 대오자각(大悟自覺)이었으니 이때 나타난 신인의 당체(當體)가 구천상제이신 무극주(无極主)로서 신미(辛未=1871)년 음력 9월 19일 전라도 고부(古阜)에 인신으로 강세하셔서 신축(辛丑=1901)년부터 9년간 광구삼계의 도수를 짜신 끝에 이날 김보경, 이치복 등을 거느리시고 대전역 근처에서 공사하신 강증산(姜甑山) 성사이시다.

정산선생은 이러한 도(道)로써 천명을 받들어 태극의 참주인<眞主>이 되시고 증산과는 솥과 시루의 관계로서 일체되는 신계(神界)의 비건(秘鍵)을 체인(體認)하심으로써 증산성사의 도통(道統)을 계승하게 되었다. 종교의 위인이며 신인(神人) 존재는 연령이 문제가 아니니 이때 정산선생의 나이는 15세의 소년이었지만 이때부터 진법(眞法)의 50년 공부가 시작된다.

만주에서는 요령성 유하현 수둔구(水屯溝)에 정착하였는데 여기서도 어른들은 농사로 생계를 유지하는 한편 독립운동의 동지를 규합하니 그곳은 그 이후 한인촌(韓人村)을 이루었다.

정산선생께서는 천계(天啓)의 비밀을 발설하지 않고 가족과 함께 농사에 임하시면서 밤에는 마음공부를 계속하다가 추수 후에 부친에게 말씀드리셨다.

"소자는 지난 4월 망명할 때 구천상제의 천명과 신교(神敎)를 받들었습니다. 주경야독(晝耕夜讀)의 공부만으로써 부족하므로 이제부터는 이곳 노고산(老姑山)에 들어가 천명에 따른 진법공부에만 전념하겠나이다."하고 여쭈어 승낙을 받은 다음 산속 은적한 곳에 공부처를 마련하고 홀로 두문불출, 불철주야 공부에 정진하였다.

> 망명생활 중 낮에는 가족들과 함께 농사에 임하시고 밤에는 공부에 정성을 다하여 힘쓰시다가 이해 추수 후에는 도장께 말씀드리시기를 "이는 천기이므로 아버님께만 은밀히 말씀드리는 바, 저는 지난 4월 28일 망명길에서 '15세에 강을 건너 서쪽으로 향하여 정진주(定眞主)의 도수와 치천하의 도수로 널리 삼계(三界)를 구하라' 하시는 천명과 신교를 받들어 모셨나이다. 주경야독의 공부만으로는 부족하므로 이제부터 상제님의 천명을 받들어 노고산에 들어가 진법도수공부에만 전념하려 하오니 주선하여 주시옵소서." 하시니, 도장께서 흔쾌히 승낙하시고 노고산의 닭과 개소리가 들리지 않는 은밀하고 고요한 곳에 공부처를 마련하여 주시니라.(1:41)

여름은 그렇다고 해도 한겨울 만주의 혹한(酷寒)에 소년의 몸으로 겪으신 고난은 형언할 수 없었다. 이러한 사이 경술년에 조국이 일본에 병탄(倂呑)되었다는 소식을 듣고 정산의 가족들은 3일간 망배통곡(望拜痛哭)하고 항일 투쟁의 결의를 더욱 굳게 다졌다. 당초에 복우도장께서는 수둔구에서 황무지를 매입하여 개간하고 정성으로 경작한 결과 해마다 풍작을 이루게 되었는데, 이것을 시기한 만주인 전 지주들이 한국인을 쉽게 여기고 땅을 돌려 달라고 시비를 걸어 작당행패하며 소송까지 하는 사건을 일으켰다. 이때 한인촌에서는 도장을 중심으로 일치단결하여 저들을 격퇴시키고 승소함으로써 도장께서는 한·만인(韓·滿人)들의 신망을 얻고 촌장(村長)으로 추앙을 받으셨다. 그 후 이 마을의 단결이 더욱 굳어지고 명성이 전파됨에 따라 망명 지사들이 이곳으로 찾아들어 그 연락처가 되고 활동 근거지가 되었다.

그 결과 도장께서는 계씨인 서산공을 용정(龍井)에 보내어 독립군을 양성하는 이동녕(李東寧)에게 자금을 전달하고 격려하셨다. 이 당시의 독립지사들에게는 갖가지 재난이 있었으니 도장께서도 보황당(保皇黨 : 중화민국에 대항하여 과거의 황제를 옹립하고 청조의 복구를 도모하려는 당파)과 동류라는 혐의를 받아 원세개(袁世凱) 정부에 구인(拘引)되어 극형을 받게 되는 큰 변고가 생겼다. 이때 정산께서 심양(瀋陽=奉天)까지 수행하여 그곳 관헌에게 해명 호소하셨으나 되지 않아 북경으로 가서 직접 원세개 총통에게 '우리는 한국인으로서 오직 항일(抗日) 운동을 할뿐'이라는 요지의 진정서를 내셨더니 원세개가 그 문장과 효성에 감탄하고 즉시 무죄 방면토록 하였다. 그동안 만주에 와서 황량한 풍물만 접하시던 정산께서는 심양에 와서 봉천으로 개명된 사실이 태극도주로서의 봉천명(奉天命)에 연유(緣由)함을 알게 되시고 북경에 와서 중국 본토의 웅대한 산천과 화려한 문물에 접하면서 대중화도수(大中華度數)를 공부하기로 결심하셨다.

북경서 산동(山東)으로 가서 태산의 공자묘(孔子廟)를 비롯한 명산대천에서 공부를 계속하시고 하남(河南)의 노자묘(老子廟), 등봉(登封)의 소림사(少林寺), 산서의 관왕묘(關王廟) 등 6개월에 걸쳐 묘우(廟宇), 사찰(寺刹)을 두루 편력하고 수도하셨다.

한편 숙부인 서산공이 독립운동의 혐의로 왜헌(倭憲)에게 체포되어 3년 징역을 언도받고 안동(安東) 형무소에서 복역하는 관재가 있었지만 정산 부자의 교섭과 청원으로 1년 만에 출옥하였다. 이때 용정에서 활약하던 이동녕, 이시영 등이 간도지방의 흉년과 왜헌의 횡포가 심하여 상해로 이주하게 되자 도장 형제들은 그 자금을 마련하여 도장과 정산선생께서 상해로 가서 전달하게 되었다. 이 계제에 정산선생께서는 지난번에 마치지 못한 대중화도수공부를 계속하셨다.

> 도장께서는 구국운동의 동지 이동녕·이시영 등이 "간도지방의 흉년과 왜헌의 횡포로 활동이 여의치 못하므로 계축(서기 1913)년에 상해로 이주하여 동지들과 함께 활동 중이나 자금이 부족하여 난관이라."는 전갈을 받으시고 병진(서기 1916)년 8월에 자금을 마련하여 상해로 출발하시니라. 이때 상제님께서도 수행하셔서 자금을 전달하신 후, 도장께서는 귀가하셨으나 홀로 남으셔서 지난 임자(1912)년에 마치지 못하신 "대중화도수공부"를 속행하시니라. (1:55)

종교윤리 측면에서 현대인은 신명계시(啓示)나 영능(靈能)에 관하여 의문을 갖는다. 영계와 교유(交遊)하고 상통(相通)하는 이가 있지만 그들은 저급신 또는 잡신과의 영통인 경우가 많다.

그러나 정산께서는 구천상제(九天上帝)의 계시를 통한 직접적인 명령과 가르침을 받들면서 정진하셨고 이러한 사실은 여러 전기(傳記)를 통하여 넉넉히 알 수 있다. 정산선생은 정사(丁巳 : 1917)년 설날 새벽에 초패왕(楚霸王)고향, 절강성(浙江省) 회계(會稽)에서 구천상제의 계시로 득도(得道)명을 받드셨다.

> 정사(1917)년 정월 초하루에 초패왕 항적의 고향인 강동지방 절강성 회계의 객사에 머무시더니, 이날 새벽에 구천상제님께서 명령을 내리시기를 "이제 나의 도수에 따른 그대의 대중화 보은공사가 끝났으니, 본가로 돌아가서 다시 나의 명교에 따라 의식을 명령대로 시행함으로써 도통의 연맥과 인계 인연을 다지도록 하라. 이 곧 득도이니라." 하시니라. (2:1)

진언득음(眞言得音)의 종교윤리

진언[眞言, mantra]은 깨달음이나 서원(誓願)을 나타내는 말이다. 진실하여 거짓이 없는 신주(神呪)이다. 이는 밀주(密呪)·밀언(密言) 등으로 번역된다. 진언은 '만트라(mantra)'로 부르기도 하며, 단순히 사고의 도구로서 언어를 의미하거나 나아가서는 신이 부르는 신성하고 마력적(魔力的)인 어구를 가리키는 것이다.

인도에서는 베다 시대부터 널리 행해졌다. 밀교에서는 신밀(身密)·어밀(語密)·의밀(意密)의 3밀 가운데 어밀에 해당하는데, 듣는 자로서는 심오하기에 진언비밀이라고 한다.

원래 중국 · 한국 · 일본 등에서는 번역하지 않고, 원어를 음사(音寫)하며 이를 많이 외우면 재액이 물러가고 공덕이 쌓인다고 한다.

또한 번뇌를 멸하는 것, 즉 지혜를 뜻하는 명(明), 선을 일으키고 악을 누르는 힘을 뜻하는 것으로서, 비교적 짧은 주를 진언, 긴 주를 다라니(陀羅尼)라고도 한다. 진언으로서 진언은 반복해서 읊조리는 소리들의 조합이다. 이 말들은 음악의 음조일 수도 있고, 계곡으로 떨어지는 폭포 소리같이 자연에서 따온 것이거나, 아무 연원이나 의미가 없는 소리이다.

명상학파에서는 성서나 찬송가 등에서 뽑은, 의미가 담긴 문안이나 반복되는 구절을 사용하기도 한다. 또 어떤 전문가들은 문안이 반드시 일곱 음절이어야 한다고 말한다. 이것은 동양을 비롯한 많은 문명들이 '7'이라는 숫자에 신비적인 의미를 부여해 왔기 때문으로 해석된다. 여기서 진언의 가치는 순전히 상징적일 뿐이다. 또한 진언의 소리는 읊조리기에 좋아야 하며, 귀에 거슬리지 않고 듣기에 좋아야만 방해받지 않고 쉽게 알파파의 뇌파상태로 들어갈 수 있다.

진언 명상의 전문가들은 진언이 작용하는 과정에 대해서 서로 다른 견해를 가지고 있다. 어떤 학파는 진언을 반복하여 외움으로써 신체의 특정 부위와 특정 장기에서 그 소리가 진동되어 공명을 일으키는 결과라고 주장한다. 그러나 이 견해의 진실성 여부를 입증할 만한 과학적인 근거는 아직 없다. 휴식 단계의 심호흡과 병행하여 진언을 쉼 없이 외는 목적은, 생각의 일상적인 틀이나 형태를 깨부수고, 그 자리를 긍정적인 것들로 채우는 데 있다. 일단 새로운 생각이 채워지면 낡은 생각에 대한 흥미는 없어져서 그대로 사라져 버린다.

로렌스 르산 박사는 그의 저서인 '명상법(How to Meditate)'에서, 아무 의미가 없는 두세 음절의 짧은 소리들을 조합하여 선택하는 것이 좋다고 주장하였다. 그는 전화번호부를 활용할 것을 제안한다. 전화번호부의 아무 페이지나 펼쳐 손가락이 닿는 곳의 이름이나 주소의 첫음절을 고르고, 또 다음 페이지에서도 같은 식으로 하여 음절을 고르고 조합하여 고유의 진언을 만들 수가 있다.

진언을 만든 다음에는 무엇을 해야 하는가? 진언명상에 숙달되기 위해서는 밟아야 하는 단계가 있다.

1. 편안한 자세를 취한다.
2. 배운 방법을 활용하여 몇 분 동안 긴장을 풀고 몇 차례 호흡훈련을 한다.
3. 진언을 외기 시작한다. 단, 다음의 사항들을 감안하도록 하라. 진언을 낭랑하게 외지만, 입안점막이 말라붙지 않도록 소리는 간신히 들릴 정도를 유지한다. 진언을 너무 크게 외면, 평상시보다 호흡을 자주 하기에, 어지러움을 느낄 수 있다.
4. 진언을 외고 있을 때는 주의를 산만하게 하지 마라. 당신에게 적합한 리듬을 찾아내어 그대로 지켜 나가도록 하라.
5. 진언을 외는 시간은 15분에서부터 시작하라. 몇 주일 뒤, 이 수련에서 당신이 진정으로 얻는 것이 있다고 느끼면, 시간을 연장하라.

6. 명상방법을 정규수련으로 편입하기 전에 2, 3주 동안 테스트 기간을 갖는다.

진언에 완전히 몰두하여, 외고 있는 진언 외에 다른 어떤 것에도 주의를 기울이지 않는 경지에 도달했다면, 자신의 생각을 긍정적인 것으로 바꿔 넣으려고 한 목적은 이미 달성된 것이다.

진리는 소통되지 않으면 '외로운 섬'이 된다. 종교윤리 측면에서, 진언득음의 종교윤리는 천지인과 소리를 얻어 소통하고 통변하여 소리자체에 통달하도록 실천하는 윤리이다.

서편제의 고향 보성에 가면, 오래 전부터 이름난 명창들이 소리를 갈고 닦았던 득음폭포와 득음정이란 정자가 있다. 명창이 되기 위해 득음이 필요하듯이 신명세계에 나아가기 위해서도 우주의 소리를 진언으로 듣고 해석할 수 있어야 된다.

우주의 주재자는 원래 창조 밖에 있는 근거이며 언제나 존재하고, 언제나 의식하고, 언제나 새로운 기쁨으로 진동한다. 우주의 주재자는 그 자신으로부터 우주적 지적 진동, 또는 창조의 가동원리를 방사한다. 우주적 주재자는 초월존재이지만 창조와 관련해서는 "성부(聖父)"라고 불린다.

우주의 소리, 득음의 원천이 되는 개신의 '옴'소리는 처음에는 우주적·지적 진동으로서 발현된다.

이 우주 진동은 소리로서 세 가지 형태로 변형된다. 진동하는 물질 우주를 인도하는 지적인 힘으로서 언제나 존재하며, 언제나 의식하고, 언제나 새로운 기쁨 또는 이와 같은 소리이다. 또한, 지성의 우주 에너지 또는 소리이며, 그리고 지성적 우주의 소리, 옴 형상 자체이다.

진리를 추구하는 자는 공부 중에 이와 같이 우주의 소리, 옴과 생생하게 접촉한다. 이러한 접촉은 존재하고, 의식하고, 새로운 기쁨인 것 그 자체로 느끼거나, 전자와 원자와 분자와 물질의 모든 조직을 개신한, 눈에 보이는 지적 우주에너지로 체현된다.

혹은 영안에 밀집되고 응축되어 있는 우주 에너지로 느낄 수도 있다. 우주의식에 이르고자 한다면, 영안을 보는 것만으로는 불충분하며, 영안을 통하여 우주의식으로 진입하는 것이 중요하다.

일상생활 속에서 주문만을 지송하는 수행자들이 상당수 늘어나고 있으며, 확고한 신념을 가지고 무상정각을 위한 중심 프로그램으로 주문수행을 선택하고 있는 방편이 상당히 늘어가는 추세이다.

수행방법으로 주문수행을 택하든, 우주의식의 문을 열기 위한 방편이든, 주문수행을 지속하게 되면, 오라의 변화를 수반하고 뇌파가 지극히 안정되어 가고, 얼굴의 관상 자체가 변하여 선천적 숙명보다 오히려 후천적 운명에 변화를 초래하는 것으로 확인된다.

우주의 옴의 득음은 호흡이 부분적으로라도 정지할 때만 느껴진다. 옴이 들릴 때에는 산만한 생각들이 마음을 교란하지 않는다면 영안도 동시에 보인다. 그러면 우주적 진동이 뇌척추에 있는 신경다발의 각기 다른 빛과 소리의 진동들로 나타난다. 신경다발에는 척추의 밑동에서 시작하여 미저골의 중추(土), 천골 중추(水), 요추 중추(火), 등부 중추(風), 경부 중추(空)로 이어진다. 이들 이외에 두개골의 밑에는 연수가 있는데, 이는 우주 에너지의 배급소이다.

음양교감으로 연수 중추와 직접 연결되어 있는 것은 영안이며, 미간의 중앙에 자리 잡는다. 흙의 중추는 땅벌 소리로 이는 '아가의 옴'이다. 물의 중추는 피리 소리로 진동하고, 불의 중추는 거문고 소리로, 생명력 중추는 깊은 종소리로, 에테르 중추는 바다의 포효 소리로 떨리게 된다.

연수의 천명의식 중추는 이 소리들이 섞여있는 교향곡으로 들린다. 구도자가 유체 소리를 쉽게 들을 때, 그는 각기 다른 신경다발에서 새어나오는 빛을 보기 시작하고 자신의 의식을 그 진동들과 일체화하기 시작한다.

그때 비로소 신명의 존재가 언제나 새롭고 언제나 넘치는 명상의 기쁨이라는 것을 의심의 여지없이 생생하고 명확하게 증명할 수 있다. 인간이 접할 수 있는 언제나 새로운 기쁨의 자각이 가능해진다.

우리는 이따금씩 아득한 의식의 저 편으로부터 진법의 북소리를 듣는 순간이 있다. 우주의 옴 소리는 나를 찾는 길과 통한다.

이러한 우주의 옴 소리는 귀에서 나는 잡음이나 혈액의 진동들과는 다르다. 그것은 편재되어 진동하는 창조물로부터 방사되는 소리의 반영이다.

곧 사람은 바다의 포효와 같은 우주의 옴 소리를 들음으로써 점차 자신의 의식을 육체로부터 확장하여 편재되어 있는 무한한 공간을 품게 된다. 우주의 옴 소리를 한두 번 듣는 것으로는 충분하지 않으며 모든 공간에서 이 소리를 느낄 수 있도록 확장한다.

우주 옴의 형상은 쉽게 나타나지 아니한다. 분노, 탐욕, 질투 등과 같은 나쁜 습관들로부터 자신을 자유롭게 할 경우가 첫 번째 단계이다.

성실, 충성, 평정과 같은 좋은 습관들을 획득하고. 마음을 내면화하는 법을 배우고 내관을 지속하는 것이 두 번째 단계이다. 그리고 정확한 몸동작으로 자신의 육체는 자신이 통제할 수 있게 된다. 이것이 세 번째 단계이다. 그 다음은 호흡 조절에 따른 무호흡의 체험이다.

진리와 접촉하기 위해서는 호흡이 고요해지고 마음은 내면화되어야 한다. 이것이 다섯 번째 단계이다. 그 이후에 비로소 고요에 의한 우주 옴의 확신이 들려온다. 상제와 일체감이 되어 영원한 행복과 평화 속에서 사는 법을 배우게 된다. 그리고 마지막은 삼매, 즉 상제와 소통됨을 의미한다.

아울러 자성의 깨침을 통한 여러 가지 신통을 기대할 수 있게 된다. 첫째, 진언을 지송하면 재난을 극복하고 소원을 성취하게 된다. 화재, 수재, 풍재, 관재, 도적, 질병, 환란 등을 막고 재난으로부터 자신을 보호받을 수 있다.

둘째, 진언을 지송하면, 잘못을 성찰하여 앞으로의 오류를 미연에 방지할 수 있다. 세세생생 법계의 가피를 받을 수 있다고 한다.

셋째, 몸과 말과 뜻에서 올바른 방향을 알고 실천하게 된다. 청정한 도리를 사무쳐 밝은 마음, 맑은 정신, 훈훈한 기운을 북돋우게 된다. 그 밖에도 진언을 지송하다 보면, 재앙에 대비할 수 있고 무엇보다도 개벽의 새로운 세상을 앞당길 수 있다.

진언을 제대로 지송하려면, 참회하고 목욕재계하는 절차를 통해서 마음가짐이 중요하지만, 언제 어디서나 진언을 외우는 습관을 통해 소통하려는 것이 선결과제라고 할 것이다.

종교윤리의 관점에서는 정산선생은 증산성사와 우주 옴으로 교류하였다고 추정된다. 진리 수행자가 어떤 산만한 생각에도 교란되지 않고 법열에 싸여있을 때, 그의 의식과 유체는 망원경 같은 황금색 고리를 뚫고 들어가서 물질 우주의 전자 및 원자와 같은 거친 형태들로 폭발하는 근본적 에너지를 보고 느끼게 된다. 황금색 고리의 신비를 아는 것은 물질의 신비를 알고 생명창조의 너머로 들어가는 통로이다.

정산선생께서 상제와 소통되는 상태에서 기도주(祈禱呪)와 태을주(太乙呪)를 몸소 받으시게 된다.

이 글은 어지러운 세상을 구원하고 고통 받는 백성을 구제할 주문이니 잘 기억하라." 하시며 다음의 두 주문을 외워 주시므로 암기하시고 바로 그날 환행 길에 오르시니라.

기도주 : 시천주 조화정 영세불망 만사지 지기금지 원위대강

(侍天主 造化定 永世不忘 萬事知 至氣今至 願爲大降)

태을주 : 훔치 훔치 태을천상원군 훔리치야도래 훔리함리 사바하

(吽哆 吽哆 太乙天上元君 吽哩哆耶都來 吽哩喊哩 娑婆啊) (2:2)

태을주를 지송하면 여러 가지 효과가 나타난다.

『현무경』에 표현된 바와 같이, 진언을 지송하면 암기력이 배가 된다. 그리고 정산선생께서는 여러 사람이 규칙적으로 함께 지송하다 보면, 기울어진 지축을 바로세울 수 있다고 한다.

명상과 태극진리로 행하는 수도공부 주문을 외며 마음을 집중하여 상제를 염하면 상제와 상통할 수 있다.(5분간만 일심이 되어도 나와 대화할 수 있다고 하심)

"주문은 무슨 주문이든지 믿고 외우면 되느니라. 옛날 어느 처녀가 혼기를 놓쳐 한이 되어 도나 닦으려고 이웃의 수도하는 노부부를 찾아가 주문을 물으니, 마침 그들은 가정불화로 심사가 불안하여 귀찮은 마음에서 '아무 것도 싫다.' 하고 대답하니라. 처녀는 이를 주문으로 믿고 좌와동정(坐臥動靜)에 쉬지 않고 열성으로 외우니 모든 식구가 싫어하는데 그 말을 계속 외우면서 물동이를 이고 오니, 부친이 도리깨로 쳐서 돌 위에 넘어졌으나 동이도 성하고, 물도 쏟아지지 아니하였다 하느니라." 하시니라.(9:134)

이어 "그대들이 지금 태을주를 외우고 있으나 그 뜻을 알고 외우느냐?

만사무기(萬事無忌) 태을주, 포덕천하(布德天下) 태을주, 소원성취(所願成就) 태을주니라. 그러므로 한자 한음에도 성경신을 다하여 마음을 다져 외워야 태을천상원군(太乙天上元君)의 감응이 있으리라." 하시니라. (8:50)

"인간의 정성과 의약의 효능이 도수에 합하면 수명이 연장되기도 하고 기도의 영험으로도 늘릴 수 있으며 전생 악업으로 이승에 업보를 받기도 하나, 이승에서 쌓은 태을주 공부와 봉공(奉公)의 선업(善業)이 묵은 죄장(罪障)도 녹일 수 있느니라. 오직 닦을 수(修)자 하나가 모든 명운과 길흉의 근원이니라." 하시니라. (6:94)

임원들에게 하문하시기를 "그대들은 남들이 태극도를 물으면 어떻게 대답하느냐?" 하셨으나 임원들은 당황하여 감히 말을 못하니라. 이에 하교하시기를 "태극도(太極道)는 정도(正道)니라. 그러므로 비뚤어진 천지를 정음(正陰) 정양(正陽)으로 바르게 하고, 기울어진 북극성을 중앙으로 환원시키며, 사람도 오장육부를 뜯어고쳐 바르게 하는 도(道)니라." 하시니라. (6:76)

같은 해 윤2월 10일 노고산 공부처에서 천계(天啓)에 따른 득도치성을 올리신 다음 운장주(雲長呪), 칠성주(七星呪)와 그 밖에 다섯 가지 주문을 받들고 도통(道統) 계승의 득도를 확인받으셨다.

정산께서는 9년전 봉천명(奉天命)때 구천상제의 증정지간(甑鼎之間)이며 이도일체(以道一體)라고 하신 가르침을 다시금 자각 명심하고 더욱 수도에 정진하시어 50년 공부 종필의 길에 매진하게 된다.

이날 상제님께서 매씨와 길룡을 거느리시고 오석에게서 증산상제님의 내력을 비롯한 신봉·수행의 방법과 기도·치성의 절차 등 설법을 들으시니라. 그 내용이 몸소 받드신 구천상제님의 계시와 꼭 들어맞을 뿐 아니라, 가르침을 받든 주문도 한 자 한 구절의 틀림이 없음에 마음속으로 홀로 기뻐하며 스스로 능력을 믿으시고, 매씨와 길룡은 상제님께서 그동안 지도하신 교법이 오석의 설법과 일치함에 오석과 함께 감복하느니라.(2:10)

이해 4월에 정산선생께서는 다시 구천상제의 계시에 따라 고국으로 돌아오시게 된다. 이때의 계시내용이 이와 같다.

"빨리 환국(還國)하여 나의 본소(本所)를 찾고 3천(三天)인·천서(天書)·천보(天寶)를 받도록 하라"

그리하여 정산선생께서는 남자로 변장시킨 매씨(妹氏)와 종제(從弟)만을 거느리고 출정(出程)하셨다.

출발 전날 마지막 떠나는 길이라 노고산에 있는 관왕묘(關王廟)에 참예(參詣)하셨는데 이튿날 새벽에 묘지기가 찾아와서 문전에 부복하고, "대인(大人)께서 어제 관왕묘에 다녀가신 후에 관성제군의 상에 수염이 없어졌습니다. 이로써 소인은 중벌을 면치 못하오니 대인께서 도력(道力)으로 복구시켜 주옵소서."하며 애원했다.

정산선생께서 웃으시며 대답하셨다,

"그래, 네 소원을 들었으니 돌아가서 다시 살펴보라."

묘지기가 돌아가 보니 옛 모습 그대로였고, 이에 사례코자 찾아왔으나 정산선생께서는 이미 떠나신 이후였다.

환국(還國)과 삼천완비(三天完備)

환국의 복귀

귀국길을 안동(현재의 단동)까지는 마차 편으로 와서 압록강철교는 도보(徒步)로 건너 신의주에서 기차를 타기로 하셨다. 국경인 철교 위에는 양쪽에서 검문하는 군인들의 경계가 삼엄했는데 이상하게 정산선생일행은 그들이 보지 못하므로 그저 통과하였다. 철교를 건너면서 정산께서 자문하시는데 한국어도 중국어도 아닌 언어여서 매씨가 이상히 여기며 여쭈었다.

"오라버님, 지금 누구와 무슨 이야기를 하고 계십니까?"

"응, 서양 신명들이 내게 무엇을 물어오는데 이야기하자니 그리되었느니라."하셨다. 압록강을 건너신 후에는 강변의 어선에서 5색이 영롱(玲瓏)한 큰 물고기 한 마리를 사셔서 강물에 놓아 보내셨다. 물고기는 물속으로 들어갔다가 다시 솟아올라 네 번 절하듯 몸을 번득이고 유유히 사라졌다. 옆에서 지켜보던 매씨가,

"오라버님은 어찌하여 비싼 값으로 고기를 사서 물에 놓아 보내시나이까?"하니,

"고기나 사람이나 살려고 함은 본능(本能)이 아니냐. 더구나 이제 그 고기는 용왕(龍王)의 명으로 귀국(歸國)을 영접하러 왔다가 나와 상봉(相逢)함이니라"하셨다.

신의주에서 철도편으로 서울에 오셔서는 며칠을 유하시며 관광하는 동안 그곳 백성들의 신고(辛苦)하는 정황을 살피시고 마음의 괴로움을 느끼셨다. 다시 철도로 밀양 외가를 찾으시니 외척들이 모두 환대하였고 이튿날 칠원 회문리 고향에 가니 일가친척 역시 반가이

맞아 주었다. 그러나 정산께서는 이러한 사정에만 시간을 보낼 수 없었고 구천상제께서 명하신 본소(本所)를 찾기 위하여 다시 매씨를 거느리고 호서·호남방향으로 출발하셨다. 5·6월 염천의 혹서를 무릅쓰고 걸음을 재촉하여 몇 달 몇 날에 걸쳐 지친 몸을 이끌고 증산상제의 강세지지(降世之地)인 정읍의 손바래기, 대각지지(大覺之地)인 모악산 대원사, 공사지지(公事之地)인 모악산의 금산사와 동곡

강증산 선생께서 강세하신 성지 – 도력(道曆)기원전 38(1871, 辛未)년 음력 9월 19일, 양력 11월 1일 병오(丙午)일진 무자(戊子)시에 인간의 몸으로 강세하신 현재의 전라북도 정읍군 덕천면 신월리

(銅谷) 등 증산상제의 성지와 유적지를 답사하고 김형렬, 박공우, 이치복, 김광찬 등 성도(聖徒)들을 찾아 본소를 탐색하기에 노심하셨다.

그해 9월 어느 날 함열(咸悅)지방을 지나시다가 피로한 몸으로 정자나무 아래 쉬실 때 "본소는 다음에 찾고 우선 이 서해의 제일도에 공부처를 정하고 때를 기다리라"하시는 구천상제의 계시가 있었다. 이에 정산께서는 태안의 안면도(安眠島)를 찾아드셨다. 이곳에서 첫 포덕으로 입도한 이정률(李正律)의 주선으로 정당리 어락골의 공부처를 매입하여 우일재(宇一齋)로 명명하신 다음 이해 겨울에 만주의 도장이하 모든 가족이 합솔하여 함께 입도치성을 올렸다.

동곡약방 전북 김제군 금산면 청도리 동곡(銅谷-구리골)
이곳은 증산선생께서 1908년 4월부터 1909년 6월 24일(음) 화천하시던 날까지 이 곳에 머무르시며 삼계공사를 행하셨던 곳이다.

상제님께서 무오(1918)년 정월에 상우에게 포덕을 명하시니 그의 사촌 아우 상식과 이웃 주민 30여 인이 입도하니라. 도인들에게 우일재에서 기도주 또는 태을주를 연이어 외며 공부하게 하시니 7일이 되던 날 박봉윤이 공부 중 갑자기 큰소리로 "나는 뵈었노라. 진실로 뵈었노라. 옥황상제님을 뵈었노라." 하며 춤을 추기도 하고 크게 웃기도 하며 기쁨에 넘치느니라. 같은 방에서 공부하던 이상우를 비롯한 도인들이 이상히 여겨 이를 제지하였으나 그의 힘이 너무 세어 당할 수도 없을 뿐 아니라 처음 보는 일이므로 어찌할 바를 몰라 당황하니라. 이때 옆방에서 공부하시던 상제님께서 "봉윤아" 하고 부르시니 봉윤이 놀라며 움직이지 않고 섰다가 이윽고 존전(尊前)에 나아가 "옥황상제님께 배례 올리옵나이다." 하며 법배(法拜)를 올리는데 방법이 어긋나면 고쳐서 정식으로 사배를 올리니라. 봉윤이 정신을 가다듬고 말하기를 "아무에게나 함부로 발설하지 못할 일이나, 내가 천상에 계신 옥황상제님의 옥안을 뵈었는데 바로 이 어른이 그 어른이시니 다시 함께 사배를 올리자." 하므로 일동이 사배를 올리니라. 상제님께서는 "오직 천기니라." 하시고 모두에게 수구여병(守口如甁)하도록 하시니라.(2:25, 26)

무오(戊午 : 1918)년 8월에 정산선생께서는 증산상제의 본소(本所)를 찾기 위해 다시 전라도로 가셔서 상제의 옛 성도들을 찾아 수소문하기로 결심하시고 먼저 원평(院坪)의 김자현(金自賢)을 방문하셨다. 그러나 그는 손을 나발 모양으로 오므려 자기 입에서 정산선생 귀에 연결하고, 증산선생께서 이렇게 하시며 "도통(道通)은 자네에게만 주겠네."라 하셨고, 이치복에게는 "해인(海印)은 너에게 준다."하셨다고 하며 자랑했지만 본소를 찾는 데는 아무런 도움이 되지 못했다.

정산선생께서는 다시 안면도로 돌아와서 공부를 끝마치시고 10월에 전라도 정읍시 감곡면 황새마을로 오셔서 새로운 공부하는 장소를 마련하시고 가족들도 합솔하여 포덕에 힘쓰신 결과 수십 명이 입도하게 되었다. 이처럼 도인이 늘어나고 공부를 계속하시면서도 항상 증산상제의 본소를 찾지 못한 일만이 마음의 숙제가 되어 있으셨다. 기미(己未 : 1919)년 정월 보름날 명절치성으로 철야하고 공부하시던 중, 드디어 "때가 이르렀으니 이제 본소가 그대 목전(目前)에 다가왔도다.……"하시는 구천상제의 본소에 대한 계시가 내렸다. 정산선생은 이날 눈이 많이 내리는 가운데 자신을 찾아오는 박씨라는 여인을 천안(天眼)으로 미리 볼 수 있으셨다. 그는 정산선생께 아뢰었다.

"증산상제의 매씨 선돌부인께서 '후천진인(後天眞人) 을미생(乙未生)에게 도통(道統)을 전하라'하신 상제의 명령에 따라 10년간 본소를 지키다가……. 오늘 아침 천계(天啓)를 받들고 '만주봉천서 오신 대인을 모셔 오라'고 하셨나이다."하므로 따라가셔서 증산상제의 유족(遺族)을 비로소 만나시게 된다.

선돌부인께서는 이때 39세셨는데 일찍이 20세 전에 고부 입석리 박창국에게 출가하셨으나 10년이 넘도록 소생이 없자 남편이 소실을 두고 소박(疏薄)하므로 증산상제께서 이곳 마동에 집을 사 주셔서 살게 되었다. 그리고 화천(化天)하시던 해 정월 보름에는 이 집을 몸소 수리하셔서 도배까지 해 주시고, "이곳이 나의 본소(本所)니라"하시며 명령을 내리셨던 것이다.

마동 본소(本所)
도기 11년(1919년) 정월에 찾으신 전북 정읍군 북면 화해리 마동 본소의 터. 증산선생께서 화천 당년(1909) 정월 15일에 그 집을 손수 수리하시고 도배까지 하셨으며 선돌부인에게 "이 곳이 나의 본소(本所)니라. 너는 이곳에 살다가 10년 후 이날, 이 본소를 찾는 후천진인(後天眞人) 을미생(乙未生)에게 나의 도통을 전하라."하심. 정산선생께서 이 본소(本所) 벽 속에서 천서(天書)인 현무경과 주문서를 찾으시고 100일 공부를 하신 곳.

이때 천서를 비장(秘藏)하신 것으로 추측되었다. 부인께서 이 본소에 사시는 동안 5년 전에는 황해철이란 수도인이 찾아와서 공부하다 돌아가고, 4년 전에는 박모란 수도인이 그 제자 송규를 데려와서 부탁하므로 3년간 공부시켰으나 성공하지 못하였을 뿐 아니라 증산상제의 지엄한 계시에 따라 강제로 내 보낸 일이 있으셨다. 그러나 이번에는 상제께서 직접 계시로써 정산선생의 얼굴까지 보여주셨으므로 의심의 여지는 없었지만 상제의 유품은 황·송에게 내주고 회수할 길이 없어 안타까운 처지였다.

또한 정산을 맞은 권씨대모(大母 : 강증산상제의 모친)께서는,

"내 아들과 같은 진인을 대하니 여한이 없다" 감읍하셨으며 선돌부인께서는, "이제야 진인을 만나 소임(所任)을 다하게 되었다"하고 기뻐하면서도 한편으로는 민망히 여기셨으나 정산선생께서 천서와 현무경을 벽속에서 찾으셨다.

상제님께서 대모와 고모에게 말씀하시기를 "너무 심려하지 마옵소서. 상제님의 진품 증표는 반드시 참주인인 나에게 전수될 것을 굳게 믿고 있나이다." 하시니라. 이때 문득 옛날 진시황의 갱유분서[1]에도 칠서(漆書)가 벽 속에 보존되어 전래된 고사가 상기되셔서 "증산상제님의 본소가 이곳이라면 도통의 증표도 이곳에 있으리라." 확신하시고 증산상제님께서 친히 도배하신 벽과 천정을 유심히 살피시는데, 앉으셨던 바로 뒷벽의 천정 아래에 시선이 닿으시자 형언할 수 없는 신령스런 느낌 속에 한 곳이 섬광으로 번쩍이므로 일어나셔서 그 곳을 두드리시니 속이 비어 있는 소리가 나니라. 이를 보신 고모께서 도배를 뜯으시고 호미로 벽을 파시니 과연 그 속에 나무 함이 마련되어 있으므로 상제님께서 그 함 문을 여시니, 안에서 번갯불이 발산하고 집과 벽이 진동하였으며 "천서" 인 현무경과 주문서가 숨겨져 있으니라. (2:48)

갱유분서 그림

정산께서는 천서를 향하여 4배를 올리고 심고(心告)하신 다음 정중히 내려서 유족들에게 확인시키셨다.

대모께서는, "이 방안에 살면서도 이 천서가 있는 줄 몰랐는데 그대가 이렇게 찾아내어 물려받게 되니 그 상제에 그 진주(眞主)로다"

1) 갱유분서 : 중국 진(秦)나라의 시황제가 학자들의 정치적 비판을 막기 위하여 민간의 책 가운데 의약(醫藥), 복서(卜筮), 농업에 관한 것만을 제외하고 모든 서적을 불태우고 수많은 유생을 구덩이에 묻어 죽인 일

하시고 선돌부인께서는, "이로써 나의 소임 또한 다함이라"하시며 모두 감격해 마지않았다.

현무경은 4방 9촌의 한지에 증산상제께서 손수 쓰신 것으로서 13장 26면에 문자와 부도(符圖), 주문서는 7장 13면에 12종의 주문이 기록되어 있었다. 정산께서는 이 천서를 받들고 본소에서 백일공부로 그 진리를 체득하셨으며 이때부터 증산상제의 유족을 봉양하셨다.

이해 3월에 3·1만세운동이 일어났다. 정산선생께서는 이에 관하여, "이 운동은 구천상제께서 미리 짜놓으신 도수에 의한 일이다"하시며 부친 형제분과 전도인에게 적극 참여할 것을 당부하셨다.

이 본소와 천서에 관한 소문이 두루 퍼지니 도인이 날로 늘고 황새마을 공부처는 문전성시(門前盛市)를 이루었다.

이해 5월 초순부터 그 이웃 청도리 구성산 학선암에서 백일공부를 하시고, 윤 7월에는 공부처를 다시 통사동(通士洞) 이씨 재실 영모재(永慕齋)로 옮기셨다. 9월 18일 정산께서는 통사동 공부처에서 구천상제 강세치성(降世致誠)에 앞서 증산상제의 유족과 상의하신 후 가족과 도인들에게, "3천(三天) 가운데 2천은 이미 받들었으나 남은 천보(天寶)도 받들어야 한다."하셨는데 천보는 둔궤(遁櫃)였다.

둔궤는 원래 증산상제께서 화천 전년(1908) 여름에 동곡약방을 차릴 때 약장과 함께 만드시고, "이 궤 속에 번개가 들어야 한다. 이는 나의 도지(道旨)와 도통(道統)을 숨겼으므로 숨길 둔자 둔궤니라."하시며 약방에 비치하시고 많은 도수공사를 보신 신성한 유물로서 화천하신 후에 김수부(金首婦 : 김형렬의 따님)가 간직하더니 고수부(차경석의 이종 누님)가 교단을 차릴 때 가져갔는데 고수부가 교단을 떠난 후 이때까지 보천교에서 간수하고 있었다.

정산선생께서는 이날 밤 천하장사 김계철, 최승오와 도인 권태로 등 8인을 거느리시고 보천교 도장에 가셔서 마침 이때 치성에 모였던 수백 명 교도들에게 "천명을 받들어 천보를 모셔가니 순순히 응하라"하고 외치셔서 알리신 다음 그 본당에 안치된 둔궤를 모셔 오셨다.

상제님께서 각 방문 앞마다 교도들의 신발이 많음을 보시고 승오로 하여금 곤봉으로 본당 마루를 힘껏 내리쳐서 교도들을 깨우게 하신 다음, 몸소 우레 같은 용성(龍聲)으로 "천명에 의하여 천보를 모셔 가리니 순순히 응하라. 만약 거역하는 자는 천벌을 받으리라." 하시니 교도들은 청천벽력 같은 일에 겁이 나서 꼼짝도 못하니라. 상제님께서 각 방을 수색하게 하셨으나 둔궤를 찾지 못하므로 친히 한 방에 임어하시니라.

상제님께서 그 방에 병풍으로 가려 놓은 둔궤와 약장을 발견하시고 두 장사로 하여금 대청으로 들어내게 하시고 출어하시며 승오에게 명하셔서 약장은 그대로 두고 둔궤만 지고 나가게 하신 다음, 일행을 재촉하여 회정하시며 계철에게 대문을 지키고 서서 보천교도의 추적을 막게 하시니라.

선덕부인께서 둔궤를 보고 감격하셔서 한참 동안 흐느끼시다가 "10년간의 삼천(三遷) 끝에 진주에게 돌아왔으니 천행(天幸)이로다." 하시고 다음과 같이 둔궤의 내력을 설명하시니라. "이 둔궤는 증산상제님께서 화천 전년 4월에 동곡약방을 차리실 때, 약장과 함께 만드셔서 '이 궤 속에 번개가 들어야 한다.' 하시고 또 '이는 나의 도지와 도통(道統)을 숨겼으므로 둔궤니라.' 하시며 약방에 비치하시고 공사를 보신 천보니라. 화천하신 후에 김수부(金首婦)가 간수하더니 고수부(高首婦)가 교단을 차릴 때 옮겨 갔는데 차경석의 전횡(專橫)을 못이겨 떠나자 경석이 숨겼던 것이니라. 그 문에는 증산상제님께서 손수 자물쇠를 채우시고 열쇠를 숨기셨으므로 지금까지 누구도 열 수 없으니라." (2:74)

▲ **용화산 반구정 공부처**

이 반구정은 경남 함안군 대산면 용화산의 낙동강 절벽 위에 있는 정산선생 13대조 두암공의 정사였으나 후손들이 그 산소의 재실로 사용하는 건물.

도기 11(1919)년 10월부터 둔궤도수와 검무도수(강가 백사장 단 위에서)로 공부하셨고, 다음해 2월 17일(양력 4월 5일) 공부를 마치시자 둔궤문이 스스로 열리는 기적이 일어남. 또 그해 5월에는 장·중·단 3자루의 칼을 가지고 검무도수로 100일간 공부하심.

통사동 공부처에서 둔궤를 모시고 공부하시다가 다시 경남 함안 대산면 용화산의 반구정(伴鷗亭 : 정산선생 13대조의 재실)에 옮겨 모시고 백일공부를 하셨다. 그런데 증산상제께서 채워놓으신 그대로였던 이 둔궤의 자물통이 공부를 마치시던 날 열쇠 장인(匠人)을 시켜 새로 열쇠를 만들어 여셔도 열리지 않다가 정산께서 직접 주(籌)대를 자물쇠에 끼우시자 뇌성벽력이 나며 방안이 갑자기 어두워졌다가 밝아지며 스스로 열리는 이적(異蹟)이 일어났다.

이날이 경신년 2월 17일(양력 4월 초5일) 청명절이었다.

정산께서 둔궤 내부를 살피신 다음, “과시(果是) 천보로다. 수운(水雲)의 거년(去年, 1860년) 경신(庚申) 4월 초 5일은 음력이로되 나의 금년(1920년) 경신 4월 초 5일은 양력이니 음양합덕이며 태극도수이다.”하셨다.

둔궤 안에는 양피(羊皮) 한 장과 반개한 국화 한 송이가 들어있었고 내부의 정면과 좌우면에 ‘오강록(烏江錄), 설문(舌門), 반구제수(半口齊水), 천문지리(天文地理), 풍운조화(風雲造化), 팔문둔갑(八門遁甲), 지혜용력(智慧勇力)’ 등의 비서(秘書)가 불 지짐으로 새겨져

(火刻) 있었으며 주사(朱砂)로 24점이 선명하게 찍혀 있었다.

상우가 지난봄에 둔궤의 내부를 살피고 그 신비에 감동한 이래, 그 숨겨진 뜻을 깨닫기에 골몰하다 못하여 연말 어느 날 상제님께 오강록과 설문의 뜻을 신중히 여쭈니 "오강록은 나의 비결이고 설문은 너희 비결이니 더는 묻지 말라." 하시니라. 다시 여쭈기를 "양피는 미생(未生)의 뜻이옵고, 24점은 사철의 뜻이오며 반구제수(半口齊水)는 선생님의 존함이 분명하오나 반개국(半開菊)의 뜻은 무엇이옵나이까? 하교하여 주옵소서." 하니 "국화는 9월 5일에 반쯤 핀다는 뜻이니라. 그러나 이런 일에 몰두하면 수행에 방해되니 근신하고 수구여병(守口如甁 : 입을 병마개 막듯이 꼭 막음)하라." 하시니라. (2:96)

정산께서는 이로부터 반구정 아래 강가 백사장에 단(壇)을 모으고 그 위에서 밤마다 장·중·단검 세 자루로 100일 동안 검무(劍舞)도수를 보셨다.

이 도수에 사용한 검은 운문산 천황봉 아래에 철공소를 차린 후 성기춘 등 기술자를 시켜서, 풀무불에 만국지도를 매일 1장씩 50장을 소화하며 마련하신 것이었다. 이때 정산선생께서 낮에는 반구정 공부실에서 수도하고 밤에는 단 위에 등불을 밝히고 검무도수로 공부하는데 그때마다 지척(咫尺)을 분간할 수 없이 구름 같은 안개가 일어 시종들은 공부하는 내용을 볼 수 없었고 다만 안개 속에서 간간이 칼 부딪치는 소리만 들을 수 있을 뿐이었다.

정산선생께서 공부 후에 통사동으로 돌아오실 때 칼은 가져오시고 둔궤는 반구정에 두고 오셨는데 수종(隋從)하던 조주일(曺周一)이 몰래 가지고 진주지방으로 도망가서 사술(詐術)을 부리다가 죽었다. 소식을 들은 이상우가 정산선생을 찾고자 아뢰니,

"둔궤는 도수에 쓰였으니 이제는 한낱 궤짝에 불과하고 둔자는 도망 둔(遁)자이므로 도망자의 물건이 됨은 필연이라. 후일에도 이런 배신 난법자가 있으리라."하며 찾지 말도록 하셨다.

정산선생께서는 이해 11월 초부터 100일간 안면도 쇠섬에서 단도수와 아울러 검무도수를 공부하셨다. 엄동설한(嚴冬雪寒)에 바람막이 하나 없는 섬에서 동상으로 수족이 붓고 손마디가 터져 피가 나는데도 계속하셨다.

이 단도수와 검무도수 공부는 다음해 2월 다시 부안 변산반도 우금바위 아래로 옮겨서 100일간 계속하셨는데 일본 순사가 취체(取締)하러 나왔다가 눈앞에 있는 단과 단상의 기를 보지 못하고 그냥 돌아간 일도 있었다.

일찍이 북송의 신수는 '몸은 곧 깨달음이 자라는 나무이며, 마음은 깨달음이 비치는 밝은 거울이다. 때마다 부지런히 마음거울을 털고 닦아, 먼지가 앉는 일이 없게 하라.'고 말하자, 이에 대응하여 혜능은 '깨달음이 자라는 나무가 따로 없으며, 깨달음이 비치는 마음도 따로 없다. 본래 한 물건도 없으니(本來無一物), 어디에 먼지가 앉겠는가?' 하였다.

혜능이 '본래무일물'을 말하듯이, 영지주의자들은 오직 상제만이 존재한다고 가르쳤다. 이렇게 영지주의와 선의 경지는 흡사하다.

기원전 5, 6세기는 경이로운 시대였다. 이때에 공자와 노자, 인도의 마하비라(자이나교의 시조), 페르시아의 조로아스터, 그리스의 피타고라스와 소크라테스 등의 성자, 혹은 현자들이 대거 출현했다.

정산선생이 우리 민족이 일제 강점기에 수난을 겪고 있을 때 나타나신 연유도 이와 같이 추정할 수 있다.

정산선생은 인간 내면의 보편적 영혼, 곧 상제마음이 내재한다고 가르쳤다. 정산상제가 가르친 태극도의 핵심 비밀은 다음과 같다. 그 비밀은 '너희 안에 계신 상제이시다!' 상제는 우리의 바깥에 있지 않다. 애국하는 마음도 우리 안에 상제의 존재에 뿌리를 둔다.

종교윤리의 진리에 접근하기 위한 공부의 요체는 극도로 혼란한 시기에도 하늘은 무심하지 않고 인물을 내려 보내서 진리의 수레바퀴를 여전히 운행하게 하는 점을 상기하게 된다.

삼천(三天)의 완비(完備)를 통해 무극주 구천상제와 태극주 옥황상제께서 진리의 전승(傳承)과 상통(相通)이심을 나타낸다.

천명(天命)은 심령(心靈)으로, 천서(天書)는 지혜(智慧)로, 천보(天寶)는 물상(物象)으로 3계, 3극으로 이도일체(以道一體)의 완비로 볼 수 있을 것이다.

제3장

정서존중과 음양합덕(陰陽合德)사상

정서존중의 종교윤리

윤리적인 선(善)이나 종교적인 성(聖)의 보편적 개념은 인간정서의 관계에 비추어 볼 때 개연성을 찾을 수 있을 뿐이며 명백한 인과관계를 추론할 수 없다. 이러한 문제와 연관하여 흄(D. Hume)은 인과관계의 연결고리에 관하여 선행, 인접, 필연적 연결의 관점에서 다루고 있다. 그런데 이 가운데서 인접을 본질적인 것으로 보고 있다. 사물들 사이의 인과관계에 대한 관념이 인접의 연결고리에 의해 공간적으로나 시간적으로 형성됨을 보게 된다.

흄은 이와 병행하여 원인과 결과가 발생적으로 동시에 나타날 가능성보다 원인이 결과보다 선행하여 나타난다고 주장한다. 그 이유는 원인과 결과가 동시에 발생한다면 모든 대상들이 공존할 수밖에 없고 이러한 현상은 경험적 사실과 일치하지 않는다는 것이다. 물론 인간정서에서 인과관계의 관념이 필연적으로 연결될 수도 있지만, 이러한 법칙정립의 관계는 연결되는 사태들 사이의 시간적 격차를 제거하면 논리적인 근거를 상실하게 됨으로 그러한 가정을 의심하게 된다.

윤리적 덕성에 관계된 인간행위의 정서의 성격은 쾌감, 불쾌감과 결부되어 있다고 할 것이다. 그리고 종교적 덕성에 관계된 행위의 인간정서의 성격은 희망, 불안과 관계된다고 할 것이다. 불안의 원인으로 죽음, 질병, 빈곤 등을 들 수 있고 이러한 현상들에 보이지 않고, 알지 못하는 힘에 관한 관념을 결부시키기 때문에 의인화된 신이나 초월적 힘을 믿게 된다.

인간정서는 이러한 힘과 관련을 맺고 있는 데, 이를 통하여 불안을 제거하고 희망을 가지려고 꾀하게 되는 것이다. 따라서 종교는 미래에 대한 불안감정과 우리들의 상상력에 의존하는 관념연합의 작용으로 간주할 수 있다.

반면에 윤리에 대한 인간정서는 불의(不義)로 인해 생긴 희생자들에 대한 동정심에서 발단한다. 이러한 정서는 악에 관련된 비난의 정서는 불쾌하고, 우리가 덕이 있다고 부르는 정신의 작용이나 성질에 관한 것은 그 자체가 쾌락이라고 간주할 수 있게 한다.

흄이 윤리를 어떤 형태의 권위에 의존할 수 없고 이러한 동정심의 발단에 근거한 쾌감, 불쾌감과 결부시키는 것은 그것이 인간성에 기초한 자연스런 정서의 발로라고 보았기 때문일 것이다.

종교의 기원도 불안, 희망의 정서축이며 이러한 종교적인 감정에 의존함이 없이 윤리적인 정서가 나타날 수 있음을 보여주는 것이다.

흄은 『종교의 자연사』에서는 이러한 도덕정서는 종교정서와 구별될 수밖에 없다고 한다. 인간이 종교적 정서를 지니는 것은 신의 힘과 지혜에 대한 관념이 발전할 때이며, 신의 선성에 관한 관념은 별로 나타나지 않게 된다고 한다. 아울러 인간이 불안을 해소할 목적으로 종교에 귀의하기 때문에 윤리적 정서를 필요조건으로 삼지 않게 된다는 것이다.

흄의 인식론에서 "습관"이란 원인과 결과 관계의 필연성에 대한 인식에 관련된 것으로, 흄에 의하면, 인과의 필연성은 사태간의 실제적인 필연성 때문이 아니라, 우리의 인식의 습관에 의해 생겨난 관념이라는 것이다.

두 가지 사태 사이의 시간적 선후, 두 사물 사이의 근접성, 유사성에 대한 반복적 인식의 결과로, 원인과 결과의 관계가 마치 필연적인 관계인 것처럼 습관적으로 관념화된 것이 인간정서의 "인과적 필연성"이다. 이는 흄의 인과의 필연성에 대한 인식론적 회의주의로 귀착하게 되는 것이다.

외부세계에 대한 경험과 '관념연합'이론에서 출발하는 그의 인식론의 당연한 귀결이라고 할 수 있다.

인간정서의 시간적 선후 동시 후선관계와 연기관계 : 연기관계나 인과관계에서 원인과 결과는 선후관계에서만 인정될 수 있다고 하는 입장이 있다. 또는 반대로 연기관계는 동시관계에서 상의상관(相依相關)에 보다 중점을 두어야 한다는 입장도 있다. 또는 이 둘을 다 함께 연기관계로 넣을 수 있다는 등으로 각기 다른 입장이 있다. 인과의 개념에서는 주로 선후관계에서만 이를 인정한다. 또 개념 정의자체를 이와 같이 하는 입장도 있다.

우선 연기관계의 해석에 있어서는 '-이 있기 때문에 -이 있다(此有故彼有)...이것이 없기 때문에 저것이 없다(此無故彼無)"라는 부분은 동시적 의존관계를 나타내는 것이고 '이것이 일어나면 저것이 일어난다.(此起故彼起)..이것이 없어지면 저것이 없어진다.(此滅故彼滅).'는 부분은 서로 다른 시간사이의 의존의 관계를 나타내는 것이라고 보는 입장도 있다.[1] 차유고피유(此有故彼有)는 공간적 공시적 상의상관성을 밝힌 것이며, 차기고피기(此起故彼起)는 시간적으로 이시(異時)에 계기(繼起)하는 상의를 밝히는 것이라고 한다.[2]

그러나 이는 인간정서에서 타당하지 않은 입장으로 판단된다. 왜냐하면 표현상으로 '-이 「있기」 때문에... (此有故彼有)... '라는 부분에도 다른 시간사이의 관계가 포함될 수가 있다. 또 반대로 '-이 「일어나기」 때문에... (此起故彼起)... '라는 부분에도 동시간의 관계가 포함될 수 있다. 각기 그 반대의 관계가 포함될 수 있는 것도 물론이다. 또한 실제로도 이 둘의 관계가 각기 동시 이시의 관계를 모두 포함하는 것으로 파악할 수 있다. 예를 들어 수레바퀴를 한 쪽을 돌리면 다른 쪽도 돈다는 관계와 같다.

---

1) 김동화, 『원시불교사상』 (서울: 보련각, 1992) p. 63.
2) 木村泰賢 『원시불교사상론』 (명치서원, 1936) 박경준 역 (서울: 경서원, 1992) p.103.

따라서 문장의 표현에 의해 이 둘을 단순히 구별하는 것은 타당하지 않다고 본다. 그러나 이와 같은 개념정의와는 별개로 현상의 변화과정을 이해하는 방법 가운데 이들 중 어떻게 이해하는 것이 타당한가의 문제를 살펴볼 필요가 있다. 한편 일반적으로 후선(後先)의 관계에서 연기관계나 인과관계를 인정하는 것은 고려되지 않는다. 그러나 경우에 따라서는 이들도 문제가 되는 경우도 있다. 따라서 시간의 문제와 연기관계가 과연 어떤 관계로서 정립(定立)될 수 있는지를 살펴보기로 한다.

인간정서의 동시관계에서 연기관계나 인과관계를 인정하는 것이 가능한가? 불교학파 가운데 경량부는 동시관계의 인과관계를 부정하는 입장으로 파악되고 있다.[3] 한편 변화의 과정을 작용력을 통해 무언가를 '만들어내는' 문제로 이해하여 이를 부정하는 다음과 같은 견해들도 볼 수 있다. 예를 들어 서양의 불교학자인 체르바츠키(Stchrbatsky)는 동시관계의 인과개념을 부정해야 한다고 주장한다. 그의 주장은 이와 같다. "어떤 것이 그 자체가 산출되기 전에는 다른 것을 산출할 수 없다. 그러나 만일 그것 자체가 산출된다면 동시적인 존재인 다른 사물도 또한 산출되고 그것은 어떠한 두 번째 산출도 필요로 하지 않는다. 따라서 유효한 인과는 불가능하게 된다."고 한다.[4] 우선 이러한 논리를 살펴보기로 하자. 여기서 a를 원인 B를 결과라고 하자. 위에서 본 것과 같은 인간정서의 논리는 a가 B와 함께 존재하고 있는 데 a가 이미 존재한 B를 만들어 내는 원인이라고 볼 수 없다는 논리이다. 이는 원인은 '없는' 현상을 새로 '만들어' 내어야만 하는 것으로 미리 전제하여 파악하는 데에서 이런

3) 같은 책, p.103-4.
4) Stchrbatsky, TH Buddhist Logic (Meicho-Fukyu-Kai, 1977) 임옥균 진현종 역, 『불교논리학』, (서울: 경서원, 1992), p.199.

잘못된 판단이 발생하였다고 본다. 또한 선후의 관계에서만 어떤 현상이 존재하게 되는 요소를 발견하려는 전제가 이런 사고를 당연한 것으로 생각하게 만든다.

그러나 우선 인간정서의 연기관계나 인과관계는 모두가 현상의 변화과정의 이유를 찾으려 하는 가운데 세우는 이론이다. 그런데 현상의 변화에는 없는 가운데 무언가가 나타나는 것만이 있는 것은 아니다. 만일 없다가 나타난 것은 그 다음에 보통 그대로 머무는 것이라고 가정할 수도 있다. 그렇다면 이제는 그것이 소멸할 때는 그에 대한 별도의 원인을 찾아야 할 것이다. 또 만일 나타난 다음에는 보통 소멸하는 것이라고 가정할 수도 있다.

그렇다면 반대로 그것이 소멸되지 않고 유지되고 있을 때는 다시 그에 대한 별도의 원인을 찾아야 할 것이다. 그러나 이들 가운데 어떤 것이 일반적으로 당연한 모습이라고 단정지을 수는 없다. 모든 현상의 변화 유지과정에 대하여 그 원인을 밝혀야 할 필요성이 있는 것이다.

이에 인간정서를 말한다면, 정서현상이 ① 나타나고 ② 존재하고 ③ 소멸하고 ④ 존재하지 않고 있는 [生住異滅] 그 모든 상태와 과정에 대해 그 이유를 밝혀야만 할 것이다. 따라서 연기관계는 이를 앞에서 본 것과 같은 규정으로 제시하고 있는 것이다. 또한 이 모두의 과정은 동시관계이거나 선후관계이거나 가리지 않고 앞에서 밝힌 관계가 파악되는 한 인정하게 되는 관계인 것이다.

인간정서를 실제로 분별한다면 어떤 요소는 다른 요소를 나타나게 하고 그것이 유지되는 데 함께 관여하는 것을 볼 수 있다. 땅이 식물을 낳게 하는 데 관여한 다음 그 식물이 서 있는 데 여전히 함께 있어야만 하는 관계와 같다. 이를 앞의 땅만 원인이고 지금의 땅을 없애도 그 식물만은 서 있다고 한다면 이를 동시관계로 파악하는 것은 적절하지 않을 것이다. 그러나 그렇지 못하다. 동시관계들은 실제로 다양하여 하나가 일방적으로 의존하는 관계와 또는 쌍방이 서로 의존하는 관계로 다양하게 살펴볼 수 있다. 존재(有無)나 운동(起滅)의 양 측면에서 여러 형태로 살펴볼 수 있다.

먼저 일방적인 관계를 본다.

① 의자위에 사람이 앉거나 꽃병이 놓여 있는 관계 ② 벽이 있기 때문에 사람이 몸을 기대려 기울이는 관계 ③ 문을 열면 문 여는 소리가 들리는 관계 ④ 상자(수레)를 움직이면 그 안에 들어 있는 물건이 같이 공간 위치를 움직이는 관계 ⑤ 벽이 있어서 움직이는 물건이 부딪히고 정지하는 관계 ⑥ 추가 무엇인가 매달려 과거에 이를 움직인 힘에 의해 계속해서 흔들리고 있는 경우 등등으로 다양하게 살펴볼 수 있다.

여기서도 선행하는 요소만 원인이라고 한다면 동시 존재하는 요소를 제거하더라도 결과가 변함없이 성립 유지되어야만 할 것이다. 그러나 그렇지 못하다. 또 이들이 일방적인 관계임은 결과에 위치한 요소를 변경시킬 때 앞의 요소는 변경되지 않음을 통해 볼 수 있다. 이들은 모두 연기관계의 공식에 의해 판단할 수 있다고 본다.

쌍방적 인간정서 관계도 대략 위와 같이 살펴볼 수 있다.

① 세 지팡이가 함께 서있는 관계 ② 양쪽에서 오는 두 물건이 부딪힘으로써 두 개가 서로 깨지거나 정지하는 관계 ③ 축이 연결된 두 바퀴 가운데 어느 하나를 움직일 때 다른 쪽이 같이 움직이는 관계 등을 생각할 수 있다. 우선 연기관계는 그것이 동시관계와 선후관계를 가리지 않음은 이미 밝혔다.

또한 연기관계는 현상이 나타나고 머무르고 소멸하고 존재하지 않는 관계 [生住異滅] 모두를 함께 밝히고자 하는 것이다. 따라서 연기관계를 오직 없던 것을 새로이 만들어 내는 관계로만 고정시켜 이해하는 것은 현상의 나머지 부분에 대하여는 설명을 포기하고자 하는 해석이 된다.

또한 선행하는 어떤 것만이 후행하는 어떤 것에 대해 원인이 되거나 작용력이 된다는 식으로 해석하는 것은 경험이전에 이를 전제하여 정의하는 입장일 뿐 올바른 입장이 아니다. 오히려 생주이멸이 반드시 이런 선후관계로만 존재하는가는 연기관계를 파악할 때 연기관계가 오직 그와 같이 선후관계로만 파악된다는 사실을 통해 밝혀야 할 문제이다. 그런 경우에만 그 이유를 따로 밝혀야 할 필요성이 비로소 있게 된다. 그러나 앞의 예에서 본 바와 같이 실제 현실은 그렇지 않다. 따라서 동시관계의 사실은 서로 간에 원인이 될 수 없다고 미리 정의하거나 전제하는 것은 타당하지 않다.

또한 오히려 인간정서의 원인을 작용력으로 이해할 때는 다음과 같은 비판도 행해진다는 것을 고려할 필요가 있다. 예를 들어 a가 B가 없는 상태에서는 a가 작용을 미칠 대상이 없게 된다. 또 a 가 이미 소멸한 때에는 작용을 미칠 A는 이미 소멸하여 B에게 영향을 미칠 수가 없다.

따라서 오히려 선후관계의 두 요소는 서로 영향을 주고받을 수 없다는 식의 비판이다. 물론 이런 주장은 연기관계를 작용력으로 이해하는 입장일 때만 가능한 비판이다. 이는 용수가 중론 송에서 원인을 작용력으로 보거나 원인관계가 실재한다는 이론 등을 비판하기 위하여 밝힌 논증방식이다. 따라서 현상[世俗法] 차원의 연기관계를 논의하는 여기에서 용수의 논증을 언어 표현 그대로 적용시키기에는 매우 부적절하다. 또한 용수의 논증은 부분적으로는 많은 논리결함을 갖고 있다.

무극대도의 창도

신유(辛酉 : 1921)년 4월 28일, 봉천명일 대치성을 기하여 정산께서 봉천명이래 13년간 공부해온 도(道)가 바로 무극대도이고 자신이 그 도주(道主)임을 천하에 고(誥)하셨다. 무극대도의 창도는 선악(善惡)이 공존(共存)하여 서로 극해(剋害)하는 현실에서 상생(相生)을 지향하기 위함이다.

도조(道祖)는 구천상제이고 친히 도주(道主)임을 천하에 고(誥)하고 신자들을 도인으로 칭하여 무극대도가 창도되었다. 선한 마음으로 상대를 잘되게끔 해주는 호혜정신을 실천하게 된다.

음양 합덕사상은 음양이 합해서 무한한 덕을 개신하는 사상으로 선덕(善德)을 꽃피운다고 할 것이다. 그리고 덕(德)은 득(得)으로도 해석되는데 '상생' 이라는 덕을 무한히 개신하여 발전시키므로 무한한 혜택을 얻어 풍요로운 환경을 마침내 일구어 내게 된다.

> "내가 13년 전 오늘 천명과 신교를 받들어 모신 이래, 구천상제님께서 물샐틈없이 짜 놓으신 도수를 풀어 맞추는 공부에 마음과 힘을 다하여 이제 그 도수의 제일단계 공사를 성취하였노라. 무릇 상제님의 도수는 현묘하고 심오한 진리로서 이루 다 형언할 수는 없지마는 그 근원이 되는 강령은 오직 무극대도니라. 천명 · 천서 · 천보의 삼천대운(三天大運)에 부합하여 수많은 도수를 마쳤으니 이는 내가 구천상제님의 도통계승자임이 실증됨이라. 이에 나 스스로 '무극대도주(无極大道主)의 권명(權名)'을 천하에 고하노라." 하시니라. (3:9)

이날 치성 때에 맑은 하늘에 번개가 치고 뇌성이 진동하였는데 이것을, '뇌성보화천존(雷聲普化天尊)상제께서 하감흠향(下鑑歆饗) 하심'이라 하셨다.

> 이어 도인들에게 "나는 이제부터 대도의 진주로서 천명과 신권(神權)을 사용하여야 하므로 오늘 치성도 도주의 위격으로 올리는 것이니라. 그대들은 이를 명심하여 오늘 이후 나를 도주로 받듦을 본분으로 하되 여러 분의 칭호를 도인으로 하노라. 또한 나의 도호가 정산임을 고하는 바, 이는 구천상제님께서 천명과 함께 미리 내리신 도호니 이제 도수를 받들어 사용하느니라." 하시고 치성에 임하시니 모든 도인이 감복하니라. 이 날 치성시에 맑은 하늘에서 번개가 치고 뇌성이 울리므로 상제님께서 "뇌성보화 천존상제님께서 내려 보시고 흠향하심이니라." 하시니라.(3:10)

그리고 도인들로부터 도주 취임의 하례를 받으시고 도의 체제를 갖추어 임원을 임명하셨다. 5월에 그동안 다른사람의 소유가 되었던 회문리 옛집을 서산공으로 하여금 복원(復元)하게 하시고 그 가족을 이사시켜 고기(故基)와 선영(先塋)을 수호하게 하셨다.

무극대도를 선포하신 후에도 정산선생은 백일공부를 시작해서 8월 중순에 마치셨다. 같은 해(1921년) 9월 초5일은 도의(道義)적으로 의의 깊은 날이다.

그것은 이날 도주님께서 도로서는 도조(道祖)가 되시고 도의로서는 신앙의 대상이신 구천상제로 받드는 증산상제님의 도통(道統)을 계립(繼立)하신 진주(眞主)이지만 재세시의 인신(人身)으로는 직접 받들지 못하심을 대신하여 그 성체(聖體)를 모셨기 때문이다.

정산선생께서는 이날 증산상제님의 모친 권씨 대모와 상의하신 다음 혈연(血緣)인 유족(매씨 선돌부인, 따님 강순임)과 임원들을 대동하고 김제 청도리 동곡 뒷산의 증산상제님 빈소(殯所)에서 고천의례(告天儀禮)를 올리신 후에 그 성골(聖骨)을 수렴(收殮)하여 통사동 영모재 공부실로 옮겨 봉안하고 대치성을 올리셨다.

삭망도수공부 중 9월 19일 구천상제님 강세일에 대치성을 올리신 다음, 임원들을 공부실에 시좌시키고 하교하시기를 "나의 도통은 요순의 상수지법[5]과 같으니라." 하시며 기쁜 얼굴로 다음의 한시 한 수를 읊어 주시니라.

時時默誦空山裏　夜夜閑聽潛室中
分明造化成功日　堯舜禹王一切同[6] (3:15)

구천상제의 강세치성을 마치신 후, 정산선생은 자신의 사명감을 깨닫고 마침내 구천상제의 성령(聖靈)을 봉안하고 도단(道團)의 본부가 될 도장(道場)의 영건(營建)을 임원들에게 명하셨다.

이에 도장영건 추진위원회가 구성되니 그 도유사(都有司)를 서산공으로 하고 각 도·군의 유사가 선정되어 이들의 활동으로 이해 연말에 도장영건 기금(基金)으로 성금이 원납(願納)되니 이것이 원납도수였다.

정산선생께서는 만주 망명시절에 예씨(芮氏 : 휘 鍾麟, 도호 崇道夫人)와 결혼하셨으나 예씨께서 10년이 넘도록 태기가 없으시므로 이해 11월에 부모님의 주선에 따라 전주 이씨(李氏 : 휘 金漢, 도호 崇政夫人)와 결혼하셔서 후사(後嗣)를 두게 되신다.

임술(壬戌 : 1922)년 정월 23일 밤중에 폭도 20여명이 공부실에 침입하여 상좌에 모신 상제님의 성골과 도장기금의 일부를 빼앗아

---

5) 堯舜의 相授之法: 요와 순임금이 왕위를 자손에게 세습하지 않고 요는 순에게 순은 우(禹)에게 선양(禪讓)한 왕위 전수법을 말한 것이다. 곧 도통을 자손에게 전하지 않고 훌륭한 후계자에게 전함을 말한 것이다.

6) 시시묵송공산리 야야한청잠실중 분명조화성공일 요순우왕일체동: 공산 속에서 때때로 묵송하니, 밤마다 고요한 방안에서 한가롭게 (계시를) 듣도다. 분명한 조화를 성공하는 날에, 요·순·우왕이 일체로 모두 같으리라.

달아난 사건이 일어났다. 이날 정산선생께서는 모든 임원들을 지방 포덕에 보내신 다음 영모재 공부실에서 우수절(雨水節) 절후치성을 입절(入節)시각인 술시에 올리셨는데, 참례원인 도장(道丈) 내외분, 선돌부인, 숭정부인 및 도인 몇 사람이 폭도들이 몰래 몽혼약(矇昏藥 : 마취제)을 타 넣은 것을 음복하고 일찍 잠들었다가 폭도들의 습격을 당한 것이다. 폭도들은 저마다 몽둥이를 들고 와서 참례원을 사정없이 때리고 마당으로 끌어내어 묶어 놓았다. 정산선생께서는 이때 공부실의 중요 물품을 미리 챙겨 놓으신 가방을 들고 밖으로 나가셨는데, 폭도들이 이를 알아보지 못하여 무사하셨다. 한편 도장께서는 주무시다가 그들의 몽둥이에 맞아 오른손목의 뼈가 부러져 병원에서 치료하셨으나 완쾌되지 않으셨다.

정산선생께서 폭도들이 돌아간 뒤에 공부실을 살피시니 왼손 성골이 남아 있으므로 '천지의 이치와 기운이 모두 한 손바닥에 모임'(天地都來一掌中)의 뜻을 되새기시며 수습하셨다. 그 후에도 폭도들이 도장기금과 증산상제의 왼손 성골을 강탈하려는 행패가 계속되므로 정산선생께서는 대전의 빙댁(聘宅)으로 옮기셔서 공부하셨다.

그러나 저들은 거기까지 찾아와서 행패를 부렸고, 결국 경찰에 넘겨져서 실형을 언도받음으로써 사건이 종결되니, 이를 음해(陰害)도수라고 한다.

3월에는 정산선생께서 통사동 공부처를 폐쇄하시고 서울 도화동에서 백일공부를 하셨는데 이때 서울의 명사급 인사들이 많이 입도하였으며 윤 5월에 다시 돈암동에서 제2차, 9월에는 적선동에서 단위에 태극기와 만국기를 세우시고 제3차 백일공부를 하시는 동안 포덕에도 힘을 쓰셨다. 이로써 3처 3도(三處三度)의 서울도수를 성취하신 것인데, 이때 정산선생께서 다음과 같이 하교하신다.

"이는 조선의 서울이 태극의 중심이 되는 도수라. 1갑(一甲 : 60

년)이 지나면 천하 만국시민이 가슴에 태극을 품고 서울로 와서 세계일가(世界一家)의 기틀을 다지며 환호하는 날이 있으리니 그 아니 장하랴. 그러나 그대들은 새 서울이 따로 있음을 알지니라. 그 1갑이 지나면 나의 태극진리도 문명(文命)으로 화(化)하여 새 서울에서 큰 소리를 치리니 때는 그 때가 있으니, 때여! 때여!" 하시니라.

이 말씀은 60년 후 서울 올림픽이 개최될 때에 이르러서야 비로소 '정산선생께서 과연 진법진주이신 동시에 태극주로서 시행하신 도수공사가 실현되는 것임'을 도인들은 확연히 깨닫게 되었다.

계해(癸亥=1923)년 정월에 서울도수 공부를 마치신 정산선생께서 고향인 칠원 회문리로 오셨다가 밀양 세천(洗川) 김병문(金炳文)의 집, 유천(楡川) 장득원(張得遠)의 집에서 단(壇)도수, 둔(遁)도수, 납폐(納幣)도수 또는 진인보두법(眞人步斗法)으로 백일간씩 공부를 계속하셨는데 세천 공부 때 쓰신 납폐지를 후일 태인 도장을 영건하실 때 그 영대 터에서 소화하셨다.

또한 유천에서 공부를 마치시고 다시 청도 적천사(磧川寺) 도솔암(兜率庵)에서 서울에서와 같이 단을 쌓고 그 위에 태극기와 만국기를 세우신 다음 백일공부로써 단도수를 보시며, "단도수의 단(壇)은 단(檀)과 같은 뜻이므로 단군의 명호도 이를 취함이니……. 해원의 대운이 제래(齊來)하게 되리라"하셨다.

정산선생께서 이해 6월 24일 상제의 화천일을 당하여 회문리 고기(故基)에서 대치성을 올리셨다.

이날 임원들에게 하교하시기를 "금년이 이재신원(이로움이 새로운 원에 있음)의 계해년이니 대도의 제왕지운(帝旺之運)이 다가오고 있느니라. 내 이제 전도문을 내리느니 이로써 세운(世運)을 자각하고 포덕·수도에 더욱 힘쓰라."하셨다.

전도문(傳道文)

7번의 윤달이 드는 19년은 장(章)이 되고 27장은 회(會)가 된다.[7]

살피건대 1년을 사이로 하여 윤달을 두면 날짜가 남고 2년을 사이로 하여 윤달을 두면 날자가 부족하나, 19년이 되기까지 7번의 윤달을 두면 남거나 부족함이 없다. 그러므로 19년을 1장으로 하고 27장을 1회로 하는 것이니, 1회는 대강 513년(19*27)이 되는 것이며, 맹자가 말한 바 "500년에 반드시 왕도(王道)로써 세상을 다스리는 사람이 있다"고 한 것이 이것이다.[8] 3회는 통(統)이 되고 3통은 원(元)이니 순환하고 왕복하여 서로 끝이 없다. 살피건대 1회가 각각 513년이면 3회는 합해서 1,539년(513*3)이다. 1통이 각각 1,539년이면 3통은 합해서 4,617년(1,539*3)이니 이것이 1원이 된다.[9]

지금으로부터 4,617년 전인 정사년에 헌원씨가 황극을 세움으로부터 이 원(元)이 비롯되었다. 살피건대 황제 헌원씨가 즉위한 것은 지금으로부터 4,617년 전의 정사년이다(상원갑 전의 계산이다).[10]

온갖 형상과 온갖 일이 모두 정해진 것이 있고 여러 법과 여러 글이 모두 이것에 근원한다. 살피건대 천문지리·인사는 모두 황제 헌원씨가 비로소 가르친 것이고 역사의 연대를 기록함도 또한 황제로부터 시작되었다.[11] 중국 고대의 현효(玄囂: 少昊氏=황제의 아들), 전욱(顼: 高陽氏=황제의 손자), 제곡(帝嚳: 高辛氏=현효의 손자), 방훈(放勛:帝堯陶唐氏=제곡의 아들), 중화(重華: 帝舜 有虞氏=고수의 아들, 전욱의 5대손), 하우(夏禹: 우 임금 = 곤의 아들, 전욱의 후손)에게 전함에 있어 초통초회에는 대대로 성인이었다. 살피건대 황제로부터 순 · 우 임금에 이르기까지 대략 500년이다. 초통 초회라는 것은 황제로써 시작하면 황제 원년에서 계산하여 순 · 우 임금에 이르기까지 513년(1회)이라는 것이다.[12]

해가 돋아나면 모든 빛나는 것이 함께 밝음을 발산하고 봄이 돌아오면 모든 품물이 함께 빛나고 왕성해진다. 초통의 가운데에서 중회와 계회로 내려오면서 성인이 계승하지 못함은 다만 한 때이었다. 살피건대 초통이란 것은 황제 이후 모두 1,539년을 이르는 것이고, 그 가운데 513년 이후는 곧 초통의 중회이며 1,026년 이후는 곧 초통의 계회가 되는 것이다.[13] 우임금 뒤에 탕임금이 있었고 탕임금 뒤에 문왕이 있음은 한 회에 한 성인이 회의시기에 응한 것이다. 중통(中統)으로 거쳐오면서 세상이 점점 나빠져서 성인의 도(道)가 행해지지 않고 다만 교(敎)가 전해졌다. 살피건대 중통이란 것은 황제가 즉위한 후 1,539년 이후에 중통이 되는 것이다.[14]

석가 뒤에 공자가 있었고 공자 뒤에 야소(예수)가 있음은 한 회에 한 교가 교문(敎門)의 자리를 각각 열었다. 살피건대 석가여래는 지금부터 2,950년 전(계해<1923>년에서 계산함) 계축년에 났고 공자는 지금부터 2,474년 전, 경술년에 났으며 야소(예수)는 지금부터 1,923년 전, 신유년에 태어났다.[15] 계통(季統)에는 교도 또한 (교를) 시작한 성인이 없고, 오직 성인을 밝혀서 계승하고 계몽하여 오는 것만 있었다. 살피건대 계통이란 것은 황제가 즉위한 이후 3,078년 이후의 계통인 것이다.[16]

불교는 양나라, 유교는 송나라, 야소교는 로마에서, 한 교가 한 번 창성함은 회에 응해서 돌아온 것이다. 살피건대 지금부터 1500년 전 중국의 육조시대와 신라 때에 불도가 중흥하고, 그 후 500년, 지금부터 약 1000년 전 송나라 때에 염계와 낙양의 여러 현자들(정명도, 정이천, 주회암 등)이 일시에 도를 전했으며, 그 후 약 500년에 로마의 법왕이 예수교로써 서양의 맹주가 되었다.[17] (3:53)

---

7) 七閏十九歲爲章 二十七章是會當

8) 按 間一年置閏則 有餘日 間二年 置閏則 日不足 及至十九年 置七閏則 無餘不足 故以十九年

이때 대도를 선포하신 지 3년, 도세(道勢)가 급격히 늘어났지만 그동안 음해도수 등으로 도장을 영건하지 못한 것이 유감이었다. 임원들이 과거에 구성된 도장영건 추진위원회를 재정비하고 그 후보지를 정산선생께 여쭈니, "도장기지는 태인(泰仁) 도창현(道昌峴)이 천장길방지지(天藏吉方之地)니라……. 그러나 그곳에 치마바위가 있어야 한다."하시고 이상우 등에게 찾도록 하셨다.

그들이 도주(道主)인 정산선생 뜻에 가합(可合)한 곳을 물색하여 보고하매 몸소 가셔서 확정하시고 5천 5백 평의 부지를 매입하게 하시니 대가는 벼 3백 50석이었다. 그런데 기이한 일은 부지의 표면에 솟아난 바윗돌 몇 개였던 치마바위를 명령에 따라 흙을 파서 대지를 정리하니 높이 약 3장(丈)에 길이 약 50칸이나 되는 성채(城砦)모양, 병풍모양의 바위가 신기한 경관을 이루었고 대지 중앙에서는 샘물이 솟아나서 후일 수천 명의 용수에 넉넉하였으니, 당시 도인들은 이 샘을 유천(乳泉)이라 부르게 되었다.

과연 천장길방의 비경(秘境)이었으며 지금도 태인을 가면 치마바

爲一章 二十七章 爲一會 一會 凡五百十三年 孟子所謂 五百年必有王者 此也

9) 三會爲統三統元 循環往復互無疆 按 一會 各五百十三年則 三會 合一千五百三十九年也 一統 各一千五百三十九年則 三統 合四千六百十七年 是爲一元

10) 四六一七前丁巳 軒轅立極肇斯元 按 黃帝 卽位 距今四千六百十七年前 丁巳 (上元甲前計算)

11) 萬象萬事皆有定 諸法諸書總此源 按 天文地理人事 皆黃帝之所始敎而 史記紀年 亦自黃帝始也

12) 傳嚣頊嚳勛華禹 初統初會世世聖 按 自黃帝 至於舜禹 略五百年矣 初統初會者 以黃帝 爲始則 以黃帝元年 計以至於舜禹 五百十三年者也

13) 日出萬暉同發明 春回品物共華盛 初統之中降中季 聖不承承但一時 按 初統者 黃帝以後 凡一千五百三十九年之謂而 五百十三年 以後則初統之中會也 一千二十六年以後則 爲初統之季會也

14) 禹後有湯湯後文 一會一聖應會期 中統由來世漸降 聖不道行但敎傳 按 中統者 黃帝卽位後 一千五百三十九年以後 爲中統也

15) 釋後有孔孔後耶 一會一敎各門筵 按 釋迦如來 距今二千九百五十年 (癸亥年計) 癸丑生, 孔子 距今 二千四百七十四年 庚戌生, 耶蘇 距今一千九百二十三年 辛酉生

16) 季統敎亦無肇聖 惟有述聖繼啓來 按 季統者 黃帝卽位後 三千七十八年 以後之季統也

17) 佛梁儒宋耶羅馬 一敎一昌應會回 按 距今一千五百年前 六朝及新羅之時 佛道中興, 其後 五百年 距今約一千年前 大宋之時 濂洛諸賢 一時傳道, 其後 五百年 羅馬法王 以耶蘇敎 爲西洋之盟主

▲ **무극도 태인도장 터**
정산선생께서 도기 15(1923)년 12월 초 6일 몸소 도장 기지를 정하시고 건물을 영건하셔서 17(1925)년 4월 28일 영대를 봉안하신 전북 정읍군 태인면 태흥리 도창고개 무극도본부 태인도장의 터.
태인도장은 27(1935)년 12월 왜정 총독부의 종교단체 해산령에 따라 무극도 해산과 동시에 도장건물이 경매, 철거되고 해방 후 이 터에 태인사람 정씨가 학교건물을 지었으나 현재는 폐교되어 그 일부만 공장으로 쓰임.
사진 ① 도장 대지를 조성할 때 자연히 나타난 치마바위의 모습(길이 약 100m, 높이 6~7m).
② 현재 폐교가 되어 방치된 학교건물과 운동장 모습.

위의 뜻을 감지할 수 있다.

갑자(甲子 : 1924)년에 무극도 도장 영건 공사가 진행되는 동안 정산선생께서는 그 설계와 시공의 세부까지 몸소 감검(鑑檢)하시는 한편, 5월에는 밀양 종남산의 영성정(靈聖亭)에서 납폐도수, 8월에는 대구 남산정에서 대구(大救)도수, 9월에는 멀리 중국까지 순행(巡幸)하시며 대중화보은(大中華報恩) 도수를 보시고 회문리에서 과세하신 다음 태인으로 돌아오셔서 도장공사를 독려하셨다.

도장 건물은 착공 2년만인 을축(乙丑 : 1925)년 4월에 영대(靈臺)와 도솔궁(兜率宮)이 완성되고 이듬해에 다른 부수건물들이 모두 준공되었다. 영대는 3층에 구천상제의 영위(靈位)를 모시고 1·2층은 집회장인데 총 48칸이고 도솔궁은 총 72칸으로서 4·3·2층에 33천(三十三天), 칠성신명, 육정신 등을 각각 모시고 1층은 중궁(中宮)이라 하여 정산선생의 공부실로 하였다.

영대의 외부는 2층이었으나 내부는 3층이었고, 도솔궁의 외부는 3층이었으나 내부는 4층으로 되어 웅대하고 절묘한 건물이었다.

240여 칸의 건물 모두를 청기와로 이고 전통 단청을 하여 참으로 장관을 이루었는데 이는 공사기간 33개월, 노력인원 연 12만 명, 공사비용 5만원으로 당시로서 엄청난 공사였다.

이달 28일 봉천명일을 기하여 도장영건과 영대 봉안치성을 아울러 올리시며 상제의 영위를, '九天應元雷聲普化天尊姜聖上帝至神至聖聖靈之位'로 하여 모셨다.

이 일을 축하해서 3일간의 연회를 베푸셨다. 이때 무극대도의 '취지서'도 포유(布諭)하셨다.

'夫 道也者는 天所命而 人以行之者也(무릇 도라는 것은 하늘이 명한 바이고 사람이 행해야 하는 것이다)'로 시작되는 취지서를 비롯하여, '신조(信條) : 음양합덕(陰陽合德), 신인조화(神人調化), 해원상생(解冤相生), 도통진경(道通眞境)' '4강령(四綱領) :안심(安心), 안신(安身), 경천(敬天), 수도(修道)' '3요체(三要諦) : 성(誠), 경(敬), 신(信)'을 비롯하여 도단(道團)의 기본규칙, '도규(道規)'도 공포하셨다.

또한 치성의례의 절차와 입도치성절차, 갑기일(甲己日)을 주일(主日)로 제정하시고 기도시의 절차와 봉송주문을 제정, 또는 교시(敎示)하셔서 대도의 조직체계와 의례 절차 등을 빠짐없이 완비하셨다.

뿐만 아니라 20여 정보의 상수답(上水畓)을 매입, 본부의 직영경작으로 도단 경용(經用)을 자급(自給)하게 하시고 치성답 5천여평을 두셔서 치성미(致誠米)를 자족(自足)하게 하셨다. 이렇게 대도의 체제가 정립되니 도세가 일취월장(日就月將)하여 도인의 수가 수10만에 달하였다.

을축(1925)년인 이해 9월 상제 강세치성 후에 '각도문(覺道文)'을 포유하시고 주문의 일부도 변경하셔서 봉송절차와 횟수 등도 교시하셨다. 같은 해 그믐에 한 임원이, "도주님께서 새해에는 천자위

▲ 무극도 당시의 도장건물 모습.

(天子位)에 등극하옵소서"하고 여쭈니,

"나의 일은 한 나라의 일에 국한되는 군왕(君王)사업이 아니라……. 3계 전체를 개벽 광구(匡救)하는 공사니라"하고 훈계하셨다.

병인(丙寅 : 1926)년 봄에 회문리 구가(舊家)를 중수하게 하신 다음, 그 옆에 회룡재(廻龍齋)란 아담한 정사(精舍)를 짓고 그 앞에 연못을 파게 하시며, "이는 뒷날의 일을 예비하는 도수니라"하셨다. 이 회룡재가 10년 후부터 잠룡(潛龍), 회룡(廻龍), 현룡(見龍)으로 도수와 관련된 것임은 20년이 지난 8·15광복 후에야 판명되었다.

무진(戊辰 : 1928)년 설날 정산선생께서 '포유문(布諭文)'을 내리셨다. '人生處世에 有何所欲고(사람이 나서 세상을 삶에 있어 무엇을 하고자 하느냐)'로 시작하여 '欽吾道友는 勖哉勉哉어다(공경하는 우리 도우는 힘쓰고 힘쓸지어다)'로 끝마친 글이 뜻도 좋지마는 글도 명문장으로서 도인만이 아니라 누구에게나 처세훈(處世訓)이 되는 글이었다.

이해 봄에 청장년(靑壯年) 도인으로써 진업단(進業團)을 조직하시니 이는 도인들의 생활안정과 산업 장려, 빈민구제를 위한 것이었다.

또한 각처를 수리(水利), 개간, 간척(干拓)하는 등의 사업은 성·경·신을 신조로 하는 것이었다. 이러한 진업단의 활동은 사업장마다 신임을 얻어 좋은 실적을 올렸는데 이것을 도중에서는 단원(團員) 도수라고 했다. 추석에 임원에게 훈교를 하셨다.

"지금 우리 도가……. 성화(盛花)의 국격이다. 그러나 개화(開花)에는 낙화의 도수가 따르느니라."하시고 한시를 읊으셔서 난국이 닥쳐올 것을 예시(豫示)하셨다.

"戊辰年來開花期 己巳丁寧滿發期 庚午辛未無限量 乙丙之間落花期"[18] (3:97)

기사(己巳 : 1929)년 9월, 도인 15명을 뽑아서 개안(開眼)공부를 시키셨는데 7일 만에 그들이 모두 천문지리(天文地理)며 의표(意表) 밖의 일에 눈이 밝아져서 정산선생께서 당시에, "이만하면 넉넉히 경험했을 것이다. 대도의 목적은 도통이라, 개안에 그칠 일이 아니니 이만 거두리라"하시니 일제히 그전의 상태로 돌아갔다.

경오(庚午 : 1930)년 봄에 진업단을 증원시켜서 1개단 200여명은 북만주 목단강 근처로, 1개단 300여명은 함경도 무산으로 보내어 벌채사업에 종사케 하셨다.

진업단이 2년 후에 돌아올 때까지 왜경에서는 만주지방의 독립군과 합류할까 의심하여 그 해산을 강요하거나 벌채허가를 취소하는 등 방해하고 위협했으나 굴함 없이 많은 성과를 올렸다.

진업단이 돌아오자 정산선생께서는 미리 계획하신 안면도(安眠島)와 원산도(元山島)의 간척사업을 착공하게 하시니 안면도는 창기리(倉基里) 앞바다를 막아 80여정보, 원산도는 50여 정보의 논과 염전(田)을 확보하게 되었으며 이 공사의 비용 또한 커서 현금 1만원과 쌀 300석이었다.

간척공사가 진행되는 동안 정산선생께서 직접 공사장에 임하셔서 단원들을 격려하시고, 다시 그 근처 쇠섬에 단을 모으고 그 위에서 조수(潮水)의 간만(干滿)을 살피시며 백일 간 도수를 보셨다.

---

18) 무진년래개화기 기사정녕만발기 경오신미무한량 을병지간락화기: 무진년 이래의 개화기가, 기사년에 정녕 만발기라. 경오·신미에 한량이 없을 것이나, 을해·병자에 꽃이 떨어지는 시기이리라. 이렇게 이르시며 7-8년 후에 닥칠 환란(종교단체 해산령)을 예견하셨다.

정산선생의 산업개발 의지와 그 신생교단으로서의 정립포부는 상상하기조차 어려울 정도로 대단하신 것이었다. 가을에 만주로부터 진업단이 왜경의 강제송환으로 벌채사업을 중단하고 돌아와서 미리 안상익을 시켜 측량·설계 등 면밀히 계획하셨던 안면도와 원산도의 간석지 간척사업을 착공하여 안면도 간척은 창기리 바다를 막아 80여 정보와 창기리 새터입구에 3천평 규모와 원산도는 50여 정보의 논과 염전을 만드는 사업에 정산선생께서 그 자금으로 현금 1만원과 백미 3백석을 하사하셔서 서산공께서 주관, 추진하게 하셨다.

▲ **안면도 창기리 간석지** : 바다를 막아 쌓은 간석지

임신(壬申 : 1932)년 여름에 도단의 재정책임자 김병팔(金秉八)에게 명하셔서 전주 이서(伊西)의 사금광(沙金鑛), 충북 음성의 무극광산(無極鑛山)을 위시한 전국의 72개 광구(鑛區)를 출원하고 그 일부의 채광으로 막대한 수익을 올리셨다. 뿐만 아니라 개간공사, 하천공사, 수리공사, 도로공사 등 태인을 중심한 무극도 진업단의 비상한 활동업적은 여기에 모두 기록할 수 없을 정도이다.

또한 정산선생께서는 수십만 도인을 거느리시고 막대한 사업을 전개하시면서도 항상 도단의 임원들로 하여금 포덕과 교화에 소홀함이 없도록 독려하셨을 뿐 아니라 몸소 수도 공부에 정진하시며 이루 다 형언할 수 없는 고초를 겪으셨다.

음양합덕의 종교윤리

음양은 서로를 보완하고 필요로 하는 관계이다. 선천은 음양이 나누어져 상극을 이룬다면, 후천은 합덕하여 상생을 이루게 된다. 음과 양이 서로 만나서 조화를 이루면 가정의 평화는 물론이며 인류의 복된 삶도 기약할 수 있는 것이다. 원래 음양사상은 모든 환경을 음양을 가지고 해석함을 의미한다.

음(陰)은 여성적인 요소로 양(陽)은 남성적인 요소로 간주하였다.

음양은 특유의 의미 중첩 방법으로 확장되었고, 다양한 분류기준과, 그 분류로 양분된 두 부분의 총칭이 되었지만, 개벽시대에는 신명도 양을 찾아 길을 나서고 사람도 음을 찾아 길을 나설 때이다.

정산선생은 음양합덕에 관해 이렇게 말씀하셨다.

"육체현실(肉體現實)과 심령이상(心靈理想)이 별개의 것이 아니라, 바로 음양의 도리니 육체만 위주하여 심령을 버리거나 이상만 앞세워 현실을 외면함도 음양합덕이 아니니 육체와 심령의 조절(調節)이 곧 합덕이니라. 돈을 벌기 위하여 공부를 버리면 그것은 금수의 일이요, 이상만 찾고 현실을 버리면 아표신(餓莩神)이 될 뿐이니 도는 합덕이라야 이루어지리라. 또 도가 어디에 있느냐 하면 농사에도, 장사에도 있으니 생업에 종사하면서도 심적기도(心的祈禱)와 아울러 도를 함께 닦아야 함이 합덕이니라" 하시니라. (태5:114)

"음양합덕은 태극원리니 음양은 곧 태극이라, 동체원리(同體原理)로 말하면 손바닥은 음 손등은 양, 서책의 표지는 양 내면은 음, 청천(晴天)은 양 우천(雨天)은 음이며, 이체원리(異體原理)로는 하늘은 양 땅은 음, 해는 양 달은 음, 남은 양 여는 음임과 같으니라. 이러한 음양이 서로의 덕성

동문의 합덕문

(德性)을 화합시키는 것이 음양합덕이니 가장 가까운 예(例)로는 부부의 도가 이것이고, 가장 큰 것은 천지며 우주니라." (태7:34)

"내 일찍이 음양합덕·신인조화·해원상생·도통진경의 태극진리를 오도 신조(信條)의 원천(源泉)으로 게시(揭示)하였거니와 이 진리를 활연관통(豁然貫通)하는 것이 곧 우주 전체의 원리와 인간의 생활 윤리를 체득함이니라. 선이니 악이니 하는 인간의 언어·문자에 구애됨이 없이 음양합덕의 태극진리로 생활하는 자는 저절로 인의와 자비·박애를 실천하여 이행함이니 이에 법률이나 사회질서 또한 절로 형성될 것이라, 이것이 곧 무위자연(無爲自然)의 원칙이니라. 그러므로 너희들 도인은 항상 합덕·조화 상생의 진리로 생활할지니라." 하시니라. (5:59)

어느 날 한 임원이 여쭈기를 "우리 도의 강령에 안심과 안신이 있사온 바, 심(心)과 신(身)을 현대적으로 말하면 이상과 현실인 듯하오니 이 관계를 하교하여 주옵소서." 하니 상제님께서 하교하시기를 "다른 종교에서는 대개 마음만 말하고 몸을 말하지 않지마는 오도는 몸 또한 마음과 같이 중히 여기는 바니 내가 일찍이 '몸은 마음의 표현이라' 함이 이것이니라. 네가 묻는 이상과 현실도 마찬가지니 모든 것이 독음 독양(獨陰獨陽)으로는 이룰 수 없음이니라. 마음과 몸, 이상과 현실은 실로 둘이면서 둘이 아니니 무극이 곧 태극임을 아는 자는 이 음양합덕의 진리가 눈에 보이듯 알아지리라. 심령신대(心靈神臺)를 수양하되 신체발부(身體髮膚)를 법례에 맞게 하고 이상을 추구하되 현실에도 충실하여야 하리니 그렇지 않으면 진정한 도인이 아니니라. 대저 도라는 것은 마음의 길에 앞서 눈에 보이는 철길이나 신작로가 바로 그것이니 마음의 길이나 몸의 길, 이상과 현실의 길이 모두 하나의 도에서 나온 두 길이니라. 그러므로 음양합덕은 심신합덕(心身合德)에 있고 신인조화는 심신조화(心身調化)에 있느니라." 하시니라. (7:38)

"참으로 태극의 합덕 · 조화가 분초(分秒)라도 헝클어질 수는 없으니 신체에 음양이 부조(不調)하면 질병이 침범할 것이요, 가정에 부부가 부조하면 집이 망하고 국가사회에 상하 · 사린(四隣)이 부조하면 변란이 생기며, 우주에 음양이 부조하면 천재지변(天災地變)이 생기느니라." 하시니라. (태7:41)

"사기한(詐欺漢)의 말에도 참이 있고, 현인(賢人)의 말에도 거짓이 있음을 아는 자는 곧 음양합덕을 보는 눈이 있느니라. 그러므로 참과 거짓, 사랑과 미움, 밝음과 어둠을 굳이 분별하지 말라, 오직 태극기동의 합덕조화를 체인(體認) · 회득(會得)함이 마음 공부니라." 하시니라. (태7:43)

태극의 원점에서 정양정음으로 이치가 부합되니 이를 음양합덕이라고 한다. 음양이 합덕을 하는 데서 그 기능이 있으며 음 따로 양 따로 라든지 서로 반대되어 더 이상 불화를 일으키지 않는 이치이다. 인간이 중심이 되는 이치가 여기에 있다.

천지우주의 자연은 정음정양을 이루어야 합덕이 되고 합덕이 되어야 도수에 따른다고 한다. 음양이 부덕하면 결국 도수를 어기게 된다. 우주의 음양의 기는 신기(神氣)이다. 우주에 원한을 품은 신기가 있으면 합덕은 불가능하다. 우주가 음양으로 합덕하려면 우주에 화기(和氣)가 차있어야 하며 화기가 차게 되면, 원기(怨氣)가 없어진다.

이처럼 마음속의 원기의 '한(恨)'을 풀고 화기의 통달 '한'을 찾는 방법이 수도이다. 인륜은 음양합덕의 관계로서 가정이 기본적 원형이다. 가정에서 정음정양으로 이루어져야 사회윤리, 국가윤리, 세계윤리가 바로 잡히게 된다.

천지와 음양은 기능과 작용의 차이를 나타낼 뿐이며 고저와 상하는 존재하지 않는다. 가치가 평등하기에 합덕이 가능해진다. 질병은 음양이 부조화를 이룬 상태에서 발생하며 보사(補瀉)를 통하여 부족은 보충하고 과잉은 소거시켜 나가야 한다. 평등해야 합덕이 이루어진다. 동양의 음양합덕 사상이 서양의 변증법 사상을 어떻게 조화를 이룩할 수 있느냐가 중요한 동서화합의 관건이 될 것이다.

음양을 도가개념으로 생각하기 쉬우나, 『도덕경』에서는 음양이 언급되지 않았으며, 단지 천(天), 도(道), 유(有), 무(無)에 대해서 언급하고 있을 뿐이다. 한의학의 음양사상은 한의학의 기본적인 틀이다. 도가와 달리 초기부터 음양이 핵심개념이다.

가장 오래되었다는 한의학 문헌, 『황제내경』에서 이미 음양이 사고의 기준으로 사용되었다. 음양사상은 전래된 것이지만 정음정양의 합덕은 새로운 것이며 의식의 전환을 요구한다.

이러한 관점에서 '물소인간'을 살펴본다.

인도의 어떤 산기슭에 아름다운 꽃들로 뒤덮인 계곡을 굽어보는 아늑한 암자가 있었다. 이 암자는 사실상 산의 바위 턱을 깎아내서 만든 동굴이었다. 이곳에 위대한 스승과 헌신적인 제자가 거주하였다. 동이 트면서 언덕들의 얼굴로부터 어둠이 씻겨질 때면 산비탈은 다채로운 꽃들로 환한 미소를 지었다. 태양이 떠오를 때 스승과 제자는 함께 찬송가를 불렀는데, 그것은 오랜 무지의 잠을 잔 후에 각성되는 지혜를 그들에게 상기시켜 주었다. 자연이 밤의 침묵을 깨고 미소 지을 때 그도 미소지었다.

여명이 여전히 계곡에 남아 있는 동안 스승은 제자에게 완벽한 명상 자세로 똑바로 앉아서 주의를 집중하여 자신의 가르침을 듣도록 하였었다. 제자는 매일 자신의 스승의 입에서 쏟아져 나오는 가르침들을 열성적으로 받아먹었다. 그러던 어느 날, 스승은 제자가 방심하고 산만하다는 것을 알고 그에게 부드럽게 말하였다.

"아들아, 오늘 너의 마음은 내 말에 귀를 기울이지 않고, 언덕들 너머의 어딘가를 방황하는 것 같구나. 말해 보아라. 너를 방심하게 만드는 것이 무엇이냐?"

제자가 공손하게 대답하였다.

"존경하는 스승님, 저는 오늘 당신의 가르침에 집중할 수 없습니다. 저의 마음은 계곡의 푸른 초원에서 풀을 뜯고 있는, 우리가 새로 얻은 길들여진 물소에 대하여 무력하게 생각하고 있기 때문입니다." 스승은 제자를 꾸짖는 대신에 차분한 말로 침묵의 방으로 물러나서 문을 닫고 오직 물소에 대한 생각만을 하라고 권하였다. 하루가 지나고 다음날 아침, 스승은 침묵의 방의 작은 창문으로 들여다보았다. 제자는 여전히 물소를 집중하였다.

"아들아, 무얼 하고 있느냐?" 제자가 대답하였다.

"선생님, 저는 물소와 함께 풀을 뜯어먹고 있습니다. 당신한테로 갈까요?" 스승이 대답하였다.

"아니다. 아들아. 아직은 아니다. 네 물소와 함께 계속 풀을 뜯어 먹어라." 세 번째 날 아침, 스승은 다시 침묵의 방 창문을 통하여 들여다보면서 물었다. "사랑스런 아이야, 무얼 하고 있느냐?"

제자는 그 말에 대한 대답으로 황홀경의 상태에서 말하였다.

"하늘같은 스승이시여, 저는 제 방에 있는 물소를 보고 있고, 그에게 먹이를 주고 있습니다. 저의 물소를 데리고 당신한테로 갈까요?" "아직은 아니다. 나의 아들아. 물소를 보면서 그 물소에게 먹이를 주는 상상을 계속하여라."

다섯 번째 날, 물었다. "이제 말해보라. 나의 아들아. 지금 무얼 하고 있느냐?" 제자는 물소 같은 목소리로 울부짖었다.

"그게 무슨 말씀인가요? 저는 당신의 아들이 아닙니다. 저는 물소입니다!" 이 말에 스승은 미소를 지으며 응수하였다.

"좋아요. 물소, 당신은 침묵의 방에서 나오는 것이 좋겠소."

제자는 나오려고 하지 않았다.

"제가 어떻게 저 좁은 문을 통하여 나갈 수 있겠어요?"하고 그는 투덜거렸다. "제 뿔이 너무 커요!"

그러자 스승은 침묵의 방으로 들어가서 이전의 '물소'를 무아경에서 빠져나오게 하였다. 제자는 집중하던 대상을 모방하려고 애쓰면서 네발로 걷고 있는 자신의 모습을 발견하고는 미소지었다. 제자는 가벼운 식사를 한 다음 자신의 스승 말씀을 들으러 갔다. 그는 많은 심오한 영적 질문들을 받았고, 그 모든 것을 전례 없이 정확하게 대답하였다. 마침내 그의 스승이 소견을 말하였다.

"이제 너의 집중은, 너와 네 마음이 공부의 대상과 하나가 될 수 있는 완벽한 상태에 도달하였다." 이처럼 음양합덕을 이룬 연후에 집중과 몰입이 비로소 가능해진다.

잠룡 회룡 도수(潛龍 廻龍 度數)

음양오행의 이치는 우리의 삶과 놀이문화에 고스란히 녹아 있다. 신명나게 사물(四物)놀이가 펼쳐지는 마당에도 태극의 음양이치가 펼쳐지는 조화가 연출된다.

이를테면 꽹과리와 징은 양이며 북과 장구는 음이다. 금속소리를 내는 꽹과리와 징은 양(陽)이 되고 가죽 소리를 내는 북과 장구는 음(陰)이 되는데, 소리가 높은 꽹과리는 마치 천둥인 듯 번개인 듯 휘몰아치며 높은 충동성을 가지기 때문에 흔히 벼락[雷]에 비유되어 양중의 양인 태양(太陽)이 되고, 징은 그 긴 여운으로 말미암아 바람(風)에 비유되며 양 중의 음이라 소양(小陽)이 된다. 소리가 낮은 북소리는 둥둥 떠다니는 구름(雲)에 비유되며 음 중의 음인 태음(太陰)이 되고, 장고소리는 꽹과리와 더불어 화려한 신명을 자아내므로 그 소리를 비(雨)소리에 비유하고 음중의 양으로 소음(小陰)이 된다.

사람의 몸에서는 머리, 가슴, 배, 골반이 각각 태양, 소양, 태음, 소음에 해당한다. 그래서 꽹과리를 마구 쳐댈 때는 머리통이 찌릿찌릿하고, 징을 치면 가슴통이 저려오며, 북을 치면 배통이 울렁거리고, 장고소리를 들으면 오줌이 마려워진다.

또한 윷놀이와 씨름에도 음양이치가 담겨있는 데 앞뒤로 윷가락은 사상(四象)을 의미하고, 엎치고 자치는 가운데 팔괘(八卦)의 변화가 펼쳐진다. 그리고 도-개-걸-윷-모의 다섯 변화는 오행을 상징한다. 이 외에도 청 샅바와 홍 샅바가 서로 뒤엉키어 겨루는 씨름에서도 태극의 음양이치를 일상에서 엿볼 수 있다.

도기 27년 을해(乙亥 : 1935)년부터 도단에 비바람이 불어 닥치기 시작했으니 그것은 우선 완공되어 농토화한 안면도와 원산도의 간척지에 왜인의 마수가 뻗쳐온 것이다. 허가서류가 미비라느니 공사가 불법이라느니 하더니 결국 불령선인(不逞鮮人 : 불평불만을 품고 복종하지 않는 조선사람) 집단의 반일(反日)운동이라는 트집을 잡아 이 간척지들을 수탈당하는 사건이 생겼다. 이로써 안면도 간척지는 왜인 회사인 마생(麻生)의 소유로, 원산도 간척지는 보령군(保寧郡)의 소유로 넘어가는 결과가 되었으나 단돈 한 푼의 보상도 없었음은 물론이었다. 임원들의 울분에 찬 하소연에 정산선생께서는,

"망국민(亡國民)의 억울함이 어찌 이뿐이랴? 모든 것이 도수니라. 그러나 이로써 조수와 토지를 조화시켜 해원하였으며 또 많은 빈민이 노임을 얻었고 소작이나마 경작지가 생겨서 구제되었으면 족할 뿐, 그 소유가 누구에게 돌아감을 탓하랴. 장차 오늘의 시범(示範)을 알게 되리라"하시고 임원들이 서두는 송사(訟事)를 중지시키셨다. 그해 8월 추석치성 때 정산선생께서 임원들에게 다음같이 근엄하게 교시하셨다.

"모든 일에는 때의 도수가 있느니라. 전에도 말했지만 지금이 바로 낙화도수와 잠룡(潛龍) 도수의 시작이니 나의 27년간 헛 도수가 또한 지금이라, 나는 다시 입산(入山) 수도할 것이니 그대들도 각자 귀가(歸家)하여 내가 다시 찾을 때를 기다리라" 하셨으나 임원들은 그 뜻을 완전히 깨닫지 못하고 어리둥절하기만 했다.

12월에 조선총독이 전북지사 고원훈(高元勳)을 정산선생께 보내어 친서를 전달하고 감언이설로 내선일체(內鮮一體)와 황민화정책(皇民化政策)에 동조할 것을 강요했다. 이에 대하여 정산선생께서는,

"이런 일은 그대가 아니고 일본 왕이 직접 와서 말한다고 해도 안 되는 일이니 총독에게 내말 그대로 전하라"하고 단호히 거절하셨다.

그 후에 지사가 다시 와서 비상시국(非常時局)을 말하며 당국의 정책에 협조할 것을 재삼 간청했지만,

"나는 이미 도단을 해산하고 때를 기다리기로 결심했으니 다시는 도에 대한 일을 거론하지 말라"하시며 전일보다 더욱 완강하게 거절하셨다. 지사는 결국 공문으로 그들이 말하는 '종교단체 해산령'을 전하고 무극도의 해산을 통고했다.

이해 그믐날 명절치성을 전보다 더욱 성대히 준비하게 하시고 제석(除夕)배례를 올리는 임원들에게,

"도의 낙화도수와 나의 잠룡도수가 다다랐다. 내가 지난 추석에도 말한 바와 같이 그대들은 각자 귀가하여 생업에 종사하며 부모처자를 봉솔(奉率)하고 내가 찾을 때를 기다리라.

잠룡은 물용(勿用)이나 현룡(見龍)을 기(期)하고 낙화는 비정(非情)이나 결실을 위함이니 결실 전에 요동하면 화가 있으리라.

1년이 되거나 10년이 될지라도 나와 도를 믿고 기다리되 만약 지동지서(之東之西)하면 만나지 못하리니 각골명심하라"하고 엄훈(嚴訓)하셨다.

명령을 마치시고 임원들 얼굴을 일일이 굽어 살피신 다음 치성을 집례하셨는데 예필(禮畢) 후에 영대촛불이 일제히 꺼지므로 다시 켜고 철상(撤床)하게 하셨다.

병자(丙子 : 1936)년 설날은 무극도의 임원 도인들에게는 참으로 암울한 날이었다. 아침 일찍 정산선생께 세배를 드리려고 모두 모였으나 끝내 뵈올 수 없었기 때문이다. 일동은 누누이 말씀하신 '잠룡도수'의 참뜻을 그때서야 체인(體認)하는 듯하였다. 그래서 장시간 논의한 끝에 모두 각자 귀가하기로 결정하였다. 정산선생은 이날 새벽 치성 직후에 은밀히 시종 몇 사람만 거느리고 전주로 가셔서 공부설석(工夫設席)하고 두문불출하시며 도내외(道內外) 누구에게도

신분이 노출되지 않도록 엄명하셨다.

지방의 도인들은 무극도가 해산되었다는 사실이 믿어지지 않아 매일 수백명씩 도장으로 찾아와서 무극도의 해산은 왜정의 탄압 때문이라며 울분을 토하다가 마침내는 그 앞잡이인 태인 주재소와 정읍경찰서를 습격하자는 모의까지 하게 되었다. 그러나 감시의 눈을 부라리고 있던 경찰에게 탐지되어 무장경관 수십명이 도장에 들이닥쳐 도인들을 모두 축출하였다.

왜경은 정산선생 이하 전체 도인의 정성과 노력으로 이룩된 도장 건물도 몰수, 경매, 철거하는 만행을 서슴없이 저질렀다.

정산선생께서는 전주 대정정, 완산정에서 공부하시다가 3년만인 무인(戊寅 : 1938)년 봄에 마산 교방동(校坊洞)으로 옮기셨는데 공부처에는 누구의 출입도 엄금하시고 가족들의 왕래도 엄히 제한하셨다.

증산상제님의 유족(대모 권씨, 사모 정씨, 매씨 선돌부인, 따님 강순임)은 정산선생께서 마동 상봉 이래 한 가족과 같이 부양하시더니 태인도장 영건 후에는 태인읍 태성리에 주택을 사서 살게 하시며 생계를 보조하셨다.

그러다 양덕진과의 문제가 된 강순임은 전주시 노송동에서 혼자 살게 하시며 재정담당 김병팔을 시키셔서 생활비를 전달하게 하셨다. 무극도해산 1년 후 강순임은 김병팔과 함께 경북 의성지방으로 가서 독자의 교단을 창설함으로써 정산선생과의 인연을 끊었다.

정산선생께서 다음해 가을에 회문리 고향집으로 옮기셔서 회룡재에서 두문불출하시며 공부를 계속하셨다.

이무렵 왜국의 폭정은 날로 혹독해져서 시국은 각박하고 인심은 흉흉하였다. 징병, 징용, 보국대, 양곡공출부터 심지어 가마니, 새끼, 송진, 놋그릇까지 수탈하고 신사참배를 강요하는 등 경제착취와 정신압박을 가하더니 마침내는 조상전래의 성씨까지 저희와 같이 두 자 성으로 바꾸게 하는 발악적 만행을 자행하기에 이른 것이다.

정산선생 가족은 과거 만주로 망명하기 전에 항일운동을 한 사실과, 비록 이미 해산은 되었지만 무극도가 민족정신을 고양하는 종교였다는 사실에 따른 왜경의 요시찰(要視察) 대상인물로 지목되어 심한 감시와 행동의 제약을 받았다. 이때문에 숙부 서산공과 신산공은 몸을 피하여 만주와 일본으로 가서 장기간 유랑생활을 하기에 막심한 고초를 겪었다.

경진(庚辰 : 1940)년 가을 잠룡 5년 만에 비로소 회룡도수(廻龍度數)의 천계(天啓)를 받드시고 무극도 당시의 임원 이용직(李龍稙)을 회문리로 부르셨다. 이때 정산선생 댁의 식솔(食率)은 10여명이었지만 생업에 종사하는 이는 시종(侍從) 반상문(潘相文) 혼자뿐이고 약간의 농사를 지었으나 공출로 빼앗기고 대두박(大豆粕) 등 잡곡배급으로 생활하며 왜경의 사상사찰로 행동까지 감시되며 생활의 궁핍과 고난은 말로 형용할 수 없었다. 정산선생께서는 회룡재에서 혹한에도 불을 때지 못하게 하시고 항상 법좌(法坐)하여 법수(法水) 그릇을 두 손에 받쳐 들고 밤을 새워 공부하셨다.

법수가 넘쳐서 손에 고드름이 달리고 손가락은 동상으로 터져서 배접한 위에까지 피가 흘러도 동요하지 않으셨다.

신사(辛巳 : 1941)년 정초에는 그동안 계속하신 "주도수(籌度數)"를 보시면서 인덕(人德)도수인 진시삼천지반(盡是三千之班)의 회룡(廻龍)도수를 말씀하시며 포덕(布德) 재개를 하명하셨다.

12월에 상설(霜雪)도수라고 하시며 15일간을 회룡재 뒷마당에 볏짚을 편 자리에서 철야로 공부하시는데 매일 밤 서리는 물론 눈이 내려 의관을 덮는 적설(積雪) 속에 묻히다시피 하여도 참고 완공(完工)하셨다. 임오(壬午 : 1942)년 봄에 정산선생께서, "나도 이제 머지않아 새 옷을 갈아입게 된다."하시며, "이 도장을 '회문도장(會文道場)'으로 부르도록 하라"하고 명하셨다.

계미(癸未 : 1943)년에 이르러서는 새로 찾아드는 도인(道人)이 수백호로 늘어났다. 왜정의 소위 전시비상체제하(戰時非常體制下)에 그들의 감시를 피하여 숨어서 하는 포덕이었음에도, 이 정도였으니 드러낸 포덕이었더라면 이에 그치지 않았을 것이다. 이 기간에도 정산선생께서는 도수에 따라 행동하시며 잠시도 쉬지 않고 오직 공부에만 전념하시었음에도 불구하고 많은 기행(奇行)과 이적(異蹟)이 알려져 있다.

갑신(甲申 : 1944)년 어느 날 정산선생께서, "내 나이 지천명(知天命 : 50)이며 득도한 지 27년이고 잠룡도수도 어언 9년인데 머지않아 정기(旌旗)를 일으킬 기틀이 열리리라. 이제 '이윤(伊尹)의 50에 시지사십구년지비(始知四十九年之非)'와 '홍성문(洪成文)의 27년간 허공부'의 도수를 마침이니 앞으로는 인덕(人德)도수의 법공부(法工夫)라야 할 것이다"하시고 포덕에 힘쓰게 하시며 공부를 계속하셨다.

9월 하순에 창원 천주산(天柱山)에 초막을 치시고 백일공부에 들어가셨는데 이때 말씀하시기를, "이는 창생의 해박(解縛)을 위한 해방(解放)도수의 연속이라"하시며 무한한 고행을 하셨다. 이때 이용직이 시봉(侍奉)하였는데 날씨가 얼마나 추웠던지 공부석 앞에 모셔놓은 법수얼음이 솟아올라 수염의 고드름과 연결될 정도였다. 그래도 불을 때지 못하게 하시며 미동없이 공부에 정려하셨다.

드디어 을유(乙酉 : 1945)년이 되었다.

설날 치성 후에 임원들에게 내리신 말씀을 오늘에 다시 한 번 되새겨 본다.

"내가 천명을 받든<奉天命> 지가 올해로써 36년, 잠룡한 지도

10년이다. 이 잠룡·지각(知覺)도수의 고비를 넘겼으므로 나의 도에 새 도수기운이 비치어 온다. 태중의 아이도 열 달이면 새 세상으로 나오고 잠(潛)도 회(廻)하면 현(見), 비(飛)하는 도리를 그대들이 알아야 한다. 조금만 참고 기다려보아라. 7석(七夕) 상봉(相逢)이 있으리라" 하셨는데 그 당시에는 모두가 현실과는 너무나 거리가 먼 말씀으로 들렸으나 8·15광복이 되고서야 그 깊은 뜻을 실감하였다.

2월 하순에 이르시기를 "내가 지난 3년 간 태극의 기동(機動)과 해박(解縛)·현룡(見龍)의 대도수로 3·8동방목운(三八東方木運)을 회선(廻旋)시켜 천하창생을 구제할 도운과 국운의 회룡도수를 성취하고자 계속하여 온 공부의 마지막 백일공부에 들어가노라. 이는 회룡재공부의 종결이며 대도회룡(大道廻龍)의 일대전기(一大轉機)니, 그대들도 도장에 올라오나 지방에 내려가나 더욱 근신하고 각자의 본분을 다하라." 하시고 6월 초순까지 두문분출 홀로 고행을 하셨다.

"이번 도수에는……. 진묵(震默)과 마테오리치(Matteo Ricci) 등 문명의 신들도 모두 소환하여 공사(公事)에 협력하게 하리니 그 신명들이 돌아올 때는 천지이변(天地異變)이 일어나리라."하셨는데, 마침 태풍이 불어와서 나무가 다 뽑히는 이변이 일어났다.

이 도수공부에서 3복(三伏) 더위에 얼마나 신고하셨던지 옥체가 수척하여 피골(皮骨)이 상접(相接)하셨으며 몸을 가누지 못하시고 여러 번 쓰러지기까지 하시므로 시종하던 이용직이 너무나 황공하여, "아무리 창생구제를 위하시는 일이라도 옥체를 보전하옵소서!" 하고 여쭈니, "이 고행을 내가 아니면 누가 하리요. 내가 이렇게 신고하여도 천하창생을 다 살릴 수 없으니 한스러운 일이로다"하시며 공부를 계속하셨다.

현룡 해방 도수(現龍 解放 度數)

정산선생께서 1945년 음력 6월 24일, 구천상제 화천치성을 마친 후 하명하셨다.

"중대한 일이 있으니 도장에 머무르라. 그대들이 도수라는 말은 들었지만 실지로 보지는 못하였으니 이번에는 직접 참여하여 눈으로 보아야 하리라" 임원들은 전임원이 이렇게 여러 날 함께 공부하기는 처음 있는 일이기에 함께 묵으면서도 무슨 일인지 궁금하였다.

> 이때 임원들이 지난 일을 회상하니 상제님께서 봉천명 이후 27년 간의 고행은 물론, 병자(丙子 : 도기 28, 서기 1936)년에 무극도를 해산하시고 잠룡하신 이래 10년 간 하루도 쉬지 않으시는 도수공부에서 겪으신 고초는 형언할 수도 없거니와, 그동안 왜정의 횡포로 겪으신 고경(苦境)이 너무나 혹심하심에 통탄하니라.(4:36)

정산선생은 그동안 잠룡도수 이후 어려운 생활속에서 왜경의 감시를 받으시면서도 구천상제의 강세일, 화천(化天)일은 물론, 봉천명일, 득도일, 명절, 절후 등의 치성을 한 번도 거른 적이 없으시고 그때마다 몸소 빚으신 청주로 헌작(獻酌)하셨다.

이를 위해 시루, 용수 등 기물과 누룩, 술밥 등 자료를 항상 예비(豫備)하셨으나 왜경의 취체에는 한 번도 발각되지 않으신 신이함에 감복하였다. 7월 초3일 저녁에 문후(問候)를 드리는 임원들에게 정산선생께서 자애롭게 말씀하셨다.

"내 오늘은 그대들에게 태극의 진리를 도상(圖像)으로 설(說)하리라. 무극이 곧 태극이니 이는 곧 우리 도의 연원(淵源)이며 우주생성(生成)발전하는 대원리니라."

그리고는 흰 비단으로 너비는 두 폭, 길이는 그 3배로 한 기폭을 만들게 하셔서 친히 붓으로 그 기폭의 중앙에 둥근 청·홍의 태극의 도상(圖像)을 그리시고 그 둘레에 건(乾)·태(兌)·이(離)·진(震)·손(巽)·감(坎)·간(艮)·곤(坤)의 8괘(八卦)를 그리신 다음 이렇게 말씀하셨다.

"이것이 태극도(太極圖)니 중앙의 원은 무극(无極)이지만 기동(機動)하는 음·양이 태극을 이룬다. 이것이 태극기인데 우리 도의 기가 되고 나라의 국기도 되느니라. 이 기가 곧 주역에서 '태극이 양의(兩儀 : 음양)를 낳고 양의가 4상(四像 : 太陽, 太陰, 少陽, 少陰)을 낳고 4상이 8괘를 낳는다.' 고 한 그대로를 도형화한 것이니라. 지금까지는 왜가 금기(禁忌)하고 있지마는 이것이 우리 도의 신앙과 사상의 표상(表象)이요 만유군생(萬有群生)의 근원이니라."

다음날 아침에 집 뒤 대밭에서 한그루 베어온 깃대에 태극기를 매어 달아 회룡재 뜰에 세우게 하시고 그 깃대를 숭도부인(崇道夫人)에게 혼자 붙들게 하신 다음 기를 향하여 법좌(法坐)하시고 태을주를 연송(連誦)하시므로 일동도 따라 하였다.

이때 동쪽에서 부는 바람이 강해서 부인이 아주 힘들어 땀투성이가 되셨는데 얼마 후에 정산선생께서 손을 올리시니 바람이 멎었다. 이렇게 하시기를 3일째 되던 날 오정(午正)에 갑자기 큰 소리로,

"태극이 기동하니 만물이 자시자생(資始資生)이로다"하시고 혼자 말씀으로, "인(仁 : 日本王)아, 네가 이제 태극 앞에 고개 숙였다. 그러나 네 이름자의 덕으로 명은 유지되리라" 하셨다.

공사(公事)를 마치시고 임원들에게 하명하시기를,

"이 태극기를 동구 밖에 갖다 세우라"하셨으나 임원들은 시국의 위험을 염려하여 주저하는데 평소에 용기가 있던 김태만(金台萬)에게 시키시니 그가 뛰어가서 동네 앞 정자나무에 기대어 세워놓고 급히 돌아왔다. 임원들은 엄명이기에 시행은 하였으나 겁에 질린 채

좌불안석(坐不安席)하며 그날 밤을 뜬 눈으로 지새웠다.

이해 7월 칠석(七夕)의 다음날은 양력 8월 15일이다. 새벽에 정산선생께서 새 옷으로 갈아입고 계시는데 못 보던 소년이 나타나서 정산선생께 사뢰기를, "왜왕(倭王)이 간밤에 무조건 항복하였습니다."하고는 홀연히 사라지므로 임원들이 이상히 생각하여 여쭈니,

"그는 신동(神童)이니라" 하셨다. 아침 해가 뜨자 정산선생께서 태극기를 다시 회룡재에 옮겨 세우게 하시고 공부를 계속하셨다. 이날 오정이 조금 지나 회문리 이장 황천수가 달려와서 정산선생께 아뢰기를, "오늘 낮에 일본 왕이 연합국에 항복하고 조선은 광복된다는 방송이 있었습니다."하였다.

정산선생께서는, "이것이 바로 해방도수(며칠 전에 임원들에게 보고 가라고 하신 도수)니라. 그러나 태극의 기동이 합덕·조화하여야 할 것인데……."하시고, "너희는 경거망동을 삼가라"하셨다.

이어서 임원들에게 증산상제께서 '왜인을 임시<서양 사람의 세력을 물리치고 동양을 붙잡는> 일꾼으로 내세우리라', '이 나라가 한때 저들의 영유(領有)는 될지언정 영원히 영유되지는 않게 하리라' 하시고 '그들을 수운의 주장 아래 두고 일시 천하통일지기(天下統一之氣)와 일월대명지기(日月大明之氣)를 붙여주어 역사(役事)를 잘 시키려니와……. 갈 때에는 품삯도 못 받고 빈손으로 돌아가리니 말대접이나 후하게 하라'고 가르치신 말씀을 풀어서 훈계하셨다.

이때 밖에서는 벌써 해방소식을 들은 동민들이 외치는 '독립만세' '해방만세' 소리로 소란했지만 정산선생께서는 침착하게 말씀을 계속하셨다.

"구천상제의 일은 무극대운이요 나의 일은 태극대도이므로 나의 도

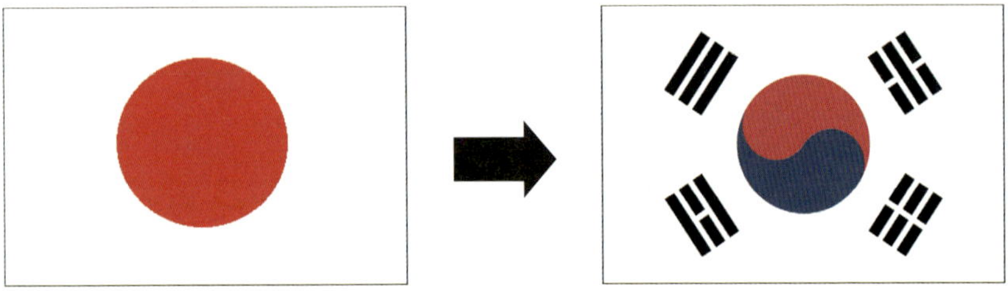

▲ 일본기의 동그라미는 태양을 상징하여 붉은색으로 그린 것이지만 실상은 무극이다. 정산선생은 해방이 되기 몇일전에 도인들을 모아놓고 "나만큼 선대로부터 왜인을 불구대천(不俱戴天)의 원수로 여긴 사람도 없으나 만사는 천리(天理)의 도수로써 하여야 하느니라. 그동안 무극의 표징(表徵)인 왜기(倭旗)가 이 강토를 덮었으나 이제는 태극도(太極圖)의 국기가 휘날리리니 이 곧 태극의 기동이니라."하셨다.

가 지금까지는 무극대운의 기초동량(基礎棟樑)도수였으나 이제부터는 태극의 기동도수(機動度數)니라. 그러므로 구천상제와 나는 무극과 태극의 관계며 시루와 솥 곧 증정지간(甑鼎之間)이니 도로써 일체(一體)니라"

"내가 왜화(倭禍)로 망명하였으나 중도에서 봉천명(奉天命)하였으므로 망명지의 성도(省都) 심양(瀋陽)이 봉천(奉天)으로 개명됨이 어찌 우연이며 인위(人爲)였으랴. 나는 이제 잠룡 회룡의 도수를 거쳐 진주(眞主)를 잡아 태극도주가 되었음을 고(誥)하노라. 그러나 우리 도의 도명(道名)이 태극도임을 아직 일반에게 공표하지 말라"

▲ 심양이 일제시대때 봉천이었음을 입증하는 사진 "奉天驛 舊址"

▲ 현제의 심양역 전경

"내가 이 도수에 따라 허공부 끝에 잠룡과 회룡을 거쳐 최종 백일공부로써 삼계의 해방도수를 보아 태을문(太乙門)을 여는 대공사를 이루었느니라. 이 모든 것이 오직 천기요, 천운임을 그대들은 명심하라. 그대들을 체류시킨 뜻을 알 터이며 도수의 실지를 목격하였으니 지방으로 내려가서 나의 이 뜻으로 포덕과 교화에 더욱 분발하여 태극의 도리를 사방사유[19]에 널리 떨치게 하라." 하시니라. (4:50)

이 해방도수는 우리나라의 해방뿐만 아니고 세계인류, 나아가서는 3계의 해방도수, 태을문을 여는 태극주로서의 대공사 서막이었음을 알 수 있다.

이튿날 아침이 되어 퇴배(退拜)하는 임원들에게 하교하시기를,

"그대들이 지방으로 내려가면 전국 방방곡곡에 중론(衆論)이 백화(百花)처럼 남발하고 사람들의 정신이 들떠 있을 것이나, 이에 현혹되어 부화뇌동(附和雷同)하지 말고 안심·안신으로 경천(敬天)·수도하여 도인의 본분에 어긋남이 없게 하라"하셨다.

임원들이 지방으로 내려가 보니 과연 해방의 기쁨 속에 태극기의 물결과 만세의 소리로 열광함이 바로 백화남발의 형상이었으나 도인들은 정산선생의 가르침을 받들어 동요하지 않고 본분을 지켰다.

이해 추석 치성 후에 정산선생께서 임원들에게 하명하시기를,

"천하대세는 모두 태극 원리로 음양이 기동하리니 근역(槿域)강산이 그 중심핵이 된다. 그러나 좋은 일에는 마(魔)가 많아 단절과 분열의 조짐(兆朕)도 있으니 도인들을 무극무단(無極無端)의 합덕(合德)과 조화(調化)로 잘 교화하여 좋은 날을 보고 살도록 인도하라"

---

19) 사방(四方)사유(四維)의 여덟 방위를 지키는 하늘. 동방 제석천, 남방 염마천, 서방 수천(水天), 북방 비사문천, 동남방 화천(火天), 서남방 나찰천, 서북방 풍천(風天), 동북방 이사나천(伊舍那天)을 이른다.

하셨다.

치성 후에 상제님께서 임원들에게 하교하시기를 "이제 해방도수로 백성을 자유롭게 스스로 살아가게 하였으니, 그로써 천하에 독립국가가 무리지어 일어나고 도와 교도 우후죽순(雨後竹筍)처럼 무더기로 생겨나리라. 그 중에도 이 땅에는 각양각색의 교와 종파가 난립할 것이니 이것이 증산상제님께서 '초장봉기지세[20]를 이루리라.' 하시고 '난법이 난 후에 진법이 나리라.' 하신 가르침의 응험(應驗)이니라. 그러나 진주의 진법은 나의 것이니 그대들은 오직 나를 위한 수도와 남을 위한 교화에 힘쓰라. 이 둘은 둘이 아니니 또한 합덕 · 조화의 원리니라." 하시니라.(4:56)

병술(丙戌 : 1946)년 신정치성 후에 회문도장에서 윷놀이 대회를 여셨는데 거기서 특이한 행마법(行馬法)을 가르치시니 이는 상대의 말을 잡지 않고, 각자가 끗수대로 나아가되 출점(出點)에서는 거기 맞는 도수라야 되게 하시며, "이것이 상생(相生)원리에 맞는 행마법이니 서로 잘 사는 법이며 남 잘되게 하는 법이니라, 공생공존(共生共存)이 합덕이요, 공영공화(公榮共華)가 조화니라" 하셨다.

9월 치성 후에는 제갈량과 황발부인의 고사(故事)와 홍성문의 회문산 27년간 헛공부에 관하여 설명하여 주신 다음,

"이제 허령(虛靈)·지각(知覺)시대가 지나고 신명(神明)시대가 당도하였느니라"하셨다.

이해 12월 초4일 정산선생의 강세일에 임원들이 축배(祝杯)를 올리니, 병신은 완인(完人)이 되도록 해달라는 축수(祝手)도 되지마는 그보다도 도운융흥(道運隆興)을 기원하는 잔이라야 도미(道味)가 있느니라."하셨다.

---

20) 楚將蜂起之勢 : 초나라 장수가 벌떼처럼 일어나는 형세.

제4장

신인조화(神人調和)와 태극진리 사상

사음정양의 종교윤리

인도에서 부처는 비슈누 화신들 중의 한 분으로 간주된다. 그는 그리스도보다 약 500년 전에 살았고, 인도의 어느 왕의 아들이었다. 고타마(후일에 부처로 알려지게 됨)의 아버지인 왕은 상상할 수 있는 모든 사치와 아름다움으로 젊은 왕자를 둘러쌌고, 아들을 위하여 목가적인 결혼도 마련하였다. 그리하여 고타마는 세상을 끝없이 행복한 일이 가득한 곳이라고 생각하면서 어른으로 성장하였다.

그러나 고타마 왕자는 왕궁의 정원 바깥의 세상에 대하여 궁금해하였고, 어느 날은 직접 바깥세상을 보기 위해 마부와 함께 몰래 밖으로 나갔다. 잘생긴 젊은이는 평생에 처음으로 얼굴이 쭈글쭈글한 노인과 죽어가는 사람과 시체를 보고서 자신의 존재의 밑바닥까지 충격을 받았다. 그는 아름답고 건강한 자신의 육체를 쳐다본 다음, 자신의 몸도 늙어가서 썩게 될 것인지를 마부에게 물었다. 마부는 내켜하지 않으면서 말하였다.

"오 왕자님. 모든 인간의 육체는 질병과 노쇠와 죽음을 겪게 되어 있습니다."

이 말을 들은 젊은 왕자는 세속적 생활의 미망에 대하여 골똘히 생각하기 시작하였다. 어느 날 밤 자신의 아내와 아이가 잠들어 있을 때 고타마는 눈물이 그렁그렁한 눈으로 그들을 마지막으로 바라본 다음, 슬픔과 고통으로부터 인류를 영원히 해방시키고 생사의 신비를 완전히 이해하게 해 줄 진리를 찾아서 떠난다.

왕자는 힌두 요기들이 처방해준 많은 고행들을 수행하였다. 그는 단식을 하고 다른 영적 수련을 하며 7년을 보냈다. 그리고 마침내 인도의 보드 가야에 있는 한 보리수 아래에서 명상하던 중 깨달음을 얻었다. 후로 그는 다시 식사를 하였고 육체를 양육한 다음에,

사람이든 동물이든 똑같이 모든 피조물에 대한 자비와 평등한 사랑의 복음을 인도에 설교하기 시작하였다. 그는 완전한 포기를 가르쳤는데, 목표는 니르바나(열반 또는 해탈로 번역됨. 무욕의 상태 또는 환생으로부터의 자유)의 획득이다. 후에 그의 포교사들은 부처복음을 인도와 중국과 한국의 여러 지역으로 전파하였다.

니르바나의 상태는 종종 자아의 소멸로 오해되고 있다. 그러나 부처는 미망에 찬 에고 또는 가짜 자아의 소멸을 의미하였다. 실제의 영원한 자아가 인간의 형체로부터 해방되기 위해서는 작은 자아는 극복되어야 한다. 궁극적으로 획득해야 할 목표로서 존재의 소극적인 상태(에고 또는 작은 자아의 소멸)에 대한 중점을 둔 부처의 교리는 나중에 인도에서는 스와미 샹카라의 교리에 의하여 밀려났다. 스와미 샹카라는 위대한 스와미 교단의 창설자로서 인생의 목표는 '한얼과의 하나 됨을 언제나 의식하고, 언제나 존재하고, 새로운 지복상태'의 획득으로 가르쳤다.

부처와 그의 제자들은 모두 이성에 대한 육체적 사랑의 포기와 독신주의를 서약하였다. 제자들이 부처와 포교 여행을 하는 도중에 기묘한 사건이 일어나면서 제자들은 자신들의 스승의 성격에 대하여 극히 당혹스러워 하였다. 위대한 부처가 제자들과 함께 어떤 나무의 시원한 그늘 아래에서 쉬고 있었을 때 그 스승의 빛나는 육체와 얼굴에 이끌린 창녀 한 명이 다가왔다. 그녀는 주 부처의 천국 같은 얼굴을 보자마자 그분에 대한 사랑에 빠졌다. 그녀는 넘쳐나는 감정의 황홀경에 휩싸여서 팔을 벌리고 달려와서 그를 껴안고 키스하면서 큰 소리로 외쳤다.

"오 아름답게 빛나는 분이여, 당신을 사랑합니다!"

창녀가 부처께 이 같이 말씀하시는 소리에 독신서약의 제자들은 매우 놀랐다.

"사랑하는 이여, 그대를 사랑하지만, 지금은 나를 만지지 마시오. 아직 때가 아닙니다."

그녀가 대답하였다. "당신은 나를 사랑하는 이라고 부르고 나는 당신을 사랑하는데, 왜 당신을 만지는 것을 반대하지요?"

위대한 부처는 대답하였다. "사랑하는 이여, 그대에게 다시 말하지만, 내가 나중에 그대를 만지겠지만 지금은 아니오. 그대에 대한 나의 진정한 사랑을 입증해 보일 것이오."

그녀가 자신의 답에 여전히 만족해하지 않는 것을 본 부처는 좀 더 설명하였다.

"믿음을 가져요, 사랑하는 이여! 내 말을 의심하지 말아요. 나중에, 지금은 그대를 사랑하는 사람들이 그대를 저버렸을 때, 그 때 내가 오겠소."

제자들은 극도의 충격을 받았고 어떤 사람들은 스승이 그 창녀와 사랑에 빠진 것으로 생각하였다. 몇 년이 흐른 후 부처가 제자들과 함께 명상을 하고 있을 때 그는 갑자기 소리를 질렀다.

"이제 가볼 곳이 있구나! 나의 사랑하는 이, 그녀가 나를 부르고 있어. 그녀는 지금 나를 필요로 하고 있고 나는 그녀에 대한 약속을 지켜야 하겠구나."

그는 이렇게 말하고 일어나서 황급히 떠나버렸다. 제자들은 스승을 그 요부로부터 구해야겠다는 생각을 하고서는 허겁지겁 자신들의 스승의 뒤를 쫓았다.

마침내 위대한 스승과 걱정이 된 제자들은 오래전에 자신들이 그 창녀와 만났던 그 나무에 이르렀다.

그들이 본 것은 과연 무엇이었을까? 나무 아래에는 한때는 아름다웠던 그녀의 육체가 곪아서 악취를 풍기고 있었고, 천연두 종기로 인해 벌집처럼 구멍이 숭숭 뚫려 있었다. 제자들은 몸을 사리면서 그녀로부터 일정한 거리를 두었다. 그러나 주 부처는 그녀 옆에 앉았다. 그녀의 썩어가는 육체를 자신의 무릎에 올리고서 그는 그녀의 귀에 속삭였다.

"사랑하는 이여, 그대에 대한 나의 사랑을 입증하고 그대를 만지겠노라는 약속을 지키기 위하여 내가 왔어요. 나는 나의 진정한 사랑을 보여주기 위하여 오랫동안 기다려 왔지만, 다른 모든 사람들이 그대를 사랑하는 것을 중지하였을 때 그대를 사랑하오. 그대의 모든 친구들이 더 이상 그대를 만지고 싶어 하지 않을 때 나는 그대를 만져요."

부처는 이렇게 말하고서 사음을 정양으로 치유하였고 그녀에게 자신의 제자들 무리에 합류하여 정음정양의 합덕을 이룰 것을 요청하게 된다.

흔히 개인적인 사랑은 제한적이고 이기적이며, 다른 모든 사람들을 희생시키면서 자신의 안락만을 생각한다.

음양합덕에 기초한 신성한 사랑은 이기적이지 않으며, 사랑하는 대상의 행복을 추구하고, 제한적이지 않고 편파적이지 않다.

신은 음양합덕의 차원에서 사악한 자와 선한 자를 똑같이 사랑하는데 그들은 모두 상제의 자녀이기 때문이다. 그러므로 상제를 알고자 열망하는 모든 사람들은 자신들의 사랑이 그분의 사랑과 같다는 것을 그분에게 입증하여야 한다.

구도자가 하늘에 계신 아버지에게 자신은 자신의 선한 형제들과 악한 형제들을 똑같이 사랑한다는 것을 증명할 때, 신성한 아버지는 다음과 같이 말할 것이다. "나의 고귀한 아들이여, 그대의 사랑을 내가 받아들이마. 그대는 나의 사랑으로 모두를 사랑하기 때문이니라." 우리를 사랑하는 사람들을 사랑하는 것은 자연스러운 일이지만, 우리를 사랑하지 않는 사람들을 사랑하는 것은 초자연적인 것이며, 만물의 주인, 상제를 아는 것이다.

음양오행 사상은 음양과 오행으로 발생을 달리하는 다른 사상이었으나, 전국시대(戰國時代) 말기 이후 융합되어 음양오행설이 되었다. 이는 한(漢)나라의 사상계에 큰 영향을 끼쳤다.

음양설은 음양이기(陰陽二氣)의 소장(消長)에 의해 만물의 생성과 변화를 설명하는 사상으로, 이것은 역학의 기본원리가 된다. 음양은 본래 산의 음지와 양지를 가리켰다.

역학은 본래 강(剛)과 유(柔)의 원리로 생성변화를 설명했으나, 후에 강유(剛柔) 대신에 음양을 받아들였고 여기에 순환사상이 추가되었다. 이것은 천체의 운행과 사계(四季)의 추이에서 고찰해낸 것으로 보인다.

오행은 고대인의 생활에 필요한 5가지 소재, 즉 민용오재(民用五材)의 사상에 기초한 것이다. 생활에 직접적인 수화(水火)로 시작하여 목금(木金)에 이르며, 그 기반이 되는 토(土)로 끝난다.

이 수화목금토(水火木金土)의 순서는 《서경(書經)》 <홍범편(洪範篇)>에 있는데 생성오행(生成五行)이라 한다. 이 오재설에 대하여 전국시대 중기의 음양가 추연(鄒衍)이 주장한 토목금화수(土木金火水)라는, 뒤에 오는 것이 앞에 있는 것을 이긴다는 오행상승(五行相勝 ; 五行相剋)에 의한 오덕종시설(五德終始說)도 있다.

천문역수(天文曆數)의 학(學)과 관련이 있는 《예기(禮記)》 <월령편(月令篇)>에는 사시(四時)와 사방(四方)의 관념에 의해 목화토금수(木火土金水), 즉 앞에 있는 것에서 뒤에 있는 것이 생긴다는 오행상생(五行相生)의 차서(次序)가 기록되고, 많은 배당을 할애하여

기록하고 있다.

오행의 <행(行)>은 유행(流行), 운행하는 것이고, <오(五)>는 오성(五星)·오색(五色)·오미(五味)·오성(五聲) 등 다방면에서 실행된 '한'의 사고(思考)이다.

사람의 한쪽 손의 손가락 수에서 연유하여 하나의 종합을 나타내는 표준이다. 음양오행은 십간(十干)·십이지(十二支)·육십사괘(六十四卦) 그리고 천일(天一)·지이(地二) 등의 수와 결부되고 거기에 재이설(災異說)과 참위설(讖緯說) 등이 영향을 미치면서 변화하였다. 그 후 미신·금기의 색채가 가미되어 뒤에 민간신앙으로도 많이 수용되었다.

수심정기의 종교윤리

동학혁명은 수심정기에 의해 이루어진 혁명으로 유일신 신앙의 서학과 달리 신인조화의 투명성을 보여준다. 모든 사람이 서로의 마음을 훤히 들여다 볼 수 있는 그러한 투명한 마음이다. 이것은 곧 한울님, 상제와 일치하는 '한'마음이다.

일부선생은 이를 '상제조림(上帝照臨)'이라 하여, 상제가 비추어 강림하여 임재한 마음에 해당한다. 이 마음의 세계를 "우우이이혜(于于而而兮)여 정정방방(正正方方)이로다 정정방방혜(正正方方兮)여 호호무량(好好无量)이로다."이라고 찬미한다. '정정방방'이란 만물이 고루고루 제자리 잡힌다는 뜻이다. 일부선생은 불교와 기독교를 '한'으로 매개하였다. 이는 텅 빈 마음이 아니라 인격적 한울님(上帝)이 비추어 임재한 마음이다. 기독교와 불교의 엉킴을 풀고 상생해야 하는 도리가 담겨 있다. 그러기 위해 인격신앙은 절대무와 조화를 이루어야 된다.

김일부의 '정역도(正易圖)'에는 빈부의 차이, 계급의 상하가 없이 모든 존재가 서로 간섭하지 않는 자유자재의 편안한 세상이다. 상대를 억누를 때에 척이 생긴다. 그러나 '정역도' 속에는 이러한 척을 발견할 수 없다. 어떤 존재도 원한을 질 필요가 없다. 일부는 모든 엉킴이 풀리는 세상을 이렇게 노래하고 있다.

> 하늘땅이 맑고 밝아 해와 달이 빛이 나네. 해와 달이 빛나니 유리세계 되도다. 유리세계 되고 보니 상제께서 조림하네. 상제께서 조림하니 기쁘고도 즐겁구나. 기쁘고도 즐거우니 정정하고 방방하네. 정정하고 방방하니 좋고 좋아 그지없네.

일부선생은 정역도가 그려 내려는 이상세계가 유리세계라고 했다. 해와 달과 같이 투명한 세계이며 공공세계이다. 막힘과 걸림이 없는 무애세계이다. 막힘, 엉킴, 걸림의 세계는 투명할 수 없다.

지금까지의 문명은 눌림과 짓밟힘에 의하여 병들었으며 이 병을 맺힘의 '한(恨)'이라고 한다. 맺힘의 한을 풀림의 '한'으로 전환하는 것을 정산선생은 해원상생(解寃相生)이라 한다. 맺힌 한(恨)이 모두 풀리고, 맺힘과 엉킴이 사라지는 풀림 '한'의 세상이 바로 유리세계이다. 종교윤리는 유리세계를 지향하게 된다.

뒤에서도 살펴보겠지만 정산선생의 해원상생은 태극도의 실천윤리의 대강령이라고 하셨다.

태극도 도조(道祖) 증산선생은 "선천에는 상극지리(相克之理)가 인간사물(人間事物)을 맡았으므로 모든 인사(人事)가 도의에 어그러져서 원한이 맺히고 쌓여 삼계에 넘쳐 마침내, 살기가 터져나와 세상의 모든 참재(慘災)를 일으켰느니라. 그러므로 이제 천지도수(天地度數)를 정리(正理)하고 신도를 조화하여 만고의 원을 풀며 상생(相生)의 도로써 후천선경(後天仙境)을 열고 조화정부를 세워 무위이화와 불언지교(不言之敎)로 화민정세(化民靖世)하리라."

"무릇 강령(綱領)을 들면 조리(條理)가 펴임과 같이 인류기록(人倫記錄)의 시초이며 원(寃)의 역사의 원초(原初)인 당요(唐堯)의 아들 단주(丹朱)의 깊은 원을 풀면, 그 이후 수천년간 쌓여온 모든 원의 결절(結節)이 풀릴지니라. 대저 당요가 단주를 불초(不肖)히 여겨 아황(娥皇)과 여영(女英)두 딸을 우순(虞舜)에게 출가시키고 천하를 양여(讓與)하니, 단주는 깊이 원을 품어 그 울분(鬱憤)의 충동으로 마침내 우순이 창오(蒼梧)에서 붕(崩)하고, 두 왕비가 소상(瀟湘)에 빠지는 참사(慘事)를 이루었느니라. 이로부터 원의 뿌리가 깊이 박히고 시대의 추이(推移)에 따라 모든 원이 덧붙어서 더욱 증가하더니, 드디어 천지에 충색(充塞)하여 세상을 훼파(毁破)함에 이르렀으므로 단주해원을 위수(爲首)로 하느니라. 또 천하를 청징(淸澄)하려는 큰 뜻을 품었으나 시세가 이롭지 못하여 구족(九族)을 멸하는 참화(慘禍)를 당하고 의탁할 곳이 없어, 철천(徹天)의 한을 머금은 채 중천(中天)에 떠도는 만고역신(萬古逆神)의 해원(解冤)을 위차(爲次)로 하여 각기 원앙(冤殃)과 억울(抑鬱)을 풀고, 행위를 심리하여 곡해(曲解)를 바르게 하거나, 의탁을 붙여 영원히 안정을 얻게 함이 곧 선경건설(仙境建設)의 첫걸음이니라." 하셨다.

인위적 가식이 가리어지지 않은 세계에는 인격에서도 전체성(integrity)과 동일성(identity)을 드러내는 개신인간이 자리 잡는다.

동학혁명은 이러한 투명 인격을 지향하면서 일으킨 혁명이다.

절대적 자유와 평등이 있는 유리세계, 인격신 한울님(上帝)이 비추시고 임재하는 세계이다. '한얼'이며 '기독교 인격신'과 '불교의 무'가 조화를 맺는 세계로서 유·불·도가 어우러진 일부선생이 말씀하시는 유리세계이다.

진리가 세 갈래로 나눠짐이 이치의 자연함이니, 이에 유(儒)도 되고 불(佛)도 되고 선(仙)도 되는구나. 뉘라서 일부가 참으로 이 셋을 다 겪을 줄 알았으리. 사람 없으면 홀로 지키고, 사람 있으면 전하리다.

21세기는 종교인들의 마음을 서로 훤히 들여다 볼 수 있는 투명세계여야 한다. 일부선생의 이러한 종교윤리는 '포삼교(包三敎)'의 정신을 반영한다. 모든 종교들이 서로 선회와 착종을 통하여 자기 독자성을 유지하면서도 무한한 조화를 이루듯이, 모든 종교들이 그러하여야 한다고 일부선생은 생각하였다. '바르고 바르며 고르고 고른' 세계가 민족종교들이 꿈꾸는 이상세계이다. 이는 '너와 내가 서로 막힘없는(又其)' 모든 존재가 있는 그대로 제 '나름(然)'의 모습을 갖고 있는 세계이다. '위는 위, 아래는 아래, 아버지는 아버지, 아들은 아들, 형은 형, 아우는 아우, 지아비는 지아비, 지어미는 지어미(上上 下下 父父 子子 兄兄 弟弟 夫夫 婦婦)' 답게 바뀌는 세상이 도래한다는 것이다.

이 세계는 3계공사가 완성된 세계이다. 강대국이 약소국가들을 지배함이 없이 작으면 작은 대로 크면 큰대로 그 민족의 고유한 영광을 가지고 살 수 있는 세계이다.

이는 이사야가 꾼 새 시온성의 꿈도 이와 같았다. 이때는 이리가 어린 양과 함께 살며, 표범이 새끼 염소와 함께 누우며, 송아지와 새끼 사자와 살진 짐승이 함께 풀을 뜯고, 어린 아이가 그것들을 이끌고 다닌다. 암소와 곰이 서로 벗이 되며, 그것들의 새끼가 함께 누우며, 사자가 소처럼 풀을 먹는다. 젖 먹는 아이가 독사의 구멍 곁에서 장난하고, 젖 뗀 아이가 살무사의 굴에 손을 넣는 세상이다.[1)]

또한 이러한 혁명을 꿈 꾼 수운의 개벽은 "후천개벽이라는 변혁에 중점을 둔 혁명사상"[2)]이다. 수운의 후천개념은 이러한 개신의 세계건설을 염두에 두고, 조선의 양반사회를 변혁대상의 과제로 삼았다. 그 중에도 양반사회가 안고 있는 신분차별의 부당성을 지적하고 그 철폐를 수심정기의 해법으로 추구하였다.

수운은 문벌로 도덕군자를 구별하던 당시 사회를 비판하였을 뿐만 아니라, 신분 차별사회가 명분과 실제가 불일치함을 개탄하고 종

---

1) 대한성서공회, 『성경전서』(서울 : 성덕인쇄사, 1993), p.868.
2) 이현희 『3.1혁명, 그 진실을 밝힌다』 신인간사, 1999, p.38

교윤리가 부재하는 각박한 세상으로 전락됨을 탄식하였다.

수운이 말한 군자는 신분의 높낮이나, 학문의 깊이로 결정되는 세상이 아니다. 입도하는 그 마음과 정성으로 한울님 앞에 누구나 평등인간이 되고, 종교윤리 관점에서 하자가 없는 세상이다. 그래서 수운은 데리고 있던 두 여종을 자신의 며느리와 수양녀로 삼게 되었다.[3]

> 나는 도시 믿지 말고 한울님만 믿어서라
> 네 몸에 모셨으니 사근취원(捨近取遠)하단 말가
> 나 역시 바라기는 한울님만 전혀 믿고 <교훈가>

수운선생은 이 시천주로써 인간과 상제와의 개신질서[4]를 표현한다. 시천주는 한울님과 사람 사이의 매개가 가능하다. 개신의 매개는 '내 마음이 네 마음'에서 비롯한다. 이미 너의 몸에 모셔져 있으니[5] <모심을 잊지 말고 깨쳐라>는 주문이다.

해월선생이 밥 한 그릇과 이천식천(以天食天)을 강조한 것은 섬김의 중요성을 강조한 것이다. 이는 정신적으로 신과 인간이 통사정 소통을 함이다. '오심즉여심'에 이르러 초월과 내재가 소통한다. 즉, 인간과 한울님이 통달하여 상통이 되었다고 할 것이다.[6]

이 상통과 연관하여 증산성사는 "최수운은 동세(動世)를 맡았고, 나 증산은 정세(靖世)를 맡았으며, 전봉준의 움직임은 곧 천하의 난을 움직였다." 하였다.

---

3) 표영삼 「신사와 동학사상」『교리교사연구』제4호, 천도교중앙총부, 2000, p.41
4) 이돈화 신인철학(1982년판)의 重刊辭에 있는 이영복의 말이다.
5) 표영삼 대신사와 동학사상 p.35
6) 백종기「동학사상의 형성과 전개 및 동학 난에 관한 연구」『대동문화연구』14, 성균관대, 1981, p.80.

수운은 새 세상이 올 것을 알려 주었고, 일부는 새 세상이 오는 이치를 밝혀 주었다.

일부의 정역사상은 증산성사의 천지공사와 '한'이 되며, 유리 광명세계를 꿈꾸게 된다. 계급 없는 평등세계는 이치가 마음과 마음에서 비롯하여 몸과 몸으로 그 기운이 전달되어 서로 이어지는 유리 광명 세상이다.

> 몸이 상당히 춥고 떨리면서 밖으로는 접령하는 기운이 있고
> 안으로는 강화의 가르침이 있으되, 보려고 하여도 보이지 않고
> 들으려고 하여도 들리지 않으므로…
> 내 마음이 곧 네 마음이니라. <논학문>
> 身多戰寒 外有接靈之氣 內有降話之教
> 視之不見 聽之不聞… 吾心卽汝心也

수운은 주문본문에는 시천주라 하였는데, 주문의 자해에는 "시자 내유신령 외유기화(侍者 內有神靈 外有氣化)"라 하였다. 내유신령과 외유기화의 상호매개작용이 바로 천주를 모심이다. 이 신령과 기화는 바로 일기(一氣)의 작용성에 근거한 천주를 모심에 의미를 제시해 준다.

> 시(侍)자를 해의할 때에 내유신령이라 함은 한울을 이름이요,
> 외유기화라 함은 이천식천(以天食天)을 말한 것이니 지묘한 천지의 묘법이
> 도무지 기화에 있다.[7]

해월은 기화작용을 하늘로써 하늘을 먹이는 이천식천으로 설명한다. 이 이천식천(以天食天)은 이천봉천(以天奉天)으로, 다시 이천화

7) 최시형 해월법설24(이천식천) p.366

천(以天化天)으로 변화한다. 조화와 지기는 한울님의 존재양식이다.

한울님의 횡단매개 존재양식이 지기와 조화이다. 조화와 지기가 인간으로 대상화하면 내유신령과 외유기화가 된다. 사람이 한울님을 모심에 있어서 내유신령이 내면에 영향을 끼치는 것이라면, 외유기화는 타인과 사물에게 영향을 끼친다. 내유신령으로 사람의 영이 신령체가 되고, 외유기화로 말미암아 사람의 몸이 기화체로 변화된다.

> 인과 의와 예와 지는 옛 성인의 가르친 바요,
> 수심정기는 오직 내가 다시 정한 것이다. <수덕문>
> (仁義禮智 先聖之所敎 守心正氣 惟我之更定)

> 수심정기 하여내어 인의예지 지켜두고
> 군자말씀 본받아서 성경이자 지켜내어 <도덕가>

수심정기는 한울님과 사람이 조화를 맺게 되는 원리를 말한다. 수심정기는 한울님을 체험하는 수행원리이다. 수심정기가 수행원리라면, 성경은 수행자세이다. 수운은 한울님을 모시는 사람(侍天主者)에게 수심정기를 수도의 요결로 제시한다.

수운은 "두려워하지 말고, 놀라지 마라"는 한울님의 음성을 처음 듣는다. 직접 듣고 확인함으로써 이제까지 체험한 것과 다른 신비체험의 극치를 맛본다. 자신과의 싸움에서 이겨 한울임과 상통하게 된 것이다. 경신년 4월 초 닷샛날, 한울님의 첫 음성을 들은 이 날은 수운에게는 생명의 부활이지만, 한국 신종교(新宗教)에게는 신기원이 된 날이었다. 이 날로부터 수개월간 한울님과 문답은 계속되었고[8], 이 체험은 신비체험으로 끝난 것이 아니라, 대도터득(大道攄

8) 천상문답은 천상의한울님과의 문답으로 지상과 천상이 서로 상통하는 문답이 이 땅에 비롯

得)의 종교체험[9])이된 것이다

후천시대에는 천령이 강림하여 천인이 일체화한 시대이므로 시천주자에게 모심의 도덕성을 종교윤리 차원에서 강조하게 된다.

한울님의 성공은 신인조화이다. 사람이 참여하고, 득의(得意)로써 한울님이 성공한다. 시천주로 '천인묘합(天人妙合)'이 된다. '일기(一氣)'의 지기(至氣)에서 천지음양이 매개되어 조화의 문이 열린다.

정음정양의 음양상균의 조화로써 영성을 지닌 사람이 태어난다. 정음정양이 중시된다. 천인묘합은 성리학의 '이(理)'가 아니다. 내유신령과 외유기화가 '한'이 됨으로써 한울님을 모신다. 이 모시는 사람이 한울님을 일상의 사이사이로 매개하는 존재양식이 된다.

모심이 없으면 한울님은 그 존재를 감춘다. 동학의 특징이 여기에 있다. 21자 주문에서 천주가 앞에 나오지 않고 중간에 나오는 것은 모심의 과정을 중시한다는 의미이다. 모심으로 주문이 완성된다.

모심(侍) 이후에 신인조화의 주체가 되어 사람이 만사의 주인으로 세계의 최령자(最靈者)로 등장한다. 모심의 궁극단계에서는 지기가 강림하고, 조화의 사람에게 영부와 주문으로 득의한 <만사지(萬事知)>를 체득한다. 이 <만사지>가 새 인간이다.

새 인간은 엘리아데가 말한 '성현의 인간'이다.

> 사람이 바로 한울님이요, 한울님이 바로 사람이니,
> 사람밖에 한울님이 없고, 한울님 밖에 사람이 없다.
> (人是天 天是人 人外無天 天外無人)

하였음을 말한다.

9) 김상일 『동학과 신서학』, 지식산업사, p.68. 수운의 得道는 가정에서 처자가 보는 가운데 이루어졌기 때문에 혼자 산중에서 체험한 득도와 구별되며, 이전의 성인과 달리 유교정신의 완성이라고 할 수 있다. 따라서 최치원 이후의 풍류도를 舊東學, 水雲의 동학을 新東學이라고 한다.

한울님이 지기를 탄다는 표현은 곧 한울님이 지기로 자신을 횡단매개함이다. 신이 세계 속에 있다면 세계도 신속에 있고, 신이 세계를 만든다면 세계도 신을 만든다. 이 아이디어는 사실 정역도에 있다.

정역도는 신봉교의 근본적인 새로운 세계의 동기부여의 근본처소이다. 힘 있는 자도 힘없는 자도 없고, 가난한 자도 부자도 없고, 남자와 여자의 차별 없는 그러한 평등사회, 자유가 보장되는 사회가 정역도에 그려진 세계이다. 이사야 선지자가 꿈꾸던 새로운 시온성이며, 요한이 밧모스 섬에서 그리던 새 하늘 새 땅이다. 그리고 이는 수운과 증산성사가 신명 바쳐 찾던 후천 선경이다. 이에 사람은 한울님을 떠날 수 없고, 한울님은 사람을 떠날 수 없다. 한울님은 내 안에 모신 내재존재이면서 동시에 초월존재이다.

지고의 한울님은 초월의 한울님이다. 사람이 그를 모실 수가 없다. 초월과 내재의 갈등을 해소하는 길은 일신이면서 동시에 범신, 범신관적 일신관[10]으로 해법이 있다. 화이트헤드의 과정철학에 힘입어 수운신관을 범재신론(汎在神論)으로 정의하여 신의 초월과 내재를 '역의 합일'의 변증법논리로써 동시에 포용한다.[11] 범재신관은 유신론과 범신론의 모순을 극복한 신관으로, 초월과 내재 성격을 동시에 갖는 신관이다. 이는 시공의 유기적 연속체가 실재하는 것의 기본구조이다.

이와 같이 내재와 초월의 균형을 강조한 세계윤리의 한스 큉은 "하나님이 이 세계 안에 살아 계시므로 그 안에 임재한다는 뜻이지, 그 세계에 갇혀 있다는 것이 아니다. 또 그 안에 내재하지만 동시에 그것을 초월해 있고, 이 세계에 가까이 계시지만 동시에 이 세계와

10) 이돈화 『동학지인생관』 천도교중앙총부, 1972, pp.50-53

11) 김경재 「최수운의 신개념」 『한국사상』 제12집,한국사상연구회, 1974, pp.45-62

는 다른 분"12)이라고 했다.

종교윤리의 성(聖)은 초월과 내재의 이중동기를 공유하는데, 류영모가 한울님은 <없이 계시는 하느님>13)이라고 표현함으로써, 초월과 내재의 조화방편을 제시해 준다. 이로 말미암아 새로운 인간상이 제시된다. 먼저 수운은 군자와 소인의 차이를 이렇게 말하고 있다.

> 그런고로 군자의 덕은 기가 바르고 마음이 정해져 있는 고로 천지로 더불어 그 덕에 합하고, 소인의 덕은 기가 바르지 못하고 마음이 옮겨져 있는 고로 천지로 더불어 그 명령에 어기나니 이것이 성쇠의 이치가 아니겠는가 <논학문>
>
> 然而君子之德 氣有正而心有定 故與天地合其德 小人之德 氣不正而心有移 故與天地違其命 此非盛衰之理耶

수운은 13자 주문으로 지극히 마음공부를 하면 현인군자가 된다고 말한다. 한울님 모신(侍天主) 사람은 평등과 존엄에서 출발한다.

수운은 시천주에서 정성과 공경의 덕목을 종교윤리로 실천함을 강조한다. 현인군자, 지상신선들이 이룩할 공동체 강령이고 주문이다. 이 주문은 한울님 앞에서 만인이 평등함을 의미한다. 주문은 짧고 간결하여 글로서는 유무식의 차별을 낳지만, 소리로서는 차별을 허락하지 않는다. 누구나 듣고, 말하고, 느낄 수 있다. 주문은 단지 말씀으로 존재한다. 수운의 인간평등은 그대로 해월에게 이어진다.

---

12) 스탠리 그랜츠·로저 올슨 지음, 신재구 옮김, 『20세기 신학』, 한국기독학생회출판부,1997, p.428

13) 박영호 『다석 류영모의 생애와 사상』 下, 문화일보사, 1996, p.321; "하느님이 없다면 어때, 하느님이 없이 계신다. 그래서 하느님은 언제나 시원하다. 하느님은 몸이 아니다. 얼(靈)이다. 얼은 없이 계신다. 절대 큰 것을 우리는 못 본다. 아직 더 할 수 없이 온전하고 끝없이 큰 것을 무(無)라고 한다. 나는 없는 것을 믿는다. 인생의 구경(究竟)은 없이 계시는 하느님 아버지를 모시자는 것이다" 얼의 나는 하늘의 부모로부터 받았지만, 마음의 나는 본래부터 천지간에 있다. 수운의 지어지성(至於至聖)도 <없이 계시는 한울님>과 상통한다.

"사람은 한울이라 평등이요 차별이 없느니라."는 해월성사의 사상과 상통한다. 그는 동학 도인부터 차별 철폐에 앞장설 것을 말하면서 '사인여천(事人如天)'을 설파하였다. 사인여천은 '사람 섬기기를 사람이 한울님 공경하듯 하라'이다. 수운성사의 시천주사상을 또 한 번 개신한 종교윤리이다. "사람은 한울이니 사람 섬기기를 한울같이 하라"이다.

해월은 한걸음 나아가 사물을 공경함에까지 이르러야 천지기화의 덕성에 합일될 수 있다는 뜻으로 삼경설(三敬說)을 말했다. 경천(敬天), 경인(敬人), 경물(敬物)에 이르러 비로소 사인여천이 제대로 자리를 잡게 된다.

이 사상은 만물에까지 도덕의 극치를 이룰 것을 정언명법으로 천명하기에 이르게 되었으니 가히 현대의 생태계를 위한 종교윤리의 가치를 갖는다고 말할 수 있다.

정산선생은 무극대도를 창도하시고 취지서를 포유하신다.

무극도 취지서에서 정산사상의 종교윤리를 살펴본다.

무극대도의 취지서

무릇 도라고 하는 것은 하늘이 명한 바이며 사람이 행하는 것이다.

하늘에는 무극대도가 있어 무극의 이치로 사람을 화생하니라.

사람은 이 무극의 이치로 나는 것이라, 그렇기 때문에 이 도와 이치는 사람이 다 소유하는 것이나, 사람이 이를 행할 수 있는 자가 적은 것은 무엇 때문인가? 대개 도가 바로 이치이며 이는 곧 무극이며 무극은 바로 하늘이다. 무릇 도에 뜻을 둔 사람은 반드시 하늘을 생각하여야 하나니 하늘을 생각하는 까닭으로 하늘을 공경하고 하늘을 공경하는 까닭으로 반드시 하늘을 대하여 정성이 있느니라.

정성이 있는 까닭으로 밝으며, 밝아서 지극하고, 지극하여 변하며, 변하면 화하여 천지화육을 도울 수가 있는 것이다.

그러나 어리석고 어리석은 중생은 물욕에 가려져서 하늘을 생각하지 않고, 만물이 천지의 기운을 쌓아서 화육하는 것이 모두 하늘이 내리는 것을 알지 못하고, 만유의 운용과 움직이고 멈추는 것이 모두 하늘이 시키는 것인 줄을 깨닫지 못하여, 영욕과 생사를 모두 자기의 능력으로 돌리고, 궁달(窮達)과 근심 걱정을 번번이 자연이며 우연이라고 하다가, 마침 비상한 궁지에 빠지는 자가 하늘을 부르고 하늘에 호소하며 겨우 위태롭고 급함을 면하면 문득 나의 슬기와 나의 힘이라고 일컬으며 하늘에 빌어 운명을 구하는 것을 미혹이라 이르고, 하늘을 공경하고 신을 섬기는 것을 허망하다고 하니, 이는 스스로를 하늘로부터 끊어버림이 아니고 무엇이리오!

오직 하늘이 이 백성을 버리지 않으시어 나에게 대도를 주시니 무극이라고 한다. 무극이란 것은 천지 무극의 이치라. 하늘이 이치로써 사람에게 주시고 사람이 도로써 하늘에게 받으니 반드시 하늘이 주심에 느껴서 능히 도를 받음을 생각하여 하늘에 대함을 전념하여 반드시 인·의·예·지·신을 행하며 반드시 삼강오륜을 지키고 농사와 길쌈에 부지런히 하며 경제를 절약하고 상공에 응당 힘쓰라. 직분은 다 하늘이 준 것이므로 반드시 그 직분에 힘써야 한다.

사람을 다치지 말고 물건을 해치지 말며, 흉하고 잡스러우며 싸움과 성내는 일을 하지 말고, 분수 밖의 망령된 일을 하면 안 된다. 이는 모두 하늘이 싫어하는 더러운 덕이니라. 그러므로 사람을 가르침에 널리 펴기에 힘쓰고, 삼가고 부지런히 하고 힘써 지성으로 믿으면, 함께 하늘이 낳은 백성이며 반드시 한 몸과 같으니라. 경문을 생각하며 송독함에 번잡한 생각이 마음속에 생기지 말게 하라. 그러면 정신이 전일하게 되어 심기가 화락하게 되리라.

하늘이 밝고 밝게 위에 계시고 좌우에 충만하게 계시니 잠시라도 조심하고, 편히 홀로 있을 때에도 반드시 삼가며 집에 있을 때나 출입할 때나 오직 하늘을 생각하고, 보고 듣고 말하고 움직임에 오직 도를 지키며, 공경으로 자신을 지키고, 습성으로 이루어져서 지성에 이르면, 하늘이 반드시 감응하사 심령이 스스로 통할 것이니라. 심령이 통하면 명찰심이 무극의 지극한 이치에 밝게 통하여 하늘을 알고 하늘을 본받아서 천지와 더불어 그 덕을 합하고 그러함으로써 천지에 동참함에 이르게 될 것이니, 오직 우리 도우는 부지런히 힘써 성취할 것이니라.[14] (3:73)

또 어느 날 정산선생께서 임원들에게 하교하시가를,

"오늘은 우리도의 삼요체인 성경신에 대하여 말하리라. 과거의 성인도 말했듯이 성자(誠者)는 천지도(天之道)요, 성지자(誠之者)는 인지도(人

14) 夫道也者는 天所命而人以行之者也라: 天有无極大道하야 以无極之理로 化生人矣니라. 人生於此无極之理라, 故로 此道與理는 人皆所有者也나 然而나 人鮮能行此者는 何也오? 蓋 道卽理也요 理卽无極也며 无極卽天也라. 凡 志道者 必須念天也니 念天也 故로 敬天하고 敬天也 故로 必對天有誠이라. 有誠也 故로 明하며 明而至하고 至而變하며 變而化하야 可以得贊乎天地 化育矣니라. 然而나 蚩蚩衆生은 弊於物慾而 不念天하고 不知萬物之絪縕化育이 皆是天之所賜하며, 不覺萬有之運用動息이 皆是天之所使하야 榮辱死生을 皆歸自己能力하고 窮達憂樂을 輒曰自然偶然타가 適陷於非常窮地者 呼天訴天而 免危急則 輒稱吾智吾力하야 祈天求命을 謂之惑하고 敬天事神을 謂之虛하니 此非自絶於天者而何오? 唯天이 不棄斯民하사 賜我以大道하시니 曰无極이라, 无極者는 天地無極之理라 天以理授人하시고 人以道受於天하니 須感天授하고 克念受道하야 專念對天하고 專事以道하야 必行仁義禮智信하며 必守三綱五倫하고 勤於耕織하며 節約經濟하고 應力商工하라. 職皆天之所授也則 必其務也니라. 毋傷人하고 不害物하며 無爲凶雜鬪怒之事하고 不可爲分外之妄事하라, 皆是天厭之穢德也라, 故로 敎人에 務其廣布하고 勤之勉之하며 信之至誠하면 同是天生赤子며 必如一身이라, 憶念誦讀經文에 使煩思雜慮로 不得生於心中하라, 然則 精神專一하야 可以得心和氣和矣리라. 天이 明明乎在上하시고 洋洋乎在左右하시니 造次戰兢하고 燕獨必愼하며 居坐出入에 唯天是念하고 視聽言動에 惟道是遵하며 敬以持身하고 習與性成하야 以至至誠하면 天必感應하사 心靈自通矣리라. 心靈通則 明通乎无極之至理하야 以知天體天하며 以與天地合其德하야 以至參乎天地矣리니, 惟我道友는 皆以勤勖而成就也니라.

之道)니 수도와 인간관계 또는 사회생활 어느 한 곳에도 성이 없으면 안 되느니라. 나라에 충성하고 부모에게 효성하며 남에게는 성실하고 일에는 정성되게 하는 지성인(至誠人)이 되어야 하느니 지성이라야 감천이니라. 경에 대하여는 신명을 숭경(崇敬)하며 부모와 존장을 공경하고 타인을 존경하며 스스로의 마음과 몸을 경건히 하는 것이 수도자의 요체니라.

신은 인간사회의 연결선과도 같으니 사람으로서 믿음이 없으면 금수와 다름이 없으므로 그러한 불신사회가 되어서는 아니 되느니라. 도에는 신심을 가지고 상제님을 신앙하며 남을 신뢰하고 스스로의 신용을 지키면 사회의 신망을 받느니라. 도인은 이 삼요체를 잠시라도 잊지 말고 실천하며 힘써 행하라." (7:39)

"성경신을 다하면 자신의 선선천(先先天)도 조명(照明)하고 후후천(後後天)도 감오(感悟)할 수 있느니라." 하시니라. (7:111)

또 말씀하시기를 "이렇게 한번 생각하여 보라. 만일 이 세상 사람이 모두 선비가 되었다 하자, 하다 못해 승려나 신부가 되었다 하자. 그것이 좋은 세상이냐 하면 그렇지 않으니 정치는 누가 하고 농공상업은 누가 하느냐? 우리가 사는 사회는 씨뿌리고 가꾸는 농부는 물론이요, 땔나무하는 사람, 심지어 주초상(酒草商)도 모두 필요한 사람들이니라. 백정도 소중하고 어부도 유공(有功)하니 범사(凡事)에 적부적(適不適)·우열(優劣)·선악을 함부로 논단할 수 없느니라. 그러므로 직(職)의 고하(高下)나 업(業)의 귀천을 따질 것이 아니라, 인간이 지닌 생명·생기(生氣)·생업을 소중히 알고 성경신으로 하는 자가 바른 인간이니라." 하시니라. (6:81)

신인조화와 태극진리

인류는 대우주의 봄·여름 시기를 지나 가을로 넘어가는 환절기의 시기를 살고 있다. 이 시기에는 흙 기운의 몸으로써 상제(上帝)가 인세(人世)에 화현(化現)하여 상극(相克), 금(金) · 화(火)를 상생으로 주재하여 인류를 결실의 세상으로 넘겨 준다고 한다. 인류가 이 시기에 가을세상으로 넘어갈 수 있을까?

그 해답이 바로 신인조화(神人調化)이다. 신인조화 종교윤리는 신과 사람이 조화되는 것이며, 신명과 인간의 조화를 통하여 '한'의 작용을 가능하게 함이다. 수심정기에서 보듯이, 신(神)의 힘을 빌리고자 인간이 정성(精誠)으로 바르게 나아가면 신의 힘을 통해 인간은 일을 성취하게 되는 것이다.

신명과 인간의 조화는 정산사상에서 신인조화 사상으로 신명세계도 인간을 통하여 완성된다는 인간 존엄사상이라고 할 것이다.

남문의 조화문

또한 해원을 함에 있어서도 신과 인간의 협조, 조화가 중요한 열쇠가 된다고 할 것이다.

"선천의 천존·지존시대는 신봉어천(神封於天)·신봉어지(神封於地)였으나 후천의 인존시대는 신봉어인(神封於人)이므로 신인조화(神人調化) 되느니라." 하시니라.(7:122)

"조화는 신과 인간의 가장 귀한 요체요, 합덕은 음양의 가장 큰 원리니라. 비도(非道)와 사법(邪法)에는 조(調)도 화(化)도 없고, 합(合)도 덕(德)도 없으니 오직 정도와 진법이 우리도(道)니라." 하시니라.(4:57)

"신인조화는 우리 인간의 일거일동(一擧一動)에 신명의 작용이 미치지 않음이 없으므로 신명과 인간이 조화(調和)되고 조화(造化)하여야 어천만사(於千萬事)가 형통자재(亨通自在)함이니라. 그러므로 너희는 음·양이 합덕하지 않고 신·인이 조화하지 않으면 하루의 목숨도 지탱할 수 없음을 알라." 하시니라.(태7:35)

다음의 한시 한 구절을 읊으시며 잘 외워 두라 하시니라.
一幅宇宙余若何 雨露不二永世定[15] (4:70)

이러한 신인조화가 태극진리의 역동성을 이룬다.

"우주의 대도인 태극진리가 멀리 있는 것이 아니라 일상생활 가운데 함께 있으니 업고, 안고, 숨쉬고 있는 것이 막비도(莫非道)니라"

"부모를 일찍 여의어 보지 못하였다고 해서 부모가 없다 못하고 국가

15) 일폭우주여약하 우로부이영세정: 한 폭의 우주를 내가 어떻게 할까, 비와 이슬이 둘이 아니듯 영세토록 정하리라.

민족의 혜택이 없는 것 같아도 버리지 못하듯이 도를 보지는 못하여도 태극진리 속에 살고 있음을 알아야 하며 신앙, 수도의 영험이 당장에 없다고 버릴 수 없음이 어불리수(魚不離水 : 고기는 물을 떠날 수 없다)와 같으니라." (4:74)

"도는 곧 진리며 태극이니 우주의 자연법칙(自然法則)이며 인간의 당위법칙(當爲法則)이므로 천지인 삼계의 유일한 법칙이니라." 하시니라.

"내 일찍이 음양합덕·신인조화·해원상생·도통진경의 태극진리를 오도신조(信條)의 원천(源泉)으로 게시(揭示)하였거니와 이 진리를 활연관통(豁然貫通)하는 것이 곧 우주 전체의 원리와 인간의 생활 윤리를 체득함이니라. 선이니 악이니 하는 인간의 언어·문자에 구애됨이 없이 음양합덕의 태극진리로 생활하는 자는 저절로 인의와 자비·박애를 실천하여 이행함이니 이에 법률이나 사회질서 또한 절로 형성될 것이라, 이것이 곧 무위자연(無爲自然)의 원칙이니라. 그러므로 너희들 도인은 항상 합덕·조화·상생의 진리로 생활할지니라." 하시니라.(5:59)

"현금(現今)의 사회는 과학문명이 극도로 발달하여 우주의 신비로움이 차츰 벗겨져 가고 있음은 사실이나 과학이 발달할수록 태극진리가 더욱 현창하리라. 모든 과학의 원리가 음양 오행의 기동작용이니 천지(天地)·일월(日月)·풍뢰(風雷)·우로(雨露)가 모두 태극의 원리로써 이루어지며 이를 연구하는 과학공부 역시 태극의 원리를 떠나서는 있을 수 없느니라. 도란 무극의 정(定)과 태극의 동(動)으로 양의(兩儀)가 생하고 양의에서 사상(四象)이 생하며 사상에서 팔괘가 생하는 우주 생성발전의 본체니라. 그 생(生)이라 함은 다른 물상이나 사상(事象)이 새로 생겨나는 것이 아니라, 무극이 곧 태극이며, 태극이 곧 음양이며 사상이며 오행이며 팔괘며 우주만상이니 이것이 태극의 진리니라." (7:31)

한 도인이 다른 종교인과 토론하며 힐난하였더니 상제님께서 타이르시기를 "나의 도는 삼계의 대도라, 세계 어느 종교든지 모두 무극과 태극의 본원에서 흘러나온 지류(支流)이니, 유교·불교·서교 또 다른 지류의 교인들을 탓할 것은 없느니라. 그들이 어느 지방신이나 문명신을 믿는 것도 틀린 일만은 아니나 지방 방백(方伯)에게 하는 충성보다 군주에게 하는 충성이 가장 으뜸임을 모름이니라. 그러므로 너희들은 태극의 진주와 함께 도의 본원을 믿고 있으니 가히 진복자(眞福者)니라." 하시니라. (7:112)

"장님은 꽃이 있어도 보지 못하고 귀머거리는 삼현육각(三絃六角)이 울려도 듣지 못하듯 도안(道眼), 도이(道耳)가 열리지 않은 사람은 대도의 진주와 진법의 진경(眞經)이 곁에 있어도 모르느니라. 모를 뿐 아니라 비방, 반역하는 수도 있느니라." (4:61)

"도인으로서 대인수행(對人修行)의 근본요체는 언덕(言德)과 해원(解冤)이니 언덕을 잘 가지며 척을 짓지 말라" (4:63)

"소경이 꽃을 보지는 못하여도 향기를 맡고 알듯, 도는 보는 것이 아니라 마음공부로서 깨닫는 것이므로 심불재도(心不在道 : 마음이 도에 있는 것이 아니라)요 도재심공(道在心工 : 도가 마음공부에 있다)이니라" (4:73)

5월 하순에 경북 문경 산북면 공덕산 대승사(大乘寺)를 공부처로 정하시고자 임원들을 거느리고 길을 떠나셨다.

이때 날씨가 너무 더워서 시종하는 사람들이 모두 어려워함을 보시고, "혹서(酷暑)로 그대들의 노고가 자심(滋甚)하도다"하고 한 말씀하시니 갑자기 시원한 바람과 함께 구름이 햇볕을 가리었으며 날이 저물고 구름이 끼어 길이 어두울 때는, "그대들 가는 길이 너무 어둡지 않으냐"하시니 구름이 흩어지고 길이 밝아져서 쉽게 대승사에 당도하였다.

김룡사에서는 그 법당에 설석(設席)하시고 수일간 공부하시다가 그 절 뒤에 있는 화장암(華藏庵)에서 대장부 대장부(大丈夫 大丈婦) 도수와 천지일월음양(天地日月陰陽) 도수로 백일공부를 하셨다.

김룡사 공부를 마치시고 20여 일간 그곳 약산동 박순석의 집에서 공부하셨는데 수라시봉은 순석의 처가 담당하였다.

며칠 전 꿈에 한 신선이 하강하여 찹쌀 한 말과 좁쌀 서 말을 주며 '이 쌀로 하느님의 수라를 지어 올리라' 한 일이 있었다.

또, 매일 정산선생을 뵈러 오는 도인 수십 명씩을 대접하는데 걱정하던 찬거리 채소가 조석으로 아무리 뜯어내도 고대 돋아나므로 신기하게 여긴 일도 있었기에 정산선생을 더욱 극진히 받들었다.

이 때 정산선생께 수종한 이병두가 존전에서 무엄불손하므로 이를 본 순석의 아들 중하가 꾸짖으려 하니 정산선생께서 그 심중을 미리 아시고 타이르시기를 "그대로 두라. 병두가 도를 믿으러 온 줄 아느냐? 도주 행세를 견습하러 왔느니라. 앞으로도 병두 같은 자가 비일비재(非一非再)하리니 탓하여 무엇하랴?"하시니라.

몇 년 뒤에 병두는 물러가서 관운장의 후신이라 하며 금강교주(金剛敎主)를 자처하다가 마침내 비명에 객사(客死)하였다.

정산선생께서 10월 말경에 회문도장으로 돌아오셔서 다시 회룡재에서 공부하실 때 매일 수십명씩 찾아오는 도인들의 왕래를 제한하시며 임원들만 왕래하게 하시고 월성금(月誠金) 제도를 정하셔서 매월 23일에 관하 도인으로부터 수봉(收捧)한 성금을 임원들이 수합(收合)하여 올리도록 하셨다.

정산선생께서는 이에 앞서 4년전에 장자 준래(俊來)를 칠원 무기의 상주(尙州) 주(周)씨 영석의 따님 복순(福順)과 성혼시키시고 자제분의 도호(道號)를 내리시니 준래는 청봉(靑峰), 차자 승래(升來)는 청암(靑岩), 3자 영래(永來)는 청구(靑丘)였다.

정산선생께서 맏아들 청봉(靑峰 : 준래)을 성혼시키신 후에는 사가의 가계를 일임하시되, 공사의 구분을 엄격히 하셔서 가계가 아무리 군색하여도 도중 공금에 의지하지 못하게 하셨고, 청봉이 혹 긴요한 일로 간절히 원하면 금품을 빌려 주시되 기일을 정하여 위약함이 없도록 하시며, "도중 공금은 나도 함부로 못하거늘 네가 만약 손해를 끼칠 때는 그 죄를 어찌 감당하랴? 내 너희로 하여금 넉넉하게도 못하거니와 죄짓게도 못하느니라."하시고, 청암(靑岩 : 승래)·청구(靑丘 : 영래) 등 자제들도 근로로 고학(苦學)하게 하셨다.

또 정산선생께서는 모든 가족과 임원들의 허영과 망동(妄動)을 엄금하시고 항상 도리와 법례(法禮)에 맞게 처신하도록 하셨다.

입금산 도수(入金山 度數)

무자(戊子 : 1948)년 설날 치성 후에 도의 이름<道名>이 '태극도' 임을 정식으로 공표하게 하시고 주문의 '무극도주'를 태극도주'로 고치시며, 이렇게 하교하셨다.

"우리 도의 개화(開化)와 낙화(落花)가 모두 태인(泰仁)땅이었으니 이는 '큰 씨'가 싹이 트고 자랄 연유이나 꽃이 피었다짐은 결실을 위함이라. 그동안 우리 도가 잠룡도수 10년의 포태기(胞胎期)를 지나 회문도장에서 태극도로 중창하여 현룡(見龍)도수인 장생기(長生期)를 맞은 다음 또 3년이 지났으니……. 다시 현룡 비룡(飛龍)으로 화(化)하여 관록(冠祿) 제왕기(帝旺期)를 맞으리라. 임원들은 이 천기(天機)를 위념물실(爲念勿失)할지어다" 하시며 지난 잠룡(潛龍) 10년간의 고난을 상기(想起)시키셨다.

정산선생께서 임원들에게 하문(下問)하시기를, "그대들 중에 누가 부산의 지리를 잘 아느냐"하시므로 이강인(李康仁)이, "저의 처가가 부산이고 그곳에 친구 있어 잘 압니다."하고 사뢰니, "네가 가서 내가 공부하기에 적합한 집을 찾되 부산의 산맥이 끝나는 곳이라야 하고 용은 물이 있어야 하니, 바다가 보이고 수(水)자가 든 지명(地名)이라야 하며, 태인도장처럼 치마바위가 있어야 한다."하시며 대금 일부도 내려주셨

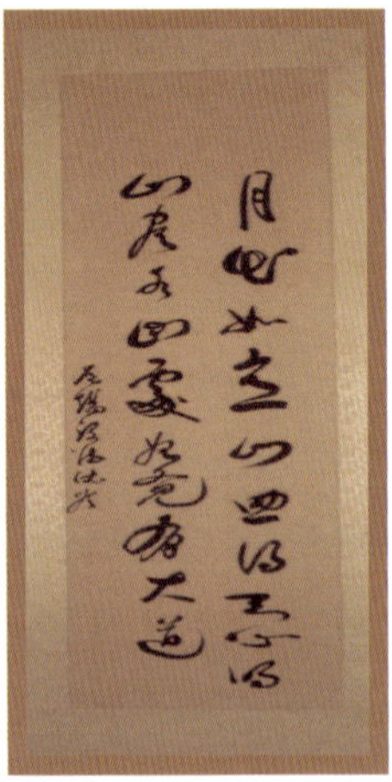

"월출여의산(月出如意山)" "조득천심명(照得天心明)"을 읊으심.

"월출여의산은 정산선생 자신의 도통 경지를 말씀하심이요, 조득천심명은 증산선생의 공사도수를 모두 성취하심"이라는 깊은 뜻으로 암시(暗示)하심.

"山盡水廻處(산진수회처) 始覺有大道(시각유대도)" 산을 다하고 물은 모여 돌아가는곳 대도가 있음을 비로소 깨달았다.

천장길방 감천을 찾으심을 뜻함.

▲ 정산선생께서 도기 48(1956)년 5월 초에 하교하신 사해용왕의 본부가 되리라는 감천용담수인 감천항

다. 이어서 이렇게 말씀하셨다.

"부산은 이 강산의 동남단에 위치한 도시로서 지세(地勢)는 국토의 신산(神山) 백두에서 비롯한 산세가 남으로 뻗어 내린 정기가 응결(凝結)되고 영남지방 전체의 물이 모여 흐르는 낙동강과 동해가 굽이치는 산진수회처(山盡水廻處)의 영국(靈局)이니라" (5:5)

"부산은 이 나라 제일의 국제항인 관문, 군창지(群倉地) 생문방(生門方)이며 새서울이다. 상제께서도 백우(百牛)를 대신한 백우(白牛)를 잡아 공사를 보셨으며. 그 자형(字形)이 팔금산(八金山) 또는 입금산(入金山)이라. '내가 장차 금산사로 들어가리라' 하신 곳이라. 천장길방(天藏吉方) 태극원점(太極原點)의 기지이니. 가마(釜)산이 곧 솥의 산인 줄도 알라" 하시니라. (5:6)

강인이 부산에 가서 여러 날 동안 여러 곳을 수소문한 끝에 분부하신 조건과 부합되는 보수산(寶水山)아래 보수동의 한 집을 찾았다. 그 집의 위치는 특히 뒤에 태인도장의 치마바위보다 그 길이는 반쯤 되나 높이는 배도 넘었으며 우측으로는 구덕산(九德山), 아미

▲ **부산 보수도정 공부처**
정산선생께서 도기 40(1948)년 3월 15일 입금산도수로 도장을 마련하시고 8년간 태극도의 기반을 다지신 부산시 중구 보수동1가 21번지 치마바위 아래의 현 보수도정. 처음에는 부산행재소, 다음해 설날 부산도장으로 명명하시고 47(1955)년 4월 28일 그 2층에 영대를 봉안하셨으나 1956(丙申)년 7월 29일 감천동으로 도장을 옮기시고 보수도정으로 개칭

산(峨嵋山)으로 이어진 백호(白虎)와 좌측으로는 복병산(伏兵山), 용두산(龍頭山)으로 이어진 청룡(靑龍)이 뚜렷하고 앞으로는 절영도(絶影島)와 남해가 바라보이는 곳이었다. 강인이 가계약을 체결하고 돌아가서 보고한 후 다시 와서 대금을 완불하고 내부를 수리하였다. 정산선생께서 3월 15일에 왕림하셔서, "집은 비록 협소하나 땅이 도수에 맞는 적지로다. 태극대운이 이에서 비롯되리라"하시고 그 집을 부산행재소로 부르시다가 다음 해는 부산도장으로 명명하셨다. 이 도장은 8년 후인 병신(丙申 : 1956)년 7월 29일에 보수도정(寶水道庭)으로 개칭하신 이래 지금까지 보존되고 있다.

이달 말경에 승안차(承顔次) 올라온 권동흠(權東欽)에게 하문하시기를, "너의 집안에서는 입도한 사람이 몇이나 되느냐"하시므로, "아직은 저 혼자뿐이옵니다"하고 아뢰니, "덕불고(德不孤)라 도는 외롭지 않은 법이니 벗이 있게 마련이니라……."하셨다.

동흠이 명심하고 지방으로 돌아와서 먼저 가화(家和)를 이루고 포덕에 힘쓰니 입도치성을 올리기에 바쁠 정도였다. 이 무렵 다른 지방에서도 입도인이 날로 늘어나서 도세(道勢)가 일가월증(日加月增)하였다. 이해 7월 초순 어느날 정산선생께서 임원들을 거느리시고 감천동(甘川洞) 해변에서 소요(逍遙)하시다가 그 근처에 사는 최위출(催渭出)의 집에 들르셨다. 이때 위출은 뼈가 심하게 부러져서 오랫동안 기동을 못하는데 의사마다 손을 못 쓰는 것을 보시고, "너와 같은 성심자(誠心者)는 병신이 되지 않으리니 나를 믿고 안심하라"하시며 환부(患部)를 손으로 만져 낫게 하시므로 모두 감복하였다.

8월 초에는 동래 금련산(金蓮山) 마하사(摩寺)에 가셔서 그 큰 방에 설석(設席)하시고 백일공부를 하셨다. 하루는 공부 여가에 임원들이 거처하는 방에 나오셨다가 모두 담배 피우기에 불편해 함을 보시고 통죽(通竹)하게 하시며, "이것이 평등도수니라"하셨다.

11월 어느 날 임원들과 사승(寺僧)에게 물으시기를, "법당의 불상(佛像)에 이상이 없느냐"하시므로 가서 살펴보니 그전에는 반듯하던 불상의 머리가 앞으로 숙여졌으므로 모두 이상히 여기며 소란을 피운 일이 있었다.

공부를 마치시던 11월 15일 새벽에는 공부실 앞뜰에 흰 학 한쌍이 날아와서 공부실을 향하여 절을 하듯 몇 번이나 고개를 숙였다 들었다 하였으며, 아침에는 공부하실 때 글 쓰신 종이를 태워서 그 재를 절 앞 개울 물에 띄우니, 개울 위에 무지개가 찬란하게 뻗치는 이적이 일어났다.

임원들에게 하교하시기를 "내가 무극대운을 태극진법으로 풀어 가느니 그대들은 오직 내가 베푸는 법방으로 신행(信行)하여야 공부를 성취할 수 있으리라." 하시고 또 "금번 마하사 도수는 '입금산도수(入金山度數)' 이며 이제 부산에 들어왔으니 팔문(八門)을 열고 운수를 받아들여야

하느니라." 하시므로 모두 부복청령(俯伏聽令)하니라.(태5:20)

12월 초에 중산 도인 박중하가 행재소에 올라와 배알하니 정산선생께서 구겨진 50전 지폐를 인두로 다려 펴게 하시므로, "이것이 비록 돈이오나 요사이는 어린이의 용돈으로도 쓸 수 없사온데 어찌 다리라 하시나이까?"하고 여쭈자, "나는 이것을 돈으로 보지 않고 도인들의 정성 덩어리로 여기느니라."하셨다.

이해 가을 어느 날 청년도인 김태성이 성혼을 앞두고 상제님을 뵈니 이렇게 훈계하여 가르치신다.

"남녀 혼인은 인륜의 큰 일이니 바로 오도의 강령인 음양합덕(陰陽合德)이니라. 태극의 도리가 그 원원(元元)이 음양합덕이니, 일음일양이 바른 자리를 지키며 기동함으로써 우주의 삼라만상이 생성발전하는 이것이 곧 정음정양(正陰正陽)의 근본원리니라. 혼인이 시속에서 말하는 사랑만으로 이루어지는 것이 아니라, 합덕·조화의 도리를 기초로 하여야 하느니 너는 이를 평생 명심하라."

또 가정 규범의 원리를 말씀하시길, "태극의 진리가 정음정양임은 이미 증산상제님께서 말씀하신 바이나, 그 뜻은 남편은 남편답게 아내는 아내답게 제 도리를 다하며 서로 위하고 서로 화하여 합덕하는 것이니, 태극진리가 곧 가정 규범의 원리니라. 이는 한 가정뿐 아니라 사회·국가 나아가서는 세계·우주가 구성·운용되는 원동력임을 알아야 하느니라."하셨다.

신인조화와 도인집단 도수(道人集團 度數)

신(神)은 신명작용을 이루어 인간의 일거일동에 영향을 미친다.

신인조화의 종교윤리는 신과 인간의 교류가 조화(調和)이며, 그 결과는 조화(造化)이기에 신을 인간에서 찾아 신인이 협력하도록 해야 한다는 윤리이다. 따라서 신인조화는 신인협력 사상이다. 다소간의 범신론의 요소를 포함하며 신과 인간의 대화와 협력을 강조한 종교윤리 사상이라고 할 것이다.

기독교는 유대교를 개신한 데서 출발하였지만 보복의 신관을 완전히 극복하지 못하였다. 보복적이며 배타적인 기독교 사상은 다른 종교의 존재를 인정하지 아니한다. 종교가 자기 종교의 신앙대상이 틀린다고 하여 배척하고 미워하는 바람에 인류에게 평화를 가져오기보다 오히려 인류의 분쟁을 부채질 하였다고 할 것이다.

신들의 분쟁은 인간의 분쟁으로 이어진다. 상제는 모든 신명이 공존할 수 있도록 중재하는 존재이다.

과거의 '신존인비(神尊人卑)'가 아니라 신인조화가 종교윤리 차원에서 실천으로 생명력을 갖게 되면, 신과 인이 대화하고 협력하여 현실을 공공으로 개신할 수 있게 될 것이다.

조그마한 선행조차 신인조화를 이루면 죄의 심연을 건너게 하는 구원의 뗏목이 될 수 있음이다. 그러나 이기심의 술을 들이켜고 비열함의 배에서 무모하게 춤을 추는 사람은 무지의 바다에 가라앉는다. 다른 사람들의 안녕을 외면하고 목격하고 싶어 하지 않는 이기적인 행복은 불행을 당하게 되어 있다. 다른 사람들이 행복해 하는 꼴을 여러분이 차마 볼 수 없어한다면, 우주법칙은 여러분이 다른 사람들로부터 오히려 불행을 당하도록 확실히 준비하게 마련이다. 이처럼 신인조화는 평화를 구현할 수 있는 종교윤리 사상이다.

우리는 도인집단 도수를 통한 신인조화의 사례를 살펴본다.

경인(庚寅 : 1950)년 원조(元朝)에 임원들에게 정산선생께서 하명(下命)하시기를, "그동안 그대들의 노고로 도세(道勢)가 확장되었음을 치하하노라. 그러나 호사다마(好事多魔)로 미구에 도내외(道內外)에 몰아닥칠 환난(患難)의 고비를 넘기기가 극난(極難)하리니 그대들은 도명(道命)의 지엄함을 각골명심(刻骨銘心)하라"하셨다.

이튿날 아침에 지방 임원들을 독촉하여 내려 보내셨는데 오후에 경찰 형사들이 불시에 들이닥쳐 정산선생 이하 도장에 있던 임원들 다수를 중부산 경찰서로 연행하여 용공(容共)단체 관계혐의로 고문(拷問)하더니 경북도경으로 이송하였다가 다시 예천(醴泉)에 있는 계엄사령부 합동수사대로 넘기는 도난(道難)의 변고가 일어났다.

이것은 전에 무극도의 도인이던 배신자 강모, 김모 등이 권력층과 교섭하여 모함한 것으로서 곧 무고로 판명되어 3월 5일 무죄방면되었다.

이때 정산선생께서는 그 배신자의 괴수 강순임, 김병팔, 엄병윤, 신도균, 정기택 등 5인을 도척, 오적(五賊)으로 규정하셨으나 임원들에게는, "저들에 대하여 원한을 품거나 복수를 생각하지 말라"

하셔서 응징을 못하게 하셨다.

정산선생은 2년전 미리 이 일을 예견하시며 말씀하시기를 "사람이면 누구나 오장육부가 있는 법인데 6부에서 5부를 내가 제치면 1부가 단독으로 어찌 하겠느냐?"하시며 임원들을 꾸짖으시니라. 그 자리에는 이용직·김명구·이강인과 신도균·정기택 등이 있었으나, 그들은 어의를 모르면서도 심히 두려워하더니 몇 년 뒤에야 도균과 기택 등이 배신할 것을 예시하신 질책이심을 깨닫게 되었다.

이어 하교하시기를 "그러나 머지않아 삼천리 강산뿐 아니라 전세계에 걸친 수화상충(水火相衝 : 물과 불이 서로 부딛침)의 대도수로 국운도 꽉 막혀서 이때는 비단 오적이 아니라, 크고 작은 원척이 발동하여 세상은 늦모 찔 때 묘판에 메뚜기 뛰듯, 콩 볶을 때 가마솥에 콩 튀듯 할 것이니라. 그 때에도 그대들은 이번 도난을 거울삼아 나와 도를 믿고 성경신으로 도심을 더욱 견고히 하여 요동하지 말지니라." 하시고 다음의 옛 시를 읊으시니라. 이때 도인들이 기도시에 받드는 법수를 1그릇으로 고정하시니라.

千山鳥飛絶　萬逕人縱滅
孤舟蓑笠翁　獨釣寒江雪[16] (5:34)

이해 4월 28일에 상제님께서 봉천명일 치성을 마치시고 임원들을 공부실에 부복시키신 다음, 엄명하시기를 "지방임원들은 속히 임지로 내려가서 도인들을 독찰(督察)하여 난국을 극복하되 경거망동하면 자신뿐 아니라, 가족 친지까지 연루되어 패망할 운수니 깊이 명심하라. 이는 내가 보는 '복중80년도수' 로서 기도문이 열리는 도수니라. 누차 말한 바와 같이 동청룡이 동하매 천하의 기운이 이곳으로 쏠리고, 회룡이 현(見)하매 세계의 대신명들이 이곳으로 몰림이니, 천기는 어찌할 수 없느니라. 천하가 소란하고 강산이 초토(焦土)가 되어 무고한 창생이 무참하게 마구 살상을 당할 것이나, 그대들은 오직 나와 도를 믿고 일심을 가지면 지난 도난에서와 같이 무사할 것이며, 이 고비를 지나야만 나는 또 하나의 큰 도수를 완전 성취할 수 있느니라." 하시고 임원들의 다짐을 받으시니라. 임원들은 다음날 급히 임지로 내려가서 엄명을 전(全)도인에게 전달하여 당시에 난립된 주의·사상에는 일체 가담하지 못하도록 독찰하니라.(5:35)

---

16) 천산조비절 만경인종멸 고주사립옹 독조한강설 : 산마다 새 나는 것 끊어지고, 길마다 사람 자취 없도다. 외 배에 도롱이 두른 늙은이가, 홀로 눈 덮인 강에서 낚시하네. (당 유종원 <江雪>)

이해 5월 초 10일에 6.25의 남침전쟁이 일어나 전 국민이 온갖 고액을 치르다가 3년 후 6월 17일(양력 7월 27일)에야 휴전이 성립된 민족의 비사(悲史)는 모두가 다 아는 사실이다.

이 사변이 일어나자 수많은 국민들이 남쪽으로 피난하게 되었으니 그 가운데 도인들도 보수동 도장 부근에 모여들어 판잣집, 토담집을 짓고 생활하게 되어 그 일대는 자연히 도인들의 집단거주지가 되었다.

이때 정산선생께서는 이들에게 정신적 지주가 되실 뿐 아니라 현실적으로도 생계를 도와주시고 직장을 알선하시는 등으로 구휼(救恤)하시니, 모두가 단시일 내에 생활이 안정되고, 더구나 지척에서 정산선생을 모심으로써 도심이 굳어지고 도인 상호간의 협동력도 강해졌다. 이러한 부산도인들의 소식을 들은 지방도인들은 사변 중에 고초를 겪다가 기회를 보아 보수동 도장 부근으로 모여들어 어려운 가운데도 도단(道團)은 더욱 확대되고 단결되었다. 한편 임원들은 사변기간에도 온갖 애로를 무릅쓰고 전국의 도가를 순방하며 지도 교화하였고 매월 1회씩 정산께 배알하고 명교(命敎)를 모시는 일을 어김없이 수행하였다.

7월경에 함안까지 침공했다가 후퇴하던 공산군 패잔병의 은신처가 될 것을 염려한 국군이 회문리 일대의 가옥을 불태울 때 회룡재도 소진(燒盡)되고, 그곳에 있던 도중가족은 막심한 고난을 당하다가 부산도장으로 돌아왔다. 회룡재의 소식을 들으시고,

"인간이 무도하면……. 그 극단이 전쟁이요 살인인데 동족상잔(同族相殘)의 비겁(否刼)속에 어찌 방화만을 탓하랴. 회룡재가 소진됨은 아까우나 이로써 전화(戰禍)가 감소된다면 불행 중 다행이니라. 복원(復元)도 있으리라"하셨다.

8월 어느 날 순석이 상제님께 여쭈기를 "이번 사변으로 부산이 이 나라의 임시 수도가 되었사오니 도주님께서 예시하신 '새 서울'에 적중됨이 아니오니까?" 하니, "내가 말하는 새 서울이 어찌 한 나라의 수도이랴? 새 서울은 구천상제님의 도수에 따라 내가 공부하여 설법하는 통일신단 · 조화정부로서 삼계를 광구할 태극기동의 원점이니라." 하시니라. (5:43)

12월 어느 날 보수동 도장의 서쪽 동대신동과의 경계 근처에 밀집(密集)된 판잣집 마을에서 큰 화재가 일어나 강한 서북풍(西北風)을 타고 도장으로 급히 번져 왔다.

정산선생께서 그 보고를 받으시고 도장에서 서북향으로 손을 드시니 서북풍이 갑자기 동남풍으로 바뀌며 저절로 진화(鎭火)되었다.

신묘(辛卯 : 1951)년에 이르러 부산으로 이사온 도인이 수백호이므로 이를 중부(中部)도인이라 하여 지방도인과 구분하여 부르게 하셨다. 3월 하순에 도장이 번잡하여 공부하기에 불편하시므로 도장 뒷산 중턱에 집을 짓게 하셔서 공부설석하시고 산정(山亭)으로 명명하셨다. 여기서 납폐지(納幣紙)를 소화하며 공부하셨는데 처음에는 임원들이 써서 올렸으나 장수가 많아 도장(圖章)으로 찍게 하시다가 등사판으로 등사하게 하시고 소화할 때 그 연기가 많으므로 공부실에 별도 연통을 내게 하시며 말씀하시기를,

"내가 지금 하는 공부는 복중(腹中)80년 도수에 따른 휴전(休戰)도수 공부니라"하시더니 이때부터 시작된 휴전 회담이 계속되어 2년 후에 휴전이 성립되었다.

이해 여름에 폭우로 무너진 산정 앞의 축대를 충주도인 박재문(朴在文)이 정성들여 쌓았는데 정산선생께서 그 노고를 치하하시는 순간 그의 농아(聾啞)가 열려 정상인(正常人)이 되므로 본인은 물론 도중이

모두 경탄하였다.

임진(壬辰 : 1952)년 원조에 단도수와 급(級)도수를 말씀하시고 포덕을 강조하시더니 도인의 수가 급증하였다. 3월 15일에 도인들의 납폐도수를 하명하시고 1인당 5만장씩을 기도 송주하며 소화하게 하시며, "5만장이 많은 것 같으나 5만년 후천선경 도수에 비하면 1년에 한 장씩 밖에 해당되지 않느니라."하셨다.

하루는 인간의 윤리, 도덕, 법률, 질서의 원리가 모두 태극의 진리로써 이루어짐을 말씀하시고 공자의 인의, 서가의 자비, 예수의 박애가 모두 태극 음양 합덕 진리의 부분적 표현임을 가르치셨다.

> 어느 날 임원들에게 물으시기를 "너희들이 인간의 윤리 · 도덕과 법률 · 질서의 근본원리가 무엇임을 아느냐?" 하시고 다음과 같이 하교하시니라. "나의 도리는 어렵지 않으니 곧 무극과 태극의 진리니라. 인간의 윤리 · 도덕은 공자의 유교만한 가르침이 없으니 그것이 인의·삼강오륜으로 표시되며, 석가의 교는 인간과 미물 곤충까지라도 자비하는 것이 또한 취할 만하고, 예수가 설한 박애도 또한 일리가 있느니라. 그러나 이는 윤리와 법의 부분적인 방법일 뿐 완전한 원리는 아니니, 그 원리는 다만 태극진리니라." (5:57)

11월 하순에 왕자수금(王者收金) 도수와 남신헌금(南信獻金) 도수를 말씀하시고 월성금을 포감별로 보관하였다가 명년 초에 신화(新貨)로 바꾸어 올리도록 명하시므로 임원들이 여러 가지 방법으로 바꾸고자 하여도 미처 다 바꾸지 못하였더니 다음해 정초의 화폐개혁(貨幣改革)으로 인하여 3개월 성금을 모두 신화로 올리게 되었다.

계사(癸巳 :1953)년 4월 봉천명일 치성 후에 임원들에게 이렇게 훈교 하셨다.

"내가 지난 기유(도기 원, 서기 1909)년 이날 천명과 신교를 받들어 모신 이래 벌써 사십 오년이라. 그동안 창도 · 포덕에 진력한 바 이에 어언 이순(耳順)이니 그대들이 나를 믿어 따르고 또 헌공함을 가상히 여기노라. 증산상제님께서 '나와 그대는 증정지간(甑鼎之間)이라.' 하시고 또 '도로써 일체니라.' 하셨으므로 상제님의 도호 '증산'에 이어 나를 '정산(鼎山)'으로 하셨느니라. 상제님께서는 무극주로서 하늘에 계시고 나는 태극주로서 인간 세상에 있으니, 체용(體用)은 둘이 아니요 하나니라." 하시니라. (5:62)

"내가 상제의 도수로 무극대도를 개창하였으니 이는 체를 밝힘이고 다시 태극의 도문을 열게 됨은 그 도수를 푸는 용의 기동이니라. 모든 법방(法方)은 무극주의 체를 태극주로서 용함이니라." (5:64)

"그대들이 도인으로서 이 체와 용에 따라 공부함은 개인의 도통 완공에도 목적이 있으나, 천지인 삼계공사에 참여함이니 오만년 후천선경의 완성을 이룸은 사람에게 달려 있음의 큰 뜻을 알라. 그러나 구천의 도수와 나의 법방이 아니면 이룰 수 없음을 깊이 명심할지어다." 하시니라. (5:65)

"천지인 삼계공사의 도수는 호리[17]의 어그러짐이 없으므로 이제 삼천리 동토에 우리 나라, 우리 도의 태극기가 가가호호에 휘날리고 있으나 이번 간지(干支)가 끝난 장래에는 세계인의 가슴마다 태극이 새겨질 날이 있을 것이며, 태극의 원리가 과학문명과 정신문화의 기점(基點)임이 천명(闡明)되리니 이 곧 선경도수(仙境度數)의 일단이니라. 그대들은 오직 일심으로 수도하라. 일심은 곧 정심이니라." 하시니라. (5:66)

---

17) 毫釐 : 자나 저울 눈의 호(毫)와 이(釐). 아주 적은 분량을 비유한 말.

어느 날 임원들이 "어떻게 하여야 세계가 화평하고 인류가 안락하오리까?"하고 여쭈니 이렇게 훈교 하셨다.

"무릇 모든 종교는 국제정치나 국내정치에 직접 관여하지 않으나 오도는 교정(敎政)을 일체로 하느니라. 태극의 원리는 우주의 대도이므로 모든 정치의 근본 사상임을 그대들이 알아야 하느니라. 지금 미국·소련 양대국이 앞장을 서서 자유공산의 양진영이 대립하여 상극(相剋)·상충(相沖)·상투(相鬪)·상해(相害)함으로써 인류가 진멸지경에 처한 현상은 신계를 비롯한 인계의 피하지 못할 선천 과도역정(先天過渡歷程)의 비겁도수(否劫度數)니라. 이것이 내가 해결하여야 하는 한 소임이며 나의 강세와 공부의 목적일부가 이에 있느니라. 그러나 나의 근본소임은 인계에 국한하지 않고 하늘도 뜯어고치고 땅도 뜯어고치며 사람의 상극정신도 뜯어고치시는 구천상제님의 도수를 합덕·조화·해원·상생의 태극진법으로 실현하여 삼계에 보화하는 청화오만년 선경을 건설함에 있으니 인류의 화평은 무위이화하리라."

이어 "아직도 양대진영의 정치가나 군사가뿐 아니라 세계를 움직인다는 석학들이 태극원리를 모르고 있으나 음양의 합덕·조화·상생으로 기동조화(機動造化)의 묘를 이루어 이제서인지악(以制西人之惡)하고 원자탄·수소탄은 물론, 살인광선도 소용없게 하여 전인류가 구제되고, 나아가 선경세계가 이룩됨을 자각하도록 하리라. 나라들이 각각 다른 주의·주장과 틀리는 방식으로 생활하면서도 전체 인류의 발전을 위한 공동협력을 하게 되리니 이 곧 음양합덕인 태극의 기동이니라." 하시니라.(5:67, 68)

"너희는 항상 평화를 주장하라. 너희끼리 싸우면 밖에서는 난리가 일어나느니라." 하시니라.(5:48)

이해 9월에 미원지방 도인 윤금현(尹金鉉)이 도장에 올라와 승안(承顔)을 모시고 도주님의 수라상이 맥반(麥飯)에 소찬인 것을 보고…. 크게 깨닫고 평생 근검절약을 신조로 하여 수도에 전념하였다.

11월 중순에 7일간 식음을 전폐하고 공부하시다가 하루는 갑자기 숨을 거두시므로 가족과 임원들이 놀라서 어찌할 바를 모르는데 잠시 후에 쾌차하셔서 말씀하시기를,

"생사판단(生死判斷) 도수를 보아 상제께서 '나는 죽고 살기를 마음대로 하노라'하신 도수를 풀었노라" 하셨다.

갑오(甲午 : 1954)년 임원들에게 하명하시기를,

"금년 도수는 구마이당로(九馬而當路)니라. 이 도수는 도인이 모이고 도명이 세상에 알려지는 큰 도수니만큼 그 목 넘기 또한 어려울 것이니 도인들에게 언동을 각별히 조심토록 단속하라"하셨다.

이 무렵 각 지방에서는 포덕이 더욱 잘 되고 도인들의 성금헌납도 많아졌으며 중부로 이사하고자 하는 도인도 늘어나므로 임원들은 그 성적을 비교 경쟁하는 양상을 이루었다. 그중에도 충주지방 안상익 포감 방면이 더욱 현저하고 그에 따른 말썽도 많이 일어나므로 정산선생께서 그 지방 임원들에게, "도인들의 신심과 정성이 지극함은 가상(嘉賞)한 일이나 그것도 과(過)하면 불여불급(不如不及)하여 폐단이 되기 쉬우니……. 정도(正道)를 지키라"하셨다.

정월 중순에 어느 도인의 집에 작은 화재가 일어났다. 이때 아무도 정산선생께 보고하지 않았는데 먼저 알고 계셨으며 임원들에게 하명하시기를 "도가가 모두 판잣집인데 간밤 불은 비록 큰 피해가 없었다 하여도 앞으로 불이 나면 삽시간에 번져 많은 피해가 있을 것임으로 내가 진화(鎭火)도수를 보았느니라."하시며,

"수 · 화 · 풍 3재(三災) 가운데 수·풍재는 자연의 객기(客氣)에서 나오지만 화재는 인간의 방심(放心)에서 나오는 인재(人災)니 모든 도인에게 불조심을 각별히 강조시키라"하셨다.

이로부터 도인집단에는 화재가 한 건도 발생하지 않았다.

황극신 · 대신문 도수(皇極神·大神門 度數)

하루는 정산선생께서 임원들에게 하교하시기를, "배를 타고 항해하다가 폭풍을 만나면 위험하다고 멈추거나 방향을 바꾸지 말아야 하느니라. 만약 그리하면 항해를 못함은 고사하고 배도 전복시키고 목숨도 따라 잃게 되느니 도를 믿고 닦는 일도 또한 그러하니라."

하시고 지난 신유(辛酉 1921)년 2월에 안면도에서 변산반도로 항해하시던 도중 폭풍을 만나셨을 때 당황하는 사공들을 이렇게 지휘하셔서 무사히 항해하게 하신 일을 말씀하셨다.

갑오(甲午 1954)년 2월 하순에 청주에서 안상익 포감방면 임원들의 일로 형사사건이 일어났다. 그것은 지난 몇년 동안 그 임원들이 경쟁하듯 관할 도인들의 가산을 정리하여 중부(부산)로 이주시키는 과정에서 사실무근한 유언비어(流言蜚語)가 유포되므로 충청북도 경찰국에서는 이것을 혹세무민(惑世誣民) 또는 용공분자(容共分子)의 행위로 오인하고 내사(內査)하여 그 임원들을 주동자로 지목하고 미행(尾行)하다가 그들의 집회장소를 급습하여 20여명을 검거하고 국가보안법 위반혐의로 고문 취조하게 된 것이다.

이때 검거된 도인들은 혐의가 없으므로 바로 석방되었으나 상급임원 3인은 구속되었는데 그중에서도 가장 상급자인 박한경(당시 부포감)은 고문에 못 이겨 부득이 혐의사실을 시인하고 정산선생 행재(行在)하신 곳까지 자백하기에 이르렀다. 이로써 경찰에서는 형사들을 부산도장으로 보내어 며칠 동안 중부도인들을 조사하였다. 그 결과 혐의사실이 없음은 확인되었으나 이미 구속된 박한경, 유철규, 김영하 등의 혐의를 소명하기 위하여 정산상제께서 출석하여야 된다 하였기에 임원들을 거느리고 청주까지 거동하셨다.

정산상제께서는 그곳 북일여관에 설석하시고 30여일간 공부하시며 간간히 형사들의 수사에 응하셨는데 사건은 결국 박한경 등 3인이 구속 기소되기에 이르렀다.

사건이 장기화함에 따라 정산선생께서는 3월 27일(양력 4월 29일) 부산도장으로 환행하시는 길에 승용차편으로 청주 화양동(華陽洞)에 거동하셨다. 화양동은 소백산맥의 산협인 괴산군 청천면 화양리의 계곡으로서 사적과 명승(名勝)이 많으므로 예로부터 중국의 무이구곡(武夷九曲)과 비슷하다 하여 화양구곡으로 불리는 곳이었다.(현재는 국립공원으로 지정되어 있음) 특히 그 3곡에는 송우암(宋尤庵)이 임진왜란 때 우리나라를 도와준 명나라 신종(神宗), 의종(毅宗) 황제의 은혜에 보답하기 위하여 제자들로하여금 세우게 한 만동묘(萬東廟)가 있었다.

만동묘는 대원군이 철폐한 것을 그곳 유생들이 중창했는데 왜정때 다시 철거되어 이때는 그 묘지(廟趾)와 묘비(廟碑)만 남아 있을 뿐이었다.

▲ 청천 화양구곡 도수의 터

정산선생께서 도기 45(1954)년 3월 27일 황극신도수와 대신문도수를 푸신 충북 괴산군 청천면 화양리 화양구곡의 터.

사진 ① 만동묘는 왜정 때 철거되어 그 묘지(廟趾)와 묘비(廟碑)만 남아 있었다.

② 5곡의 첨성대 암벽에 있는 석문과 숭정황제의 어필 비례부동이 새겨진 모습.

③ 최근(2006년) 괴산군에서 만동묘를 복원한 모습.

④ 암서재(岩棲齋) : 우암(尤庵)송시열(宋時烈 1607~1689) 이곳을 무이구곡에 비유하여 화양구곡이라 이름하고 그 제4곡에 은거하면서 학문을 닦고 제자들을 교도하기 위하여 지은 것이며 현재도 남아있다.

> 제4곡에는 우암이 은거하며 학구(學究)와 교도(敎導)에 힘쓰던 암서재가 있고, 제5곡에는 우암이 문인들을 시켜 명나라 의종의 친필인 "비례부동(非禮不動)"이라는 큰 문자를 "숭정황제어필(崇禎皇帝御筆)"이라는 작은 문자와 함께 첨성대 아래 석벽에 새기니라. 그 좌측에 "배신 민정중(陪臣 閔鼎重) 봉지(奉至) 여송시열등(與宋時烈等) 근배수계수(謹拜手稽首) 모륵(摸勒) 시사십칠년(時四十七年) 갑인 사월 일야(甲寅 四月 日也)"[18]라는 작은 문자를 새겼으며, 우측에는 암벽에 세로로 석함(石函)을 파서 석개(石蓋)를 하고 이를 "석문(石門)"이라 이름하니라. 석문 아래에는 "대명천지(大明天地) 숭정일월(崇禎日月)"이라는 큰 문자와 "차팔자(此八字) 배신 송시열(陪臣宋時烈) 상서(嘗書) 여인자야(與人者也) 정의어차산중(正宜於此山中) 근모이륵(謹摸以勒)"[19]이라는 작은 문자를 새겨 놓으니라. (5:85)

이날 하오에 정산선생께서 청봉과 정운교·안상익·윤금현 등 시종을 거느리시고 승용차로 화양동에 거둥하셔서 만동묘의 묘지와 묘비를 친감하시며 말씀하시기를

---

18) 배신(제후의 근신이라는 뜻으로 명나라에 대하여 조선왕의 신하라는 뜻임) 민정중이 받들어 와서 송시열 등에게 주어 삼가 절하고 머리를 조아리며 베껴 새기니 때는 숭정 47년(조선 현종 16년, 1674년) 갑인 4월의 일이다.

19) 이 여덟 글자는 배신 송시열이 일찍이 써서 다른 사람에게 준 것이다. 이 산 속에 꼭 합당한 것이기에 삼가 본떠서 새긴다.

"이곳 청주 화양동은 명·청 양국이 공존하는 곳이라, 내가 이곳에 온 것은 '황극신도수(皇極神度數)'와 '대신문도수(大神門度數)'를 보려 함이니라." 하시니라. 다시 암서재를 친감하시는 동안 해가 저물므로 "화양구곡을 다 볼 것은 없지마는 온 김에 제5곡까지 보고 가려 하였으나 해가 저물었으니 신도(神道)로써 공사하리라." 하시고 돌아오시니라.(5:86)

이날 정산선생께서는 회로에 미원, 주성을 거쳐 보은(報恩) 남일 여관에 당도하시니 자정이 가까웠다.

시종한 정운교(鄭雲敎), 윤금현(尹金鉉) 등이 서둘러 올리게 한 저녁 수라상을 받으신 정산선생께서 수저로 상머리를 한번 치시는 순간, 그 부근 일대를 때려 부수듯 하는 뇌성벽력이 진동하며 소나기가 쏟아지는 이적이 일어났다.

이때 시종들과 여관 사람들이 모두 놀랐으나 정산선생께서는 태연히 수라를 드시고 상을 물리게 하시며 말씀하시기를,

"이제야 신문 공사를 마쳤으니 과시(果是) 보은지지(報恩之地)로다"하셨으나 시종들은 그 뜻을 깨닫지 못했다.

며칠 뒤에 청주 일대에 '화양동 5곡의 석문이 열렸다'는 소문이 퍼졌다. 윤금현도 그 소문의 진부(眞否)를 확인하고자 여러 도인들과 함께 화양동에 가서 전에 만동묘 묘지기를 하던 빈재로(賓在老 : 만동묘 창건 당시부터 중국에서 와서 수 100년간 대대로 묘지기를 하는 후손의 한사람)를 만나 '지난 27일 밤 자정에 일어난 천둥 벼락에 첨성대 암벽이 무너지는 듯한 소리를 듣고 이튿날 아침에 가보니 석문이 열렸더라.'는 말을 들었다. 또 빈재로로부터 석문은 원래 200여년 전에 송우암이 만들고 그 속에 무엇을 어떻게 했는지는 아무도 모르나 비전(秘傳)되는 전설로는 '석문이 열리면 천지가 개

벽되고 진인(眞人)이 세상을 구제하리라'하였으며 왜경은 이 전설을 없애려고 석공을 시켜 그 석문을 정으로 쪼으게 했다가 청천벽력에 놀라서 중단하고 말았다는 설명을 들었다.

그리고 도인들은 직접 석문에 가서 그 아래 떨어져 쪼개진 석개(石蓋)조각을 맞추어서 그 안쪽에 새겨진 '옥조빙호(玉藻氷壺)'와 '만력어필(萬曆御筆)'의 글자를 확인하였다.

그들은 증산상제님께서, "청국공사를 보려하되 길이 너무 멀어……. 청주 만동묘에 가서 천지대신문을 열고자……. 청도원에 그 기운을 붙여 그 공사를 보려 하노라"하신 것과 또 정산상제께서 화양동을 떠나시며, "신도로써 공사하리라"하신 것, 그리고 열린 그 시각에는 "이제 신문 공사를 마쳤다"고 하신 뜻을 비로소 깨닫고 크게 감탄하였다.

> 금현 일행이 신기하게 여기며 그 곳에 가보니 과연 그 말과 같이 세로 3척 1촌, 가로 1척 9촌, 두께 5촌쯤의 석개가 두 동강으로 갈라져서 떨어져 있으므로 맞추어 보니 "옥조빙호(玉藻氷壺 : 임금의 면류관에 달았던 옥과 얼음을 넣는 항아리, 투명하고 지조 있는 한결같은 마음의 표상)"라는 큰 문자와 "만력어필(萬曆御筆 : 명나라 신종의 글씨)"이라는 작은 문자의 음각(陰刻)이 완연하니라. 금현 등은 그제야 이 일이 증산상제님께서 청도원에서 대신문(大神門)을 여시는 도수를 짜신 공사와 부합되며, 또 상제님께서 "신도로써 공사하리라."하시고 석문이 열릴 그 시각에는 "신문공사를 마쳤으니 다시 오지 않아도 되리로다."하신 비의(秘意: 숨겨 말한 뜻)를 깨달으니라.(5:93)

4월 초에 청주지방 포감 임규오(林奎五)가 윤금현이 보고한 화양동 석문의 일을 정산선생께 아뢰니, "오직 결자(結者)와 해자(解者)

는 동체(同體)니라"하시고 더 말씀이 없으셨다.

이달 26일에 청주지방법원에서 박한경 등의 형사사건 공판이 열려 정산선생께서도 법정에 거둥하시니 변호사는 최병길(崔秉吉)이었으며 재판장은 지방법원장 문기선(文夔善)이었다.

문기선은 주역을 천독(千讀)하여 신구학(新舊學)을 달통했다고 호언장담하는 독실한 기독교 신자로서 신흥(新興) 종교라면 무조건 사교(邪敎)로 보는 선입관(先入觀)이 완고한 사람이었다. 그는 개정 벽두(開廷劈頭)부터 정산선생의 기백을 꺾으려고 공판절차도 무시하고 심문하기를, "태극도는 혹세무민하는 사교가 아니요?"하므로 정산선생께서, "태극도는 천지대도요. 그대가 묻는 사교라는 말이 도대체 어느 법 어느 조문에 있는가? 말해보시오"하고 반문하셨다. 그는 흥분하여 "귀도의 도리가 아무리 좋다 하여도 이를 빙자하여 신도들의 금품을 수탈(收奪)하고 가산을 탕진하게 하였다 하니 사교가 아니겠소?"하고 힐문(詰問)하므로,

"그것은 사실무근한 일로서 수사기록에도 그런 내용은 명기(明記)되어 있지 않으니 내가 굳이 답할 필요가 없노라"하셨다.

재판의 공판절차도 무시한 심문이 이어졌다.

재판장이 다시 격앙된 어조로 "피고인은 도통하였다고 하는데 도통한 도사가 어찌 피고인이 되어 법정에 출석까지 하였소?"하며, 자신이 가져온 주역을 펴서 그 중 몇 구절의 해석을 요구하니라. 상제님께서 의연히 해석하여 주신 다음, "공자는 진채지액을 당하고[20] 예수는 십자가의 혹형을 당하였다 하는데 성인군자일수록 천기를 거역하지 않는 법이니 법

20) 공자가 천하를 주유할 때에 진나라와 채나라 사이에서 두 나라 대부의 모략으로 양식이 떨어지는 등 곤란을 겪었으나 공자는 태연히 거문고를 연주하였다고 한다.

인이 감히 언설로 논할 수 있으리오. 더구나 그대가 주역까지 꺼내어 나의 도통 여부를 물었으나, 이는 인간의 문자로 일러 말할 일이 아니며 이 법정의 일과는 관계가 없지 않소. 그대가 주역을 안다고 하나 팔괘생십이(八卦生十二)와 선기옥형(璿璣玉衡)의 이치를 아느뇨?" 하시니 그는 좌불안석하다가 차기 공판기일도 정하지 않은 채 폐정하느니라. (5:100)

재판진행이 이렇게 무한정 연기될 전망이므로 정산선생께서는 다시 북일여관에 설석하시고 공부하시며 최변호사로 하여금 박한경 등의 보석(保釋)을 신청하게 하셔서 5월 19일에 그들이 모두 석방되었다.

5월 29일에 부산도장으로 환행(還幸)하시며 박한경 등에게 명하시기를, "너희들이 지방 사업에 공로가 크고……. 고초가 많았으나 아무리 공과 고(苦)가 다대하여도 그로써 죄가 없어지는 법이 아니니 다시는 이런 일이 없도록 더욱 조심하라. 욕속(欲速)은 부달(不達)이고 과(過)는 불여불급(不如不及)이니라"하셨다.

6월 어느 날 임원들에게 말씀하시기를 "각(覺)과 미(迷), 통(通)과 색(塞)은 초지(草紙) 한 장 사이니 허령(虛靈)·허각(虛覺)에 빠질까 경계하되, 도통 또한 지나치게 탐내지 말라. 도통이 아닌 도색(道塞)에 빠질까 저어하노라." 하시니라. (5:105)

김천방면 도인 이건우(李建雨)가 해삼을 사서 정산선생께 진상하니 맛있게 드시므로 다음날도 또 진상하매 드시지 않으시고,

"너는 웬 돈이 많아 이런 값비싼 것을 매일 사오느냐? 돈을 허비하지 말라"하시며 물리셨다.

7월 22일에 청주사건의 제2차 공판이 열렸는데 이번에도 도인들

의 방청으로 법정은 초만원을 이루었다. 재판장 문기선은 전번의 미흡했던 일을 생각하고 더욱 철저히 준비한 듯 사건의 심리는 아니하고 또 주역을 내놓고 정산선생께 그 계사전의 귀신설, 변화설로부터 도덕론, 길흉론 등을 의기양양 집요하게 질문했다.

정산선생께서, "우주의 진리가 도요 인간의 법이 또한 도인데 그 도주인 나에게 그런 진리와 법을 가지고 시험하려 하느뇨?"하시며 그가 미처 묻지 못한 천지현기(天地玄機)와 인사규범(人事規範)의 모든 도리를 설파(說破)하시고, "그대가 재판장으로서 나에게 위법이 있다면 법에 따라 재판함이 당연한 소임(所任)이거늘 어찌 도를 거론하여 언책(言責)을 취하려 하느뇨?"하셨다.

재판장이 그제야 의용(儀容)을 가다듬고 "그러하시면……. 선생이 제자를 가르치듯 도리를 가르쳐 주십시오"하므로,

"그대가 굳이 도를 알고 싶다면 정식으로 나에게 예를 갖추고 배우도록 하라"하셨다.

> 재판장이 다시 검사와 변호사의 개별신문과 증거제출 등으로 공판을 진행하게 하니 검사가 "피고인은 남북한관계를 수극화(水剋火)의 원리에 비유하여 '수(水)방인 북한이 화(火)방인 남한을 이긴다는 논리를 주장하였다.' 하는데 사실이뇨?" 하고 신문하자 재판장이 "그러한 이론은 동양철학의 상식이니 논할 것이 못되오." 하고 문답을 중지시키니라. 이때 도인 중에서 윤금현·권오근·연동흠 등이 증인으로 출석하여 증언하였는데 이날도 공판이 무기 연기된 채 폐정되므로 상제님께서는 다음날 도장으로 돌아오시니라. (5:109)

8월에 문기선이 대전지방 법원장으로 전임됨으로써 태극도 사건은 부장판사 김동수(金東洙)가 담당하게 되었으나 공판은 그대로 연기

되었다.

문기선은 이임 직후 폐백(幣帛)을 갖추어 부산도장으로 와서 정산선생께 전일의 무엄을 사죄하고 집지(執贄)하기를 간청하여 훈교를 받들고 돌아간 후 여러 차례 와서 봉교(奉教)하였다.

한 도인이 정산선생께 여쭈기를 "저는 우선 생업의 기반을 닦아 놓은 다음 수도공부에 전념하려 하나이다."하니, 말씀하시기를

> "육체현실(肉體現實)과 심령이상(心靈理想)이 별개의 것이 아니라, 바로 음양의 도리니 육체만 위주하여 심령을 버리거나 이상만 앞세워 현실을 외면함도 음양합덕이 아니니 육체와 심령의 조절이 곧 합덕이니라. 돈을 벌기 위하여 공부를 버리면 그것은 금수의 일이요, 이상만 찾고 현실을 버리면 굶어 죽은 귀신이 될 뿐이니 도는 합덕이라야 이루어지리라. 또 도가 어디에 있느냐 하면 농사에도, 장사에도 있으니 생업에 종사하면서도 심적기도(心的祈禱)와 아울러 도를 함께 닦아야 함이 합덕이니라."
> 하시니라. (5:114)

10월 15일에 임규오, 박중하 등을 거느리고 양산 통도사(通度寺)에 임하셔서 그 경내를 순행(巡行)하시고 절 문을 나오실 때 한 개안승(開眼僧)이 보니 그 절의 모든 불, 보살이 정산선생을 따라 절을 떠나려 하므로 황급히 정산선생 앞에 부복하고 호소하기를 "저희 절에 녹(祿)줄이나 남겨주고 가옵소서!"하므로, "나의 과차(過次)에 어찌 녹줄이 끊어지리오! 안심하라"고 하셨다.

> 하루는 상제님께서 내수들에게 이렇게 하교하시니라. "증산상제님께서 정음정양(正陰正陽)을 설파하셨거니와 태극에서도 음을 양에 앞서 말하느니라. 그러므로 인류를 위시한 만유군생의 모태가 음이며 여성이니

생명의 바탕이 실로 정음의 자리니라. 무극이 태극으로 기동함에 선음·후양(先陰 後陽)으로 합덕함을 알면 천하만사가 먼저 여성의 덕에 기인함도 알리라. 내수들은 도를 위하여 분발하라. 도의 기동, 생명력이 그대들에게 있느니 도자(道子)·도손(道孫)을 낳고 기르는 포덕·합덕의 명(命)과 임(任)을 다할지어다." (5:116)

어느 날 청소년·아동들에게 하교하시기를 "너희들은 마음이 때 묻지 않은 백지장과 같으니 거기에 좋은 그림이나 바른 글씨를 기록하여야 하느니라. 그런 생각으로 마음 닦는 공부를 할지어다." 하시니라. (5:117)

범질 도수(范質 度數)

을미(乙未 : 1955)년 원조에 정산선생께서 구천상제님의 영대(靈臺)를 봉안(奉安)할 수 있도록 도장 건물의 수리를 명하시므로 임원들이 준비하여 다음 달 초에 착공하였다. 이에 앞서 보수동의 도인 집단지에는 수년간 한건의 화재도 발생하지 않았다 하여 부산시장의 포상을 받고 이날 그 축하행사로 산정마당에서 농악과 윷놀이로 잔치를 베풀었다.

정산선생께서 이 윷놀이에서도 상생행마법(相生行馬法)을 쓰도록 하시고 그 말판의 형국은 초한전(楚漢戰)의 최후에 초패왕을 중심으로 늘어선 28장의 격이고 농악에서 영기(令旗)를 중심으로 장사진(長蛇陣) 또는 궁을진(弓乙陣)을 이룬 28명의 격임을 가르친 다음, 이도 다 뜻이 있느니라. 또 윷은 1생2(一生二), 2생4(二生四)로 만드는 법이나 4생5(四生五)로 변화하는 형상 자체가 분명한 음양이며 사상 오행(四象五行)의 태극진리가 내포되어 있음이니라. 너희가 해원을 하자면 상생의 도라야 하므로 상생행마법(相生行馬法)을 쓰도록 한 것이며, 이번에 농악과 척사로 놀게 됨이 우연이거나 인위가 아니라 모두 도수에 있는 일이니라. 하셨으며,

"이 일은 내가 장차 도강이서(渡江而西)할 도수조짐(兆朕)이니라" 하셨다.

우리 민족 고유의 전통민속놀이인 윷에 대한 근세 한국 주역(周易)의 선구자이셨던 야산 선사께서 말씀하시기를 "윷은 고산지방에서 자라는 단단한 박달나무로 만들며, 단군의 '박달나무 단(檀)' 자와 통한다. 이 박달나무가 태극이라면 태극인 박달나무를 쪼갠 것이 양의(음양)이고 이 쪼개진 것을 네 가락으로 만드니 사상이다. 이 사상은 겉면과 속면이 있으므로 팔괘가 되는데, 도·개·걸·윷·모는 곧 오행이다.

이렇게 해서 이 윷놀이에 태극, 음양, 사상, 팔괘, 오행이 다 들어 있는 것이다. 윷판(말밭)을 보면 가운데 열십(十)을 그어놓고 그리는데, 말이 지나가는 자리가 29이다. 그런데 맨 중앙의 수는 황극의 수(皇極不語數)로 세지 않으니 28이 되어, 하늘의 북극성을 중심으로 28수(宿) 별자리를 형성한 일종의 천문도(天文圖)인 셈이다. 본래 윷놀이는 연말(歲暮)에서 연초(元旦)로 넘어갈 때만 노는데, 말밭에서 네 마리 말을 먼저 빼는 넉동빼기로 승부를 가린다.

이것은 선천을 마치고 후천으로 넘어가는 비결을 담아놓은 것이다. 즉 "말밭은 선천에서 후천으로 넘어가는 오회(午會) 중천인 때를 뜻하는 것이고, 한 접은 100이고 한 동은 1000이므로 넉동은 곧 4000이다. 여기에 아까 윷판에 나타난 十자형 28점을 10배 한 280(=28×10)을 보탠 단기 4280년 정해(丁亥)년에 선천이 끝나게 된다" 고 풀이 하셨다.

서기로 따진다면 1947년에 해당하는데, 후천원년이 되는 서기 1948년은 마침 우리나라에 민주공화정부가 처음 들어선 때이다.

윷놀이로써 이러한 비결을 숨겨놓았듯이 요임금이 아들인 단주(丹朱)에게 만들어 전해졌다는 바둑판에도 그 비결이 있는데, 바둑판은 가로 세로가 각기 19줄씩 총 361점으로 중앙 1점을 뺀 나머지 360점이 한 해의 주천상수 360일을 상징한다.

28수 윷판에 배당함

사방으로는 72줄이 되는데, 이것은 기삼백 360일(1년)에 72후(後)가 있듯이 요임금 탄생 후 중천 72甲(72×60=4320년)이 되는 때에 후천이 도래함을 말하고 있다. 그때가 서기로는 1948년이다.[21)]

진실의 여부를 떠나 후천선경으로 다가오고 있음은 주지의 사실이다.

---

21) 경세년표(經世年表) : 소강절 선생은 그 경세도에서 요임금의 등극으로부터 역사를 기록했다. 요임금의 탄생은 서기전 2372년인 기축(己丑)년이고 16세 때 제위에 올랐으니, 서기전 2357년인 갑진(甲辰)년이다. 요기(堯紀)는 본래 등극년도를 기점으로 한다.

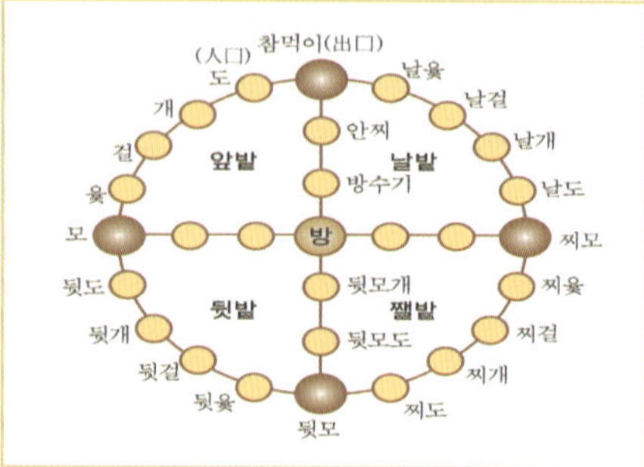

대한민국이 1945년 해방과 더불어 휘날린 태극기를 3년이 지나 48년 정부수립과 동시에 공식적으로 국기로 채택하였다.

또한 태극도에서는 정산선생께서 1945년 태극도임을 말씀하셨지만 3년의 기간을 두어 48년 공식적으로 공표하셨다.

태극도에서는 삼계공사의 도수에 의해 일제강점기에는 무극의 상징인 무극도로써 허 도수기간을 채워 태극을 기르고, 1945년 해방 5일을 앞두고 정산선생께서는 태극도상으로 태극의 원리를 설명하시고 동구 밖에 태극기를 달게 하시며, 이제 태극도임을 말씀하셨지만 공표를 후일로 미루시고, 3년 후 1948년 새해 아침에 태극도의 도명을 만천하에 공표하셨다. 이것은 부모상(父母喪)의 기한을 3년으로 정한 것이 어린아이가 강보(襁褓)에 싸여 양육되는 기간의 3년에서 비롯함에 비유하시며, 3년의 도수를 거쳐 마침내 태극도를 공표하셨고, 정부에서는 1948년 대한민국 정부수립을 국내외에 선포한 것과 시운을 함께 한 것이다.

이로써 무극에서 태극으로 옷을 갈아입고 1948년 함께 태동한 대한민국과 태극도가 인류문명을 주도할 시운에 들어서게 되는 것이다. 이러한 사실이 여합부절(如合符節)한 도수에 의한 것이라는 외에 어찌 우연이라는 말로써 대신할 수 있겠는가?

도장영선 공사기간 중에 정산선생께서는 산정에서 백일공부를 하시며 간간히 공사장에 임하셔서 감검(鑑檢)하셨는데 이때 장마가 들어 비에 젖은 목재를 불에 말려 쓰는 등 애로가 많았으나 정성을 다하여 4월 중순에 완공하였다.

이에 앞서 정산선생께서는 영대에 봉안할 증산상제님의 진영(眞影)을 구하고자 금산사 미륵불상을 촬영하여 오게 하시고 또 다른 데 모셔진 영정을 모셔오게 하셨으나, "모두 옥안(玉顔)과 다르다" 하시며 소화하시고 청봉(靑峰)으로 하여금 마산에서 데려오신 화공 이희백(李熙伯)에게 진영을 그리도록 명하셨다. 그는 본래 농아(聾啞)였는데 산정 공부실 옆 방에서 매일 목욕재계, 분향하고 타인의 출입과 외출, 술, 담배를 금한 가운데 정산선생의 지시에 따라 일심 정성으로 15일만에 칠성대제의 영정(影幀)과 함께 완성하였다.

산정 공부실 옆 방에서 상비원(常備員)과 함께 시종하던 박중하가 4월 하순 어느날 밤 꿈에 정산선생께서 면관용포(冕冠龍袍)로 옥경대(玉京臺) 용상(龍床)에 임어(臨御)하셨는데 좌우에는 선관선녀가 시립(侍立)하였고 용안(龍顔)이 일월처럼 빛나셨다.

중하가 무의식중에 4배를 올리고 부복하니 꾸중 같기도 하고 호령 같기도 한 말씀을 하셨으나 그 뜻을 모르고 꿈을 깨었다. 그런데 똑같은 꿈이 연3일 거듭되므로 하도 신이(神異)하여 이용직 포감에게 상의하니 이포감이 "과거 태인도장 영건 전에는 정산선생을 정산님으로 봉칭(奉稱)하다가 영건 후부터 비로소 도주님으로 봉칭하였으니 이번에는 그 이상의 큰 도수가 될 몽조라"하였다.

중하가 다시 "구천상제님께서도 '평천하(平天下)는 내가 할 터이니 치천하(治天下)는 너희가 하라. 치천하 50년 공부니라' 하셨으니 우리가 도주님을 지존(至尊)의 위(位)에 봉대(奉戴)함이……. 당연한 도리인 듯하다."하니 이포감도 동의하므로 임원들을 소집하여 이를 공의에 붙인 결과 전원이 찬동하였다.

이에 따라 4월 27일 임원들이 큰 의자를 사서 용상으로 하고 새 도포를 마련하여 용포로 한 다음 존전(尊前)에 올라가 아뢰기를

"도주님께옵서 지존위에 등극하옵소서!"하였으나 정산선생께서 비답(批答)하지 않으시므로 연3회 사뢰니, "그만하면 알았으니 내려가라"하시고 더 말씀이 없으셨다.

임원들은 이로써 정산선생께서 지존위에 임어하셨음을 전도인에게 선포하니 모두 환호하였으며 이로부터 정산선생님을 '지존(至尊)'으로 봉칭하였다. 정산선생께서 28일 봉천명일을 기하여 도장영건과 영대봉안의 치성을 아울러 봉행하시며 영건공사에 공 많은 도인들을 모두 참례하게 하셨다.

치성에 앞서 정산선생께서 영대를 설위(設位)하시니 영대 정면 중앙에 구천상제님의 진영을 모시고 그 우측에 옥황상제님의 위패, 그 다음 관성제군의 영위(影位), 진영 좌측에 서가여래의 영위, 그 다음에 칠성대제의 영위를 모셨다. 그리고 배례의 순서와 회수도 정하시니 먼저 구천상제님께 법배(法拜) 4배, 우진(右進) 1보하여 옥황상제께 평배(平拜) 4배, 좌진(左進) 2보하여 서가여래께 평배 3배, 우진 3보하여 관성제군께 평배 2배, 좌진 4보하여 칠성대제께 평배 2배한 다음 우진 2보하여 원위치로 돌아오게 하셨다.

정산선생께서 공부에 너무 욕심내는 도인들에게,

"무슨 일이든지 첫술에 배부를 생각은 말라. 도의 공부 수도도 그러하니 도심이라야 도통을 이루는 것이지 욕심에는 욕통(慾通)이니라" 하시고 술에 대해서는, "절주(節酒)는 군자의 마음이요 폭주(暴酒)는 소인의 마음이라 밥도 과식하면 병이 되듯 도를 닦음도 이와 같으리라"하셨다.

임원을 임명하신 다음날 '유시문(諭示文)'을 내리시니 직역(直譯))

하면 대략 이러하다.

"너희 도인들은 공경해서 이 직책을 받아 엄히 정성을 가지라. 양양(洋洋)하신 상제님께서 위에 계시고 명명(明明)한 대도가 진행하고 있으니 어찌 감히 태만할 수 있으랴. 날마다 진행하는 공부와 업무로 청화(淸和)한 5만년의 용화선경을 건설하는 공을 달성하기에 공경하고 명심하라."

유시를 모신 임원들이 정산선생께, "저희 도문소자들이 외람히 중직(重職)을 받들었사오니 진실로 황공하여 두렵고 조심스럽나이다. 엎드려 생각하건대 넓고 두텁고 크신 은혜를 입어 기어코 청화 5만년의 용화선경을 건설하는 공을 달성하기로 이 마음에 새겼나이다." 하는 '복고문'(伏告文 : 순한문의 축문식 글이므로 직역한 것)을 올렸다. 복고문을 받으신 정산상제께서,

"그대들이 요사이 연원(淵源)이니 연운(淵運)이니 하여 내 도인 네 도인, 또는 내 방면 네 방면으로 구별을 짓고 사당(私黨)을 만들어 도랑을 치는 폐단이 적지 않으며 도인을 사도인화(私道人化)하는데 연원도 방면도 모두 도주(나)에게서 나오느니 사당은 사당(死黨)이고 사도인은 사도인(死道人)임을 명심하라. 그러기 위하여 임원들 각자가 혁신(革新)하고 개과천선(改過遷善)하여야 하므로 내 이제 혁신도수를 보리니 혁신 서문(誓文)을 지어 올리라" 하시니라. (6:25)

하시므로 모든 임원이 혁신서문을 지어올리고 이 사실을 전체 도인에게 공포하여 봉행(奉行)을 독려하였다.

혁신서문

저희들은 성경신(誠敬信)을 근본으로 하며 지존(至尊)의 덕화(德化)를 봉승(奉承)하여 왔사오나 저희들의 무지몰각(無知沒覺)한 소위(所爲)로

존의(尊意)를 올바로 받들지 못하고 도(道)와 진리를 곡해(曲解)하와 사회단체에 불과(不過)한 파별적(派別的)인 행동(行動)을 범(犯)하였음은 황공무지(惶恐無地)이오며 불급지탄(不及之嘆)을 억제(抑制)할 수 없나이다. 금반(今般) 혁신도수(革新度數)를 기(期)하여 과거의 일체행위를 반성회개(反省悔改)하옵고 성경신(誠敬信)을 근본으로 하여 삼망(三忘) 오기(五忌)를 봉행하며 지존(至尊)의 덕화(德化)를 받들어 참다운 도인(道人)이 되기를 맹서(盟誓)하나이다.

혁신서문을 받으시고 하교하시기를

"주역에 '정도(井道)는 불가불혁(不可不革)이요, 혁물자(革物者)는 막약정(莫若鼎)이라.'[22] 하고 또 '혁(革)은 거고야(去故也)요, 정(鼎)은 취신(取新)이니라.'[23] 하였으니 이는 정산인 나의 일임을 너희는 깨달아야 하느니라." 하시니라. (6:26)

이날 밤에 평일과 같이 철야(徹夜)공부하시다가 11시경에 시위(侍衛) 당번 반장 오득표와 반원들에게 명하시기를, "내가 잠시 쉬려하니 1시 5분전에 깨우라."하셨다.

1시가 되었을 때 오득표는 자고 반원들은 도담(道談)에 골몰하고 있으므로 박중하가 존전에 시간이 되었음을 사뢰니,

"어찌 이제서야 깨우느냐. 벌써 1시가 아니냐. 비록 1분 1초간이라도 천개어자(天開於子)가 지벽어축(地闢於丑)이 되는 차이가 되거늘 천지는 분초간도 쉬지 않음을 명심하라"하고 방심과 태만을 엄히 꾸중하시며 오득표에게 대기명령을 내리셨다.

이달 초9일 조회 후에 말씀하시기를

---

22) 정(井)의 도는 바꾸지 않을 수가 없고, 물(物)을 바꾸는 것은 솥만 한 것이 없다.
23) 바꾸는 것은 묵은 것을 제거함이요, 솥은 새것을 취한다.

"나의 일은 '범질(范質)의 도수'로 되느니라." 하시고 자치통감(資治通鑑) 제15권을 가져오게 하셔서 임규오에게 주시며 임원들과 함께 영대에 배례를 올리게 하신 다음, 후주(後周) 공제(恭帝) 선우송[24]의 항목을 존전에서 큰소리로 정중히 읽게 하시니라.

규오가 읽기를 마친 뒤에 하교하시기를

"송태조 조광윤을 황제위에 등극하게 한 사람은 범질이니라. 당시의 비결에 '점검가외[25]'라고 전하여 왔는데 이 통감에도 있듯이 송태조의 등극전 직위가 전전도점검(殿前都點檢)이었으므로 비결과 일치하였느니라. 이때 범질이 재상으로서 문무백관을 거느리고 공제에게 입궐하여 재가를 내리게 하고 송태조를 결부축하여 전상의 용상에 오르게 하니 이로써 송나라가 세워졌는바 이 곧 '범질의 도수'니라. 너희들이 오늘 좋은 글을 배웠으니 내게 예하라." 하시므로 일동이 사배를 올리니라.(6:33)

24) 禪于宋: 송나라에 선위함.
25) 點檢可畏: 점검(관직 이름)이 가히 두렵도다.

도강이서 도수(渡江而西 度數)

이해 5월 중순에 정산선생께서 임원들에게,

"그대들이 지난 번에 나를 지존위에 오르라 함이 도수를 알고 한 일은 아니나 이 또한 천기니라. 이로써 도수를 마쳤으니 이제 천장길방인 길지(吉地)를 찾아 도강이서(渡江而西)하여 정주(定住)할 대이동(大移動)도수와……. 대학도수가 돌아오느니라. 운수는 좋으나 고난이 많으리니 그대들이 감내(堪耐)할지 걱정이로다."하셨다.

다음날 정산선생께서 임원 몇 사람을 거느리고 감천(甘川) 용담 해수욕장에 임하셔서 한 나절을 소요하시며 산천지세(山川地勢)를 두루 살피셨다. 이를 전후하여 여러 번 박중하와 박봉상 등을 감천에 보내셔서 토지의 시세를 알아오도록 하시므로 그들이 그곳에 사는 최위출과 함께 토지는 사서 무엇 하시려는지 궁금하게 여기며 알아본 결과 1평에 4~5백원임을 보고하였다.

감천은 원래 그 반월령(半月嶺)에 도장(道丈)의 산소를 모신 곳이므로 정산선생께서 자주 거둥하신 곳이었으나 중하 등이 알아본 곳은 그 산소 부근이 아니고 하감천 해변지대였다.

7월 7일에 당시의 국회 부의장 조경규(趙瓊奎)가 부산도장으로 정산선생을 찾아뵈었다. 그는 정산선생과 사적(私的)인 친분도 있지만 이날은 도인들의 판잣집 철거문제를 상의하러 온 것이었다. 그는 정산선생께,

"부산은 본래 우리나라 제1의 국제항으로서 외국인의 출입이 잦고 따라서 미관(美觀), 화재문제 등 도시정비상 제반사정으로 판잣집은 철거해야 함이 정부의 방침인데 직접적인 책임이 있는 것은 아니나 제가 사전에 진달(進達)함이 도리인 줄 알고 왔사오니 하념

(下念)하여 주시기 바랍니다."하며 철거와 이주(移住)방법은 도중임원과 관계당국이 협의하여 시행하도록 여쭈었다.

이때 정산선생께서는 도인들의 대이동을 이미 도수로서 심정(心定)하시고 임원들에게는 하시(下示)하신 바가 있었으나 현실여건(現實與件)이 염려되셔서 공포하지 않으셨는데 조부의장의 상고(上告)를 접하셔서 자동적으로 시행하게 된 구천상제님의 도수에 새삼 감열(感悅)하시고 쾌히 응낙하셨다.

이날 밤에 중부임원들을 긴급히 명소(命召)하셔서 하명하시기를,

"내가 도인들의 대이동도수를 몇 달 전에 심정하였으나……. 아직 명령을 내리지 못하였더니 오늘 조부의장과 협의한 결과 도인들의 판옥(板屋)을 철거하고 이주하기로 하였느니라. 이를 좋게 받아들여……. 만반으로 준비하되 이것이 구천의 도수임을 명심하고 어떠한 난관도 극복할 태세를 확립하도록 하라"하시고 박중하와 박봉상으로 하여금 이에 따른 당국과의 협의를 추진하되 도인들에게 도움이 되도록 노력하게 하셨다.

박중하 등이 당국과 협의하면서 가장 중대한 문제는 이주할 땅인데 1000여호가 당장 이주하기 위해서는 당국이 최소한 몇 만평의 부지는 주선해 주어야 할 것임에도 이것조차 불응하였다. 그리고 당국이 이주지로 예정한 영도 청학동은 택지조성(宅地造成)조차 할 수 없는 경사지(傾斜地)이고 그 토지가 거의 사유지(私有地)이므로 자담매입(自擔買入)해야 할 난감한 사정이었다.

이러한 사실을 중하 등이 상제님께 복명하니 말씀하시길 "지난번 너희에게 감천의 토지 시세를 알아보라 하였으나 건성으로 하여 이제 다급하게 되지 않았느냐? 그러나 영도는 실(實)이 아닌 허(虛)의 그림자라는 뜻이고 또 절영도(絶影島)이며 낙도(落島)이므로 불가하고, 이주할 곳은

감천이라야 하느니 그곳은 하늘이 길방(吉方)을 갈무리한 땅이니라. 감천(甘川)을 '감내'라 하니, 지성이면 '감천(感天)'이고 고진(苦盡)이면 '감래(甘來)'가 바로 그곳이며 새 서울이 그곳이니라. 감천에서도 해변이 아닌 도장 산소를 모신 반월령으로부터 천마산과 옥녀봉의 두 산록이 서로 맞닿은 동구까지의 천마옥녀 음양합덕지궁(陰陽合德之宮)이라야 도수의 땅이 되느니라. 너희는 이를 명심하고 저들과 협의하되 이 또한 천기니 누설하지 말라." 하시니라.(6:40)

중부도인들은 원래 6·25사변 때 남하하여 난민생활(難民生活)을 하면서도 오직 신앙 때문에 수복(收復)후에도 귀향하지 않고 보수동 근처에 정착(定着)하였으나 이 무렵에도 안정된 직업을 가진 도인은 얼마 안되었고 대부분이 날품팔이 또는 행상(行商)으로 생계를 이어가는 형편이었다. 그러나 판옥일망정 철거하고 이주함에 있어 당국의 지원은 겨우 자재 수송에 그치고 토목, 건축 등 모든 경비는 자체부담이었다. 더구나 일기조차 불순하여 작업이 부진하고 근근히 완성되어 가던 택지와 건축이 폭풍과 장맛비에 파괴되는 일이 허다하였기에 도인들의 참상(慘狀)은 눈으로 볼 수 없는 형편이었으나 정산선생의 훈교와 도심으로 이주업무를 계획대로 추진하였다.

상제님께서는 바람과 비를 맞으시며 보수동과 감천동 현장에 매일 친림하셔서 "이 곧 칠년대한(七年大旱)·팔년풍진(八年風塵)·구년홍수(九年洪水)의 도수니라." 하시며 도인들의 고난을 몸소 체감하시고 격려하시며 임원들에게 최선을 다하여 지원하도록 하시니라. 또 포덕 교화에도 소홀함이 없도록 하시고 수시로 금품과 자재를 하사, 구휼하심으로써 이해 10월 말경에 800호 가량이 이주 정착하니, 말씀하시기를 "이 곧 '오강록도수(烏江錄度數)'며 '도강이서도수(渡江而西度數)'니라." 하시니라.(6:47)ㄴ

이주사업이 진행되던 8월에 정산선생께서 대책위원회 사무실 옆에 싸전을 내어 위원회 직영(直營)으로 도매상에서 양곡을 받아 도인들의 실정에 맞도록 공급(供給)하게 하셨다. 이 결과 도인들에게 많은 혜택이 돌아오므로 10월에는 5감 지역에도 더 내게 하시고 그 책임자에 김용화 포감, 보조원에 권형진, 김중태, 김동윤 등을 임명하셨는데 그 규모가 커지자 이듬 해 봄에는 시내 충무로 속칭 자갈치시장의 양곡위탁판매업체(糧穀委託販賣業體)인 협동상회(協同商會)와 감만동의 도정(搗精)업체인 대원산업(大原産業) 주식회사를 인수하여 경영하게 하셨다.

8월 중순에 국회 부의장 조경규가 사람을 보내어 왜정 때 만주에서 활약하신 독립운동에 대한 서훈(敍勳)신청과 안면도와 원산도에 간척하신 농지에 대한 환수책(還收策)을 여쭈니 단호히 거절하시고 다시는 거론조차 못하게 하셨다.

감천동 5감 지역은 그 지번이 산 105번지였으므로 원주민이 주소로 사용함에 따라 도인들의 주소도 모두 105번지가 되니라. 상제님께서 말씀하시기를 "선천(先天)에는 천상에 108천이 있음을 불가에서 본떠서 108염주를 써 왔으나 후천에는 105천이 되니, 금강산 유점사의 보리수도 그 열매가 예전에는 108개씩 열리다가 근년에는 105개씩 열리느니라. 이곳의 지번이 105번지며 도인들이 모두 이 번지를 사용함은 후천도수에 상응함이니라." 하시니라.(6:50)

제5장

보화성역과 해원상생(解寃相生)사상

상제신앙의 초월과 내재

호적(胡適)은 장래의 세계철학에 대한 비전을 다음과 같이 제시하였다.[1] 즉 철학은 동서로 양대 분할 수 있고 동양은 인도와 중국의 이대 조류로 서양은 그리스와 유태의 양대 조류로 구분할 수 있다.

이 사대조류는 각각 독자적으로 발생했으나 한대에 들어와 유태계는 그리스 계에 혼입되어 유럽의 중고철학을 이룩했고 인도계는 중국계에 유입되어 중국의 중고철학을 낳았다고 한다.

근대에 와서는 인도계의 철학세력이 점점 쇠퇴하고 유가학설이 부흥되어 마침내 중국의 근세철학을 형성하게 되었다.

유럽의 사상도 점차 유태계의 세력을 이탈하고 드디어 근세철학을 낳았다.

현대에 와서는 이러한 이대주류의 철학이 서로 접촉하고 서로 영향을 주었기 때문에 50년에서 100년 후에는 양자를 종합한 세계철학을 발생시킬 것이라고 예견하였다.

오늘날 서구사상이 직면하고 있는 가장 심각한 문제점은 생태위기[2], 생명공학 (Biotechnology), 조지 오웰의 전체주의, 에리히 프롬의 희망의 기제[3] 등이다. 이들은 모두 오늘날 인간들을 비인간화시키는 요소이다.

이러한 위기에 대한 진단을 서양사상이 지니고 있는 이원론적인

---

1) 胡適, 『中國古代哲學史』, 서울, 교과서주식회사, 1962 .p.5

2) 로마클럽은 '성장의 한계'에서 인구증가, 식량, 오염, 자원, 생산의 다섯 요소를 분석 평가하여 서기 2000년대를 인류종말의 시기로 본다.

3) 희망이 극단으로 가면 체념의 위장에 불과하다. 많은 사람들은 카프카의 소설 속의 늙은 사나이와 흡사하다. 그들은 희망을 가지면서도 마음의 충동에 의하여 행동하는 인간은 아니기 때문에 관리가 푸른 신호, 곧 안전신호를 보이지 않는 한, 그들은 언제까지나 기다리게 된다. 이러한 수동적 희망과 밀접하게 관계를 갖는 것은 <때(종말)>를 기대한다는 식으로 표현되는 일반화된 희망의 형태다.

구조에서 찾을 수 있다.[4)]

근대이전의 인간은 우주에 있는 하나의 유한한 존재로서 이해했다. 근대이전의 신화적 단계에서는 객체에 주체가 포함된 상태이기에 인간의 초월성은 별로 문제시되지 않았다.

근대의 철학적 단계에서는 객체와 주체가 일정한 거리를 둔 상태이다. 당연히 인간의 주관성이 강조되었다. 이렇게 인간의 주관이 강조됨에 따라서 인간과 환경이라는 물질과 정신이란 이원론이 대두되었다.

근대에서부터 루터의 '믿음으로만'이나 데카르트의 '생각한다. 고로 나는 존재한다.'는 등의 표현은 이러한 주객 이분을 더욱 심화시켰다.

드디어 헤겔에 와서 주관의 절대화는 그 절정에 도달하였고 현대에 들어와 그 반동으로 나타난 것이 프로이드(S. Freud)와 마르크스(K. Marx)이다.

남북분단의 비극을 경험한 상태에서 이념의 대립적 갈등을 우리는 누구보다 실감하였다. 그런데 탈현대 이후의 기능적 단계에서는 객체와 주체가 지지도 참여도 없는 오로지 관계만이 있는 상태로 이어지면서 생태적 절망감이 팽대하고 있다.

이러한 생태적 위기 앞에서 우리는 지금 인류 앞에 희망을 비쳐 줄 수 있는 새로운 철학을 기대하고 있다.

새로운 철학이 감당해야 될 과제는 이원론의 극복과 개신의 희망의 철학이다. 그 희망의 내용은 인간화의 해법이다. 서구에서 대두되는 '세속화'라든지 '신의 죽음'은 이러한 시대적 사명감에 나타나게 된 화두이지만, 과거부정과 함께 미래에 대한 새로운 희망을 구

---

4) W. G. 제코프 「생태학과 이원론」, 『기독교사상』 1974. 10, p.121

체적으로 제시하지 못하였다.

다산의 서학에는 유태교와 유불선을 종합한 동양사상이 주류를 이루고 있다. 주자의 형이상학은 신을 부정한 점에서 오늘날 '사신론(死神論)'과 상통한다. 동시에 인성(人性)을 약동하게 되는 역동적 힘으로 바라본 관점에 오늘날의 '생의 철학자'와 상통한다.

역사적으로 실학자, 하빈(河賓)이 상제를 '이기(理氣)'라고 말한 데 대하여 다산(茶山)은 이를 반대하였다.[5] 그 당시에 풍미하던 송대의 '이법천(理法天)'을 초월하여 다산은 『서경』에 나타난 상제 신앙으로 되돌아가려고 했다. 다산은 상제를 초월자이며 내재자로 보았다. 그는 상제를 지존지대의 존재로서[6] 골방 안에 계실지라도 살피시고 계시며[7] 생사화복을 주관하시며[8] 인간의 죄를 다스리시며[9] 상제의 마음이 왕으로부터 떠나면 역성혁명이 일어난다고 보았다.

인간이 상제를 대하는 태도가 성경(誠敬)이다.

다산은 상제가 자연법칙을 지배하며[10] 그에게 학문하는 사명감을 맡기신 분이 라고 생각하였다.[11]이러한 초월자로서의 상제를 섬기는 것이 '사상제(祀上帝)' 제례이다. 그러면서 송나라 시대의 성리학이 '이자(理字)'를 가지고 헛되이 상제로 삼아 놓은 것은 '인(仁)'을 행하는 도리에 어긋난다. 이렇게 하면 요순경지에 들어갈 수 없다고 주장한 마테오리치(Matteo Ricci) 의견에 다산은 동조하고 있다.[12]

---

5) 今人以天爲理 以鬼神爲功用 終身學道而不可與入曉舜之域 (中庸 講議四)
6) 而其至尊至大者上帝是己 (中庸講議二三)
7) 莫非神目之所燭 (中庸策八)
8) 惟天生人而夕死之 人命繫乎天 (欽欽新書 序二)
9) 皇天降監殷民 用治其 斂之罪 (尙書右訓)
10) 日月星辰之運行而四時不錯......赤獸自主 宰而己 (中庸講議十五)
11) 天旣予之以長暇...潛心究索十有二年所著六經心解之說二百餘卷
12) 天主實義二篇

주자학 외에 발붙일 곳이 없는 시대이고 주자는 인격적 기도대상으로서 천주보다는 천인합일의 요소인 이지(理知)를 강조했기에 다산의 이런 사상은 가히 혁명적 발상이었다.[13]다산의 학문에는 아직 주자의 사상이 주류를 이루고 있었으며, 남인학파에 속하면서 열렬히 퇴계의 충성스러운 사도가 되겠다고 다짐도 하였다.[14]

다산의 상제천(上帝天) 사상의 연원은 '영명주재지천(靈明主宰之天)'이다. 이는 바로 인격신의 내재적 측면이다. 그는 덕행이 온수하고 정신몰입이 치밀하면 내면적으로 상제와 바로 통할 수 있다고 생각했다.

인간이 상제와 상통하고 영적 감성이 발달하면 상제를 만날 수도 있다는 사상이다. 이 신비주의 측면에 종교윤리 요소가 가미되어 있다.

여기서 말하는 상제는 인간내면을 살피시며 인간사를 주재하기에 인간측면에서 합치되면 선의지 촉발의 동기가 된다고 한다. 이처럼 다산은 '신인동형(神人同形)'의 관점에서 인간내면에는 상제와 상통하는 진언득음의 귀가 열려 있다고 믿고 있었다. 이에 다산의 상제신앙 측면을 고찰하고자 한다.

① 전통적 "하느님"

우리나라에는 중국의 하늘사상을 비롯하여 도교, 경교, 단군교의 영향을 받으면서 몽고로부터 들어온 텡그리(Tengri :하늘) 사상에 의한 "하나님" 혹은 "하느님"의 인격적인 유일신관이 있었다.

전통적인 한국 사상가들은 대부분이 인격신관을 가지고 있었다고 볼 수 있다. 최상로(崔上老), 임완(林浣), 최치원(崔致遠)의 경우를

13) 柳承口, '茶山의 牧民思想', 『自由春秋Ⅴ』. Ⅰ.1965, p.78.
14) 學者察此意而深體之則斯退溪之忠徒也 (理發氣發辨二)

들 수 있다.

이뿐만 아니라 산신숭배 같이 자연숭배사상도 인격화되었으며 그 원인은 전통적 "상제“ 사상이다.

그리고 한국인은 상제를 자연으로부터가 아니라 오히려 인간실존으로부터 파악하려고 했다. 다산의 독특한 인격신관의 배후에는 이러한 “상제, 하느님” 사상이 존재한다.

② 양명학의 영향

양명학은 우주의 일은 자기일이며 자기안의 일은 우주의 일이기에 우주는 오심(吾心)이고 오심은 우주이다.15)

즉 양명은 성(性)을 이(理)로서 파악하려고 하지 않고 심정으로 감지하려고 했다. 양명학에는 선학의 영향이 짙으며 인간체험이 곧 초월이다.

양명학은 사물에서 이치를 추리하여 규범을 이후에 실행하는 것이 아니라, 직감적으로 성정으로 상통하여 통변하고 통달하여 실행이 나온다고 보기에 종교윤리 사상이다.

양명학의 이러한 직감적이며 실천적인 측면이 다산에게 전통유학과 서학을 횡단매개 시켜준다고 본다. 다산의 인격신관이 지닌 내재성은 양명학의 심즉리(心卽理)로 설명되며, 신비주의 요소는 양명학이 지닌 선학과 상통한다.

한편 다산은 대학의 “명덕(明德)”을 효자제(孝慈悌)로 해석함으로 상제의 품성을 서학에서 말하는 “아버지의 사랑”으로 해석하였다.

주자가 ‘이(理)’로서 상제를 얘기한데 대하여 따뜻한 정(情)으로서 상제품성을 해석한 것이 특징이라고 할 수 있다. 이처럼 다산은 상제의 내재성을 양명학을 통해 찾고 있으면서도 초월과의 만남을 서

---

15) 宇宙便是吾心 吾心卽是宇宙

학에서 찾고 있다.

③ 서학의 삼위일체 신관

기독교 신관은 성부 성자 성신의 삼위일체론 (Trinity)에 근거한다.

칼케돈신조 (Calchedonian Credo A.D 451)에 따르면, 성부는 창조주로서, 성자는 동정녀 마리아에게 나신 십자가의 예수 그리스도, 성령은 성부에게서 나와 많은 사람의 마음속에서 작용하는 것으로 말한다.[16] 폴 틸리히(P. Tillich)는 기독교의 신관이 형이상학적 유신론(Theism)이나, 범신론 (Pantheism) 혹은 신비주의의 오류에서 빠져나올 수 있었던 원인을 삼위일체 신관으로 주장한다.[17]

초월과 내재, 시간과 공간의 이원론을 극복할 수 있는 것은 삼위일체 신관으로 가능하기 때문이다.

칼케돈신조에 나타난 삼위일체론은 가톨릭교회 교리가 되었으며 또한 마테오 리치(Matteo Ricci)가 천주실의를 통한 서학의 신관이었다. 삼위일체론을 내재하는 성령측면에서 바라보면 불교의 견성성불에 비견하게 된다. 성자를 공간적 존재로서 규정하면 하늘의 보편성, 일반성이 사라진다던 성호(星湖)는 천주실의(天主實義)에서[18] 내재성 논리를 배척하였다.

실제로 다산 당시의 대부분의 실학자들도 이와 같은 생각을 하고 있었다.[19]

주자학의 입장에서 볼 때 성부는 인격존재일 수 없다. 예수 그리스도, 즉 성자로서 하늘의 화신이 되리라고는 도저히 생각하기 어려웠다. 성령은 주체에서 체득된 하늘로서 그 당시 이단시된 선학이나

16) 韓哲河, 『古代基督思想』, 서울 : C, L, S 1970, p.174.

17) P. Tillich, *Systematic theology I*, Chicago Univ of Chicago press, 1967

18) 其敬事畏信則如佛伐之釋 也以天堂地獄爲懲勵 (? 天主實義)

19) 亞細亞問題研究所, 實學思想의 探究, 서울 : 玄巖社, 1974, p.142.

양명학과 서학을 동일하게 취급하는 명분으로 작용하였다.[20] 그러나 이 오해는 삼위일체를 보지 않고 삼위 각각을 따로 분리시켜 본 데서 생긴 것이리라. "삼이일(三而一)"이라고 했더라면 상통했을 것이다.

실제로 다산은 삼위일체의 이름으로 세례를 받았으며 자기는 상제의 은총을 입었으며, 상제의 소명으로 경전을 연구하게 되었다는 고백을 하게 된다. 이처럼 다산의 상제의식은 초월과 내재의 상통이며, 맺힌 한을 푸는 한으로 바꾸어서 해원상생의 새 길을 예비한 것으로 이해된다.

다산은 초월을 통해 맺힌 한을 풀어가고 내재를 통해 상생의 길을 제시하려고 노력한 점에서 해원상생의 이치를 알린 지성의 선구자라고 할 것이다. 그런데 이러한 이치를 구체화하여 해원상생으로 밝히신 분은 증산상제와 정산상제의 증정사상(甑鼎思想)에서 비롯하였다고 할 것이다.

여기서 다룬 성경신(誠敬信)은 오늘날의 이원론을 극복하고 인간과 생태계를 통전할 수 있는 종교윤리이다.

인간과 생태조화, 나와 너의 진정한 해후가 해원상생의 길이며, 선경으로 열어 갈 수 있는 '새 길'에 해당한다.

20) 或者中國之好事者 傳會陸五之說 而因托於 賓也 是未可知也 (星湖 ? 天主實義)

보화성역과 체제정비

진리의 길에서는 집착을 떨쳐내고 무집착(無執着)으로 향하는 길이 행복에 이르는 길이다. 자유는 왕권(王權)이다. 정신적 자유에 반드시 외적 자유가 수반되는 것은 아니다. 아무 것도 우리에게 속하지 않지만 모든 것이 우리에게 속한다. 우리가 "이것은 내 것이다."라고 말하면, 여러분은 자신을 그 사물에만 제한한 것이고 다른 모든 것을 배척한 것이다. 그러면 우리는 미혹하게 된다. 빼앗긴 것이 있더라도 그에 대해서는 절대로 슬퍼하지 마라. 우리는 현생에서 모든 것을 잃을 수도 있을 것이다. 그러나 우리가 신을 믿는다면 언제나 모든 것을 가질 것이다. 우리가 얻을 수 있는 것에는 어떤 한계도 없다. 우리가 가진 무엇으로든 우리 자신을 실험하고, 가슴 속에서 놓아 버려야 할 것들을 확인해야 한다. 그것들을 즐기고 돌본 다음에는 우리의 가슴에서 그것을 그냥 놓아 버린다. 이처럼 무집착을 수행(修行)할 필요가 있다.

무집착은 우리의 세속적인 책임들을 태만히 하라는 뜻은 아니다.

무집착은 신을 기쁘게 하려는 목적과 개인적인 이득을 챙기겠다는 생각 없이, 신의 자녀들에게 봉사하려는 목적만을 가지고 우리의 물질적인 의무들을 실행하는 것을 의미한다.

우리가 우리의 행위들로 하여금 어떠한 수혜를 받겠다는 목적을 가지고 어떤 행위를 행하거나 먹거나 돈을 번다면, 이는 우리의 의식을 제한하는 것이다. 그러할 때 우리는 확장되지 못한다. 우리는 각자가 지닌 모든 생각을 분석하여야 한다. 그 생각의 긍정적인 측면과 부정적인 측면을 관찰해서 그 상대적인 가치를 결정하여야 한다. 우리가 무집착을 실행할 수 있도록 준비되어 있는 것은 아니다.

우리는 먼저 무집착을 해야 하는 이유를 이해해야 한다. 우리가 집착하지 않고 있다고 생각하던 어떤 것이 갑자기 떨어지거나 깨어져서 못쓰게 되었을 때 우리가 그에 대하여 슬퍼한다면, 우리는 확실히 그것에 집착하고 있다고 할 수 있다. 그러면 우리는 그것을 사용할 권리를 가지고 있었던 것뿐이고, 그것을 한동안 가지고 있었기 때문에 행복하다고 말해야 한다. 우리는 모든 사물과 모든 사람에 대하여 그런 태도를 유지할 수 있어야 한다. 그것은 무정함이 아니다. 그것은 진정한 가슴의 확장이다. 그러나 그것이 인간들에 관한 것이라면 무집착을 알아내기란 매우 어려운 일이다.

집착은 영혼을 고문하면서도 어떤 것도 성취하지 못하는 일종의 맹목적인 것이다. 집착은 사랑이 아니다. 집착은 잃어버린 것이 있는 사람을 불행하게 만든다. 진정한 사랑은 사랑하는 사람들이 행복해 할 때에만 행복을 느낀다. 사랑하는 친구, 찬탄할 만한 친구가 있다고 하자. 그와의 만남을 즐긴다. 그에게 봉사하기를 좋아한다. 그런데 그가 떠난다. 그가 가버렸을 때 그를 잊는다면 무정한 사람이다. 그러나 상실감에 젖어서 그리고 자신 친구의 죽음을 통하여 일어났던 일을 생각하면서 밤낮으로 자신을 불행하게 만들기만 한다면, 어리석은 사람이다.

그 집착은 우리자신이나 우리의 친구에게 어떤 도움도 전혀 주지 못할 것이다. 그러느니 우리는 그가 어디로 가버렸는 지를 언젠가는 이해할 수 있을 것이라는 생각으로 스스로를 위로해야 한다.

그에게 온갖 행복을 빌어주고, 그에게 영성고양을 기원해주면 된다. 그리고 나서는 그가 스스로의 향상을 위하여 어디론가 떠났다는 것을 깨닫는것이 중요하다. 사이의 비움에 진실이 있다.

을미(1955)년 11월 말경 정산선생의 회갑일을 며칠 앞두고 가족과 임원들이 수연(壽宴)을 준비하려 하였으나 윤허(允許)하지 않으시므로 여러 번 간원하니,

"수연이란 선천에서 속인(俗人)들이 환갑(還甲)이니 회갑(回甲)이니 하며 장수(長壽)를 축하함이나 후천 5만년 선경세계가 있으니 해원(解寃)하고 싶거든 더 말하지 말라"하시며 끝내 불윤(不允)하셨다.

12월 초4일 아침에 가족과 임원들이 상제님께 수연상을 올리니 말씀하시기를 "나는 이 상이 수연상이 아니라, 보통 아침상으로 알고 받노라. 다만, 그대들의 정성을 보아 잔이나 받겠으니 모두 한 잔씩 올리라." 하시고 봉상에게 "너는 잔 수를 세어 보라." 하시므로 모든 가족과 상급임원들이 차례로 잔을 올리니라. 상제님께서 잔마다 한 모금씩 드시더니 15잔이 되매 "이제 '낙서구궁도수(洛書九宮度數)' 니 그만 그치라." 하시니라. (6:72)

12월 초5일 납향치성시에 규오로 하여금 치성축문(致誠祝文)을 봉독(奉讀)하게 하시니 다음과 같다.

<납향치성축문>

해로는 첫 머리이고 달의 마침이니 태극이 세워지고 이루어지는 달이므로 세우고 세움을 이르는 달입니다. 상제님께서 도를 행하심에 1908년의 섣달에 신문(神門)을 크게 여셔서 삼계공사를 행하시고 또 이듬해에 화천하셨으며 도자(정산 자신)는 그해에 도수를 받들어 서쪽(만주)로 향하였고, 또 9년 만에 비로소 도문에 들어와서 언제나 정성껏 간직하고 지킴이 어느덧 40년이며 병을 띠고 괴롭게 수행함도 이미 10년이 지났습니다. 해로는 곧 을미년(1955년)이고 달은 곧 섣달이며

날은 곧 납향일입니다. 하늘은 이 미(未)에서 아름답고 도도 이 미에서 아름다우며 저도 역시 이와 같은 미이니, 하늘도 이렇고 땅도 이러하며 도도 이러하옵니다. 엎드려 바라옵건대 성령(구천상제님)께서는 굽어보시고 드리워 살피시옵소서.[21]

"이 치성은 옛날 제후(諸侯)가 천자를 위하여 드리는 제향이므로 각 포감방면별로 올려야 하나 금년에는 내가 시범을 보임이니라."하셨다. 이 하교에 따라 다음해부터는 포감방면별로, 현재는 각 지부별로 올리고 있다.

또한 삼라만상의 구성요소 하나하나의 존재가치를 확인시키시며 이렇게 말씀하셨다.

"물 한 방울, 풀 한 포기의 고마움과 아름다움을 알지 못하는 자는 눈이 어두운 도인이니라." 하시니라.(6:79)

"학문이 도와 합덕이 되어야 생학(生學)이 되고 그렇지 못하면 사학(死學)이 되느니라." "농부나 초부, 심지어는 주초상(酒草商)도 필요하며 백정도 소중하고 어부도 유공하니 오직 성·경·신으로 하는 자가 바른 인간이니라." "인간의 모든 일을 유가(儒家)에서는 운명이라 하고 불가에서는 전생숙업(前生宿業), 서교에서는 천주섭리(天主攝理)라 하나 모두 일리(一理)는 있되……. 과부족(過不足)이니라……. 태극의 체와 용(用)의 도수가 합덕, 조화, 상생하여야 옳은

---

21) 歲首月終 太極建成之月也 故 建建謂月也 上天行道 以戊申之臘 大開神門 行三界公事 又翌年 化天 道子以歲 奉度西向 又九年 始入道門 拳拳服膺 以焉四十 帶病苦行 已過十年 年則乙未 月則臘月 日則臘日 天於斯於未 道於斯於未 我亦如是未 天此 地此 道此 伏願聖靈 下鑑 垂察

운도(運度)니라"

"혹시(或是)는 시(是)가 아니고 요행수(僥倖數)는 수가 아니므로 요행수를 바라지 말라"

"제 마음을 제 마음대로 못할 때가 있으리니 평상시 도를 잘 닦아야 하느니라."

병신(丙申 : 1956)년 설날 임원들의 세배를 받으신 다음 월출여의산(月出如意山)이란 시 한 구를 불러 주시며,

"명(明)자를 운(韻)으로 해서 대구를 지으라."

하시므로 임원들이 천지일시명(天地一時明), 만호대개명(萬戶大開明), 우주일시명(宇宙一時明)등을 지어올리니 정산선생께서 조득천심명(照得天心明)이라고 하시며, "그대들이 평하여 보라"하셨다.

임원들이 존전(尊前)에서는 감히 평을 못하고 물러나와 의견을 종합하니 '월출여의산'은 정산선생께서 도통하신 경지(境地)를 표현하심이고 '조득천심명'은 구천상제님의 공사도수를 모두 성취하심을 표현하신 것으로서 이는 필시 우리들에게 도의 깊은 뜻을 암시(暗示)하심이라 여기고 감열(感悅)하였다.

정월 초2일에 정산선생께서 중부도인들에게 지난 해 이주정착사업의 노고를 위무(慰撫)하시고 금품을 하사(下賜)하셔서 농악과 윷놀이로 함께 즐기게 하셨다. 이때 농악을 앞세운 남사당과 꼭두각시놀음에 감천 전체의 남녀노소 도인들이 춤과 노래로 합류하여 명절흥취가 넘쳤으며, 윷놀이에서는 상생행마법(相生行馬法)을 쓰도록 하시니, 이로부터 도가(道家)에서는 이 행마법으로 윷놀이를 하게 되었다.

정산께서 과거 기묘(己卯 : 1939)년에 화선(化仙)하신 도중고모(道中姑母) 선덕부인(宣德夫人)의 봉사(奉祀)를 차자 청암(靑岩)에게 명하셨는데, 이해부터는 그 기제(忌祭 : 6월 3일)와 절사(節祀 :설·추석)

가 되면 상급임원 중에서 2~3명씩 지명하셔서 참사(參祀)시키셨다.

이해 3월에는 그 산소를 창원군 내서면 감천리(甘泉里) 무학산(舞鶴山) 서쪽 기슭에 면례하게 하신 다음 10월 초7일을 시향일(侍享日)로 정하시고 그 이웃에 사는 백기한(白基漢)으로 하여금 수호하게 하셨다.

정월 대보름에 임원들과 미리 선발된 노래, 춤, 희극의 장기자(長技者)들이 보수동 도장에 모여 유쾌히 놀 때 정산선생께서 관람하시며 이종한(李鍾漢)의 장기와 김금돌(金今乭)의 노래를 치하하시고 김금돌이 영대앞에서 노래를 부르게 하신 다음, "신명들도 잘 부르는 노래와 잘 읽는 주문을 좋아하느니라." 하시며 음복(飮福)을 하사하셨는데 파할 때 '만세'를 제창하고 제3창에서 '5만세'를 제창하니 미소하시며, "너희들은 5만세면 다냐? 무량수(無量壽)니라"하셨다.

27일에 정산선생께서, "내가 저번에 말한 대로 나의 거처를 감천 관아재로 옮겨야 하겠노라" 하시므로 임원과 가족들이 모두 "관아재는 너무 옹색(壅塞)하오니 새 집을 지어 모실 때까지 기다리옵소서!" 하였으나, "내 어찌 집이 크고 작음에 개의(介意)하리오"하시며 이어(移御)하셔서 공부설석(工夫設席)하시고 '구덕정사(九德精舍)'로 개칭하셨다. 이에 앞선 6년전 현직 경찰관이던 박봉상(朴奉祥)이 예천사건(禮泉事件)에 연루(連累)되어 무고(無辜)히 파면된 이래 직업을 얻지 못해 생계가 곤란하였을 때에는 정산선생께서 상업자금을 빌려 주시며, "성실히 장사하여 생활하되 반드시 갚아라."하셨다.

그 후 봉상은 장사에 실패하여 갚아드리지 못하고 몇 해가 지나 잊고 지내던 터에 뜻밖의 신경통이 생겨서 몹시 고생하고 있었다. 이때 정산선생께서 부르셔서 부복시키고, "네가 네 죄를 아직도 깨닫지 못하느냐"하고 꾸중하셨으나 그래도 깨닫지 못하고 어찌할 바를 모르니, "그 돈이 어떤 돈인지 아느냐. 만수도인의 성이니라"

하셨다. 봉상이 그제서 깨닫고 머리를 조아리며 사죄하니,

"내 이번만은 특별히 용서하노라"하시자 신경통이 고대 나았으며 봉상은 그 은혜에 감복하고 정산께서 화천하신 후 수년간 자진해서 시릉(侍陵)하였다.

1956년 5월 28일에 도주님께서 임원 몇 사람을 거느리고 공주 계룡산 동학사(東鶴寺)에 행재하시니 그 경내(境內)에는 고려 3은(三隱 : 포은, 목은, 야은)을 합사(合祀)한 삼은각(三隱閣)과 사육신(死六臣 : 성삼문, 박팽년, 하위지, 이개, 유응부, 유성원)을 모신 동무(東廡)와 생육신(生六臣 : 이맹전, 조여, 원호, 김시습, 성담수, 남효온)을 모신 서무(西廡)와 단종을 모신 숙모전(肅慕殿)이 있었다.

동학사 염화실 : 정산선생께서 도기48년(1956년) 동학사 염화실에서 7일간 공부하시고 만고충신신명의 해원도수를 보신 곳이다.

동학사는 신라 때 창건하여 상원사라 하였으며, 신라가 망하자 유차달이 신라의 시조와 충신 박제상의 초혼제를 지낼 때 동계사라 한 후 이름을 동계사라 하니라. 조선조 초에 길재가 이곳에서 고려의 왕족과 정몽주

를 봉사하고, 그 후 생육신들이 단종과 사육신을 초혼하여 제사한 곳이니라. 숙종 때 동학사로 개칭하고 증수하면서 그 경내에 포은 정몽주·목은 이색·야은 길재를 합사한 삼은각과 단종을 모신 숙모전, 그 동무[22]에 사육신, 서무에 생육신을 배향[23]하였으니 이곳은 신라·고려·조선 3국의 충혼이 모셔진 곳이니라.(7:72)

▲ 동계사(東鷄祠)와 삼은각(三隱閣)이 나란히 있는 모습

▲ 숙모전(肅慕殿)

이날도 평소와 같이 이강한이 승용차로 모시고 운전하다가 차가 유성(儒城)을 지날 때 정산선생께서 급히 정차시키고 정비(整備)를 명하셨다. 강한이 내려서 살펴보니 지금까지 이상이 없던 뒷바퀴 나사가 거의 빠져 있으므로 당황하여 식은땀을 흘리며 정비하여 무사히 모셨다. 정산께서는 이처럼 불의의 사고를 예시(豫示)하시는 일이 종종 있으시므로 강한은 항상 감복하였다.

숙모전은 평소에 그 문을 잠그고 매월 1차씩 그 관리인인 박팽년의 후손 영동(永東)이 나와서 성찰(省察)하였다. 이날은 정한 날도 아닌데 영동이 자신도 모르게 불려나온 듯이 나와서 문을 엶으로써

---

22) 東廡 : 조선 시대에 문묘(文廟) 안의 동쪽에 있던 행각(行閣). 여러 유현(儒賢)의 위패를 서무(西廡)와 나누어 모셨다.

23) 配享 : 학덕이 있는 사람의 신주를 문묘나 사당, 서원 등에 모시는 일.

정산선생께서 두루 살피실수 있으셨다. 이 일은 사육신의 후손인 영동이 생육신의 후손이신 정산선생의 참배를 알고 한 일은 아니나 그 도수가 여합부절(如合符節)함에 영동과 임원들이 함께 신기하게 여기며 정산을 우러러 모셨다.

정산선생께서 이날부터 7일간 염화실에서 공부하시고 시종들에게 말씀하시기를, “이번 공부는 만고충신신명(萬古忠臣神明)의 해원도수를 봄이니라.”하시고, “이곳 계룡산에……, 정씨 도읍 800년의 땅이란 비결이 있고, 조선 개국초에 이태조가 궁궐터를 닦아 정초(定礎)까지 하였으나 신명의 저해(沮害)로 중단하고, 한양(漢陽)으로 옮겼는데 이로 말미암아 조선 500년간 신하로서 2심을 가진 자가 많았으므로 구천 상제께서 그에 관한 공사를 보셨느니라. 이곳을 ‘신도안이라.’함은 실로 ‘신도가 아니라.’는 말이고 신도(新都)는 신도(神都) 곧 신명의 도읍지라는 뜻도 되느니라.”하셨다.

도인들이 감천에서 시내로 왕래하는 길은 반월령을 넘어 아미동을 경유해야 하는데 아미동은 본래 불량폭력배의 소굴로 이름난 곳이었다. 폭력배는 도인들을 욕설과 폭력으로 괴롭히고 금품까지 강탈하는 등 행패가 심했다. 대책위원회에서 순찰반을 조직하여 도인들을 보호하려하다가 순찰반조차 피해를 보게 되자 경찰이 단속해서 근절(根絶)시켰다.

해원상생의 종교윤리

해원상생의 종교윤리는 선천세계의 모든 사물은 도의(道義)에 어그러지고 원한이 맺히고 쌓여 삼계의 재앙으로 가득차서 진멸위기에 처해 있기에 이 세계를 뜯어고쳐 원한을 풀고 상생의 법리를 널리 시현하여 실천하는 윤리이다.

해원(解冤)은 선천세상을 파멸로 이끌게 한 원인이 되었던 상대적 원을 풀고 어느 누구 할 것 없이 자신이 바라는 모든 소망을 다 이룬다는 뜻을 담고 있다.

해원은 근본적으로 원망의 뿌리를 뽑아 버림으로써 악이라는 것이 존재할 수 없고, 모든 선한 존재만 살게 되면 상생이 찾아온다는 이치이다. 해원이 전제되어 그 결과가 상생이 된다는 실천도리이다.

선천에는 상극지리가 인간사물을 맡았으므로 모든 인사가 도의에 어그러져서 원한이 맺히고 쌓여 삼계에 넘치매 마침내 살기가 터져 나와 세상의 모든 참혹한 재앙을 일으키니, '천지도수'를 뜯어고치며 신도를 바로잡아 만고의 한을 풀고 조화정부를 세워 하염없는 다스림과 말없는 가르침으로 백성을 화하여 세상을 고치는 이치가 담겨 있다.

이러한 상생법리(相生法理)는 남 잘 되게 하는 것이 곧 나도 잘 되는 길임을 자각(自覺)하게 하신 협동의 원리이기 때문에 현대 의미로는 공존공영의 평화 윤리라고 말할 수 있다. 상생은 말 그대로 서로를 도와주고 잘되게 하며 생명력을 넘치게 하는 이상세계의 실현조건이라 할 것이다.

1946년 원조 치성후 가족과 임원들을 부르시고 동네 사람들을 청하셔서 척사대회(擲柶大會)를 개최하시고 함께 담소하시며 특이한 행마법(行馬法)

을 하교하시니라. 그 행마법은 말을 서로 잡지 않고 양편이 끗수대로 나아가되 참먹이(出口)에서는 반드시 거기에 닿는 도수에 맞아야 나갈 수 있게 하시며 말씀하시기를 "이것이 상생원리(相生原理)에 맞는 척사행마법이니라. 상생은 서로 잘살도록 하는 법이며 더욱이 남을 잘되게 하는 법이니 공생공존(共生共存)이 합덕이요, 공영공화(共榮共華)가 조화니라." 하시니라. (태4.59)

이어 "태극은 음양이니 음양이 조화한 합덕으로 개인이 생활하고 사회가 유지되면 그것이 천리에 순응하고 인륜에 계합(契合)됨이니라. 너와 내가 화(和)하고, 부모와 자식이 화하며, 형과 제가 화하고, 부부간에 화하면 인륜이 되고, 정부와 국민이 화하고, 자산가와 근로자가 화하며, 지주와 소작인이 화와 합(合)으로 생활하는 것이 바로 윤리·도덕의 사회니라. 여기에 만일 원(冤)척이 있으면 해원하여야만 상생의 길이 트이리라." 하시니라.

또 "산에 가서 산을 해치면 산과 척이 생기고, 물에 가서 물을 더럽히면 물과 척이 생기느니 해원에 앞서 척을 짓지 말라. 등산 · 임수자(臨

서문의 상생문

水者)의 계잠(戒箴)이니라. 이처럼 풀 한 포기, 나무 한 그루에도 척을 지어서는 아니 되거늘 하물며 신명과 인간에게랴? 결원(結冤)은 곧 작죄(作罪)니라." 하시니라.(태7:17)

해원상생은 태극진리의 종교윤리 측면에서 가장 중심적 사상이다. 음양합덕이 그것의 기본사상이고 신인조화가 전제가 되며, 도통진경이 그 목적이라고 한다면 해원상생은 현대의 중요한 종교윤리 사상이라고 할 것이다. 이러한 해원상생을 이 땅에 구현하고자 정산선생은 도단확립에 역점을 두신다.

2월 20일에 정산선생을 시봉(侍奉)하는 책임을 총괄(總括)할 도전직(都典職)과 그 부전직(副典職)을 신설하시고 도전에 이윤섭(李允燮), 부전에 이인호(李仁浩)를 임명하셨다.

2월 하순에 임규오, 김사학 등 임원과 배문회(裵文會), 배문걸(裵文傑) 등에게 도의 취지(趣旨), 도통(道統), 기원(起源), 신조(信條)의 강령(綱領), 요체(要諦)와 도인의 수칙(守則)등을 문서로 초안하게 하셨다.

3월 초 하루에 정산선생께서 친히 지으신 글을 박중하로 하여금 정서하게 하신 다음, "이를 '태극도통감(太極道通鑑)'으로 하여 출판, 공포하라. 미흡하나 쓸 것이니라"하셨다.

태극도의 근원이 무극, 태극의 진리에 있고 구천상제께서 이를 관령 주재하심을 밝히셨다.

'신조'는 태극의 진리를 밝히고 그에 따른 태극도의 4강령인 안심·안신·경천·수도와 3요체인 성·경·신의 뜻과 수행의 요령을 밝히신 글이다. '도인의 수칙'은 도인으로서 일상생활에 반드시 지켜야 할 규칙을 5개 항목으로 제정하였다.

도인의 수칙을 보면 다음과 같다

1. 국법을 준수(遵守)하며 사회도덕을 준행하야 국리 민복에 기여하여야 한다.
2. 삼강오륜은 음양합덕 만유조화 차제도덕(次第道德)의 근원이라, 부모에게 효도하고 나라에 충성하며 부부화목하야 평화로운 가정을 이룰 것이며 존장을 경례로써 섬기고 수하를 애휼지도(愛恤指導)하며 친우 간에 신의로써 하여야 한다.
3. 무자기(無自欺)는 도인의 옥조(玉條)니 양심을 속임과 혹세무민하는 언행과 비리괴려(非理乖戾: 도리에 어긋남))를 엄금하여야 한다.
4. 언동으로써 남의 척을 짓지 말며 후의로써 남의 호감을 얻을 것이요, 남이 나의 덕을 모름을 괘의치 말아야 한다.
5. 일상 자신을 반성하야 과부족이 없는가를 살펴 고쳐 나아가야 한다.(7:30)

정산선생께서 통감을 공포하신 다음 그 내용을 열거하여 임원들에게 하교하셨다. 그 중 음양합덕, 신인조화, 해원상생(解冤相生), 도통진경이 태극진리임을 강조하셨다.

본도의 음양이 덕을 합하고 신명과 인간이 고루고루 조화하며, 원통함을 풀고 서로 살리는 도를 통한 참된 경지의 태극진리를 힘써 닦으며, 정성에 정성을 거듭하여 한 번 활연히 꿰뚫어 통하면 삼라만상을 남김없이 세밀하게 깨달아 알되 그 극진함을 쓰지 않는 곳이 없어, 앞에 있음을 보았는데 갑자기 뒤에 있으며 우러러 보면 더욱 높으며 뚫고자 하면 더욱 굳고 놓으면 천지사방에 가득 차나니, 이것이 이른바 가장 중요하게 살펴야 할 요체의 참된 경지이니라.[24] (7:29)

후천세계는 상생의 원리가 지배하며 빈곤과 원망의식이 사라지고, 무한의 풍요로움으로 전환하게 된다.

이 후천세계의 근본 틀이 음양합덕이다. 이제는 음과 양이 서로

24) 本道의 陰陽合德·神人調化·解冤相生·道通眞境의 太極眞理를 勉而修之하며 誠之又誠하야 一旦豁然貫通하면 森羅萬象을 曲盡理解,無所不用其極하야 瞻之在前에 忽然在後하며 放之則彌六合하나니 此所謂要諦之眞境이니라

만나서 조화를 이루고 서로의 단점을 보완하여 장점을 발휘하게 된다. 이에 음양은 정음(正陰) 정양(正陽)이어야 한다. 인간이 천지에 의존해 살던 선천세계와 달리, 음양합덕이 이루어지면 사람이 존귀해지는 세상이 도래하니 인존세상이 펼쳐진다는 의미이다. 하도와 낙서에 나타난 음양 관계는 상생 아니면 상극이었다.

음양 합덕은 한국의 정역사상과 연관되며 하도의 상생과 낙서의 상극을 조화시키는 특징을 보여주고 있다.

신인조화는 음양합덕의 세상에서 신인합일이 되어 모든 사람이 신인(神人)이 된다는 사상이다. 신과 사람의 구분이 사라지는 참사람이 탄생하는 시대가 후천의 선경세계이다. 이는 곧 인간의 개신(開新)이며 정신의 개벽(開闢)이다. 천존의 시대에서는 신의 존재가 하늘의 경계에 머물면서 역사(役事)한다면, 지존의 시대에서는 신의 존재가 땅의 경계에 머물면서 역사함을 의미한다.

후천의 인존시대에서는 신의 존재가 사람에게 붙어서 역사하기에 인간의 가치가 최고로 발현하게 된다. 사람의 마음이 신이 드나드는 통로가 되어 신이 감응하도록 바르게 다스리고 수양을 유지해야 한다. 이른바 윤리도덕이 바로 서는 세계가 도래한다는 것이다. 신인조화의 세상에는 불의가 없는 세상, 맑고 밝으며 훈훈한 세상이 이루어진다. 이때에 신은 인간에 의존하게 되며, 후천개벽과 함께 새 하늘과 새 땅이 열리게 된다.

병신(丙申:1956)년 3월 중순에 정산선생께서 청주에 거둥하시니 이는 청주사건을 종결하시기 위함이었다. 이때 섭외총책으로 윤금현을 명하시고 박한경, 유철규, 김영하 등 사건 관련인과 임규오, 김사학, 정운교, 박종순 등 임원이 시종하였다. 26일에 태극도 사건의 재판장 김동수는 이 사건이 미결상태로 3년이나 계류(繫留)되었던 사실을 감안하여 상오에 구형, 변론을 거쳐 결심(結審)하고 하오에 판결하여 정산선생 이하 전원에게 무죄를 선고함으로써 사건이 종결되었다.

정산께서 부산도장으로 환행하시던 도중 보은 속리산 법주사에 임하셔서 대웅전 큰 방에서 철야(徹夜) 공부하시더니 새벽에 임원들로 하여금 미륵불 앞에 불공을 드리게 하셨다.

다음날 환행하시는 차중에서, "내가 이번에 3년간에 걸친 황극신도수와 대신문도수를 완전히 마쳤으니 이로써 나의 일이 거의 성취되었고, 앞으로 몇 가지 큰 도수만 남았느니라."하고 말씀하셨다.

정산선생께서 "이곳에서 장차 '대학도수(大學度數)'를 보게 되리라." 하시며 왈유정(曰有亭) 관아재(觀我齋)로 명명하시니라. 병신(丙申:1956)년 정월 27일에 "나의 거처를 관아재(觀我齋)로 옮겨야 하겠노라." 하시자 가족과 임원들이 "관아재는 매우 비좁사오니 새 집을 지어 모실 때까지 하명을 거두시옵소서." 하고 간청하였으나 끝내 윤허하지 않으시고 "내 어찌 집이 크고 작음에 개의하리요." 하시며 쓰시던 집기를 모두 옮겨 이어하셔서 공부 설석하시고 관아재를 구덕정사(九德精舍)로 개칭하심.

수일 후에 감천 구덕정사로 환행하셔서 임원들에게 하명하시기를,

"내가 1년 전에 혁신도수를 명하였으나 아직도 혁신이 되지 않았으므로 다시 명하노라. 너희들은 각자 자신의 과오를 낱낱이 글자로 적고, 앞으로는 반드시 반성 개과할 것을 맹서의 문장으로 올리라"

하시므로 임원들이 그날 밤 명령에 따른 반성문과 맹서의 문장을 올렸다.

반성문과 맹서문을 받으시고 말씀하기를,

"이번 혁신도수로서 지금까지 지은 죄과는 사(赦)하되 앞으로 짓는 죄는 자유에 맡기고 내가 관여하지 않으리라. 너희가 나의 그늘을 벗어나면 죽으리라"하셨다.

> 이때 반성문에 모두 과거의 죄과를 낱낱이 기록하여 올렸으나 몇 임원은 그동안 저지른 잘못을 기록하지 않음을 감하시고 "이제라도 좋으니 죄과가 있으면 고하라." 하시니라. 그들이 상고하지 않자 "너희가 좋은 일은 혼자서 다하고 너희 위에 내가 있음을 생각해 보았느냐? 너희들은 나도 안 마시는 술에 취하기를 예사로 하니 어찌 도인이라 하랴? 조고(趙高)[25] 보다 그 죄가 더하도다." 하시고 금주령을 내리시며 즉시 시행토록 엄명하시니라.(7:50)

금주령을 내리신 후에 임원들로 하여금 엄히 감독하게 하시고 동네에서는 술을 팔지도 못하게 하시며 말씀하시기를,

"너희들은 술이 수도인에게는 사약(死藥)임을 알아야 하느니 단주(斷酒)는 있되 절주(節酒)는 없는 법이니라"하시고 음복주도 수저로 떠먹게 하셨다. 4월 초5일에 도의 조직 체제를 개편하셨다. 과거 양원의 명칭이 포덕원은 포정원(布正院), 교화원은 호정원(護正院)으로 개정되어 포정원에는 포장(布丈), 포정(布正), 포령(布令), 호정원에는 호장(護丈), 호정(護正), 호령(護令), 부령(副令)을 두되 과거 포덕원의 포감, 선도사, 선도원과 교화원의 순찰, 순찰보, 순무, 순무보가 위계대로 보임(補任)되었다.

또 본부에 새로 시봉원(侍奉院), 보정원(補正院), 전학원(典學院),

---

25) 진시황 때의 환관(宦官)으로서 진시황이 죽은 후에 후계자를 세울 때, 조서를 거짓으로 꾸며 시황제의 장자 부소(扶蘇)를 죽이고 우둔한 호해(胡亥)를 2세 황제로 옹립한 다음, 자신이 정승이 되어 온갖 횡포를 다함으로 결국에는 진나라를 망하게 하였다.

편찬위원회(編纂委員會), 청년부(青年部)를 두셔서 종래의 내무(內務), 외무(外務), 재무(財務)와 함께 도단 운영업무를 담당하게 하셨다. 이날 임원개편에 있어 종래의 내무책임자 박중하, 외무책임자 신상철, 재무책임자 김용화는 그대로 유임되고 새로 설치된 시봉원에는 종래의 도전 이윤섭을 그 책임자로 하고 관하에 부전 이인호, 상비원(常備員) 박덕구(朴德九), 신경희(申景熙) 등과 시봉(侍奉) 몇 명이 임명되어 정산선생 시봉과 도장 수호(守護)를 담당하였다. 보정원은 과거 도중업무에 공로가 많았던 도인 중에서 조호선(趙浩善), 김경기(金敬基) 등이 보정(補正)으로 임명되었는데 보정은 예우(禮遇) 임원으로서 보직(補職)이 없었다.

전학원은 도역자(道役者) 교육기관이었으나 당시 피난생활 속에서 학교에 다니지 못한 도인자녀들의 교육을 담당할 기구로서 천덕공민학교(天德公民學校)를 설립하여 교장격인 학정(學正)에 조영래(호는 청구), 교감격인 교전(敎典)에 박재승(朴在勝), 서무격인 교무에 김규현(金奎賢), 교사격인 학무(學務)에 허경오, 유대형, 윤대한, 강석진, 지원하 등이 임명되었다.

편찬위원회는 도전(道典 : 도의 경전), 도사(道史 : 도의 역사)의 편찬(編纂), 간행(刊行)을 담당할 기구로서 위원장에 조영래, 위원에 박중하, 윤금현, 김경기, 노대형 등이 임명되었다.

청년부는 청년도인을 지도, 교화할 부서로서 중부의 충주, 괴산, 연립 3개 방면별로 청년포정에 이화섭, 김해구, 김각 등이 임명되었다. 1946년 4월 이달 초8일에 정산선생께서 말씀하시기를,

> "임원들의 조직체계를 태극 팔괘에 응기(應氣)하여 개편하였으니 내 이제 고천(告天)하리라." 하시고 치성을 올리시며 다음과 같은 복고문(伏告文)을 규오로 하여금 봉독하게 하시니라.

<복 고 문>

엎드려 생각하오면 태극의 차서가 떳떳함이 있어 날도 길하고 때도 좋사온데 삼가 백 번 절하고 엎드려 구천응원 뇌성보화 천존 강성상제 지신지성의 성령 아래에 아룁니다. 무극신 대도덕 봉천명 봉신교 태극 도주 조정산은 40년 도업을 닦았으나 항상 미치지 못함을 두려워합니다. 밤낮을 구별하지 않고 늘 마음에 두고 정성껏 간직하여 잊지 않고 지키기를 항상 옛적과 지금을 한결같이 하였사오나 세상이 어지럽고 사람들이 천박해져서 삼강오륜이 허물어지고 인간의 도가 모두 사라졌습니다. 이러한 때를 당하여 지난 때는 세상에서 곤란을 겪고, 또 이 비천하고 용렬한 존재는 속박에서 벗어나지를 못하였습니다. 엎드려 바라옵건대 성령께서는 크고 작은 일을 심중에 생각하셔서 일체의 현상을 굽어살피시고 숨김없이 밝게 지시하사 원하는 바를 이루게 하시고, 수 천 년 동안의 억울한 사정과 40년간의 속박된 신세를 해방하시고, 도문 소자들의 관재며 구설과 음해, 모든 재앙을 모두 쓸어 소멸하시고, 마음먹은 소망을 성취하여 해원을 이루게 해 주시기를 바랍니다. 덧붙여서 이번에 도중의 간부 직명과 일반 도인의 각 호칭을 괘에 의하여 개정하여 아뢰는 바와 같이 호칭하게 되었사오니 내려보시고 살피소서.[26] (7:54)

치성 후에 임원들에게 하명하시기를, "지금부터 도중사업의 운영 전반을 하의상달(下意上達)로 일반도인의 의견이라도 수렴하여 너희

26) 伏以太序有常 日吉辰良 謹百拜 伏告于 九天應元 雷聲普化 天尊 姜聖上帝 至神至聖 聖靈之下 无極神 大道德 奉天命 奉神敎 太極道主 趙鼎山 修業四旬 恒畏不及 日夜不辨 拳拳服膺 恒在今如 世淆人薄 綱常凌夷 人道盡滅矣 當此之時 過時難於世 又此 卑劣存在 無果於束縛 伏願聖靈 大大細細 心中思慮 一切則爲現狀 下鑑垂察 勿秘昭示 所願成就 解放數千 年抑鬱之情 四十年間 束縛身勢 道門小子之官災口舌陰害 諸般災殃 一掃消滅 所心所望成就 以遂解冤 追以今般 道中幹部職名 一般各號 依卦改正 如告稱名 下鑑垂察

가 협의 의결하고 처리할 협의회(協議會)와 의사회(議事會)를 설치하노라. 협의회는 포장, 호장을 의원으로 하고 의사회는 포정, 호령을 의원으로 하여 구성하되 호정과 지방포장의 대리 포정은 협의회에 참여토록 하라. 또 협의회는 도중 최고 의결기관, 의사회는 그 보좌기관으로 하고 각 의회에 의장 부의장 1인씩을 자체에서 호선(互選)하여 의사(議事)를 관장하게 하라. 각 의원은 도 사업발전에 대한 의안(議案)을 제출하여 심의, 의결하고 의무를 성·경·신으로써 수행하라. 모든 의결사항은 내 재가(裁可)를 받아 시행하되 각 집행부는 그 시행의 책임을 완수하여야 하느니라."하시고 회의 운영방법 등을 자세히 가르치셔서 예행연습까지 시키시니 협의회 의장에 박중하, 의사회 의장에 윤금현이 선임되었다.

정산선생께서 협의회와 의사회를 구성시키신 다음 두 회의 합동회의 기구로서 연합회(聯合會)를 구성토록 하시고 그 의장은 협의회 의장이 맡도록 하시며 하교하시기를, "이 세상에서 제일 큰 회는 용화회뿐이고 그 회장은 오직 나뿐이니 도중에서는 무슨 회든지 회장이란 직명(職名)을 쓰지 못하느니라."하셨으므로 도단에서는 지금까지 준행하고 있다. 이날 밤에 포정, 호령과 상비원, 학무급 이상의 임원들을 정사 내정(內庭)에 시립시키시고 도령장(道令狀 : 임명장)을 친히 수여하셨다. 이때 달이 이미 진 뒤임에도 그 일대가 대낮같이 밝았으나 수여하셨던 도령장을 회수하셔서 불사르시니 다시 어두워지므로 모두 신이하게 여기고 감복하였다. 정산선생께서 도령장 수여가 끝난 후에 말씀하시기를, "명령이란 명자는 목숨 명(命)자이고 책임이란 책자는 꾸짖을 책(責)자며 포령이란 영자는 전령(傳令)이란 영자니 임원들은 명심하라"하시고 도문연(到門宴 : 옛날 과거에 급제한 사람이 집에 돌아와서 베풀던 잔치)의 고사(故事)를 말씀하셨다.

1957년에 태극도 도인들의 정성으로 이룩된 천덕공민학교
태극도 전학원은 도역자 교역기관이나 피난 중에 공부하지 못한 도인 자녀들의 교육을 담당할 기구로서 천덕공민학교(天德公民學校)를 설립하였다.

새로 설립된 천덕공민학교는 급격히 확장되어 한 달도 못되는 사이 주간, 야간 학생이 1200여명에 달하였으며, 이들은 임시교사(臨時校舍)인 각 방면 회의실에서 분산 수용하고 학력수준에 따라 초급반은 초등 교과목부터 교육하였다. 그 초창기에는 경험이 없는 전학원 임원들이 교재와 설비도 불충분하여 애로가 많았으나, 열성적인 노력에 의하여 점차 발전하였다. 정산선생께서는 학무를 자주 불러 격려하시며 학생들을 귀여워하시고, 수시로 금품을 하사하시며 지육(知育), 체육(體育)에 앞서 덕육(德育)에 힘쓸 것을 강조하셨다.

이달 하순에 상급임원들을 거느리고, 부산극장에서 단종애사(端宗哀史)라는 영화를 관람하신 다음 말씀하시기를, "세조가 만약 조금만 일찍 깨달았으면 오죽 좋았으랴. 너희들도 잘못이 있으면 세조와 같이 참회하여야 하느니라. 늦게라도 원각사를 짓고 참회(懺悔)함은 다행한 일이니라"하셨다.

어느 날 한 도인이 금전상의 억울한 일을 상제님께 호소하며 "세상에 착한 사람이 해를 입고 악한 사람이 이로움은 무슨 이치이옵니까?" 하고 여쭈니 다음과 같이 타이르시니라. "이는 선천 상극시대의 비운(否運)으로서 너의 일도 그런 유에 속하느니라. 먼저 너에게 잘못이 있고 없음을 살필지니 정녕 네게 잘못이 없으면 언젠가는 손해 본 이상으로 이익이 불어 환원되리라. 또 인생 한 평생에 손해 보는 일도 허다하나 어쭙잖게 득을 보는 일도 있느니라. 악인의 영화를 부러워 말라. 그 당대가 아니면 자손의 대에라도 그 영화보다 더 큰 화가 따르리라. 그리고 사후 신계의 벌은 또 어찌 면하랴?" (7:64)

또 어느 날은 임원들에게 "채소밭에 나가 살펴보라." 하시므로 도장 앞밭에 가 보니 예전에 없던 복숭아나무 싹이 돋아나서 삽시간에 2, 3척 가량 자라나 그 가지에 꽃이 피었다 지고 소담스러운 복숭아가 주렁주렁 열리니라. 돌아와서 상고하니 따오게 하셔서 나누어 진어하시고 "다시 나가 보라." 하시므로 가 보니 사라져 없으니라. 돌아와서 본대로 상고하니 미소를 띠시며 "너희는 이 일을 이상히 생각하지 말라. 풍운조화도 범인의 일은 아니나 수도인에게는 오히려 해가 되기 쉬우니 이런 일에 미혹(迷惑)하거나 몰두하지 말라." 하시니라. (4:65)

또 "선천의 현세에서 좌견천리(坐見千里)하고 입견만리(立見萬里)하거나 호풍환우(呼風喚雨)하고 차력축지(借力縮地)하며 월산도해(越山渡海)함이, 비록 일심정력의 소치로서 호기심의 대상이나 이는 술수이므로, 나의 태극진법을 모르고 남용하면 난법난도가 되느니 도인이 경계하여야 할 일이니라. 도인도 도심이 약하면 이러한 술수에 현혹되기 쉬우니 임원들은 관하도인들을 철저히 단속하라." 하시니라. (7:117)

정산선생은 술수와 정도(正道)는 다른 것임을 가르치신다.

사향노루와 성자의 해원상생

해원상생은 근본적인 원망의 뿌리를 제거하는 것으로 자신의 업을 초월하여 상생을 내면화하려는 동기부여가 중요하다.

우리는 히말라야의 사향노루의 전래를 통하여 해원이 불가하여 상생이 어려운 사례를 먼저 확인할 수 있다.

인도의 높고 높은 히말라야 산악지대에 서식하는 수컷 사향노루의 복부의 피부 아래에는 주머니가 달려있는데, 사향(麝香)은 거기서 발견되는 귀중하고 극히 향기로운 물질이다. 사향노루가 일정한 나이에 도달하면 사향의 매혹적인 냄새가 사향노루의 배꼽에서 풍겨 나온다. 사향노루는 그 매혹적인 냄새에 흥분해서 껑충껑충 뛰어다니는데, 향기의 원천을 발견하려고 나무 아래에서 킁킁거리며 냄새를 맡기도 하고 사방을 찾아다니는데 가끔은 수 주간을 찾아다니기도 한다.

업의 원천이 되는 사향의 원천을 발견할 수 없어 해원이 안 되는 사향노루는 가끔 화가 나고 매우 산만해지는데, 진기한 향기의 원천에 도달하려는 마지막 필사적인 몸부림으로 높은 절벽에서 계곡으로 뛰어내려 죽음을 맞이하기도 한다. 곧 사냥꾼들이 그를 차지해서 사향주머니를 떼어간다. 이러한 맥락에서 깨달음을 얻은 한 음유시인(吟遊詩人)이 한 번은 다음과 같이 노래하였다.

"오 어리석은 그대 사향노루여, 그대는 그대 자신의 몸에 있는 줄도 모르고 사방에서 향기를 찾았구나. 그러니 그대는 향기를 발견하지 못한 것이로다. 그대가 자신의 배꼽에 코를 갖다 대기만 하였어도, 그대는 꿈에도 그리던 사향을 발견하였을 것이고 아래에 있는 바위로 뛰어내리는 자살로부터 자신의 목숨을 구했을 것이 아닌가?"

대부분의 사람들은 사향노루처럼 업에 따라 욕망대로 행동하기에 업과 원한을 해방시킬 수가 없다. 많은 사람들은 성장하면서 언제나 향기로운 행복을 자기 자신의 밖에서 찾고 사방에서 추구한다. 놀이에서, 유혹에서, 인간의 사랑에서, 그리고 부(富)라는 불안정한 길에서. 그러다가 자신의 영혼 속의 비밀스런 구석 안에 숨겨져 있는 진정한 행복을 발견할 수 없게 된 그들은 마침내 높은 희망의 절벽에서 환멸의 바위로 뛰어내린다.

매일 깊이 명상하여 자신의 마음을 초월로 향하게 하기만 한다면, 영혼의 가장 깊숙한 침묵의 바로 안쪽에 존재하는 모든 진실한 행복의 원천을 발견할 수 있을 것이다. 행복을 추구하는 사랑스런 구도자는 사향노루의 업식에서 해원해야 한다. 그리고 잘못된 장소에서 거짓 행복을 추구하다가 망하는 원망에서 벗어나야 한다. 고요의 정관(靜觀)의 동굴에서 자신의 행복을 발견할 필요가 있다.

생각의 습관들은 정신적 자석으로서 자신들의 자력의 종류와 특성에 관련되는 특정 대상들을 자신들에게로 끌어당긴다. 물질적인 습관들은 물질적인 사물들을 끌어들이고 영적 습관들은 영적 사물들을 끌어들인다. 나쁜 습관들은 나쁜 경험들을 끌어들인다. 좋은 습관들은 좋은 경험들을 끌어들인다.

수많은 세월에 걸쳐서 인류의 대다수는 물질적인 것을 중시하게 되었고, 영적인 것의 발달은 대부분 무시하기에 이르렀다.

이제 영성의 인간의 삼중적인 속성의 발달에서 제자리를 찾아야 할 때가 된 것은 아닌가? 이를 위하여 고차원적인 의식 상태가 발전하는 데에 물질적으로 도움이 되는 절차상의 명확한 방법을 우리가 발견할 수는 없는지 살펴보자.

사람이 돈을 올바르게 버는 습관을 개발하면 더욱 많은 번영이 그에게 올 것이고 번영의 습관을 갖지 못하는 사람은 그가 한 때 갖고 있던 번영의 의미마저 잃을 것이다. 성공의 우주적 법칙을 통하여 풍요를 끌어들이는 습관을 이미 획득한 사람은 더욱 많은 번영을 끌어들일 것이지만, 번영을 끌어들이는 습관을 계발하지 못한 사람은 그 습관을 획득하기 전까지는 번영하지 못할 것이다. 이는 자신들의 일상 활동에서 올바른 습관들을 생성해야 한다는 교훈을 준다. 행위법칙은 인과응보에 기반을 두고 있다. 우리가 현재 선하게 태어났다면, 그것은 우리가 전생에 선했기 때문이다. 그리고 우리가 선하면 더욱 많은 선을 끌어들일 것이다.

자신의 내면에 선한 성향이 매우 적다면 나쁜 습관들의 침입으로 인하여 자신이 갖고 있던 것을 잃을 수 있다.

만약 나쁜 성향을 갖고 태어났다면 그것은 전에 나쁜 성향들을 갖고 있었다는 표시이고, 더욱 많은 악을 끌어들일 것이다. 약간의 나쁜 성향만을 갖고 있다면 전에도 그랬었던 것이며, 전생에서 획득하여 내면에 있던 더욱 큰 선이 현재 내면에 가진 빈약한 악을 파괴할 것이다.

이것은 법칙의 자연적인 작용이다. 그러나 폐기하고 싶어 하는 바람직스럽지 못한 습관들을 갖고 있다고 해서 낙담할 필요는 없다.

의지력을 개발하고 규칙적이고 올바른 명상 습관을 개발함으로써 그것들을 정복해 나갈 수 있다. 그리하여 잘못된 습관들의 속박으로부터 자신이 벗어날 수 있다. 자신이 원하는 결과들을 이끌어낼 수 있도록 좋은 습관들을 수행을 통해 익혀나가야 할 것이다.

명상을 하고 상제와 접촉하는데 익숙한 사람은 더욱 자주 상제와 교류하기 위해서 더욱 많이 명상을 하고 싶어 할 것이다. 명상을 적게 하고 그분의 존재를 막연하게 느끼기만 하는 사람들은, 산만함이라는 강력한 습관이 마음에 침입하면 명상을 하고 싶거나 상제와 접촉하고 싶은 욕구가 사라진다는 것을 알게 된다. 마찬가지로 차분해지는데 익숙한 사람들은 차분함과 평온함을 끌어들이지만, 약간만 차분한 사람들은 산만함이 침입하면 자신들의 차분함이 쉽게 교란된다는 것을 알게 된다. 비영적인 강력한 습관들은 나약한 영적 습관들의 힘을 완전히 파괴한다.

명상할 때 자신의 육체의식이 편재된 의식에 저항하는 것을 발견하는데 이는 사실이다. 그는 또한, 종종 자아가 빠르게 호흡을 함으로써 큰 소음을 내고, 그리하여 명상의 무호흡 상태를 파괴하도록 감각들을 초청하고 싶어 한다는 것을 발견한다.

자아가 빠르게 호흡하는 순간을 공기 움직임을 통하여 물질적 소리들을 생성하는 나각(螺角, 소라껍질)을 부는 것에 비유한다. 이는 곧 물질욕망들이 각성되고 격려 받아서 부동(不動)과 명상에서 생겨난 광대한 상제를 향한 초월의식을 몰아내기 위한 싸움을 의미한다.

명상 동안에는 자아가 내보낸 모든 물질진동이 물질적인 욕망들을 각성하는데 도움을 주고, 육체의 의식을 소생시키는데 도움을 주고, 한얼의 광대함의 의식을 추방하는데 도움을 준다. 에고가 물질적인 진동을 창출한 다음에는, 유체의 척추 중추들에 있는 차등적인 성향들이 내는 음악적인 유체의 소리들을 몰아내기 위하여 감각들이 다시 다양한 진동의 소리들을 창출하기 시작한다.

명상은 척추와 두뇌에 있는 모든 닫혀 있는 내적 문들을 개방해서 여러분의 육체와 마음과 영혼에 힘을 가져다주게 한다. 명상할 때에는 에테르 속에 언제나 존재하는 전기 또는 생명 에너지로 여러분의 육체는 채워진다. 대부분의 사람들은 이것을 깨닫지 못한다. 명상은 신성한 전류로 육체를 채우는 내적인 스위치를 켜는 것이다. 그렇기에 현존하는 매 순간마다 명상의 잔존효과에 계속하여 집중하는 것이 중요하다. 명상의 통에 집중을 모으면서는 산만함이라는 누수가 일어나기가 쉽지만, 이 때에 어떤 정신누수도 일어나지 않도록 해야 한다. 정신적 능률은 집중력의 개발에 달려있다.

사람은 집중력의 과학적인 기법을 알아야 하며, 이로 인하여 주의를 산만하게 하는 대상으로부터 자신의 관심을 철수시키고 하나의 대상에만 집중할 수 있다. 사람은 집중의 힘을 통하여 자신이 바라는 바를 달성하기 위한 마음의 힘을 사용할 수 있고, 실패가 침입할 수 있는 모든 문들을 방어할 수 있다. 대부분의 성공한 사람들은 대단한 집중력을 가진 사람들이며, 자신들의 문제 속으로 깊이 잠수하여 올바른 해결책이라는 진주를 캐내올 수 있는 사람들이다.

대부분의 사람들은 주의산만으로 질식당하여 성공의 진주들을 낚을 수 없다. 사람들은 자신의 사소한 육체적인 필요에 집중하는 바람에, 정신적 능률을 개발하거나 신성한 만족을 획득하는 등의 더 중요한 것들을 잊곤 한다. 사람들은 자신의 육체적인 안락의 조건들을 늘이기에 바빠서 많은 불필요한 것들을 자신의 생존에 필수적인 요소라고 생각한다.

강력한 집중력을 가진 사람은 자신의 집중된 마음이 올바른 장소로 향하도록 신에게 요청하여야 한다. 이 때 올바른 장소는 강한 집중력에 대한 정당한 몫으로서 성공을 위한 것과 통하니 감천이라고 할 것이다. 수동적 사람들은 상제께서 모든 일을 해주기를 바라고, 이기주의자들은 자신들의 모든 성공을 자신의 공으로 돌린다.

또한 수동적인 사람들은 자신들의 지성에 내재하는 신의 힘을 사용하지 않고, 이기주의자들은 상제가 부여한 자신들의 지성을 사용할지라도 그 지성을 어디에 그리고 어떻게 사용해야 하는지에 대한 신의 지도를 요청하지도 받지도 못한다.

한편 집중력과 힘을 가진 사람도 문제들의 바다로 깊이 잠수해서 성공이라는 진주를 내내 발견하지 못할 수 있다. 강력한 집중력을 갖고 있으면서도 어디에서 성공을 발견해야 하는지 모르는 사람들이 많이 있다. 또 능률적인 마음을 가진 명석한 많은 사람들이 성공에 굶주리거나 빈약하기 짝이 없는 성공만 거두곤 하기도 한다. 번영을 위해서는 또 다른 요소가 고려되어야 한다는 점을 보여준 것이다. 현재의 삶뿐만 아니라 과거의 모든 삶을 지배하는 상생과 인과응보의 법칙에 따라서 사람의 번영은 할당된다.

바로 이런 이유로 지성적인 사람들이 가난하거나 건강하지 않게 태어날 수 있는 것이고, 정신적으로는 평범한 사람이 건강하고 부유하게 태어날 수 있는 것이다. 모든 사람들은 원래 신의 형상대로 만들어진 신의 아들들이므로 자유로운 선택권과 동등한 성취능력을 갖고 있다. 그러나 인간은 이성과 의지력을 오용한 탓으로 업보라는 자연법칙의 지배를 받게 된 것이며, 그리하여 삶의 성공을 거둘 수 있는 자유가 제한당한 것이다. 사람의 성공은 그의 지성과 능률에만 달려있는 것이 아니라 그의 과거의 행위들의 성격에도 달려있는 것이다. 그렇지만 과거 행위들의 바람직스럽지 못한 결과들을 극복할 수 있기 위해서는 해원을 성공해야 한다. 실패의 원인을 이루는 원망을 제거해야 된다. 그 이후에는 원망은 선한 도반으로 바뀌어 상생이 가능하다.

이를 시키즘의 창시자, 나낙(Nanak)성자를 통해 구현한 사례를 살펴본다. 위대하고 신성한 개혁가인 성자 나낙의 일생은 지식에 목말라하는 인류의 갈증을 해소시키기 위하여 지상에 발현하는 천국의 위무적인 이슬과 같은 것이었다.

힌두교도들과 회교도들의 경우, 어떤 면에서는 종교적인 관습과 신앙이 달랐지만, 양족 다 이 위대한 성자 나낙에게서 영혼다운 동일한 대우를 받았다는 점에서는 같았다. 그래서 그들은 그의 주위로 몰려들었다. 영적 축음기나 말만 많은 개혁가라면 절대로 성공하지 못하였을 것이다. 그러나 성자 나낙은 진리의 삶을 살았고, 경건함과 덕성이 그의 행위들로부터 체현(體現)되었다. 그는 힌두교도들과 회교도들에게 그 두 종교의 기반을 이루는 위안적인 보편성이 발현하는 모습을 볼 수 있는 기회를 주었다. 성자, 나낙은 사랑과 모범적인 행위라는 자신의 자력(磁力)으로 서로 다른 추종자들의 맹목적인 신앙을 추방하였고, 그들에게 '한'의 감각과 신의 편재와 보편적 형제애의 정신을 그들의 가슴 속에 확립하는 법을 보여주었다.

어느 날 회교 사원의 예배 시간에 성자, 나낙은 제단 앞에 절을 하는 대신에 그 앞에 누워서 발은 제단 쪽으로 향하고 머리는 반대 방향으로 향하고서 잠든 척하였다. 신에 대한 내적인 집중 대신에 과시적인 외형적인 예배 형식에 익숙한 어떤 회교도들은 앉기보다는 누워있는 이 이상한 사람인 나낙의 무례한 행동을 곁눈질하며 쳐다보았다. 그는 기도하는 대신에 잠을 자고, 무엇보다도 제단 쪽으로 머리를 두기는커녕 발을 돌려놓을 정도의 신성모독을 하고 있었다. 정통파 신자들 중의 한 명이 그를 비난하였다.

"이 무례한 죄인아, 신의 제단에서 발을 치워라. 치우지 않으면 네 발은 썩어 문드러지리라." 성자, 나낙은 침착하게 대답하였다. "신이 존재하는 제단이 없는 곳으로 발을 두라니 어느 쪽으로 발을 두라는 것이오? 일러주시오. 나는 동서남북에서 그리고 위아래에서 그리고 내면과 외부에서 그리고 내 주위에서 온통 그분을 보고 있어요. 당신들이 나에게 신이 존재하지 않는 곳을 보여줄 수 있다면, 나는 그곳으로 기꺼이 내 발을 옮겨 놓을 것이오. 당신들의 기도하는 마음은 산만함이라는 언덕을 넘어서 방랑하고 있어요. 신에 대한 당신들의 무관심을 고치시오. 당신들의 머리는 제단을 향하고 있지만, 당신들의 영혼과 마음은 신으로부터 멀어져 있어요. 나는 내 발마저도 모든 것을 보호하고 모든 것을 인도해주는 신의 힘 안에 있다는 사실에 기쁘다오."

그 스승의 훈계에 대답할 수 없었던 정통파 지도자는 더욱 분노하게 되었다. 그는 성자, 나낙의 발을 잡아서 억지로 제단으로부터 돌려놓았다. 그러나 보라! 기적이 일어났다. 나낙의 발이 동쪽에서 서쪽으로 돌려지자, 제단과 사원의 전체 벽이 그에 따라서 움직였다. 이런 일이 발생하자 그 승려를 따르던 사람들은 자신들의 지도자에게 신을 아는 이 사람의 위대한 힘을 인정하고 겸손해지라고 요구하였다. 그들 모두가 성자, 나낙의 발아래에 엎드려 절하였다. 성자는 그들을 축복하고 다음같이 말하였다.

"당신들, 나의 편재하는 아버지의 자식들이여, 먼저 당신들 내면에서, 가장 좋은 제단인 당신들의 가슴에서 신의 존재를 깨달아라. 그리고 거기에서 신을 발견하면 그 내적인 창문을 통하여 비로소 편재하는 상제의 신을 보게 된다. 한 지점에 신을 국한하는 것은 유한한 벽 안에 그분을 감금하는 것이 된다. 자신의 상상으로 만든 제한적인 벽 속에 신을 감금하는 사람들은 그분을 절대로 발견하지 못한다. 모든 것을 해결하는 직관적인 침묵이라는 망치로 감각적 경험의 벽들을 부수는 사람들은 울타리가 없는 우주 속에서, 모든 곳에서 퍼져 나오는 신을 발견한다."

육체의 눈은 감고 있더라도, 우리의 영안을 가리는 어둠 뒤에 감추어져 있는 빛과 지복이라는 여러분의 광대한 왕국을 보아라. 날마다 물질계의 햇빛을 바라본 여러분은 눈이 멀어서 감은 눈의 어둠 너머에서 빛을 발하고 있는 빛나는 전자들이 영원히 퍼져있는 마술세계를 볼 수 없었다. 지구의 소리들이 발동하는 작은 진동들을 귀로 듣게 되므로 우주 옴 바다에 떠다니는 법은 잊어버리게 된다.

상생은 '목화토금수(木火土金水)'의 오행을 서로 살리는 것으로 운용함에 그 뜻이 담겨 있다. 나무는 불을, 불은 흙을, 흙은 쇠를, 쇠는 물을 서로 살리는 우주 자연의 이치가 우리 인간의 삶에도 절대적 영향을 지니고 있다는 것이다. 사회에서는 이 개념에서 형성된 상생의미를 사용하지만, 실제로 타협과 협조의 뜻으로 이해하고 있다. 동반관계일 때는 상생하지만 의견이 달라지면 바로 상극의 법칙을 따르고 있다. 결국 이들은 상생을 외면치레에 사용할 뿐, 진정한 상생의 참뜻을 적용하려고 하지 않는다.

> 해원상생은 오도의 실천윤리의 대강령이니라. 해원은 신과 사람 사이나 인간상호간의 원척을 푸는 공사니 이는 국가간에도 마찬가지로서 왜와 우리 민족도 이제는 해원될 도수가 이르느니라. 또 천지만물이 오직 서로 생하기만 하는 후천세계의 상생은 이미 열렸느니라. 수생목(水生木)만 하지 않고, 수생화(水生火)도 하며, 인해(寅亥)만 합함이 아니라 인신(寅申)도 상합하는 상생상합(相生相合)의 무극대운이 후천선경의 도수니라." 하시니라.(7:36)

상생이치는 전혀 합할 수 없이 상반된 물과 불의 기운마저 서로 모아 상생할 수 있다는 것이 참다운 상생사상이다.

이는 해원(解冤)과 보은(報恩)이 실천요체가 되어 상생의 법리(法理)로 구현된다. 원수에 대한 원한을 풀고 그를 은인과 같이 대할 수 있는 데에서 해원상생(解冤相生)의 새 기운으로, '나'란 존재가 태어나게 된 근원을 생각할 때 부모와 조상 선령의 은혜를 깨달아 보은상생(報恩相生)의 새 삶을 살 수 있다.

상생의 실천을 생활화하여 해원상생을 실천할 필요가 있다.

해원과 상생을 따로 떼어 생각할 수는 없으나 굳이 분류한다면 해원은 전제가 되고 상생은 결론과 같다.

정산사상은 원으로 쌓인 선천 상극시대를 풀어 해원상생 후천선경시대로 이끄는 사상이다.

오늘날 21세기 사회 전반이 빠르게 변화해가면서도 너무 혼탁하고 타락하여 인간의 문물은 지구 사회를 정신적 사막화하고 있다.

지금까지의 종교사상, 사회사상이 모두 훌륭한 사상과 정신으로 인간의 구제와 세계의 평화를 부르짖었지만 인간의 심성은 더 거칠어지고 사회의 인정은 더 메마르고 국제간에는 열전, 냉전으로 영일(寧日)이 없다. 또한 대기는 물론, 해양과 하천 심지어는 토지, 곡물, 식수까지도 오염되어 있다. 이것을 종교적으로 말하면 3계의 공간 구석구석이 원과 한과 척이 겹겹이 쌓여 병들어 있는 것이라고 할 수 있다. 이러한 정신적 고갈에 필요한 것이 정산선생의 해원상생(解?相生)원리인 것이다.

우주사적인 새 변화 앞에 해원(解冤) 곧 원한과 척을 해소시켜야 한다는 전제적 과정이 있으니 해원이 없으면 상생은 될 수 없는 것으로 보는 것이다. 그래서 '해원'과 '상생'을 분리해서도 말하지만 태극도에서는 복합어인 '해원상생'을 4대 신조의 하나로 설정하고 있다. 진경(眞經)에 나타난 해원의 대상을 구체적으로 요약해 보면 인간과 인간, 신명, 종교, 자연, 물건, 사상, 국가, 생물 등 우주 3계 내의 무엇이든 해당되지 않는 것이 없다.

이 기본적인 과제, 곧 원한을 풀어야 하는 것이 인류의 복지 증진이나 세계평화에 먼저 선행되어야 한다는 것이다.

때문에 오늘 21세기를 맞는 인류가 화해 속에서 천지만물과 지구촌 전체의 해원의 대공사가 있어야 할 원칙을 정산선생께서는 가르치고 있다.

부산 사하구 감천2동 태극도 마을은 흔히 '그리스의 산토리니'에 비유된다.
레고블록 같은 집들은 모자이크가 되어 다채로운 빛깔을 내고, 절벽에 매달린 집들 사이로 좁은 골목이 이어진다. 최근 들어 아마추어 사진가들이 많이 찾는다. 태극도 마을은 옥녀봉과 천마산이 감싸고 있어 아침에는 옥녀봉 아랫마을에 볕이 들고 저녁에는 천마산 아랫마을로 해가 떨어진다. 그리스 산토리니 사람들은 순수하게 관광객 유치 목적으로 하얀 페인트를 칠했지만 태극도 마을은 자연스럽게 이루어진 것이 감탄을 자아낸다.

제6장

보화감천과 안심안신(安心安身)사상

마음의 '성령'과 몸의 '기'

마음이 편안하고 몸이 편안해지는 '안심안신'에서 우리는 마음의 주인공과 몸의 기운이 순일 무념해야 함을 알 수 있다.

마음의 성령에 대하여 인간의 마음과 연결하는 생각으로는. 몰트만(J. Moltmann), 판넨베르그(W. Pannenberg) 등이 있다. 그들은 구약 성서의 성령개념을 생명의 원천으로서 생각함으로써 변화를 시도하였다. 생명의 성령은 그 내용이 무엇으로 구성되고 어떤 기능을 하는가? 이것은 몸의 기 개념과 어떤 점에서 공통점이 있으며 어떤 점에서 다른가? 이에 대하여 유대-기독교의 성령 개념에 대해서 살펴볼 필요가 있다. 그들은 성령을 인간의 마음과 연결하여 생각하는 데 판넨베르그의 생각을 확인할 필요가 있다.

'서양 철학사에서 성령개념은 흔히 정신개념으로 한정되었다. 따라서 존 로크에 따르면, "우리의 성령에 귀속된 것으로서 그의 고유한 것으로 간주하는 개념들은 사유, 의지, 혹은 사고로 몸을 움직이게 만드는 힘 그리고 그로 인해 귀결되는 자유 따위이다." 바로 "사유와 의지의 개념을 함께 모음으로써 우리는 비물질적 영혼의 개념을 갖게 된다." 그래서 로크는 정신의 작용들을 한 "실체"(substance)로 돌릴 수 있었고, 그 실체를 그는 "영"이라고 불렀다.

그러나 성 어그스틴 이래로 "영"이란 정신(mens)과 동의어로 사용되었다. 토마스 아퀴나스에 따르면, 인간 영혼은 그의 지성적인 잠재성 때문에 영적인 것 혹은 '영'이라 불리게 된다.'[1]

인간이 과학을 할 수 있고, 창조해 낼 수 있는 온갖 예술적 능력,

---

1) 볼프하르트 판넨베르그, 『자연신학』, 박일준 역 (한국신학연구소, 2000) pp. 232-233.

깨달음의 능력 등도 정신의 작용으로서 비물질적인 영역의 일이었다. 그리하여 자연과 정신, 물질과 정신 등 이분법적인 세계관이 성립된다.

오늘날 이러한 이분법이 무너지기 시작하였다. 만물 속에 정신과 영이 있다는 것을 인정하기 시작하였다. 이것은 만물 속에 깃들여 있는 생명의 영이라는 개념이 발전하면서 박차가 가해졌다. 그리고 영과 정신이 일치된다고 보는 관념론은 자연과학의 발전으로 퇴조하게 된다.

즉, 헤겔과 같은 철학자들이 정신이 물질의 우위를 차지하면서 물질의 진화를 개념화할 수 있는 정신이 이끈다고 주장한다면 그것은 과학적 근거가 없는 그럴 것이라고 하는 관념에 기초한 것일 뿐이라는 것이다. 헤겔의 철학의 약점은 자연의 발전과정은 자연 자체의 진화적인 창조력에 의해서 진행된다고 보지를 않고, 낮은 단계의 형식에서 높은 단계로 정반합의 방식으로 발전한다는 논리과정이라고 보았던 데에 있다.

유기적 생명체들이 자기 자신의 창조적인 생명 작용으로 진화해 간다는 것을 생각하지 못한 것이다. 헤겔의 철학은 자연과학적 물리학적인 근거가 매우 빈약하기 때문에 이른바 현실과 동떨어진 순수 관념론으로 흐를 수밖에 없었다.[2]

이러한 정신으로서의 성령 이해는 포이에르바하 등으로부터 크게 비판받았다. 개별적 인간들과 사물들을 초월하면서 새로운 것을 창조할 수 있는 초월적 힘의 근원으로서의 영은 결국 인간의 최고의 능력이나 자질, 혹은 그것들을 향한 뭇사람들의 소망을 투사한 것 외에 다름 아님을 포이에르바하는 꼬집었던 것이다. 영적 고취라고

2) 권진관, 「서양 철학에서의 생명사상」『동서양 생명사상과 21 세기 대안 문화형성』(다산글방, 2003) 강원돈 등 저, p. 163.

말해지는 상태마저도 인간의 최고 상상력과 창조력의 발현이라고 해야지 그것을 어떻게 영적인 초월 현상이라고 말할 수 있겠는가 주장하기도 한다.

이러한 인간론적인 영에 대한 이해를 넘어설 수 있는 한 가지의 단서는 생명의 근원으로서의 영이라는 사상에서 찾을 수 있다. 영은 사랑의 끈이라든가, 영의 색깔은 초록(green)이라든가, 영은 어머니의 성격을 가졌다든가 하는 방식으로 설명해 왔다.

다음의 문장은 성령에 대한 새로운 기술로서 아름답고 모든 사람들이 찬성할 수 있는 것이다. 왈러스(Wallace)는 오늘날의 생태파괴와 위기의 시기에 적절한 '영'을 말하고 있다.

오늘의 세상 어디에 성령의 파편들이 있는가? 영은 우리의 이웃의 눈 안에, 나무와 화초들이 자랄 수 있게 해 주는 생명 줄기 안에, 우리 모두가 살고 움직이며 존재하게 하는 생명의 순환의 밀물과 썰물 안에 존재한다. 열매를 맺는 삶을 가능케 하는 기본적인 수단들이 거절된 생명의 연결망 속에 속해 있는 식구들에게 화해와 치유를 가져오기 위해서 일군들이 일하고 있는 그 때와 장소에 성령은 살아 움직인다.

성령은 하나님의 초록색 얼굴이며, 많은 희생자를 내는 폭력에 찌든 이 세상에서 평화와 연대를 위한 중재적인 힘이며, 진통 속에서 신음하며 신의 모든 피조물들을 위한 환경적 정의를 애타게 기다리고 있는 피조물 속에 있는 갱신의 힘이다.

지구의 표면 전체를 비추는 태양의 빛의 춤과 같이, 성령의 파편들은 피조세계의 원래의 일치와 보전이 다시 실현되는 때가 오도록 밝은 희망의 빛을 비추어준다.[3]

---

3) Mark I. Wallace, *Fragments of the Spirit: Nature, Violence, and the Renewal of*

이러한 영에 대한 정의는 우리 인간의 희망의 또 다른 투영에 지나지 않는 것은 아닌가? 이러한 영에 대한 이해는 인간상황에 대한 해답과 해결을 위해 인간이 구성한 인간 정신이 추정한 결과물은 아닌가? 이러한 영의 개념은 성서의 텍스트에 기반을 두고 있기 때문이라는 주장이 성립될 수 있다.

그러나 성서 텍스트에 기반을 둔다고 해서 성령에 대한 이해가 완결되는 것은 아니다. 성령현상과 기능이 오늘의 일상적 삶의 경험 속에서 확인되어야 할 뿐 아니라, 더 나아가서 자연과학 특히 생물학, 물리학으로도 설명이 가능할 수 있어야 한다. 성령의 현상을 인간의 경험 속에서 입증되어야 한다고 해서 인간의 신비체험(방언과 신유)이 곧 성령경험이라고 주장한다면, 그것은 성령현상을 인간의 일반경험현상과 혼동하는 잘못이 될 수도 있다.

판넨베르그는 "장 개념은 자연 세계 속에 활동하고 있는 신적인 하느님의 영을 인식 가능케 해 주는 수단을 제공한다"고 보았다. 만약에 이 가설이 입증될 수 있다면, 그것은 그 에너지 장은 신적인 요소를 가지고 있다고 보아도 틀림없을 것이다. 이 가설을 많은 학자들이 나름대로 입증하려고 노력했다. 그러한 사람 중에 대표적인 학자가 과정철학자 화이트헤드, 그리고 가톨릭 신부이자 생물학자였던 떼이야르 드 샤르뎅(Teilhard de Chardin)이다.

떼이야르 샤르뎅은 '진화'라는 현상에 대한 기계론적 단순이해야말로 가장 비과학적인 것이라고 한다. 이에 따라 우주를 구성하는 근원적 '우주재료'(universal stuff)가 일방적으로 물질적인 실체이거나 정신적인 실체가 아니고, 물질현상과 정신현상으로서 현성(現成)될 수 있는 두 가지 속성을 그 안에 지닌 '내면성과 외면성의 양가

Creation (Harrisburg, PA: Trinity Press International, 2002) 228.

적 실재'(兩價的 實在)라는 것을 강조하였다.

지구진화는 지질계 형성 - 생명계 형성 - 정신계 형성이라는 세 단계를 거쳐 왔으며, 정신계형성의 극점에서 '반성적 사유능력'이 가능한 인간정신 현상이 출현함으로서 지금부터 약 250만 년 전에 지구 지표 위에 인간 현상이 꽃피어나게 되었다고 해석하는 것이다. 동양에서는 원래 우주는 정태적인 물질들로 이루어진 것이 아니라 역동적인 기의 영역으로 이루어진 것이라고 보았다.

동양인들은 이 기(氣)를 물질과 정신 중에서 하나를 택하여 물질이다 혹은 마음이라고 보지 않았다. 기는 이 둘을 망라한 개념이다.

동양에서는 우주만물이 모두 기에 의해서 이루어진 것이라고 본다. 그리하여 기는 물질일 뿐만 아니라, 생명력으로서 영성이 그 속에 포함되어 있다고 말한다.[4)]

따라서 기는 정신적이면서 물질적 원소(a psycho-physiological stuff)로서 어디에나 존재한다. 기(氣)는 모든 사물 속에 존재하며 만물을 하나로 통일시켜 주며 일정한 방향으로 진화하게 한다. 기는 만물을 진화시키는 힘일 뿐 아니라, 만물을 만들며, 만물 속에 있다.

기는 생명력의 원천이다. 따라서 기가 통하지 않는 사물은 죽은 것이나 다름없다. 우리의 몸의 일부에 기가 통하지 않으면 그 일부는 더 이상 나의 일부가 될 수 없는 것이다. 기에 의해서 우리는 하나의 자아로 설 수 있다.[5)] 따라서 모든 인간이나 생물은 우주 속에 있는 기와 통할 수 있도록 해야 한다.

만약에 마음에 완고한 경색이 있다면 생명의 기가 통하는 것을

---

4) Tu Wei-Ming, "The Continuity of Being," *Nature in Asian Traditions of Thought*, ed. J. Baird Callicott and Roger T. Ames (New York: State University of New York Press, 1989) 69.

5) Tu Wei-Ming, *Nature in Asian Traditions of Thought*, p.76.

막을 수 있다. 만약에 마음으로 듣는 것이 감각적 지각에 영향을 받지 않는 의식으로 듣는다고 하면, 기로 듣는다는 것은 하늘의 음성을 듣는 것이 아닌가?

이는 곧 자연 속에 있는 생명력의 내적인 공명을 듣는 것이 아닐까?[6] 구약성서의 루아하(*ruach*), 신약성서의 영(*pneuma*)이 그것이고, 인도의 요가 전통에서 나오는 프라나(*Prana*)도 유사한 개념이다. 특히 생명의 원천으로서의 루아하는 기와 너무나 동일하다. 유대 전통에서 나오는 쉐키나(*Shekhinah*)도 루아하와 같은 역할을 한다. 쉐키나는 생명의 영으로 고백되는 경우가 많다. 요가에서의 프라나도 마찬가지이다. 프라나는 호흡하는 공기를 지칭하기도 하나 공기 그 자체가 아니라, 공기 속에 포함되어 몸 안으로 들어오는 생명의 근원이다. 이 "프라나는 우주에 가득 차 있으며, 자연계의 모든 현상은 모두 프라나의 드러남"이라고 믿고 있다.[7] 물리학적 개념은 에너지 장이론일 것이다. 우리는 이러한 중간 개념에서 기와 영을 횡단 매개할 수 있는 길을 보게 된다.

영과 기는 모두 만물 안에 존재하면서 만물을 이어주는 연결고리이며, 만물을 동포로 보게 해 주는 생태주의 관점을 내포하는 개념이다. 영과 기는 모두 영원한 존재로서 신적 성격을 가져서 성스러워 알 수 없고 신비스러운 상태이다. 생명의 원천으로서의 영과 기는 이렇게 우리가 다 알 수 없는 본질을 가지고 있다.

사람이 능히 변화의 도를 알 수 있으면 반드시 신의 작용을 알게 될 것이다. 기와 영에 해당 하는 언어로서 '리(理)'와 로고스가 있는데, 이 후자들이 강조되면 될수록 그러한 사상은 역동적인 변화에 대해 두려워하는 보수성을 가지게 될 것이다.

---

6) Ibid., pp. 77-78.
7) 김재은, 『기의 심리학』, 서울; 이대출판부, 1996, p. 27.

이기론에는 이분법이 있는데, 그 이분법은 이중적일 수 있다. 즉, 리와 기로 나뉘고, 기는 다시 양기와 음기로 나뉘는데, 대체로 각각의 전자가 우수한 것으로 인식되어진다. 즉 리와 양은 우수한 것이고, 기와 음은 비천한 것으로 간주된다. 따라서 주리설은 이중적인 차별성이 존재할 수 있다. 따라서 주리설을 벗어나서 주기설로 가까이 갈수록 가치론적 이분법을 기초로 하고 있는 보수성으로부터 탈피할 수 있을 것이라고 본다.

조선중기의 주기론(主氣論)의 선구자 서화담은 그의 사상에서 진보적이고 변혁적인 모습이 직접적으로 드러나고 있지는 못하다.

특히 그는 양과 음 사이에 음은 저열하고 비천하다고 보았다.[8] 그의 사상 속에 여성과 상민에 대한 차별의식을 기초로 한 봉건적 틀의 유지, 지지하는 내용이 내포되어 있을 가능성도 없지는 않다.[9] 그러나 그의 사상 속의 진보적인 성향은 후에 간접적으로나마 실학에 영향을 주었다고 보여 진다.

실학자들 특히 홍대용, 정약용, 최한기 등은 모두 주기론자들이었다.[10] 동학은 기를 사회적 원동력의 관점으로 평가할 수 있다.

특히, 동학의 기화(氣化)사상은 사회변혁 사상으로 발전된 것이라고 할 것이다. 물질 안에 있는 생명의 궁극적인 원칙이 영인 것인데 비하여 기는 물질적인 것이 포함되어 있으면서 동시에 정신적인 것인 바(psycho-physiological element)그것은 '한'인 것이다. 이러한 물질을 포용하는 기개념은 에너지의 장이라는 개념과 내용에 있어서 같다.

우리의 전통사상 속에서의 「삼혼칠백」은 영혼과 기의 문제를

8) 김형찬, "조선 유학의 리 개념에 관한 연구: 자연철학적 의미를 중심으로," 『조선 유학의 자연철학』, 한국사상사연구회 편저, (예문서원, 1998), p. 200.
9) Ibid. ,p. 203.
10) Ibid., pp. 217-226.

상관적으로 언급하는 내용이다. 사람은 처음 수태(受胎)될 때 혼이 들어와야 임신이 되는데 이때 들어오는 혼이 일혼(一魂)[에고/뇌간/본능]이고, 태어나며 고고성을 외칠 때 이혼(二魂)[영/구피질/감정]이 들어오며, 이것이 현생(現生)에 있어서 자아(自我)가 된다. 이 자아가 현세에 생기면 영계(靈界)에도 똑같은 하나의 자아가 생긴다. 이것은 우주의 삼일(三一), 일삼(一三)원리에 의한 현상으로서 이 우주 내에 어떤 하나의 존재가 생기면 이미 동시에 셋이 존재하게 된다는 것이다. 주재주(主宰主)와 얼, 그리고 얼을 둘러싼 공간의 부피이다. 여기서 얼의 부피만큼 저쪽 세계에 생기는 것이다.

또한 삼혼(三魂)[진아/인격/신피질/사고]은 시기에 무관히 들어오며, 전생이 좋고 정신수련이 깊은 사람일수록 이 삼혼이 빨리 들어와 정착한다. 어릴 때 천재 소릴 듣는 사람들이 삼혼이 빨리 들어온 경우에 해당한다. 나이 들어서도 지각(知覺)이 어벙한 사람은 대개 이 삼혼이 아주 안 들어온 경우이다. 즉, 삼혼이 일찍 안정되어야만 정신이 온전해지고 총명해지는 것이라 볼 수 있다.

이처럼 삼혼(三魂)이 자아(自我)를 주관하는 영체인데 반해, 칠백(七魄)은 육신을 관장하는 영체로서 삼혼에 비해 유한성(有限性)을 띠고 있다. 우리가 죽은 사람을 제사지낼 때, 그 사람의 삼혼은 이미 영계(靈界)로 돌아가 있고 지상의 시신에 남아 있는 칠백이 제사를 받아먹는 것이다. 그렇다고 이 칠백이 영원히 지상에 남아 제사를 받아먹는 것은 아니다. 칠백의 존재에는 그 한계가 있는 것이다. 정신수련의 고단자일수록 혼이 백을 주도하므로 그 혼과 같이 백도 오래도록 사라지지 않기에 유동적(流動的) 존재가 된다. 이는 영혼의 분신이라 할 수도 있으며 그 사람에 따라 많은 차이가 난다.

사람이 벼슬할 때 관작에 따라 외양이 많이 달라지듯이 백(魄)도 그 혼의 정황에 따라 수많은 변화상을 보이게 된다. 이처럼 영에는 신앙대상으로 믿는 신령, 마음이나 정신작용의 뿌리로서 심령, 육신과 대비되며 죽은 후에 육신을 떠나게 된다는 영혼으로 나눠지고 이는 다시 육체적 칠백과 구분된다. 칠백은 六識(눈, 귀, 코, 혀, 몸, 뜻)과 말라야식(末那耶識)으로 과거 모든 의식을 제 8 아뢰야식(삼혼)에게 전달하는 일종의 교량 역할을 한다.

정산선생께서는 신명계의 일을 다음과 같이 말씀하신다.

어느 날 박봉상이 시좌하여 여쭈기를 "저희들 범인으로서는 추측하기 어려운 인간 사후(死後)와 신명계의 일을 가르쳐 주옵소서."하니

"사후와 신명계의 일은 세계의 모든 종교에서 설하는 것이 대동소이하나 본래 사람의 생사(生死)는 정신과 육체의 취산(聚散)이니, 사후에 육체에서 떠난 정신은 혼백(魂魄)으로 나뉘고 이것이 생시에 쌓은 수도의 공덕에 따라 신(神)·귀(鬼)·영(靈)·선(仙)의 차등이 있으나 모두 신명계로 돌아가느니라."

"그러나 이 신명의 주처(住處)는 곧 삼계니라. 또 극락과 지옥같은 일정한 처소에서 영구무궁(永久無窮)한 것만은 아니니 사후에 지방신·문명신 등이 되어 가장 높고 좋은 궁궐과 누각에서 향락하는 자도 있고, 악신(惡神)·적신(賊神)·무서신(無序神) 등이 되어 누추한 곳에서 신음하거나 무주고혼(無主孤魂)이 되어 유리·방황하는 자도 있느니라.

그러나 다시 닦음에 따라 상승도 하고 하락도 하며, 환생(還生)도 하고 전생(轉生)도 하느니라.

다만, 선천에는 그 질서가 바르지 못하여 신명계에도 착란(錯亂)과 원울(冤鬱)이 있었으나 후천에는 모두 해원시키리라." 하시니라.

"다시 말하거니와 신명계에서도 수도·공부는 계속하여야 하느니 수도한 신명은 향상(向上)하되, 원척을 풀지 못하고 악업(惡業)을 자행하는

신은 더욱 하락하므로 생전에 대도를 믿고 닦은 상대신명(上臺神明)의 영화와 죄얼(罪)이 많은 척신의 재앙과 고생은 언어나 문자로는 다 표현할 수 없느니라.

그러므로 사후 신명계의 복락은 생전에 상제님을 숭신(崇信)하고 국가에 충성하며 조상에의 봉사와 부모에의 효행을 힘쓰고 형제와 일가친척, 이웃과 우애하며 사회를 위한 일에 성경신을 다함으로써 얻으리라.

불신·불충불효·불성·불경하여 살도(殺盜)·음탐으로 삶을 마친 자의 사후 참혹상은 인계의 생활로는 비교할 수 없이 처절하니라." 하시니라.(5:51, 52, 53)

선령각(仙靈閣) : 도기 77(1985)년 2월 14일에 선령각(仙靈閣)을 신축하여 과거 무극도시대부터 지금까지의 화선(化仙)한 전(前)도인들의 신위를 봉안하고 매년 음 9월 9일에 제향을 올리고 있다.
증산선생께서 말씀하시기를 "도를 잘 닦은 자는 그 정혼(精魂)이 굳게 뭉쳐 사후(死後)에 천상에 올라 영원히 흩어지지 아니하나, 도를 닦지 않은 자는 정혼이 흩어져서 연기와 같이 사라지느니라."하시니라.
정산선생께서도 말씀하시기를 "사람이 죽으면 중천신(中天神) 또는 황천신(黃泉神)이 되나 시학과 시법을 마치면 죽더라도 선경 신반(神班)의 신명이 되느니라." 하셨다.

호흡을 조식(調息)하며 기를 우리 안에 모을 수 있으며, 이 속에서 영을 체험하며 영의 힘을 얻을 수도 있다고 본다. 이러한 영 체험의 방법은 기독교 동방교회의 신비전통인 헤시카즘(Hesychasm)의 방식과 유사하다. 그러나 양대 전통의 독자성을 충분히 존중해 줄 필요가 있으며, 양대 전통 각각의 가치들을 손상하지 않는 범위 내에서 대화가 가능할 것이다.

동시에, 상호의 다름을 인정하고 존중하는 범위 안에서 '텍스트 상호읽기(inter-textuality)'가 필요하다. 텍스트의 상호침투 읽기를 통한 융합은 양쪽을 혼합하자는 것은 아니며 새로운 이해의 단계, 즉 인식의 '지평융합'을 개신할 수 계기가 될 것이다. 이 '지평융합'의 가치추구는 인간의 존엄성을 확보하기 위한 목적의식으로 이루어지며 이러한 경우에 과학과 종교의 화해를 기대할 수 있다.

첫째, 유물론과 유심론의 만남의 실제 예로써 우리는 자연신학을 들 수 있다. 토마스 아퀴나스의 주장에서처럼 하느님의 존재는 인간 이성으로 알 수 있다. 마찬가지로 현대학의 개척자들은 자연의 조화로운 모습에 감탄을 하고, 그 조화를 신의 작품으로 간주하였다. 자연신학은 이러한 관점에서 신의 설계에 바탕을 둔 자연의 조화를 강조한다.

둘째, 진화와 창조의 화해는 과정철학에 반영되어 있다. 과정철학에서는 과정사고를 중시하는 데, 이는 결정론[11]을 배격하고 대안적인 잠재 가능성을 중시한다. 인간을 포함한 생명체는 상호 의존적인 사건이 통합된 통일적인 양상으로 간주한다. 과정사상에서 하느님은 질서의 원천이며 새로움의 원천으로 간주한다. 근원적 하느님을 내면으로 받아들이며 결과를 배타적으로 결정하지 않는다. 다시 말하면 설득의 하느님을 인정하며 강요의 하느님을 거부하는 철학이다.

셋째, 무신론과 유신론[12]의 화해 가능성이다. 인간주의 원리는 우

---

11) 자연적 현상이나 역사적 사건, 인간의 행위는 어떤 외적인 힘에 의해서 결정된다고 주장하는 이론.

12) 유신론이은 기독교를 둘러싼 근대논의에서 유태교·그리스도교적으로 이해되는 신을 인정하는 입장을 가리키는 것이지만, 넓게는 일신교와 다신교를 포함한 인격신을 인정하는 입장을 가리킨다.

주론으로부터 출발하는 새로운 형태의 자연신학[13]이라고 풀이된다. 따라서 이러한 인간주의 원리를 바탕으로 신앙을 유지하면서 과학적 합리성을 유지할 수 있다. 예를 들어 스티븐 호킹과 같이 빅뱅이론에서처럼 우주가 출현한 것을 종교의미로 받아들이고 있다.

아울러 프리먼 다이슨의 <하느님의 설계로부터의 논증> 이라는 글에서 '우리 생명체가 머물 수 있도록 만들기 위해 공모한 듯한, 숫자적인 사건들'로서 우주 생명체의 출현현상이며 우주는 필연적인 것이며, 우연적인 산물이 아님을 부각시키게 된다.

이처럼 우연과 필연이 어우러지고, 인간의 존엄성을 찾고, 신앙의 절대성이 강요되지 않은 가운데서 합리성이 깃들 수 있는 여지를 마련할 필요가 있다.

---

13) 계시를 출발점으로 삼는 계시신학과는 달리, 자연적 이성(理性)을 근원으로 도달한 신의 존재와 속성에 대한 인식의 학문체계. 철학적 신학 또는 신의론(神意論)과 같은 뜻으로 쓰이기도 한다.

보화성역 감천

1956년, 5월 초 어느 날 정산선생께서 정사 내정에서 소요(逍遙)하시다가 천마산과 옥녀봉을 가리키시며 감천지세에 대한 가르침이 있으셨다. "너희는 감천이 왜 천장길방인지 아느냐? 예로부터 산봉(山峯)이 쌍태(雙胎)만 되어도 대지(大地)라 하는데 감천 국내(局內)에는 4쌍태가 있어 8괘형국을 이루고 있으니 너희도 이 지세를 보면 이곳이 과연 천장길방의 5만 년 대지임을 알리라."고 하시며 보화성역 감천으로의 이주사업의 뜻을 말씀하셨다.

옥녀봉에서 본 천마산

천마산에서 본 옥녀봉

"주회암의 무이구곡과 송우암의 화양구곡이 좋다 한들 어찌 나의 감천구곡만 하랴? 내가 초패왕 강동자제 8천인의 '해원도수' 로 이제 8백호의 '천장길방' 을 여는 공사를 마쳤으니 이는 구천상제님께서 짜 놓으신 '오강록도수(烏江錄度數)' 에 맞았느니라. 상제님께서 일찍이 허령부(虛靈符)로서 태인도장, 지각부(知覺符)로서 회문도장을 점지하신 허령도수와 잠룡지각도수의 공사를 마쳤으니, 이제는 그대들이 현무경 신명부를 보라. 무이구곡을 좌서(左書)하신 이 길방 · 명당 · 보화성역(普化聖域) · 청학동에 그대들이 살게 되었으니, 다시 천은에 보은하는 뜻으로 사은숙배를 올려야 할지니라." 하시니라. (6:51)

신지(神地)·영국(靈局)인 보화성역(普化聖域) 감천

정산선생께서 감천이 천장길방하신 성지임을 누누히 하교하신 감천동 지형
증산선생께서 남기신 현무경 신명부에 예시되어있는 감천동의 지세

윤금현이 또 여쭈기를 "청학동비결(青學洞秘訣)에 '가활만인지지(可活萬人之地: 많은 사람을 살릴만한 땅은)는 구덕산하남오리(九德山下南五里: 구덕산 아래 남쪽 5리)요, 대치지남우삼리(大峙之南又三里: 대치의 남쪽 또 3리)라.' 하였사온데 이곳을 지칭함이 틀림없나이다." 하니 상제님께서 말씀하시기를 "너희는 그런 비결이 아니면 이곳이 길지임을 못 믿겠느냐? 비결은 비결이고 진리는 진리니라." 하시고 또 무릉도원의 전설을 하교하시며 "그와 같이 도인들도 이곳 감천을 떠났다가 다시 돌아오기는 어려우리라." 하시니라.(7:15)

"너희가 지금은 이렇게 고생하나 도통은 고사하고 광제(廣濟)에 참예하여 도인이라는 칭호만 들어도 만승천자(萬乘天子)가 눈 아래로 내려다 보일 날이 있으리라"하셨다.

정산선생께서 도인들이 각 방면 집단별로 회의, 교화, 기도, 수련에 소용될 회의실을 짓도록 하시니, 각 방면에서는 25호 기준으로 10여평 내지 40평의 규모로 총 24개소의 회의실을 지었다.

그리고 주일기도는 반드시 회의실에 모여서 합동으로 모시게 하시고 또 5감지역에 종을 달아 기도시간에 맞추어 치게 하시다가 정유(丁酉 : 1957)년에 대강전(大降殿)이 영건되자 그 옆으로 옮기게 하셨다. 이 종을 화천 후에 유명에 따라 더욱 크게 주조하여 종각(鐘閣)을 짓고 큰 북과 함께 설치하였다. 이해 10월에 정산선생께서 주회암의 '무이구곡시', '서전서문'을 내려 주시고, 또 '정심경(定心經)'을 내려 주시며 많이 읽도록 하시므로 각 방면 도인들이 회의실에 모여 외는 소리가 감천 전역에 울려 퍼졌다.

이달 하순에 정산선생께서 대책위원들에게 명하시기를, "도인들이 모두 감천으로 이주하고 나만 보수동에 남아 있는 것이 도수에 맞지 않으니 5감에 방 한 칸을 마련하라." 하시므로 적합한 집을 거둥시의 임시 행재소(行在所)로 정하여 드리니, "이곳에서 장차 대학 도수를 보게 되리라" 하시며, '왈유정(曰有亭) 관아재(觀我齋)'로 명명하셨다.

하루는 임원들이 4감에 있는 천덕사(天德寺)를 사서 도인들의 주택으로 사용하고자 정산선생께 여쭈니, "천덕사가 있음은 감천이 천덕곡(天德谷)의 증거니 그대로 두도록 하라." 하시므로 사지 않았다. 이어 하교하시기를, "너희는 이곳의 험난한 지형과 빈번한 풍우(風雨)를 탓하지 말라. 그렇지 않으면 어찌 공동(空洞 : 사람이 살지 않는 빈 동네)으로서 천장길방한 도수의 땅이 되었으리요"하셨다.

또 하루는, "하늘이 무너질까 두려워하느냐. 땅이 꺼질까 두려워하느냐. 오직 네 마음과 몸이 무너지고 꺼짐을 겁내고 두려워하라. 이것이 안심(安心), 안신(安身)의 요체(要諦)니라"하시고,

"도인들은 앞을 내다보고 일심 수도하여 진경지인(眞境之人)이 되도록 하라"하셨다.

어느 날 임원들에게 말씀하시기를 "감천의 지세가 포복(飽腹: 포식함)하다는 뜻으로 시 한 구씩을 지어 보라." 하시므로 사학이 먼저 "도통천지(道通天地) 불식자포(不食自飽: 먹지 않아도 스스로 배부름)" 라는 한 구를 지어 올리니 "인생세간이 모두 의식주 3자에 있거늘 불식이자포는 죽은 사람을 이름이 아니냐, 어찌 유익하리요." 하시니라. 중하가 "천마구안시동문(天馬具鞍侍東門) 사해용왕응령회(四海龍王應令會) 남적만악여의주(南積萬岳如意珠) 건곤청청억조포(乾坤青青億兆飽)" 14) 라고 지어 올리니 "잘 지었구나. 나도 한 구를 부르리니 기억하여 두라." 하시며 다음의 글을 외워 주시니라. <山盡水廻處 始覺有大道>15) (7:66)

---

14) 천마~ : 천마가 안장을 짓고 동문에 모시니, 사해용왕이 응당 모이리라. 남쪽의 만악에 여의주가 쌓였으니, 건곤이 푸르러 억조창생 배부르네.

15) 산진수회처 시각유대도: 산이 다하고 물이 도는 곳에, 비로소 대도가 있음을 깨닫도다.

감천항

"동학가사(東學歌詞)에 '용담수류(龍潭水流) 사해원(四海源)은 부자도덕(夫子道德) 장(壯)할시구'라고 한 용담을 후인(後人)들은 경주(慶州)용담으로 해석하고 있으나 그곳은 내륙(內陸)에 있어 사해와 상통할 수 없으니 어찌 사해원이 되겠느냐? 이곳 감천의 용담수(龍潭水)가 사해와 상통한 사해 용왕(龍王)의 본부가 되어 그 근원이 됨을 이름이라. 장차 두고 보라. 이 용담에 세계 각국의 사람과 물화(物貨)를 교역(交易)하는 윤선(輪船)이 즐비(櫛比)하고 사해용왕들이 각종 공물(貢物)을 진상할 때가 있으리니 그때가 되어야 내가 말한 뜻을 알게 되리라."하시고 감천이 영지(靈地), 신천(神川)으로 지운통일(地運統一)의 핵이 됨을 강조하시고 한시 한 수를 지어 말씀하셨다.

"감천 곧 감내가 참으로 영지요, 신천(神川)이니 태극의 운도가 여기에 있어 오도가 대기동(大機動)으로 발전하리라. '감'이란 고어의 뜻은 신(神)이므로 왜인도 이 말을 받아 신을 '가미'라고 하느니 감내는 감님의 물이며 감로천(甘露川)이니라. 이곳이 상제님을 모신 도장이 되어 삼계의 대도수가 여기에서 비롯하고 흥성하리니 실로 천기요, 지운이니라.

천마산 옥녀봉이 청룡·백호를 이루어 음양합덕한 곳에 1·6 감천(一六坎川)이 흘러내리는 이 영장(靈場)은 태극진리 만고장류의 통원(通源)이 되며 세계의 지운을 통일할 핵점인 새 서울이 되리라." 하시며 다음의 글을 외워 주시니라.

甘川本是坎川兮 一六坎水太極動 甘川卽是神川兮 上帝奉乎上帝位[16]

또 이렇게 감천의 물이 장생수(長生水)임과 감천의 신산(神山), 신수(神水)가 백두산과 자오(子午)일기로 상통함을 이처럼 찬탄하셨다.

"이 감내물을 임진왜란 때 경상우수영 병선과 진중의 용수로 함을 고로(古老)들이 전하느니, 일년을 담아 두어도 상하지 않는 생수 중 장생수(長生水)인 연고니라. 또 이곳 감천에 수정광(水晶鑛)이 있었다고 전하는데 수정은 수정(水精)이라, 감수(坎水)의 정정(精晶)을 통하고 옥녀봉의 젖줄을 거쳐 나오니 어찌 영지의 신천·신수가 아니랴? 또한 국토의 북단 금뫼 곧 신산 백두에서 뻗은 맥통이 금강을 거쳐 그 최남단 천마에

증산선생께서 일찍이 병오(丙午:1906)년 가을, 보경 등 종도들을 거느리시고 부산(釜山)감천에 임어하셔서 "이곳이 바로 산진수회처(山盡水廻處)며 세계의 관문이고 후천선경의 기지가 될 곳이므로 소 백두(白頭)를 잡아 공사를 보아야 하리로되, 번거로우니 백우(白牛)로써 대신하리라."하시며 흰 소 한 마리로써 치성을 올리게 하시는 공사를 행하셨다.
이때 사용하신 반석이 현재 대강전 옆에 보존되고있다.

16) 감천본시감천혜 일육감수태극동 감천즉시신천혜 상제봉호상제위: 감천(甘川)은 본시 감천(坎川)이라, 1 6 감수(坎水)에 태극이 동하도다. 감천(甘川)은 곧 '신령한 개울이라, 상제(옥황)가 상제의 위를 받들도다.

이르러 '금내'의 젖줄이 된지라, 남북관통의 신산·신수가 가히 자오일기(子午一氣)의 신지영국(神地靈局)을 점쳤으니, 지구상 만국 유일한 태극의 핵점·종기(宗基)가 이곳이니라." 하시니라.(7:69)

6월 21일 상오에 정산선생께서 오치국 등 임원 몇 사람을 거느리고 감천용담에서 선유(船遊)하신 다음 임원들과 수영(水泳)하실 때는 그 민첩하심을 누구도 따를 수 없었으며 더구나 10여 분간씩 잠수(潛水)하실 때는 모두 경탄(驚歎)하였다. 하오에 홀로 배를 타시고 사공 김응팔(金應八)로 하여금 용담수 한가운데의 바다 위에 정선(停船)시키시고 몇 시간 도수를 보신 후 돌아오셔서, "오늘로서 용담수도수를 마쳤노라."하셨다.

용담수는 원래 수심(水深)이 깊기로 유명한 바다였으며 정산께서 이날 도수를 보신 곳은 그중에서도 가장 깊은 곳이었다. 이날 처음에는 배 위에 법좌 하시고 도수를 보시다가 얼마 후에는 배에서 내리려 하시므로 응팔이 그 위험함을 여쭈며 만류하였으나 아무 말씀도 않으시고 그대로 내리시는데 그곳 반길 깊이의 물 밑에 생각지도 못하던 바위가 있었다.

정산께서는 그 위에 서셔서 사방을 둘러보시며 한 식경이나 도수를 보시고 다시 배 위로 올라오셔서 회선(回船)을 명하셨다. 김응팔은 당시 이곳에서 수 10년간 배를 부림으로써 용담수의 내용에 관해서는 누구보다 잘 아는 사공이었으나 그때까지 이곳에 그러한 바위가 있다는 사실은 본 일도 들은 일도 없었으므로 이상히 여기고 그 후에 혼자서 그 바위를 찾으려고 여러 번 조사했지만 끝내 찾지 못했다 한다.

이달 하순에 중부도인들의 생활이 곤란함을 걱정하셔서 전학원 임원들로 하여금 그 실상을 조사하게 하신 다음 극빈자(極貧者)와 병약자(病弱者)에게 호당(戶當) 백미(白米) 5말 가격의 구휼금(救恤金)을 하사(下賜)하시고 7월 19일에도 하사하셔서 각 방면 별로 나누어 주셨다.

7월 15일에 정산선생께서 임원 몇 사람을 용담수에서 범선(帆船)에 태우고 가덕도(加德島) 주위를 순행하셨다. 중도 낙동강 하구(河口) 아래 큰 배도 항해하기 어려운 울돌목에 이르러 배가 엎어지려 할 때 정산선생께서 너무 위급하여 어찌할바 모르는 사공과 임원들을 진정시키시고 손을 드셔서 부산과 마산 쪽을 가리키시며, "이곳이 부자(父子) 상봉지지(相逢之地)도 되고 형제 상봉지지도 되느니라."하시니 풍랑이 고대 멎어 무사히 돌아오셨다.

그 해 7월 24일에 정산선생께서 여러 임원을 거느리고 합천 가야산 해인사(海印寺)에 행하셔서 그 경내의 다로경권(茶爐經卷)에서 3일간 공부하시며 도수를 보셨다. 7월 27일 하오에 이윤섭을 거느리고 그곳 홍제암(弘濟庵)에 임하셔서 그 법당에서 공부하시는데 해가 진 뒤에 갑자기 공부실 문밖에 몸은 절구통만하고 머리는 용도 같고 범도 같으며 입은 단번에 몇 사람을 삼킬 듯하고 눈은 전광(電光)같은 괴물(怪物)이 나타나 정산선생 뒤에 시립(侍立)하였다. 이때 윤섭 등은 모두 기겁하였으나 그래도 정산선생께서 공부 중이시므로 고함도 치지 못하고 당황하는데 정산께서는 태연히 공부를 마치셨으며, 하산(下山)하실 때는 그 괴물이 험로(險路)를 밝힘으로써 무사히 하산하셔서 경내에 당도하시니 괴물은 홀연히 사라졌다.

이날 밤에 해인사 주지가 "대인님 공부 잘 마쳤습니다." 하며 정산선생께 배알(拜謁)하고 여쭈기를, "비결에 가야산이 장차 조씨가 도읍할 곳이 된다고 하는데 첩첩산중이 어떻게 도읍지가 될 수 있사오리까?"하니, "그러한 비결은 이미 맞지 않게 되었느니라. 그러나 기어이 도읍지를 만들고자 하면 이 산 깎아 이 골 메우고 저 산

깎아 저 골 메우면 되지 않겠느뇨!"하신 다음 비결의 부당성을 상세히 설명하셨다. 주지가 감복하고 돌아가더니 다음날은 자신이 간직하던 해인도(海印圖)를 올리며 가르침을 청하므로 해석해 주시고 그 해인도는 임원들에게 간수토록 하셨다.

이튿날 환행하시는 차중에서 임원들에게 말씀하시기를, "금년에는 가야산도수까지 무사히 마쳤으니 이제 큰 도수는 거의 다 보았노라."하셨다.

구덕 정사로 돌아오셔서 하교하시기를, 해인(海印)과 의통(醫統)이 태극진리 속에 있음을 이렇게 강조하셨다.

"구천상제님께서 해인(海印)이나 의통(醫統)을 말씀하셨다 하여 이것을 어떤 물체로 아는 것은 그릇된 생각이니라……, 해인(海印)은 해인(解印)이며 태극의 원리로서 모두 자기 심중(心中)에 있음을 알지니라. 우주 삼라만상의 모든 이치와 기운의 근원이 물에 있고 물은 바다에 연원하므로 해인이니 해도진인(海島眞人)이니 하는 말이 연유되느니라. 그 물은 전부 전기로 되어 있으므로 수지성(水之性)은 윤하(潤下)로되 물이 도리어 상승(上昇)하여 비도 되고 이슬도 되어 우로지택(雨露之澤)이 생기고, 모든 생물은 그 수기를 흡수하여 생장(生長)하게 되느니라. '바닷물의 출입하는 이치만 알아도 천지의 이치를 추리할 수 있다.' 함도 이런 연고니라."하시며 조수의 출입과 조(潮), 석(汐), 조금, 사리 등을 다시 상교(詳敎)하셨다.

또 하교하시기를, "수운가사에 '산상지유수혜(山上之有水兮)여 기가연(其可然) 기가연가'[17] 하였음은 산 위에 물이 있는 이치를 모름이라, 물이 어찌 산 위에만 있으리요? 그 위의 허공에도 또 있으니 이는 물이 전기이고 바다가 전지인 연유니라."하셨다.

---

17) 산상지~ : 산 위에 물이 있음이여, 그것이 그럴 수가 있는가? 그럴 수가 있는가?

7월 29일에 보수동의 부산도장을 보수도정(寶水道庭)으로 개칭하시고 감천동 구덕정사의 정침(正寢)은 회룡재(廻龍齋), 공부실은 산회당(山會堂), 그 경내를 부산도장(釜山道場)으로 명명하시며 "이곳에 장차 대학(大學)도수, 청학공부(靑學工夫)를 열 것이며 영대(靈臺), 계대(繼臺)가 있게 되리라."하셨다. 또한 치천하(治天下) 50년 도수와 요순의 상수심법(相授心法)을 하교하셨다.

보화성역 부산 감천, 바로 이곳은 하늘이 감추고 길한 땅인 길지(吉地)로 증산성사께서 1906년 병오(丙午)년 가을에 부산 감천에 임어하셔서 후천선경의 기지(基地)가 될 곳으로 치성을 올리게 하시고, 공사를 행하신 곳이며 또한 현무경의 신명부에서 무이구곡을 좌서(左書)하신 이 길방 명당 보화성역(普化聖域) 감천을 정산선생께서 50년 공부로 찾은 땅으로서 초패왕 강동자제 8천인의 해원도수인 '오강록도수'로 얻게 된 것이다. 감천동 전역은 1감에서 9감으로 구분되어 구궁(九宮). 구곡(九曲). 형상이 이루어져 무이구곡(武夷九曲)이 되었으니 가히 후천 5만년의 천장길방(天藏吉方)임이 분명해진다.

안심안신의 종교윤리

'안심안신'(安心安身)의 종교윤리는 사람의 행동기능을 주관함은 마음이니 편벽됨이 없이 진실하고 순결한 본연의 양심으로 돌아가 항상 마음을 안정케 하여 사람을 편안하게 하는 도리를 가르치고 실천하는 윤리이다. 태극도에서 강령은 안심 안신 경천 수도인데 그 중에서 안심 안신이야말로 수도의 근본이 되는 실천 덕목이라 할 것이다. 「안심」은 사람의 행동기능을 주관함은 마음이니 편벽됨이 없이 진실하고 순결한 본연의 양심으로 돌아가 항상 마음을 안정케 한다는 것이고, 「안신」은 마음의 현상을 나타내는 것이 곧 몸이니 모든 행동을 법례에 합당하게 하고 도리에 알맞게 하여 의리와 예법에 맞지 않는 허영에 함부로 행동하지 않도록 하는 것을 말한다.

몸과 마음을 안정시켜 지극히 편안하게 하는 것이 경천과 수도의 출발점이며 수도 정진의 기본이라 할 수 있을 것이다.

마음현상을 나타내는 것이 곧 몸이니 모든 행동을 법례에 합당하게 하고 도리에 알맞게 하여 의리와 예법에 맞지 않는 허영에 빠져 함부로 행동하지 않도록 하는 것을 중시한다.

태극도의 기원(起源)

도를 도라고 말하는 것은 고정하여 무극이 되고 기동하여 태극이 되어 태극이 양의(兩儀=양쪽, 두 모양, 즉 음과 양, 하늘과 땅을 말함)를 낳고 양의가 4상(四象=네가지 형상, 즉 소양·노양·소음·노음)을 낳고 4상이 8괘(八卦=여덟가지 괘상, 즉 건·감·간·진·손·

이·곤·태)를 낳느니, 태극의 이치가 낳고낳는 도수는 무진장하고 무한량하여 그 변통하고 조화하는 공덕(功德=공적과 덕업)을 가히 생각할 수도 없고 의론할 수도 없으매 오직 우리 구천응원 뇌성보화 천존상제님께서 무극을 도맡아 거느려 다스리시는 천존(하늘에서 가장 높은 신명, 즉 상제님)이시다.

태극이 양의를 낳은 것은 음과 양이니 음양이란 것은 하늘은 양이고 땅은 음이며 해는 양이고 달은 음이며 사람은 양이고 신명은 음이라는 것이 이것이고, 또 5행(五行=우주만물을 구성, 조직하여 생성, 변화시키는 다섯 가지 원소, 또는 즉 금·수·목·화·토)이 서로 낳는 이치가 있으니 금(쇠)은 수(물)를 낳고 수는 목(나무)을 낳고 목은 화(불)를 낳고 화는 토(흙)를 낳고 토는 다시 금을 낳는 것이 이것이고, 또 천·지·인 3재(三才=우주를 구성하는 세가지 바탕)의 도리가 있으니 하늘은 자(子=첫째 시간)에 열리고 땅은 축(丑=둘째 시간)에 열리고 사람은 인(寅=셋째 시간)에 낳는 것이 이것이다.

하늘과 땅의 음양이 합덕(合德=덕성을 합함)하여 만물이 비로소 생겨나고 해와 달의 음양이 합덕하여 만물이 길러지며 사람과 신명의 음양이 합덕하여 만유(萬有=세상에 있는 모든 것)가 돌아가 의지하느니 신명은 사람이 없으면 뒤를 위탁해서 의지할 곳이 없고, 사람은 신명이 없으면 앞을 인도받아 의지할 곳이 없다. 그러므로 음양이 합덕하고 3재가 확립하며 5행이 구비하여 건곤(乾坤=하늘과 땅의 형이상적<形而上的>인 표현)을 조절하여 다스리며 만유를 통솔, 제어(통제하여 조종함)하느니 지극히 심오하고 치밀하며 지극히 아득하고 미묘하여 가히 헤아릴 수 없는 것이다.

구천상제님께서 만천(萬天=하늘 전체)을 관감(觀鑑=두루 보아사 굽어살핌)하시며 3계를 크게 순행하실 때 신명과 인간이 의지하고 인도하는 인연으로 인간세상에 하강(下降=아래로 내려오심)하셔서 대도의 진리와 진법을 전하셔서 9년간의 삼계공사를 행하시고 구천응원뇌성보화 천존의 제위에 승화임어(昇化臨御=올라가 상제님으로 화하셔서 삼계를 다스리심)하시니 곧 강성증산상제님이시다.

왕성하도다 도여! 신명과 인간이 의지하고 인도하는 진리로 신명과 인간이 조화하며 원통(남으로부터 당한 분하고, 억울하고, 원망스러운 일뿐 아니라 자신의 정의로운 노력으로도 이루지 못해서 맺혀진 원한도 포함)함을 풀고 서로 살리며 도를 통한 참된 경지(도의로만 통하는 참다운 세계)의 이치가 빠짐없이 구비되었으니 삼가하고 더욱 힘쓸지어다. 18) (7:28)

또 "좋은 생활을 구하느냐? 좋은 생각을 먼저 지으라. 오래 살고 싶으냐? 오래 안심 안신하라. 복을 받고 싶으냐? 복을 남보다 먼저 짓고 늦게 받을 생각을 하라." 하시니라. (태8:60)

---

18) 道之謂道也者(도지위도야자)는 定而无極(정이무극)하고 動而太極(동이태극)하야 太極(태극)이 生兩儀(생양의)하고 兩義(양의) 生四象(생사상)하고 四象(사상)이 生八卦(생팔괘)하나니, 太極之理(태극지리) 生生之數(생생지수)는 無盡無量(무진무량)하야 變通造化之功德(변통조화지공덕)을 不可思議(불가사의)일새 惟我(유아) 九天應元雷聲普化天尊上帝(구천응원뇌성보화천존상제) 管領主宰无極之天尊(관령주재무극지천존)이시니라.

太極(태극)이 生兩義者(생양의자)는 陰陽也(음양야)니 陰陽者(음양자)는 天陽地陰(천양지음)이며 日陽月陰(일양월음)이며 人陽神陰(인양신음)이 是也(시야)요, 又有五行相生之理(우유오행상생지리)하니 金生水(금생수)하고 水生木(수생목)하고 木生火(목생화)하고 火生土(화생토)하고 土生金(토생금)이 是也(시야)요, 又有天地人三才之道(우유천지인삼재지도)하니 天開於子(천개어자)하고 地闢於丑(지벽어축)하고 人生於寅(인생어인)이 是也(시야)니라.

天地陰陽(천지음양)이 合德(합덕)하야 萬物(만물)이 始生(시생)하고 日月陰陽(일월음양)이 合德(합덕)하야 萬物(만물)이 育焉(육언)하며 人神陰陽(인신음양)이 合德(합덕)하야 萬有(만유) 歸依(귀의)하나니 神無人(신무인)이면 後無托而所衣(후무탁이소의)하고 人無神(인무신)이면 煎無道而所依(전무도이소의)하나니라, 故(고)로 陰陽(음양)이 合德(합덕)하고 三才(삼재) 確立(확립)하며 五行(오행)이 具備(구비)하야 調理乾坤(조리건곤)하며 統御萬有(통어만유)하나니 至奧至密(지오지밀)하며 至玄至妙(지현지묘)하야 不可測度(불가측도)니라.

九天上帝(구천상제) 觀鑑萬天(관감만천)하시며 大巡三界(대순삼계)하실새 神人依導之因緣(신인의도지인연)으로 下降人間(하강인간)하사 傳大道眞理眞法(전대도진리진법)하사 行九年間三界公事(행구년간삼계공사)하시고 昇化臨御九天應元雷聲普化天尊帝位(승화임어구천응원뇌성보화천존제위)하시니 卽(즉) 姜聖甑山上帝(강성증산상제)이시니라.

盛哉(성재)라 道也(도야)여. 神人依導之眞理(신인의도지진리)로 神人調化(신인조화) 解寃相(해원상생) 道通眞境之理(도통진경지리) 具而備焉(구이비언)하니 愼哉(신재) 勖哉(욱재)어다.

'한'의 하는 작용을 밝히고 심신 일원(一圓)으로 편안하게 하는 이치이다. 인류에게 마음의 편안과 몸의 건강을 유지하게 하는 안심안신은 현대의학에서도 안심이 기둥이 되어야 건강을 원천적으로 회복할 수 있다는 실천윤리이다.

실제로 우리가 올바르게 숨 쉬는 법을 배우기만 한다면, 우리가 숨 쉬는 공기가 정말로 이 모든 약속을 실현해 줄 수 있다는 것을 나타내는 과학적인 연구결과들이 점점 늘고 있다.

생리학자들과 심리학자들의 최근 연구 결과에 의하면 인도의 요기들이 수 천년 동안 가르쳐왔던 것들이 사실임이 드러나고 있다.

우리는 대부분 호흡을 당연한 것으로 여긴다. 우리의 모든 세포와 두뇌를 포함한 장기에 힘을 부여하는 신진대사의 과정에서 사용되는 것이 산소이고, 우리의 육체의 세포에 산소를 공급하는 방법으로 호흡이 사용된다는 것을 우리는 알고 있다. 그리고 호흡은 그 신진대사 과정에서 생기는 독성 부산물인 이산화탄소를 제거하는 방법으로도 사용되고 있다.

이 모든 것들은 너무 단순한 것 같기 때문에 우리는 보통 이에 대하여 별생각을 하지 않는다. 그러나 현대과학에서도 확인되고 있지만, 요가에서 가르치는 바는 호흡에는 올바른 방법과 잘못된 방법이 있다는 것이다. 숨을 들이쉴 때 폐의 아랫단이 팽창하는 것을 느낀다면 여러분은 충분한 양의 산소를 흡입할 것이다. 신선하게 공급되는 활기가 여러분의 체내로 흘러들어 옴에 따라 여러분의 검은 피는 모두 정화된 붉은 피로 변모할 것이다.

건강한 호흡법의 핵심은 숨을 들이쉴 때 횡격막(흉강과 복강을 분리하는 반구형의 근육 막)을 아래로 내려가게 하고 자연스럽게 복부를 바깥으로 밀어내서 부분적인 진공상태를 만들어내고 그 결과로 폐의 아랫단까지 산소가 이끌려 들어오게 하는 것이라는 점에

과학자들과 요기들은 동의한다. 이런 식의 호흡은 아기들에게는 자연스러운 일이라고 과학자들은 지적한다. 아기가 숨 쉬는 것을 지켜보면 숨을 들이쉬고 내쉴 때 상부가슴이 아닌 복부가 오르락 내리락하는 것을 알 수 있다. 우리는 대부분 나이가 들면서 운동부족과 잘못된 자세와 불편한 옷으로 말미암아 가슴으로 얕게 숨 쉬는 불건강한 호흡법을 습득하게 되면서 자신들의 폐용량의 일부만을 사용하게 된다.

오랫동안 부적절한 호흡을 지속하면 육체와 마음 최적의 건강상태를 유지할 수 없다는 것을 과학자들은 발견하고 있다. 미니애폴리스에 있는 미네소타 대학교의 의학과 임상교수로 재직 중인 심장외과의 앨런 하임스(Alan Hymes) 박사의 설명에 의하면, 우리가 복부로 숨을 쉬지 않고 가슴으로 숨을 쉴 때 공기는 주로 폐의 윗부분과 중간 부분으로 들어오게 된다고 한다. 그러나 중력에 의해서 폐의 피는 폐의 아랫단으로 더 모이게 되고 그리하여 이산화탄소는 충분히 제거될 수 없게 된다.

영양학자 브렌다 오웬스(Brenda Owens) 박사에 의하면, "이런 비효율로 말미암아 피는 이산화탄소 노폐물을 머금은 채 조직으로 돌아가서 세포내의 적절한 신진대사를 방해한다." 이런 천박하고 부적절한 호흡이 오랜 기간 습관으로 굳어지면, 더욱 많은 독소가 체내에 쌓이게 되고, 그 결과 활기가 떨어지며, 호흡기계 질병과 기타 질병에 걸리기 쉽고, 부산함, 심리적 무기력, 우울증에 걸리기 쉬우며, 육체와 마음에 관련 있는 여러 부조화 증후군에 걸리기 쉽게 된다.

그래서 건강한 호흡법은 횡격막으로 효율적으로 호흡하는 습관을 형성하기에 달렸다. 이것은 자연스러운 호흡법이기 때문에 보통 대부분의 사람에게는 간단한 일이다. 그러나 습관을 형성하려면 의식적인 노력을 기울여야 한다. 그것을 해결하는 하나의 방법은 깊은 호흡이 이루어지는지 온종일 여러 번 점검하는 것이다. 숨을 들이쉬고 내쉴 때 복부에 손을 얹어보라. 횡격막이 올바로 사용되고 있다면 숨을 쉴 때마다 손이 약간씩 들락날락하는 것을 볼 수 있을 것이다. 가슴으로 호흡하면 손이 움직이지 않을 것이다.

심호흡법은 완전호흡법 또는 충분한 호흡법이라고도 한다. 요가 호흡법은 횡격막 호흡법과 가슴 호흡법을 결합한 것으로서 공기를 자연스럽고 끊임없이 들이마심으로써 폐의 세 부분(하엽, 중엽, 상엽)을 완전히 채우는 것이다. 요가 심호흡으로 폐를 충분히 확장하는 운동을 하면 폐는 강화되고 불순물이 제거되며, 일상적인 호흡은 자동으로 깊어지고 효율적이 된다. 이 운동을 매일 한두 번 하면 일상생활에서 적절한 호흡을 할 수 있게 되며, 상당한 육체적 이득과 심리적 이득이 얻어진다.

숨을 콧구멍을 통하여 천천히 들이마시되 다음 순서대로 점차 확장시킨다.

1. 복부　　2. 하부가슴　　3. 상부가슴

숨을 콧구멍을 통하여 천천히 내쉬되 다음과 같은 역순으로 점차 수축시킨다.

1. 상부가슴　　2. 하부가슴　　3. 복부

폐는 공기의 압력으로 팽창하였다가 수축하는 두 개의 풍선처럼 점차로 팽창 수축한다. 들숨과 날숨의 각각의 세 단계는 분리되는 것이 아니라 자연스럽게 서로 합쳐지면서 이어진다. 들숨의 끝이나 날숨의 끝에는 끊김이 있어서는 안 된다. 심호흡 동안에 복부는 이완시켜야 한다. 심호흡의 첫 번째 단계인 복부 팽창은 복부근육 자체를 밀어내는 방식이 아니라 횡격막을 아래로 밀어내는 방식으로 이루어져야 한다. 복부와 상부가슴의 적절한 팽창을 방해할 정도로 목까지 너무 죄는 옷(혁대나 넥타이 등)은 입지 말아야 한다.

완전호흡법은 허리를 꼿꼿이 하고 어깨를 뒤로 젖히고 가슴을 내밀되 과장되지 않게 앉아서 수행할 때 가장 잘 된다.

우리가 숨 쉬는 방식은 우리가 느끼는 방식에 상당한 영향을 미친다. 육체적이든, 심리적이든, 정서적이든 스트레스와 관련된 많은 불만은 부적절한 호흡에 그 원인이 있다. 그러나 다행스럽게도 이런 불만들 대부분은 적절한 호흡을 배우면 간단히 역전될 수 있는 것들이다. 침착한 마음, 건강하면서도 활기에 넘치는 육체, 우리 존재의 모든 수준에서의 조화의 증가 등 이 모든 것은 적절한 호흡을 통해서 달성할 수 있는 것들이다.

일상생활에서 횡격막 심호흡을 하는 법을 배우고 완전호흡법을 규칙적으로 수행하면 우리는 육체와 마음의 자연스런 상태인 안녕(安寧, well-being)을 향하여 나아갈 수 있다. 안심안신의 이치를 실현하는 준비를 완수할 수 있게 된다.

호흡은 천지의 기운으로 주문을 읽으면 단전호흡이 자연히 이루어지게 된다.

기도의 영험을 묻는 도인에게 정산선생께 말씀하시기를

"기도는 일심의 지성이라야 감천(感天)이니라……. 마(魔)의 기도가 되어서는 아니 되니 도둑질이 잘 되도록, 도박이 잘 되도록 빌어서야 어찌 복을 받을 수 있으랴. 송주(誦呪) 수도가 몸에 배면 절로 악귀 악령이 침범할 수 없고 위액(危厄)을 면하여 만사형통(萬事亨通)하는 영험이 있으리니 진정한 기도는 성 · 경 · 신을 다한 수도와 치성이니라." 하셨다.(5:27)

또 어떤 도인이 기도의 대상을 여쭈니 하교하시기를

"기도의 최고 대상은 오직 구천·옥황 양위상제님뿐이니 불(佛)·보살(菩薩)·산신(山神)·칠성신(七星神) 등은 구천 아래서 분임(分任: 임무를 나누어 맡음)된 신명·신장이니라. 그러므로 선령신·지방신 등에게 빌더라도 큰 권능의 영험은 오직 무극주와 태극주께 기원함이 옳으니라." 가르치셨다.(5:26)

또 "그대들이 지금 태을주를 외우고 있으나 그 뜻을 알고 외우느냐? 만사무기(萬事無忌) 태을주, 포덕천하(布德天下) 태을주, 소원성취(所願成就) 태을주니라. 그러므로 한자 한음에도 성경신을 다하여 마음을 다져 외워야 태을천상원군(太乙天上元君)의 감응이 있으리라." 하시고,

"또 천상에는 팔만사천 제대신장이 있고, 사람의 몸에 팔만사천 모원공(毛元孔)이 있어 그 모원공마다 모원신(毛元神)이 있느니, 태을주의 정기(精氣)가 거기에 차야 도체도골(道體道骨)이 되느니라." 하셨다.(9:31)

삼천지반(三千之班) 도수

하루는 정산선생께서 임원들에게 이렇게 하교하셨다.

"다섯 화공(畵工)이 용 한 마리를 각기 한 부분씩 맡아 그린 그림의 잘되고 못됨은 다 그린 후에 아울러 맞추어 보아야 알게 되리라. 도의 일이나 세상의 일도 공동으로 하는 일이 더 힘드니 너희는 합덕 하라."

> "안심과 안신, 경천과 수도 또는 안심·안신과 경천수도 혹은 4강령과 3요체 이 모두는 음양 관계이므로 둘이면서 하나이고 여럿이면서 하나이니라." 하시니라.(7:108)

"구천상제께서는 단주해원(丹朱解冤)을 위수(爲首)로 하셨으나 나는 초패왕(楚霸王)해원을 위수로 하느니라."

그 해 8월 초에 도전 이윤섭에게 하명하시기를, "네가 원래는 충주지방 호장이나 오랫동안 임지(任地)를 비워두었으니 한 번 순찰하도록 하라."하시므로 당일로 청주 포덕연락소에 가서 살피니 그 방면 포감인 박한경, 유철규 등은 도인의 신분에 맞지 않게 포덕소에 소실을 두고 호사스런 살림을 하고 있었다.

더구나 그들은 도인들이 정산선생께 진상하는 성품(誠品)을 임의로 탕진하고 있었으며 그 중에서도 진천(鎭川)지방 도인 오종학(吳鍾學)의 모친이 몸소 정성 드려 짜서 올린 명주로 소실들을 시켜 저희의 의복을 만들고 있음을 보니 어이가 없었다. 윤섭은 저들의 만류를 뿌리치고 이날로 상정(上廷)하여 그 사실을 상고하니,

"내가 아직 상벌(賞罰)을 쓰지 않고 있으니 이 일은 우선 네가 맡아서 처리하라."하셨다. 윤섭이 하명에 따라 그달 정기(定期)상정시

에 그들을 4감 회의실로 불러 꿇어 앉히고 엄히 책망하니 눈물을 흘리며 사죄하였다.

이달 15일에 다시 전 학원 임원들에게 하명하셔서 중부도인들의 생활고를 조사하게 하신 다음 그 결과보고에 따라 구휼금(救恤金)을 하사하시고, "내 이제 도인들을 비롯한 천하 창생의 기재양복(棄災養福)을 위하여 치성을 올리리라."하시고 즉일(卽日)로 치성 준비를 명하셨다.

치성 때에 몸소 지으신 축문을 배문걸에게 봉서(奉書)하고 임규오에게 봉독(奉讀)하게 하셨다.

이때 임규오·박중하·윤금현과 마침 도장에 온 배문걸 등에게 축문을 초안하게 하셨으나, 그들이 잘 짓지 못하므로 18일에 몸소 지으신 축문을 문걸에게 써서 올리게 하고 치성시에 규오에게 봉독하게 하시니라.

기재양복치성축문(棄災養福致誠祝文)

오직 해의 차례 병신년의 8월 을해일진이 초하루인 19일 계사일진에 무극신 대도덕 봉천명 봉신교 태극도주 조정산은 엎드려 구천응원뇌성보화 천존 강성상제님의 지신지성하신 성령의 아래에 고하나이다.

사뢰옵건대 엎드려 생각하오면 태극도주 조정산은 산하의 종령(鐘靈=뭉쳐진 영기)의 기운을 타고 나서 남선 운항의 도수에 응하여 여항산의 정기를 쥐고 동쪽 땅에 정출(挺出, 뛰어나게 태어남)하셨으니 상제님께서 보내신 성인입니다.

성령께서 이 세상에 계실 때에 비록 직접 가르치신 명령은 없으셨으나 상제님께서 주재하시는 천지의 지극히 신령스런 기운에 응하여

15세에 강을 건너 서쪽으로 감은 진주의 도수를 정함이오, 정사년에 도를 받고 부모를 받들고 처자를 거느려서 동쪽의 고국으로 돌아옴은 낙서의 운수를 띄었기 때문입니다.

아! 태극의 강령이 이미 이루어지고 기초가 정해졌으니, 이러한 운수를 항상 마음에 두고 정성껏 지키며 홀로 닦고 고행하여, 밤중 3경에 홀로 계시를 받들고 밤낮을 가리지 않으며 힘씀을 산과 같고 바다와 같게 하여옴이 어언 40년이옵고 6순의 학발이 되었습니다. 나와 같은 성인은 신명을 응함이 나의 법단 앞에서 밝고, 조화를 잡음은 손바닥 가운데에서 일어납니다.

대저 대인이란 천지와 더불어 그 덕을 합하고 일월과 더불어 그 밝음을 합하며, 사시(춘하추동)와 더불어 그 질서를 합하고, 귀신과 더불어 그 길흉을 합하여, 하늘보다 먼저 하여도 하늘이 어기지 않고, 하늘보다 뒤에 하여도 하늘의 때를 받듦이며 하늘도 또한 어기지 않는데 하물며 귀신에서이며 하물며 사람에서 이겠습니까?

엎드려 바라옵건대 성령께서는 크면 큰대로 작으면 작은 대로 세밀히 내려 굽어보시옵고 드리워 살피시옵소서[19] (7:94)

치성 후에 임원들에게 말씀하시기를, "내가 허령도수 때 안면도에 개간한 땅만 가져도 중부도인 전체가 먹고살기에 흡족(洽足)하리라. 그러나 상제님께서 짜 놓으신 도수가 그렇지 않으므로 못하느니 당분간만 고생을 참아 내면 머지않아 큰 고생은 면하게 하여 주리라."

---

19) 維歲次 丙申 八月 乙亥朔 十九日 癸巳 无極神 大道德 奉天命 奉神敎 太極道主 趙鼎山 伏告于 九天應元 雷聲普化 天尊 姜聖上帝 至神至聖 聖靈之下 曰 伏惟 太極 道主 趙鼎山 稟山河鍾靈之氣 應南鮮運航之度數 握艅航之氣 挺出 東土 天縱之聖 聖靈在世之時 雖無直誨之命 應天地至靈之氣 十五 渡江而西 定眞主之度數 丁巳而受道 奉率東歸 帶洛書之運 於乎 太極綱領 旣成 基礎定矣 如斯之運 拳拳服膺 獨修苦行 三更獨啓 不撤晝夜 如山若海 已焉四旬六旬鶴髮 如吾之聖 應神明於壇前握 化起於手中 夫大人者 與天地 合其德 與日月 合其明 與四時 合其序 與鬼神 合其吉凶 先天而天不違 後天而奉天時 天且弗違 而況於鬼神乎 況於人乎 伏願聖靈 大大細細 下鑑垂察

하시더니 이후로는 신이하리만큼 수·화·풍 등 각종 재해가 줄어지고 생활도 점차 향상(向上)되니 도인들은 정산선생의 위신력(威神力)에 더욱 감복하였다.

정산선생께서는 평소에도 항상 검소, 절약을 수범(垂範)하셨는데 그 중의 몇 가지만 예를 들면 담뱃불을 붙이실 때 성냥 한 개비도 헛되이 아니하시고 때로는 촛농 묻힌 지승(紙繩)을 쓰시는 일도 있으셨다. 또한 치성전수(奠需)를 장만할 때에도 큰 도수치성 이외에는 알맞게 제한하시어 남비남용(濫費濫用)을 엄금하셨다.

하루는 이건우가 정사(精舍)의 창호를 바르려고 풀을 쑤었는데 다 바른 후에도 많이 남았음을 보시고 엄하게 책망하시기를,

"도중의 물건은 전부 상제님께서 하감(下鑑)하시는 도인의 성금으로 이루어지거늘 어찌 그 소중함을 모르고 함부로 하느냐. 더구나 나는 성금을 도인의 피와 땀으로 아느니라."하셨다.

9월에 구천상제 강세일 치성물목(致誠物目)을 결재하시며, "왜 이렇게 많이 준비하느냐?"하시므로 박한경이 여쭈기를,

"이번 치성에는 지방 도인이 많이 참례한다 하므로 그렇게 하였나이다."하니, "너희는 치성 전수를 먹기 위하여 준비하느냐?"하시며 엄책(嚴責)하셨다.

그 후 12월 초 4일 정산선생 강세일에 임원의 하례를 받으시고 한시 한 수를 읊어 주시며, "잘 기억하라"하셨다.

高忠一代無雙士　獻納三更獨啓人
洛中天理遲遲德　湖上晩春冷冷歌[20] (7:102)

20) 고충일대무쌍사 헌납삼경독계인 낙중천리지지덕 호상만춘령령가: 평생의 외로운 충절은 필적할 선비가 없으니, 삼경까지 충언을 올리는 사람 오직 그 혼자뿐이네. 천 리의 서울 안에 덕치(德治)가 더디기만 하니, 호수 위의 늦은 봄에 냉랭한 노래로다.

정산선생께서 임원들의 처신(處身)에 관하여 이렇게 하교하셨다.

"천하사를 도모(圖謀)하는 자는 모름지기 하우씨(夏禹氏)를 본받을지니라. 구천 상제께서도 '위천하자(爲天下者)는 불고가사(不顧家事)니라' 하시고 제갈량의 성공하지 못한 고사(古事)를 말씀하셨거니와 하우씨는 9년 치수(治水)하는 사이 삼과기문(三過其門 : 세 번이나 그<자기집> 문 앞을 지나감)하되 불입기문(不入其門 : 그 문에 들어가지 않음)하였으므로 왕천하(王天下)할 수 있었느니라. 하우씨인들 9년 동안에 어찌 처자가 그립지 않았으랴." (7:104)

또 "도통을 위한 수도는 세 가지를 잊어야 성공하리니 그 어버이를 잊고, 그 자신을 잊고, 그 집을 잊어야 하며, 잊는 것까지 잊어야 하느니, 돈오법(頓悟法 : 문득 깨닫는 법)으로 일시에 열어 주리라." 하셨다.

"수도인은 5기(五忌)를 경계하여야 성공하느니 5기는 불신(不信; 믿지 않음), 욕속(欲速; 일을 속히 하려함), 설독(洩瀆; 누설하여 더럽힘), 다욕(多慾; 많은 욕심), 환희(歡喜; 즐겁고 기뻐함)니라" (7:106)

"수도의 기본은 안심 · 안신 · 경천이고 4강령의 기본은 3요체이므로 3요체가 없는 수도는 수도가 아니니라." 하시니라. "내가 먼저 성 · 경 · 신을 다하여 안심 · 안신한 후라야 비로소 남에게 안심 · 안신을 말할 수 있느니라." 하셨다.

어느 날 한 도인이 타종교인과 논쟁하였다.
정산선생께서는 이렇게 효유하셨다.

"나의 도는 삼계의 대도라. 세계 어느 종교든지 모두 무극과 태극의 본원에서 흘러나온 지류(支流)니 유교, 불교, 서교, 또는 다른 지류의 교인들을 탓할 것은 없느니라. 그들이 어느 지방신(地方神)이나 문명신(文明神)을 믿는 것도 아주 틀린 일은 아니나 지방 방백(方伯)에게 하는 충성보다 군주(君主)에게 하는 충성이 더 상승(上乘 : 최고)임을 모름이니라. 그러므로 너희는 태극의 진주와 함께 도의 본원을 믿고 있으니 가히

진복자(眞福者)니라." (7:112)

하루는 정산선생께서 임원들에게 말씀하시기를,

"어떤 도인은 나보다도 제 소속 임원만을 믿고 따른다고 하는데 도인은 도의 진리를 보고 믿어야 하고 사람을 믿어서는 아니 되느니라. 도주인 나만 보고 믿어서는 아니 되거늘 하물며 임원만을 믿는다면 종래 신명(身命)을 그르치리라. 너희는 그런 도인을 만들지 말라." 하셨다.

술수에 관하여 이렇게 하교하셨다.

"선천의 현세에서 앉아서 천리를 보고, 서서 만리를 보거나 비바람을 부르고 차력과 축지하며 산을 뛰어 넘고 바다를 뛰어 건넘이, 비록 일심정력의 소치로서 호기심의 대상이나 이는 술수이므로, 나의 태극진법을 모르고 남용하면 난법난도가 되느니 도인이 경계하여야 할 일이니라. 도인도 도심이 약하면 이러한 술수에 현혹되기 쉬우니 임원들은 관하도인들을 철저히 단속하라." (7:117)

감천은 그 토질이 종토(縱土)의 대지(大地)니라. 종토는 양토(陽土)로서 비가 오면 잘 스며들고 흙을 팠다 메우면 남느니라." 하시니라. (7:124)

12월 보름날 상제님께서 임원들에게 말씀하시기를 "아직도 간혹 풍마(風魔)가 있어서 도인들이 고생하니 풍신제(風神祭)를 지내어 다시는 도인들에게 재난이 미치지 않도록 하리라." 하시니라. 임원들이 도인들의 치성금으로 치성을 받들어 행하려 하니 "풍신제는 나의 언령(言靈)으로 마쳤으니 치성금은 없어도 되느니라." 하시니라. (7:127)

정유(丁酉 : 1957)년 원조 정산선생께서 임원들의 세배를 받으시고, “내가 글 한 절을 외리니 잘 기억하라.”하시니 이러하였다.

“去年四月何四月　運來靑龍是四月”

(지난해의 4월이 어떤 4월이었던가, 청룡의 운이 온 것이 바로 이 4월 일세)

초 3일 조회시에 임원들이 정산선생께 사뢰기를 ‘중부도인들이 모두 세배를 드리려 하오니 윤허하옵소서.’하니 정산께서, “오늘 저녁 7시에 한 자리에서 받겠으니 대기시키라.”하셨다.

임원들이 이 명령을 알리니 도인들이 환호하며 한 사람도 빠짐없이 초저녁부터 각 회의실에 대기했다가 7시에 정사 앞 광장에 모였다. 이때 갑자기 바람이 불며 때아닌 비가 많이 내렸으나 도인들은 동요하지 않고 정숙하게 대기하였다.

정산선생께서 우산도 물리시고 비를 맞으시며 단상에서 일동이 숙연히 시립했다가 국궁(鞠躬)하여 올리는 세배를 받으신 다음,

> “동성상응(同聲相應)하며 동기상구(同氣相求)하야 수류습(水流濕)하고 화취조(火就燥)하며 운종룡(雲從龍)하고 풍종호(風從虎)ㅣ라. 성인이 작이(作而) 만물이 도(覩)하나니 본호천자(本乎天者)는 친상(親上)하고 본호지자(本乎地者)는 친하(親下)하나니 즉 각종기류야(各從其類也)니라. 동청룡(東青龍) 기동도수(機動度數)로 진시삼천지반(盡是三千之班)이니 대운대사(大運大事) 소원성취가 불원임을 고(誥)하노라.”[21] 하시는 요지로 유시하시니라.

유시를 다시 청구로 하여금 복창, 하달하게 하시고 환궁하시니라. 정산선생께서 단을 내려서시자 그때까지 신통스럽게 조용하던 어린

---

21) 동성~ : 같은 소리는 서로 응하며, 같은 기운끼리는 서로 구해서, 물은 젖은 대로 흐르며, 불은 마른대로 나아가며, 구름은 용을 좇으며, 바람은 범을 따르느니라. 성인이 일어남에 만물이 바라보나니, 하늘에 근본한 것은 위로 친하고, 땅의근본은 아래를 친하나니 곧 각각 그 부류를 따르느니라. (『周易, 乾 九五』) 동청룡 기동도수로 이 모두가 삼천의 반열이니 큰 운의 큰일의 소원성취가 멀지 않음을 고하노라.

이들이 일제히 울음소리를 내었으나 곧 그치니라.

이때 갑자기 기온이 온화하여져서 빗물조차 차지 않았으며 등불이 없음에도 평소와 달리 여명처럼 밝아져서 도인들은 질서정연하게 해산하여 각 방면 회의실에서 밤새도록 이야기를 나누며 노래와 춤으로 즐거워하니라. 이날 많은 도인이 비를 맞았으나 한 사람도 감기에 걸리지 않으니라.

정산선생께서 도인들의 정성어린 세배를 받으시고 못내 기뻐하시더니 이튿날 조회에서 하교하시기를 "지난밤 도인들이 찬비를 맞으며 고생이 많았으나 청룡이 동하매 풍우가 대작함은 당연지사가 아니냐?

수운가사에 '개문납객(開門納客)하니 기수기연(其數其然)이라, 사연설법(肆筵設法)하니 기미여하(其味如何)오? 의관정제(衣冠整齊)하니 진시삼천지반(盡是三千之班)이라'[22] 하였는데 이번 일이 바로 양(兩) 50년 만에 비로소 성취되는 '삼천지반도수(三千之班度數)'니라."하시니라.

이날 각 방면별로 참례인원을 조사·집계하여 보고하니 신기하게도 총원이 3천 명이니라.

이달 말일에 최경구, 노해성 등 영선부(營繕部) 임원들을 거느리고 동래 금정산 범어사(梵魚寺)에 거둥하셔서 가람(伽藍)의 구조와 설비 등을 일일이 지적하며 가르치시니 그들이 감복하였다.

초 5일 낮에 도인들의 농악놀이를 친히 관람하시고, "이것이 장차 선악(仙樂)이 되리라."하셨다.

---

22) 개문~ : 문을 열고 손을 맞으니 그 수가 그러하다. 주연을 베풀고 설법하니 그 맛이 어떠한가? 의관을 정제하니 이는 진실로 삼천의 반열이라.

초 8일에는 전학원 초등학교 학생들이 정사 앞 가설무대에서 공연하는 연극을 관람하시고 칭찬하시며 격려금을 하사하시니 학동들의 사기가 더욱 높아졌다. 이 무렵 정산선생께서 임원들에게 하명하셔서 유명한 사찰과 궁궐 등의 건축에 관한 설계도와 문헌(文獻)을 구해 오게 하셔서 영선부 임원들에게 보이시며 가르치셨다.

그 해 2월 초3일에 임원들에게 하교하시기를, "그대들 뒤에는 언제나 보호신(保護神)이 따라다니니 걱정이 무엇이랴. 그러나 좋은 일에는 항상 마가 많고 파란곡절이 있는 법이니 좋은 운수를 받으려면 먼저 그만한 시련이 있음을 명심하라."하시고 또 이런 말씀을 하셨다. "고시(古詩)에 '노류폭포어이주(怒流瀑布魚已走)'라 한 것은 폭포수가 성내서 내리치나 고기는 이미 달아났다는 뜻도 되고 고기는 그런 곳이 좋아 꼬리를 치며 노는 형상인 '어희주(魚喜躊)'도 되느니라" "잉어는 매일 크는 것이 아니라 홍수가 나서 마음 놓고 뛰놀 때 한 물씩 큰다 하며 낙동강 황어(黃魚)는 황지(黃地) 용소(龍沼)에 가야 옥관자(玉貫子)를 단다 하느니 너희도 그러하니라."하시며 꾸준한 연마와 일관된 마음을 강조하셨다.

정산선생께서 임원들에게 하명하시기를

"포덕과 교화에 어떠한 경우라도 없는 말을 꾸며서 남을 현혹시키지 말고 올바르게 진리를 전하라. 혹세무민하는 사술(詐術)은 사술(死術)이니 설사 일시 성공한 듯이 보일지라도 사상누각과 같아 오래 지탱할 수 없을 뿐더러 원원(元元)이 천지에 용납받지 못할 대죄니라." 하시니라.(8:9)

정산선생께서는 이에 앞서 정월 15일 축시(丑時) 기도시간을 기하여 봉축주와 진법주의 '무극신'을 통(通)극신'으로 고치게 하시고 납폐지(이때부터 기도주, 도통주, 운장주 각 3장씩 총 9장을 소화)의 '무'자도 '통'자로 고치게 하셨다가 100일이 되는 4월 26일에 통극신을 무극신으로 환원토록 하셨으며 "내 이제 무극과 태극의 진리를 통한 황극(皇極)을 세웠노라." 하시고 납폐지의 산회당(山會堂) 또는 구덕정사(九德精舍)는 그대로 두게 하셨다.

대강전 앞뜰과 기념비

도기100(2008)년을 맞이하여 도인들은 정산선생의 유지를 받들어 성(誠)·경(敬)·신(信)을 다하여 이광대도(以光大道), 이홍대업(以弘大業)을 이룩하고 원위대강(願爲大降)을 기원하면서 기념비를 세웠다.

황극(皇極)의 안심안신

우주만물이 형체를 가지고 생겨나는 근거는 무극(無極)을 바탕으로 해서 나온 창조의 모태, 태극(極)의 분열 생장에서 출발한다. 시간의 차원에서 볼 때 무극의 '열림'으로 출발한 태극은 무극의 통일작용과 반대로 형(形)과 기(氣)를 확장하면서 내적 발전을 거듭함에 따라서 만물을 화생(化生)하고 세분화한다. 통일의 주정세력(主情勢力)이었던 음기가 여기서 세력을 잃고 도리어 분산된다. 이 과정을 음양의 승부작용(勝負作用), 상극작용이라 한다. 무극의 '열림'에서 태극이 출발하고 음양의 승부작용으로 우주만물이 세분화되면서 양의 압박으로 말미암아 분열되는 음기는 전진함으로써 분열과 생장의 극치에 이르게 된다. 그런데 분열생장이 극치에 이르면, 음양의 세력은 구분할 수 없다.

생장 분열의 전반과정은 음양의 승부작용으로 그 극점에 이른다. 우주 만물은 성장의 정점(頂點)에서 수렴과 통일을 준비한다는데, 무극의 '열림'으로 태극에 이르러서는 음과 양의 동정(動靜)이 개신의 기(氣)의 응결을 완수하고, 응결된 기가 다시 분열과 생장을 완수하려는 것을 황극[23]이라고 한다. 황극은 무극과 동일가치가 아니므로 역(易)건괘와 같은 '항룡유회' 경계의 위험이 수반된다.

우주변화 원리에서 황극조화의 중성적 생명작용에서 그 근거를 찾게 된다. 안심안신의 근거는 오행원리이다. 오행원리에서 황극은 천간에서 오행의 움직임을 개신하고 자율적으로 조절하여 순환으로 움직이게 하는 황극이며, 동시에 분열과 성장의 과정에서 음과 양의 모순 대립의 갈등과 조화를 꾀하면서 반발력을 잠재우고 조절하여

23) 황극 : 황제의 지위, 황제가 세운 준칙, 무극과 태극의 진리를 응용하고 그 진리에 맞게 세운 준칙.

정장에 이르도록 하여 안심안신의 원리로 작용한다. 태극기운을 확장 조절하고 완전하게 확장된 태극을 무극으로 환원시키는 마무리 역할을 맡는 것이 황극의 안심안신이다.

황극작용에 대한 이론근거는 오행원리에서 작용을 통제하고 조절하는 오토(五土)의 자리에서 찾을 수 있다. 우주변화 원리에서 황극(皇極)의 존재는 오황극(五皇極)과 연결된다. '황극(皇極)'의 문헌출처는 기자가 설했다는 「홍범(洪範)」에서이다. 「홍범」의 구주(九疇) 중 다섯 번째, 황극개념이 직접적으로 등장한다.

「낙서」의 출처는 상제가 성인(聖人)에게 내려준 천지만물 변화원리에 기원을 둔다. 「역(易)」에 이르기를 "하수에서 도(圖)가 나오고 낙수에서 서(書)가 나오거늘 성인이 이것을 본받게 되었다."라고 전한다. 「하도」가 천지만물 변화의 상생원리를 상수로 상징한 것이라면, 「낙서」는 상극원리를 상수로 정한 것이다.

「낙서」가 「홍범」의 직접적 근거라면, 「낙서」에서의 오토(五土)와 「홍범」에서의 황극을 어떻게 일치시킬 수 있는가의 문제가 수반된다.

「홍범」의 구주의 조목(條目)에서 오행은 첫 번째 등장하고 황극은 다섯 번째, 중앙에 자리 잡고 있다는 데 문제가 나타난다. 「낙서」의 구수를 주재하는 것은 중앙의 오토(五土)이고 「홍범」의 구주를 주재하는 것은 중앙의 황극이다. 그런데 「홍범」의 구주 중 첫 번째가 오행원리이고 바로 그 오행중앙에 오토가 자리 잡고 있다. 「낙서」의 중앙 오토와 「홍범」의 중앙황극을 일치시켜 오황극이 성립한다고 할 수 있다. 이는 「낙서」의 주재 원리와 「홍범」의 주재 원리가 유비형식임을 말한다.

이제 오황극 개념의 근거를 「五易」원리에서 찾는다. 「하도」에서 음과 양이 절대적으로 회통(會通)하는 완전수로 오황극을 둘러싸는 십무극을 말한다. 오황극은 일태극과 십무극 사이에서 생장변화를 주도하는 오토(五土)이고, 우주만물의 생장에 관한 오토(五土)작용에서 황극(皇極)지위가 밝혀진다. 일태극 수(水)가 율동하여 한번 양하고 한번 음하니 양이 극(極)에 이르면 음이 된다.

오행으로 말하자면 일태극 양의 수(水)가 생장분열의 극에 이르면 음의 화(火)가 된다. 이를 상수로 표기하면 일수(一水)와 이화(二火)이다. 바로 이 시점에서 중성 조화생명의 주재원리, 오토(五土)작용, 오황극 역할이 중요하다.

황극의 조화 주재작용은 용출(湧出) 직전의 응축된 일수(一水)와 분열극인 이화(二火)를 적당히 조화롭게 조율하여 점진적 성장을 이루도록 하는 목기운이고, 생명근원인 일수(一水)와 삼목(三木)을 조화롭게 조절하여 금기운을 이루게 된다. 결국 우주 만물들은 수생목(水生木), 목생화(木生火), 화생토(火生土) 토생금(土生金), 금생수(金生水)의 순으로 순환을 밟게 된다.

오황극의 주재작용(五土)은 생수와 조화롭게 성수를 이루어야 하는데 중성생명, 오토(五土)는 일수(一水: 陽水)와 만나 성수 육을 이루어 음 · 양을 조율하고 이화(二火: 陰火)와 만나 성수 칠 (七: 陽火)을 이루어 조화로우며 삼목(三木: 陽木)과 만나 성수, 팔(八: 陰木)을 이루어 조화롭고, 사금(四金:陰金)과 만나 성수, 구(九: 陽金)를 이루어 음·양을 조율하게 된다.

이와 같이 성수는 상수로 육, 칠, 팔, 구로 나타난다. 이런 의미에서 오황극의 주재작용은 우주변화 원리에서 중요한 위치를 차지한다. 생수는 성수(形)로 발전하며, 발전 기본은 이질적인 목·화·금·수의 수에 있는 것이 아니고 순수 정기인 오토(五土)에 있다. 오(五)는 생수정점이며, 성수시작이며 만물의 가운데에 해당한다.

안심안신의 오행은 만물이 자율적으로 생하는 변화 법칙이다. 목→화→토→금→수 순서로 진행되는 경우는 원천지기(原天之氣)이다.

천기(天氣)가 상(象)으로 내놓은 오행은 우주만물을 실제로 빚어갈 때 오주(五週)로 변신하여 작용하기에 변화무쌍하다. 이는 원천의 지기가 서로 혼융하며 변화를 일으키고 오운(五運)으로 바뀌게 된다는 의미이다.

지구는 지축(地軸)이 23.5° 정도가 기울어진 상태에서 공전자전을 하기에 상화(相火)의 불(火)이 첨삭작용을 하여 육기(六氣: 五運+相火=六氣)로 바뀌게 된다. 육기(六氣)는 오행이 지구인력에 의해 지구특성에 맞는 변형이기에 천지균형에서 지기(地氣)위주로 이루어진 일종의 변상만다라(變相曼多羅)를 이룬다. 천기(天氣)의 모습의 오행에서 지축이 기울어진 변화에 적용하여 지구생태계를 편안하게 도모하고자 오운이 육기로 변형되는 '안심안신(安心安身)'의 기제를 채택하게 된 것이다.

오행원리에서 토(土)의 작용은 생장분열 과정에서 일어나는 음·양의 대립을 조화와 성장을 도모하면서 성장극점에서 수렴통일을 완성하게 작용한다. 앞의 경우는 미완성(未完成)의 오토(五土)로서 생장을 조화롭게 주재하는 오황극(五皇極)이며, 뒤의 경우는 완성(完成)의 십토(十土)로서 성숙한 것을 통일시키고 매듭지어 새로운 개신을 위해 준비하는 십무극(十無極)이다.

목(木)은 생(生)하는 기운만을 지니고 있어 일정한 형체를 이룰 수 없다. 따라서 갑토(甲土)는 반드시 오토(五土)의 작용을 받아서 목기운을 매개하여 형체를 이룰 수 있다. 그런데 갑오토(甲五土)는 분열능력만 있으며 수렴통일의 능력이 부족하여 완전성수로서의 십토(十土)기운의 도움을 요청하게 된다.

여기에서 생수에 해당하는 갑토(甲土)는 기수에 해당하는 십토의 영향을 받아 절반의 수렴통일을 이루지만 과정에 있기에 상대적으로는 십토의 곱으로 성장활동을 전개하게 된다. 그렇게 되면 십토가 갑삼목에게 영향을 행사하여 반은 목기운으로 반은 토기운으로 합동으로 전개하기 때문에 갑삼목은 갑오토(甲五土)로 변화하게 된다. 따라서 오행의 갑삼목은 실제적으로 갑오토로 바뀌어 생태안전(안심안인)을 위한 횡단매개 작용을 단행하게 된다. 이는 곧 안심안인의 횡단매개이다.

지기작용은 선천(先天)기운에서 지축이 이미 23.5° 기울어진 탓으로 오통에 인신이 덧붙여 육기(六氣)로 작용하였다. 오운이 육기로 작용할 때 자축인(子丑寅), 묘진사(卯辰巳), 오미신(午未申), 유술해(酉戌亥)의 순서의 춘하추동 작용을 하여 본중말(本中末)에 상응하는 삼원운동(三元運動)으로 나아가게 된다. 여기에서 선천의 오황극은 선천세계의 분열생장을 도모하는 양토로 작동하기에 축진토(丑辰土)이고 미술토(未戌土)는 후천의 수렴통일을 담당하기에 선천개벽과 후천완성은 토화(土化)작용으로 볼 때, 성수이면서 기수작용을 동시성 원리로 감당한다고 할 것이다. 이를 후천개벽이 선천상극과 연계되는 이치이다.

다시 말하면 앞의 경우는 양토이므로 축진토(丑辰土)이고 뒤의 경우는 음토(音吐)이므로 미술토(未戌土)가 된다. 이는 본중말(本中末)의 삼원운동(三元運動)을 통하여 변화의 횡단매개를 가능하게 한다.

축토(丑土)로서 오황극은 현실적으로 일양(一陽)의 화생(化生) 작용을 보호하고 조절하는 역할을 하는데, 이는 곧 양(陽)이 일자수 속에서 발현될 수 있도록 조율하며 양(陽)의 발전과정에서 일어나는 모순강등(寅申의 대화모순과 寅의 자화모순)을 조절하는 역할을 하게 된다. 더욱이 축토(丑土)로서의 오황극은 자축 운동의 횡단매개 역할을 하기도 하지만, 묘진사 작용의 기본을 이룬다.

이러한 횡단매개 역할은 축토뿐 만이 아니고 진미토에서도 일어난다. 이처럼 자축인(子丑寅) 운동이 축토(丑土) 중심의 보호를 받으면서 춘절기(春節期)의 운동이 끝나면, 그 이후에 진토(辰土) 중심의 하절(夏節) 운동, 묘진사의 삼원운동(三元運動)이 시작된다.

진토(辰土)로서 작용하는 오황극은 축토(丑土)와 달리 생장(生長)을 보호하고 조율한다. '첫째로 진토(辰土)의 본(本)으로서 묘목(卯木)은 상대적으로 유(酉)의 억제를 받으면서 성장을 지속시킨다. 비록 사금(四金)·팔목(八木)과 투쟁하면서 성장하지만 진토(辰土)는 이를 융합하여 성장하는 제 몫을 톡톡히 감당하게 된다. 이 경우에 만물을 길러내는 당위성으로 말미암아 종전 형태의 신축성 부족을 성찰하여 새로운 개신의 변화를 수반한다. 이른바 신축성이 강한 물질을 필요로 한다. 이 경우에 축토(丑土)처럼 조화의 장점만 취하고 변화를 회피한다면 그 사이를 매개하는 횡단매개 작용이 발동하여 결국 스스로를 해체하는 과정을 겪게 된다. 그러므로 일면토(一面土)와 일면수(一面水)의 중첩을 겸비하고 이를 매개할 경우에 한하여 진토(辰土)는 스스로를 유지하면서 변화를 승화시키게 된다.

일태극수의 분열은 남방(南方), 오미신(午未申)의 대화작용으로 자축인(子丑寅)의 삼원(三元)운동으로 수중(水中)에서 양화하고 팽창하며 부상하게 된다. 이는 동방의 묘진사의 운동으로 말미암아 서방의 유술해(酉戌亥)가 대화 작용을 매개로 일정한 형태를 갖춤이다. 따라서 자축인(子丑寅)에서 발생한 양(陽)이 묘진사의 과정에 들어오게 되면, 유술해(酉戌亥)의 대화 작용으로 이를 통해 들어오는 금수지기(金水之氣)와 충돌하여 어떤 형태를 산출하고, 곧 수(水)를 횡단매개로 삼아 변화양상을 나타낸다. 그런데 술(戌)의 대화를 받는 진(辰)은 순수한 토화작용(土化作用)이 불가능하기에, 절반은 토(土), 절반은 수(水)의 성질로 변화한다. 이것을 가리켜서 안심안신을 하기 위한 횡단매개의 '수토동덕의 토(土)'라고 부른다. 이 과정에서 오황극은 수토동덕의 진토(辰土)로써 매듭지어 만물을 편안하게 매개함으로 풍요로운 조절로 들어가며, 수(水)로서는 산포(散布)의 특성을 발휘함으로 극단의 돌변하는 상황을 극복하여 평강을 보장받게 된다.

분열생장에서 선천이 매듭짓게 되는 오미신(午未申)의 삼원(三元) 운동에서 미토(未土)의 역할을 살펴본다. 축토로서의 오황극은 미토(未土)의 대화 작용에 의해서 자수를 발해, 인(寅)을 조절하고, 진토(辰土)로서 술(戌)의 대화 작용을 받아서 묘목(卯木)을 발하여 사(巳)를 조절한다. 그러나 축진토(丑辰土)로서의 오황극은 스스로 성장을 완성하거나 매듭지을 수 있는 능력이 구비되어 있지 아니하다. 왜냐하면 축진토(丑辰土)는 미토(未土)의 절반능력에 해당하기 때문이다. 미토의 십무극에 비하면 축토나 진토(辰土)의 오황극은 절반의 힘만 유지한다. 반면에 십미토(十未土)인 십무극(十無極)은 축토(丑土)와 진토(辰土)를 도와서 생장에 알맞도록 횡단매개하고 성수하도록 수렴(收斂)에 적절한 힘을 비축토록 한다. 그래서 이 시기에 들어서면 새로운 우주시간이 열리는 후천개벽(後天開闢)으로 들어간다고 말한다.

그 이후에 술토(戌土)가 유(酉)와 해(亥)를 본말(本末)로 하는 유술해의 변화과정으로 들어선다. 이 기간은 오미신(午未申)의 운동이 완결되는 것으로 가을 추수기의 통일결실이 끝나고 개신을 위한 준비기간이라 할 수 있다. 앞서 묘진사의 진토(辰土) 중심운동은 수토동덕(水土同德) 작용을 하였지만, 그것이 여기에서는 수토합덕(水土合德) 작용을 한다는 사실을 알 수 있다.

묘진사의 진토(辰土)는 목·화의 중(中)을 이루고 일면토(一面土) 일면수(一面水)의 작용을 하면서 사물을 확장하기에 안심안신의 수토동덕(水土同德) 작용이 된다. 그러나 유술해(酉戌亥)의 중(中)을 이루는 술토(戌土)는 한편으로는 일면수(-面水) 일면토(-面土)의 작용을 하는 것이지만, 묘진사의 동덕(同德)이 여기서 합덕(合德)의 횡단매개 작용으로 안심안신에 이르는 황극작용을 한다. 따라서 수토동덕(水土同德)과 수토합덕(水土合德)은 결과적으로는 일태극수가 드러나서는 잠수하는 현상에 해당한다.

이처럼 시간적으로 오황극(五皇極)은 십무극(十無極)과 일태극(一太極)을 본체로 천지만물의 성장과 분열 운동을 지속적으로 이끌어 간다. 따라서 이는 우주운동의 안심원리로서 중추역할을 하고 우주 순환 변화의 실질적 주인역할을 하는 셈이다.

그럼에도, 무극(無極) 태극(太極) 황극(皇極)은 우주정신의 세 측면이라고 말할 수 있다. 이는 본원적으로 하나의 존재, 즉 무극대도 혹은 무극(無極)인데, 우주 만물 개신의 시간차원에서 볼 때, 무극의 '열림'이 바로 태극이며 태극을 조화로운 생장으로 성숙시킨 다음 본래의 것으로 넘겨주는 염장변화의 조율의 원리가 황극이다. 이렇게 근본존재인 무극대도가 일체관계로 존재하면서 시간운행에서 무극, 태극, 황극의 작용원리로 되면서 결국 통달의 '한'을 이룬다. 심신일원의 관점을 우리나라에서는 전통적으로 하늘, 땅, 사람의 삼재로 풀이한다.

실제로 무극은 무극만을 이야기하는 것이 아니라 하나의 변수개념이며, 무극의 무한한 가능성은 신의 의미, 태극의 정신, 시공, 오행의 범주를 내포한다. 여기서 나타난 땅은 단지 땅 자체의 의미를 넘어서서 공간적 요소, 물질, 육체로 드러남 을 뜻한다.

사람은 하늘과 땅을 이어주는 횡단매개의 존재로 시공에 작용하는 황극의 작용력과 흡사하다. 우리나라에 전해 온, 『삼일신고』[24]에서는 성(性)을 원(○), 명(命)을 방(□), 정(精)을 각(△)으로 설명

24) 최동환해설, 『삼일신고』 서울, 지혜의 나무. 2005. pp. 502-505.

한다. 이처럼 원방각은 삼재사상을 설명하는 공간적 도형이다. 이는 하늘 이미지를 원형, 땅 이미지를 방형, 사람 이미지를 각형으로 묘사하고 있다.

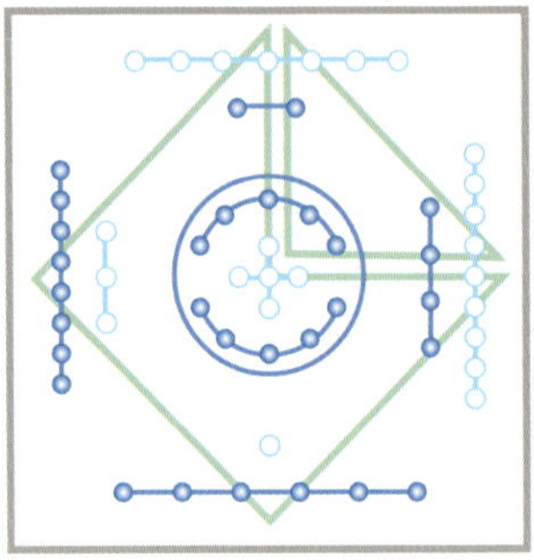
〈하도의 원방각형〉

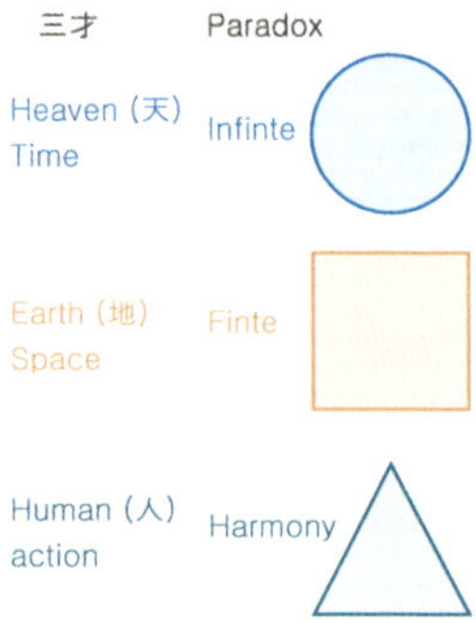

〈무한과 유한의 조화〉

하도의 생성과 운행 결과 원방각형의 도형이 산출된다. 원형은 하늘을 표현하여 무한을 상징한다. 따라서 1에서 10까지의 숫자 중에 가장 확장된 10수가 원을 설명한다. 또한 결과적으로 생명력 창조의 시원은 원형이 되며, 하도가 총체적으로 발휘하는 것은 창조적 개신 영역이기에 원형으로 표현된다. 방형은 땅의 공간표현이기에 그림의 전후좌우의 4방향으로 나뉜 목. 화. 금. 수에 해당한다. 따라서 방위로 사방을 표시하며 사각형의 모양을 만든다. 방형은 고정적이고 물질상태를 표현한다.

각형(삼각형)은 하도운행으로 빚어진 결과로서, 원형과 방형의 상호 포함관계에 따른 운동으로 생성된다. 각형은 인간의 법칙으로 작용하여 원형과 방형, 무한과 유한의 상호모순을 해결하는 조화의 횡단매개 방식이 된다. 하도의 운행은 목(좌측)에서 화(상), 토(중앙), 금(우측), 수(하)의 순으로 운행한다.

그 결과 마름모형에서 삼각형이 빠져있는 형상이 생성된다.

<하도의 원방각형>에서 보듯이, 비어있는 모양에서 삼각형이 발생한다. 하도는 원방각형의 각형이, 원형과 방형의 운행속성 즉 원형은 하늘이 무한히 운행하려는 속성이라면 방형은 땅이 늘 유한하고 고정되어 움직이지 않으려는 속성을 함께 포함(包含)하는 황극이 되면서 <무한과 유한의 조화>를 실행한다. 이처럼 하도는 원형과 방형의 상호 대립 모순을 각형으로 해결하는 '안심안신'의 원리에 필적한다고 볼 것이다.

정산선생께서는 황극(皇極)의 의미를 무극(无極)과 태극(太極)의 진리를 통한 준칙(準則)으로 말씀하신다. 이는 어떤 개인이나 단체를 지칭함이 아닌 50년 공부종필의 결정인 공부법방으로 볼 수가 있다.

감천2동은 1955년에 보수동 판자촌이 정부에 시책으로 철거되면서 이해 10말경에 태극도 도인 800여호가 이주 정착하여 생성된 마을이다. 이때부터 이곳은 도인촌으로 알려졌으며 태극도 마을도 이때 생긴 것이다. 마을의 길 역시 태극으로 명칭되어 태극 1길에서 태극 9길로 되어 있다.

제7장
조화정부와 경천수도(敬天修道)사상

경천의 향방

유교에서의 '상제'는 <서경>을 비롯한 오경에 주로 등장하였던 궁극존재로서 만물을 생성하고 주재하는 존재이며, 인간의 덕을 사랑하고 죄에 분노하는 인격적 성격이 강하며, 제사의례에서 가장 중요한 신봉대상이 되고 있다.

하늘을 공경하는 이치는 하늘로 표상되는 궁극적 존재와 인격적인 만남이 가능하기 때문이다. 이에 따라 유교의 궁극존재로서 상제 같은 존재의 의미를 하늘은 갖게 된다. 인간에게 명령하는 하늘명령은 도덕성의 근원이다.

하늘도 제사의 대상이지만, 조선시대 성리학의 전통에서는 천리(天理)의 의미로 이해되었다. 성리학의 하늘개념은 17,8세기 윤휴, 정약용 등에 의해 비판되고 다시 신앙의 하늘개념으로 제시되면서 전래하던 경천사상을 회복하기에 이른다.

서양의 칼 융(Carl Gustav Jung)은 경천하는 인격을 정신(psyche)이라고 부른다. 정신은 의식적 사고, 감정, 행동뿐만 아니라 무의식까지 포함한다. 그에 의하면, 정신은 처음부터 하나의 전체로서 주어진 것이며, 경험과 학습을 통하여 부분적으로 획득되거나 나중에 일관된 조직적 통일성으로 나타나는 것이 아니다. 융에 의하면, 정신은 상호작용을 하는 두 가지 수준으로 이루어진다.

하나는 의식 수준이고 다른 하나는 무의식 수준이다. 무의식은 다시 개인 무의식과 집단 무의식으로 구별된다. 무의식에서 주요 위치를 차지하는 것은 '신화(myth)'이다. 신화는 역사나 사회현상보다 더 '통합(integrity)' 성격을 지닌다.[1] 인간의 무의식에 신화가 깊이

---

1) 김상일, 『수운과 화이트헤드』, pp.171~176. 지식산업사, 2004

스며들어 있으며 또한 깊이 주입되어 있다. 이를 융은 '선험적 원형(a priori archetypal)'이라고 한다. 신화는 역사를 추동시켜 나가는 '원초적 힘(primal energy)'이다. 신화는 원형적 본질(archetypal essentials)이다.

아리스토텔레스가 인간성이 역사를 실현시켜 나간다고 한다면, 융은 인격이 신화를 실현시켜 나간다고 한다.

융에 의하면, 개인 무의식 속에 있는 일군의 내용이 모여 콤플렉스라 불리는 하나의 집단을 형성하기도 한다. 콤플렉스란 무의식 속에 있는 감정, 사고, 기억 등이 하나로 연합된 집단으로서, 이 콤플렉스에 접촉되는 단어는 어느 것이든 더딘 반응을 초래한다는 것이다. 이러한 초래를 하는 것으로 단군신화에는 신화소가 있다.

그것은 '곰'과 '호랑이'이다. 곰과 호랑이는 모두 인간 여인이 되려고 한다. 그들은 같은 굴속에서 100여 일을 햇빛을 보지 못한 채 견뎌야 한다. 호랑이는 굴속에서 견디지 못해 결국 굴 밖으로 나가고 만다. 곰은 잘 견디어 인간으로 화했다. 이처럼 무의식의 두 종류 자아상을 반영하는 것이 페르소나(persona)이다.

페르소나는 삶의 무대에서 특정역할을 하기 위해 쓰는 가면이다. 개인은 페르소나에 의해 자기 자신의 성격이 아닌 성격을 연기한다. 페르소나란 개인이 공개적으로 보여주는 가면이나 외관이므로 사회적 인정을 받기 위해 가면을 바꾸어 쓰려고 한다. 페르소나에 의해 개인은 못마땅한 사람과도 친교를 맺음으로써 이익을 획득할 수도 있다. 페르소나의 측면에서 융은, 호랑이같이 바깥 지향자아는 '향외 자아(extroverted ego)'이고 곰같이 내면 지향자아는 '향내 자아(introverted ego)'이다.

페르소나가 정신의 외면이라면 아니마(anima)와 아니무스(animus)는 정신의 내면에 해당한다.

아니마의 태고유형은 남성 정신의 여성측면이고 아니무스의 태고유형은 여성 정신의 남성측면이다. 남자는 여러 세대에 걸쳐 여자와 접촉함으로써 아니마의 태고유형을 발달시켰고, 여자는 남자와 접촉함으로써 아니무스의 태고유형을 발달시켰다. 향외와 향내는 프랙탈 현상으로 동시성의 원리를 보여준다.

융에 의하면, 호랑이와 같이 인간의 '생명력(libido)'을 밖으로 분출하여 외적 사건이나 사물들에 관심과 흥미를 보이고 그런 것들과의 관계를 중요시하는 자아를 외향 자아라고 부른다.

외향 자아는 외적 요인에 의하여 동기유발이 잘되고 사교적이며 주위환경에 영향을 잘 받는다. 그리고 외부세계에 도전하기를 좋아하며 논쟁과 투쟁을 즐긴다. 그들은 투쟁을 통해 자기가 사는 세상을 쉽게 변혁시킬 수 있다고 믿고 그렇게 행동한다.

아니마의 최초의 투영은 언제나 어머니에 대해 행해지고, 아니무스의 최초의 투영은 아버지에 대해 행해진다. 그리하여 남자는 긍정 혹은 부정 감정을 일으킨 여자에게 아니마를 투영한다. 남자가 긍정 감정을 느끼면 여자는 남자의 아니마상과 동일 성향을 갖고 있다. 반면 남자가 부정 감정을 느끼면 여자는 남자의 아니마상과 상반되는 성향을 갖는다. 즉, 남여의 관계는 아니마와 아니무스에 의해 결정된다. 남자는 문화적으로 규정된 남성적 역할에 적응하고, 여자는 여성적 역할에 적응한다. 만일 외면의 페르소나가 우위에 있으면 아니마 또는 아니무스는 페르소나와 불균형을 이루어 아니마 또는 아니무스가 지나치게 반응한다. 이 경우, 여자는 내면 아니무스를 강화하여 남성다워진다.

수운선생은 외향 지향의 서양이 내면성의 빈곤에 있다고 보고, 서학에 대해 동학이 극복할 수 있는 방법은 바깥으로 눈을 돌리는 데 있는 것이 아니라, 내면세계의 위력을 다시 찾아야 한다고 보았다.

동양인의 장점은 곰 같이 내향적인데 있기 때문이다. 그래서 그는 27년여의 득도의 여정을 떠난다. 이 점이 다산과 수운의 다른 점이다. 다산은 서학의 바깥 지향적 문물을 적극적으로 수용해야 한다고 보았는데, 성리학이 너무 내향적이게 한 데 대한 반작용의 결과라고 볼 수 있다. 수운은 당시의 사회와 국가의 운명을 생각했다. 보국안민·광제창생이 그것이다. 그 해결방도로서 수운은 내적 힘의 발굴에서 찾았으며 성리학에서 벗어나는 길로 '한울님'이란 영성으로 눈을 돌렸다. 그 타자는 다시 내면화되어 소용돌이 속의 소용돌이가 만들어졌다. 이 소용돌이에 성공한 동학은 드디어 혁명의 힘을 발휘하였다. 반면에 향내 인간상은 생명력을 내부로 향하고 주관요인에 의미를 집중시킨다. 즉 행위의 지배적 요인을 '내적 욕구'에 둔다.

사회생활보다는 내적으로 혼자 명상하는 고독을 즐긴다. 이러한 향내 인간상은 동양적이다.

단군신화는 정확하게 이러한 두 종류의 인간상을 호랑이와 곰이라는 동물상징을 빌려서 절묘하게 묘사해 놓았다. 우랄 산맥을 중심으로 호랑이는 서쪽의 백인을 상징하고, 곰은 동쪽의 황색 몽골인을 상징한다. 단군신화는 향외, 향내의 형을 그림자 형으로 반영한다.

융에 의하면, 자기(self) 인격조직의 원리로서 집단 무의식 속의 중심적 태고유형이다. 자기는 인격을 통일하고 일체성과 불변성의 감각을 준다. 인간은 자기발달을 통해 자기 삶을 더욱 자각하고 파악하며 이해하고 지배하는 힘을 갖게 된다. 자기의 무의식을 알지 못하는 사람은 무의식의 억압된 요소를 다른 사람들에게 투영한다. 자기 자신의 결점을 자각하지 못하고, 오히려 자신의 결점을 남에게 전가하여 공격하고 비판한다.

융에 의하면 건전한 자아인격은 향내, 향외의 두 자아가 '중앙화(centroverted)'될 때에 이상적으로 될 수 있다. 그러나 두 상반된

두 방향의 자아는 서로 그 성격이 다르기 때문에 다투게 된다.

서양이 동양을 보았을 때 진취적이지 못하고 비사교적이며 정체적으로 보고, 동양이 서양을 볼 때 자기성찰이 부족하고 외양적이며 공격적으로 보듯 하게 된다.

의식적 면에서 사고와 감정을 중요시하는 사람은 무의식적 면에서 직관적이고 감각적이다. 또한 남자의 자아와 아니마는 상보적 관계에 있으며, 여자의 자아와 아니무스도 상보적 관계에 있다. 또한 인격의 곳곳에는 대립이 존재한다.

이 대립이 종합에 이르는 길로는 여러 가지가 있다. 인격의 초월적 기능에 의해 대립의 종합은 달성된다. 이 초월적 기능은 인격 대립의 여러 가지 경향을 통일하여 전체성을 지향하는 능력을 갖추고 있다. 초월적 기능에 의해 자기의 태고유형이 실현된다. 융에 의하면 초월기능은 인간으로 나면서부터 있는 것이다. 융이 주·객관의 문제를 심리학 차원에서 다루었다면 이 문제를 철학적 차원에서 다룬 인물은 실용주의 철학자 윌리엄 제임스(1842~1910)이다.

영국의 경험주의자들은 객관적으로 주어진 경험적 자료들이 실재라고 보는 반면, 대륙의 합리주의자들은 주관적 관념체계나 원리 같은 것을 실재라고 본다.

부드러운 기질	억센 기질
합리주의	경험주의
주지주의	감각주의
관념론	유물론
낙관	비관
종교	비종교
자유의지	운명론
일원론	다원론
회의주의	교조주의

제임스는 합리주의를 '부드러운 기질(the tender-minded)'이라고 했고, 경험주의를 '억센 기질(the tough-minded)'이라고 했다.

부드러운 기질은 관념의 내면으로 여행하기를 즐기며 인고를 견뎌낸다. 억센 기질은 굴속의 고통을 견디지 못하고 탈출하고 만다. 호웅의 이러한 기질차이를 다음과 같이 도식화하여 대조할 수 있다.

이처럼 향내와 향외로 나뉘는 등 주 · 객관의 관계는 양단현상을 만든다. 소용돌이의 횟수가 많은 철학일수록 역사가 오래되고 깊이가 있어 내용이 충실하다.

융에서 두 자아는 중앙 집중 현상이 일어나 소용돌이의 중앙으로 모여져 새 소용돌이를 만들어 나가야 할 것이라고 했다.

조선시대 중엽에 성리학(性理學)이 발달하여 퇴계는 사상의 향내화에 큰 공헌을 했다. 그러나 성리학이 외향적 실천성을 상실함으로써 결국 현실문제에 무기력해질 수박에 없었다.

여기에 향외 실학(實學)이 등장하며 실학의 정다산은 향외 특징을 발전시킨다. 여기에 서학의 신관, 즉 절대타자를 믿는 유신론은 그로 하여금 밖을 지향하는 사유를 하는 데 기여한다.

내외의 영성을 통해 자기언급과 타자언급도 양단현상을 만들고 자기애의 위기가 경천수도로 극복된다.

그렇다면 정산사상에서 이러한 문제는 어떻게 이해될 수 있는가?

여기서는 지금, 강조되는 경천은 인격적 현존과 교감하며 소통하는 경천이기에 정산사상의 경우를 우리는 이성뿐만 아니라 감성이 함께 작용하는 수도를 통한 총체적이며 전인격적 '영성'현상이라고 할 것이다.

조화정부와 진리의 성전 대강전

진리를 말하는 것은 좋은 일이다. 그러나 유쾌한 진리는 말하고 불쾌한 발언은 회피하는 것이 더욱 바람직하다. 장애인에게 "절름발이"라고 말을 거는 것은 맞지만 불쾌하고 유익한 일이 아니기에 회피해야 한다. 비판을 원치 않는데 비판하는 것은 나쁘다.

그러나 건설적인 비판에 귀를 기울이는 것은 유익하고, 거칠지만 진실한 비판을 미소지으며 감사하는 마음으로 견딜 수 있는 자세도 중요하다.

아첨의 말은 올바른 행위를 하도록 사람을 고무하는 경우에는 좋을 수 있지만, 잘못이나 성격의 결함을 숨기는 데 사용되는 경우에는 해로우며, 영혼을 무지로 곪게 하고 해독을 끼친다. 모든 사람들이 달콤한 꿀을 먹기를 좋아하는 것처럼 우리는 모두 아첨을 좋아한다. 그러나 우리는 그것이 언제 중독되는지를 모른다.

다른 사람들이 주는 달콤한 아첨의 말 이외에도, 우리 자신의 내적 생각들은 종종 우리의 해로운 결점들을 용서하고 우리의 영적생활을 파괴하고 중독시키는 심리종기들을 감춘다. 다른 사람들이 주는 아첨과 우리 자신의 생각들의 위안적인 속삭임들은 우리의 청각을 부드럽게 때린다. 인간 지혜의 칼날은 종종 아첨하는 말에 무뎌진다. 많은 사람은 소위 친구들이라고 하는 아첨꾼들의 달콤하고 현혹적인 말들을 듣는 즐거움 때문에 돈과 건강과 심지어 인격까지도 기꺼이 잃는다.

대부분의 사람은 지적인 비판보다는 아첨에 관심을 기울이는 쪽을 택한다. 어떤 사람들은 분풀이로 솔직한 영적지도자의 정직한 예측을 입증하겠다는 어리석음의 바위들에 무모하게 돌진한다.

자신을 향상시키는 것을 진지하게 바라는 사람은 어떤 사람이 자신을 온화하게 비판하거나 또는 거칠게 비판하더라도 그때마다 다음과 같이 숙고해 보아야 한다. “그가 옳은가? 나는 다른 사람들의 달콤한 말에 현혹당해서 나의 지혜가 아첨의 포로로 도취하게 만들기 때문에 그 점을 보지 못하는 것은 아닌가?”

조화정부는 천상의 신명계의 상제를 보좌하는 신명정부를 일컫는 말이다. 증산께서 이 조화정부의 성신들에 천명을 내려 인류역사의 물길을 상제의 이상향대로 호통을 쳐 인류구원의 대업을 이루시는 삼계공사를 집행한 것에 연유한다.

증산선생께서 말씀하시기를 “선천에는 상극지리(相剋之理)가 인간사물(人間事物)을 맡았으므로 모든 인사(人事)가 도의에 어그러져서 원한이 맺히고 쌓여 삼계에 넘쳐 마침내, 살기가 터져나와 세상에 모든 참재(慘災)를 일으켰느니라. 그러므로 이제 천지도수(天地度數)를 정리(正理)하고 신도를 조화하여 만고의 원을 풀며 상생(相生)의 도로써 후천선경(後天仙境)을 열고 조화정부를 세워 무위이화와 불언지교(不言之教)로 화민정세(化民靖世)하리라.” 하셨다.

정산선생께 어느 날 순석이 여쭈기를 “이번 사변으로 부산이 이 나라의 임시 수도가 되었사오니 도주님께서 예시(豫示)하신 ‘새 서울’에 적중됨이 아니오니까?” 하니, “내가 말하는 새 서울이 어찌 한 나라의 수도이랴? 새 서울은 구천상제님의 도수에 따라 내가 공부하여 설법(設法)하는 통일신단(統一神壇)·조화정부(造化政府)로서 삼계를 광구할 태극기동(太極機動)의 원점(原點)이니라.” 하셨다.

또 도인들 가운데는 자신의 운수만을 소원하며 수련에 몰입하여 가정과 생업도 잃어버리는 자가 있으니라.

정산선생께서 그들에게 간곡히 효유하시기를 "도를 위하여 불고처자(不顧妻子)·불고가사(不顧家事)하는 것은 가상(嘉尙)하고 어려운 일이나 나의 도는 그것만을 원하지는 않느니라. 내가 진정 말하노니 가정이 선경의 제일관(第一關)이요, 생업이 수도의 초입문(初入門)이니라.

공자의 수신제가(修身齊家)나 맹자의 항산(恒産)·항심(恒心)이 다 이와 같은 뜻이며, 불가에서도 평상심(平常心) 시도(是道)라 하느니 가정과 생업에도 충실하라. 더구나 수도공부의 진법법방에는 나만 먼저 성취하려는 사욕(私慾)이 제일 금물이니 무아(無我)·무심(無心)·무욕(無慾)·무착(無着)으로 하여야 하되, 이 법방은 수련 정진만으로 성취되는 것이 아니며 자통(自通)이 없음을 명심하라." 하셨다.

1957년 2월 9일에 정산께서 정사앞의 판옥(板屋)들을 가리키시며, "저 판옥을 옮기고 임원들이 쓸 회관을 지을 만한 터를 닦도록 하라."하셨다. 임원들이 그 가옥의 주인 이종팔(李鍾八), 금복연(琴福淵)과 합의하여 다른 곳으로 옮겨 주고 조화정부의 터를 고르기 시작하니 정산께서 그 경역(境域)을 지정하셨다. 그런데 그 안에는 원주민(原住民)인 오수일(吳秀一)의 논 일부가 포함되어 있었으나 임원들이 사실을 말하자 기꺼이 기증(寄贈)하므로 하명대로 터를 넓힐 수 있었다.

터를 닦음에는 전체 임원들이 총동원하여 낮은 곳에 돌로 축대를 쌓고 높은 곳의 흙을 파서 메워 정지하니라. 이때 김천방면 도인 원갑선은 원래 농아였으나 석수도 아니면서 자진하여 다른 석수와 함께 지성으로 석축공사에 힘쓰므로 상제님께서 치하하시며 그의 말못함을 안타까워하시더니, 공사가 완료될 무렵 갑자기 갑선의 말문이 열려 정상인이 되므로 모두 상제님의 덕화라 하며 감복하니라.(8:15)

이 석축에는 옥녀봉의 바윗돌을 굴려 내려썼는데 하루는 옥녀봉 아래 냇가에서 수십명의 부녀자가 빨래를 하고 있었으나 이건우 등은 이를 살피지 않고 그 위에서 바윗돌을 굴려 내리니 부녀자들의 위험이 촉급하였다. 이 순간에 정산께서 보시고 진노(震怒)하시며 손을 들어 굴러 내리는 바윗돌을 직지(直指)하시자, 신기하게도 그 돌이 갑자기 산 중턱에서 잠시 멎었다가 신경희(申景熙) 등 임원들이 고함을 쳐서 부녀자들을 대피시킨 후에야 내려앉아 모두 무사하였다.

불철주야 도장(道場)정지작업을 하고 있는 도인들의 모습

정지공사가 완료되자 정산께서 영건비(營建費)를 내려주셔서 당일로 착공하게 하시니, 임원들은 처음에 일반 회의실처럼 가건물로 신축하실 줄 알았으나 친히 현장에 임하셔서 기초작업부터 지휘하시는데 다른 회의실 건물과 달리 그 범위도 넓고 기초도 견고하게 하실뿐더러 목재와 기와 등 자재를 다르게 준비시키시고 목재는 모두 강송(江松 : 강원도 소나무)으로 하되 특히 2층 바닥에 쓰일 목재는 침목(沈木 : 바다 밑 진흙 속에 묻었던 나무)을 구하도록 하셨으나 구할 수 없으므로 소금물에 절였다가 불에 말려서 쓰도록 하시며,

"이렇게 해도 족히 30년은 견디리라."하셨다.

임원들이 건물을 신축할 바에는 임원들의 회관보다도 정사를 먼저 지어 드림이 도리이며 급무(急務)라 생각하고 상신하였으나 윤허하지 않으시다가 임원들이 다시 2층으로 지어서 하층은 임원회관으로 쓰더라도 상층은 정산께서 쓰시도록 할 것을 재삼 상신하니 3일 만에 윤허하시고 27일 오시에 정초(定礎), 28일 묘시에 입주(入柱), 3월 1일 인시에 상량(上樑)하도록 명하셨다.

정산께서 5년 전 보수도정에서 친히 모종 하여 분재(盆栽)하셨던 은행묘목(銀杏苗木) 몇 그루를 이해 2월 말경에 이건우로 하여금 도장내로 이식(移植)하게 하시며, "후일 큰 정자나무가 되어도 좋을 곳을 가려서 심고 잘 가꾸라."하시므로 건우가 마음 속으로 '이 나무가 커서 정자나무가 될 때까지 도성덕립(道成德立)을 어떻게 기다릴까?'하고 생각하는데 "너희는 때를 기다리기가 어려움이 아니라 마음 닦기가 어려움을 알라."하셨다.

이 나무가 후일 완전한 정자나무로 자라서 대강전을 중창할 때 이 나무로 영대(靈臺)의 대상(臺上)으로 짰다. 같은 해, 3월 초하루 인시에 신축건물의 2층에서 정산선생 집례로 상량치성을 올리셨다. 이때 갑자기 바람이 크게 일어 제단이 심히 요동하므로 진설(陳設)조차 곤란하였으나 정산선생께서는, "천지신명들이 운집(雲集)하는데 어찌 바람이 없으리오."하셨다.

치성 후에 임원들은 축문내용과 정산께서 친히 집례하심으로 미루어 건물이 단순한 임원 회의실이 아님은 짐작되었으나 대강전(大降殿)임은 깨닫지 못하였다.

상량축문은 며칠 전부터 임규오에게 발설하지 말고 짓도록 하셨으나 짓지 못하므로 치성 전야(前夜)에 몸소 지으셔서 규오에게 봉서하게 하신 글이다.

상 량 축 문

오직 해의 차례 정유년의 3월 임인 일진이 초하루인 초1일 임인일진에 무극신 대도덕 봉천명 봉신교 태극도주 조정산은 엎드려 구천응원 뇌성보화 천존 강성상제 지신지성하신 성령의 아래에 고하나이다.

하늘이 감추고 땅이 비밀히 하여 천고에 굳게 숨긴 신령스런 지경을 점지함이여, 큰 바다가 동남으로 모여서 만세의 청화한 큰 규범이 창조되었으니, 풍성(風聲 : 풍조와 명성)을 천지에 세우고 관첨(여러 사람이 자세히 지켜 봄)을 금신(襟神 : 가슴속에 있는 정신)에서 솟게 하도다.

가만히 생각컨데 태고의 유적이오, 진실로 이것이 후학이 공경해야 할 법식이니 대개 흠모하는 사람이 이 경지에 깊이 들어와서 이 당(堂)에 오르면 누구인들 감복하고 흠탄하지 않으리오! 앞에서 인도하고 뒤에서 의탁함은 이것이 인간과 신명의 떳떳한 도리이고, 위에서 베풀고 아래에서 이룸은 이것이 동천(洞天 : 신선이 사는 세계)의 참된 경지로다.

들보를 동으로 던지니(상량할 때 대들보를 동서남북과 상하로 흔드는 의식) 천마산이 하늘에 솟아 푸른 공중에 꽂혔으니 큰 뜻은 어느 때에 날라서 이에 이르렀는고? 분주히 오르는 세상 파도를 날려서 장차 치우치지 않고 균형을 이루게 하리라.

들보를 서로 던지니 용담수(감천 앞바다의 이름)의 살아 움직이는 물이 긴 하늘과 더불었음이 때에 응해서 사해의 봄과 흘러서 통하니, 이 속에 잠겨서 쓸 수 없다고 말하지 말라.

들보를 북으로 던지니 구덕산은 거듭된 푸른 남기(아지랭이와 같이 일어나는 산의 기운)로 둘렀으니 바라보는 속에 무리진 봉우리가 그림처럼 벌렸으며 하늘빛과 구름 그림자는 이 가운데의 화평한 바다를 이루도다.

들보를 남으로 던지니 안장봉이 높이 솟아 기다린 지 얼마인가?

미인(구천상제님)을 하늘 한 방향으로 바라보니 옥우(옥경대)가 높은 곳에 공경스러움을 이길 수 없도다.

들보를 위로 던지니 흰 해와 밝은 달이 맑은 바람과 더불었음이 옥추(옥황상제님이 계신 곳)와 구천(구천상제님께서 계신 곳)이 또한 선경이니, 많고 많은 나의 어린 자손이 복록과 수명을 (상제님께) 축수하도다.

들보를 아래로 던지니 산이 다하고 물이 돌아 음과 양이 만나 모임은 다함이 없고 끝이 없어 연원이 창창하고, 사해의 용왕이 모여 서로 상대하도다.

엎드려 바라옵건대 상량후에 양은 순수로, 음은 역수로 하여 오행이 서로 살리며 조화의 도가 이루어지게 하였사오니, 진법주 안의 15위차(지위와 차서) 신성의 영위와 칠성경 안의 제위선관과 천하영웅 관운장의 소솔제장과 28수, 24절의 제대신장과 개벽주 안의 15신문 제대신장은 이에 나아가 즉시 크게 내리시옵소서.[2)]

이달 중순 어느 날 정사 내정에서 임원들에게 1, 2 감 쪽을 가리

---

2) 維歲次 丁酉 三月 壬寅朔 初一日 壬寅 无極神 大道德 奉天命 奉神敎 太極道主 趙鼎山 伏告于九天應元 雷聲普化 天尊 姜聖上帝 至神至聖 聖靈之下 天藏地秘 占千古堅秘之靈境 大海湊東南 創萬世淸化之弘規 樹風聲於天壤 聳觀瞻於襟神 竊惟太古之遺跡 實是後學之矜式 蓋 欽慕者 深入是境 升是堂 孰不感服而欽歎 前導後托 是人神之常道 上布下成 是洞天之眞境 抛樑東 天馬沖宵揷翠空 大志那時飛到此 奔騰世波飛將衡 抛樑西 龍湫活水與長天 應時流通四海春 莫道此中潛勿用 抛樑北 九德重重繞碧嵐 望裡群峰圖畵列 天光雲影此中海 抛樑南 鞍峰高出待幾時 望美人兮天一方 玉宇高處不勝欽 抛樑上 白日明月與淸風 玉樞九天又仙境 萬千兒孫獻福壽 抛樑下 山盡水廻際陰陽 無盡無涯蒼演源 四海龍王互相對 伏願 上樑之後 陽順陰逆 五行相生 造化道成 眞法經內 十五位次 神聖之位 七星經內 諸位仙官 天下英雄 關雲長 所率諸將 二十八宿 二十四節 諸大神將 開闢呪內 十五神門 諸大神將 卽此大降.

키시며, "저쪽은 테 밖이고 난간과 같아서 벗어나기 쉬우니 내려앉아야 하리라."하시고 다시 6감 아래 지역을 가리키시며, "너무 내려가면 떨어지기 쉬우니라." 또 옥녀봉 동쪽 기슭을 가리키시며, "저쪽은 생문방(生門方)이므로 인가를 지으면 좋지 않고 그 안골은 천옥(天獄)이니라"하시므로 도인들은 안골에 집을 짓지 않았다.

4월 초 4일 아침에 임원들을 정사로 부르셔서 수라를 함께 드신 다음, "우리 도의 중대사는 모두 4월에 이루어지므로 음력이든 양력이든 4월은 내가 잊지 못할 달이니라. 봉천명과 득도가 그러하고 천보와 황극도수, 태인·회문·부산 3도장의 개시가 모두 그러하지마는 이는 이미 지난 도수이고 그보다 더 큰 도수는 돌아오는 4월이니라."고 하셨다.

또 하교하시기를 "증산상제님께서 허도수(虛度數)를 짜 놓으셨으므로 내가 50평생을 허도수 · 허공부에 시달렸으나 갑신(도기 36)년에 시지49년지비(始知四十九年之非) 도수에 따른 인덕도수의 실공부(實工夫)로 전환하여 지금에 이르렀으니 이제 13년이니라. 이것이 상제님께서 짜 놓으신 이윤(伊尹)의 도수였으며 또 공부를 마치는 도수도 얼마 남지 않았으니 그대들은 명심할지어다." 하시니라. (8:27)

"일불(一不 : 한 가지 잘못)이 살육통(殺六通 : 여섯 가지 잘한 것을 죽인다는 뜻으로서 옛날 과거 강경과<(講經科)에서 7서(4서 3경 즉 주역, 서전, 시전, 논어, 맹자, 중용, 대학) 중에서 6서를 모두 잘하고도 1서만 잘못하면 급제가 안 되는 데서 나온 말)>이라는 옛말이 있는데 나는 일불이 살백통(殺百通)의 도수를 쓰리니 일호(一毫)의 차착(差錯)도 없어야 하리라."하시므로 김용화가 그 뜻을 여쭈니, "사다리를 오를 때는 한 칸씩 오르되 떨어질 때는 단번에 떨어진다는 뜻이니라."하셨다. 하루는 임원들에게 이렇게 가르치셨다.

"용마<(龍馬 : 복희씨 때 황하에서 나온 말로서 그 등에 하도(河圖)가 그려졌다한다.)>와 신귀<(神龜 : 하우씨 때 낙수에서 나온 거북으로서 그 등에 낙서(洛書)가 그려졌다 한다)>는 모두 물에서 나왔고 또 하우씨의 9년 치수(治水)는 낙서에 유래함이나 나의 5만년 후천 대운은 오강록(烏江錄 : 상제님께서 둔궤에 쓰신 글로서 초패왕의 해원을 뜻함)에 유래함이니라. 낙수와 오강은 강하(江河)의 중류(中流)이나 이곳 감천 용담은 황화와 낙수로 통하는 낙동강(황지(黃地)에서 발원)과 동해의 수회처(水廻處)니라."

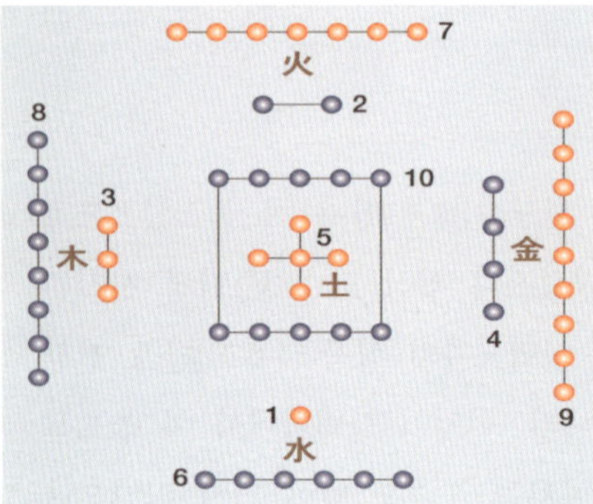

하도(河圖)

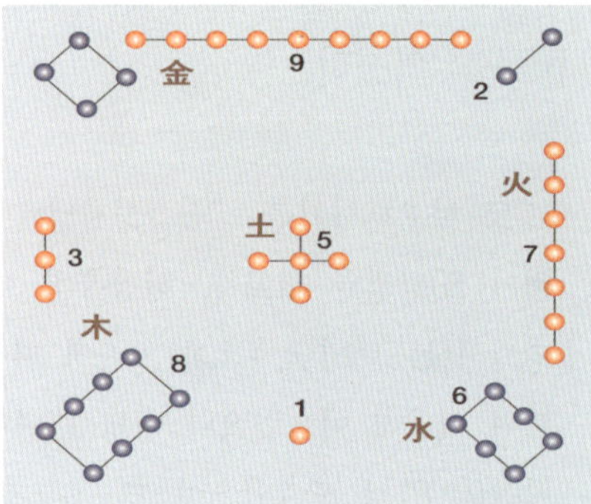

낙서(洛書)

"제 한 몸이 곧 소우주(小宇宙)며 도와 일체임을 자각하여야만 대도 진법의 진도인(眞道人)이니라"

"도란 천·지·인 3계에 관영(貫盈)하니 너희 도인은 이미 3계의 역군(役軍)이 되어 있으나 그로써 족하지 않고 후천 3계 개벽의 역군이 되어야 하느니라."하셨다.

정산께서 영건공사의 모든 부분을 한 가지라도 소홀함이 없게 하시고 설계상의 구조와 자재를 몸소 살피심은 물론, 목재는 모두 굽거나 찌게 하시되 수미(首尾)를 가려서 쓰게 하셨다.

심지어 외 엮는 일까지 손수 시범하시며, "나무는 종횡(縱橫) 십자(十字) 또는 정자(井字)로 대어서 음양이 되고 새끼는 궁을형(弓乙形)으로 엮어 태극을 이루며 흙도 맞벽을 쳐서 합덕(合德)을 이루니 여기에도 진리가 있지 않느냐. 이처럼 만사를 모두 태극의 원리로 이루어야 하리라."하셨다. 신축건물의 영건공사는 영선부(營繕部)에서 담당하였는데 그 총책임자는 박해성(朴海成), 대목책임자는 최경구(崔敬求), 조동은(趙東殷), 소목책임자는 송인화(宋仁化), 박위서(朴渭緖), 철공책임자는 김봉준(金鳳俊)이었다.

공사기간 동안 정산께서는 몸소 현장에 임하셔서 공사의 세부 내용 특히 창호의 문살, 문고리, 돌쩌귀 하나까지도 그 재료와 제작방법을 자상히 명교(命敎)하시므로 영선부 임원들은 물론, 모든 공인(工人)들이 온갖 기능과 정성을 다하였다.

또한, 일반 도인들도 앞을 다투어 공사에 참여하여 흙 한 삽, 기와 한 장 나르는 일도 진심으로 자진하여 취역(就役)함으로써 공사가 불일성지(不日成之)로 추진되었다.

하루는 박해성 등이 상주(上奏)하기를, "이러한 자재로서는 판옥

▲ 도기 49년, 정유(丁酉 1957)년 4월 하순에 완공된 대강전 모습

▲ 도기 95(2003)년에 중창한 대강전

(板屋)을 겨우 면할 정도이오니 너무 초라하지 않나이까?" 하니, "이만하면 임시 쓸 것이니라."하셨다.

또 최경구가, "하층은 콘크리트나 벽돌로 짓고 상층은 한식으로 지어 단청도 했으면 좋겠사옵니다!"하니, "후일에는 금을 올릴지언정 지금은 도인들이 이렇게 고생하는데 어찌 그리할 수 있으랴. 현실에 맞게 하느니라."하셨다.

이달 하순에 건물이 완공되자 정산선생께서 임원들에게 하명하시기를, "그대들이 건물의 용도와 명칭도 모르면서 오직 내 지시대로 하여 완공한 노고를 위로하노라. 이 전각은 내가 장차 50년 공부를 종필할 곳이며 그대들이 심령신대(心靈神臺)를 봉안하고 진법을 봉행하여 대강을 봉대(奉戴)할 오도(吾道) 유일의 지중한 성전이니 그런 뜻으로 명칭을 지어보라."하셨다. 임원들이 이 명령에 따라 '태을궁(太乙宮)' '통천궁(統天宮)' '봉강전(奉降殿)' '요운전(曜雲殿)' '봉령전(奉靈殿)' 등의 명칭을 지어 올리니, "모두 부적(不適)하다"하시고, "내 이 성전을 대강전(大降殿)으로 명명하노라."하시므로 일동이 황공복지(惶恐伏地) 감복하였다. 이어서 이렇게 하교하셨다.

> "유가에서는 공자를 모신 건물을 선성지도의 집대성이라는 뜻에서 대성전(大成殿)이라 하고, 불가에서는 부처의 덕호(德號)를 따라 대웅전(大雄殿)이라 하는데, 오도에서는 원위대강(願爲大降)의 대강전(大降殿)으로 명명하느니 이로써 수운이 기도주를 봉명(奉命)한 지 양(兩) 50년 만에 비로소 대강의 계대(繼臺)가 마련되느니라. 건물은 비록 협소하나 우선 쓰는 데는 족할지니 내가 50년 공부로써 찾은 곳이 감천이요, 그대들이 기도하는 소원이 오직 대강이므로 이 바로 천기요 도수이며, 5만 년에 유일하고 우주 간에 둘이 없는 진리의 성전이니 이곳을 새서울이라 함도 이 성전이 있는 연유니라." 하시니라. (8:36)

정산선생께서 대강전 내부의 명칭과 용도를 하명하시니 상층은 중궁(中宮), 중궁의 영위 봉안실(奉安室)은 영대(靈臺), 몸소 도수를 보실 공부실은 법단(法壇), 중궁의 동문(정문)은 대동문(大同門), 남문은 영불문(迎佛門), 8각 창문은 정갑문(丁甲門)이라 하시고 중궁의 서북측에 전수실(奠需室), 동남측의 서편에 봉심실(奉審室), 동편에 공부실(후일 시법실로 명명)을 두셨다. 그리고 대강전 하층의 명칭은 회관(會館), 그 북문은 승정문(承政門), 남문은 용화문(龍華門)이라 하시고 그 동북과 서남측에 상하층을 통하는 계단, 그 옆에는 남북으로 공부실 2개 <후일 태을방(太乙房), 일관방(一貫房)으로 명명)>를 두셨다. 또 영선부원에게 명하셔서 영대의 봉안상(奉安床), 진영액(眞影額), 독, 제기(祭器) 등을 원위(元位)로부터 4위까지 각각 만들게 하시며, "내 일을 내가 하다니……"하시고 일일이 그 장광척촌(長廣尺寸)과 옻칠에 이르기까지 세밀히 지시 감검(鑑檢)하셨다. 이달 26일에 봉축주와 진법주의 '통극신'을 '무극신'으로 환원토록 하명하시고 납폐지에도 그와 같이 하게 하시며, "내 이제 무극과 태극을 통한 황극(皇極)을 세웠노라."하셨다.

27일에 정산선생께서 구천상제의 진영(眞影)과 서가여래, 관성제군의 영위(影位)는 미리 준비하시고 옥황상제를 비롯한 다른 위지(位紙)는 채우식(蔡雨植)으로 하여금 법단 안에서 하명에 따라 봉서(奉書)하게 하셔서 몸소 진영액과 독에 붙이신 다음 이윤섭(전임 도전)과 오치국(지난 1월 25일에 임명된 도전)으로 하여금 순차대로 영대 봉안상 위에 옮겨 모시게 하셨다. 이에 앞서 봉안상 등의 제작에서 행자목판(杏子木板)으로 짜고 옻칠을 하게 하시며 옻을 타는 사람의 접근을 금하셨는데 이때 박중하는 옻을 심히 타는 체질임에도 두려움 없이 중궁에 올라가 윤섭, 치국과 함께 위패를 모셔 옮겼으나 옻이 오르지 않음을 보시고, "모든 병은 마음에 있느니라."하셨다. 1957년 4월 28일에 봉천명일 치성을 겸하여 대강전 영건과 영대 봉안의 치성을 봉행하기로 정하시고 영대에 15신위를 봉안하셨다. 이러한 설비가 완료된 다음에야 임원들은 이 건물이 태극도의 핵심적 성전이라는 사실과 그야말로 원위대강의 신전(神殿)이라는 사실을 비로소 깨달을 수 있었다.

그러나 이 성전에서 장차 태극진법의 공부법방이 시행되고 정산선생께서 50년 공부를 종필하시고 옥황상제의 신격 위에 임어(臨御)하시는 화천(化天)이 있을 것은 미처 깨닫지 못함으로써 후일 대도운영의 큰 혼란을 야기했다.

그로부터 60년이 지난 오늘날까지도 이 성전을 떠나서도 정산선생의 덕화를 받들어 원위대강을 모실 수 있다는 생각을 하고 있다고 생각한다면 태극도의 설립취지와는 전혀 맞지 않는 배도 배신행위라 할 것이다.

태극의 백의군왕

치성 후에 임원들에게 말씀하시기를 "옛날 주문왕(周文王)이 영대(靈臺)와 영소(靈沼)를 경지영지(經之營之)할 때, '서민(庶民)이 자래(自來)하여 불일성지(不日成之)함에 종고이낙지(鐘鼓而樂之)라.'[3] 하더니 나의 일도 그와 같아 영대 앞에 영소도 불일성지하리라." 하시며 대강전 앞 축대 아래 작은 샘을 파서 금붕어를 기르게 하시더니, 과연 다음 해 도장을 정지할 때 그곳에 영소가 절로 이루어지니라.(8:43)

▲ 대강전 앞의 영소

정산선생께서 도기 49(1957)년 4월 28일 대강전 영건치성 후에 하교하신 말씀대로 다음해 도장을 정비할 때 자연히 이루어진 영소. 도기 87 (1995)년 대강전 중창 때 다시 정비한 모습.

대강전이 영건된 후 상제님께서 법단(法壇)에 공부 설석(設席)하셔서 도수를 보시며 명령을 내리시기를 "자금 이후로는 도법이 출어법단이니 내 말이 곧 도법(道法)이니라." 하시고, 도중사의 결재 · 하명과 도인들의

3) 옛날~ : 옛날 주문왕이 영대와 영소를 경영할 때 백성들이 스스로 와서 곧 이루어짐에 종을 울려서 즐겼다. 『孟子, 梁惠王 上』

승인[4] 등 공사(公事)를 법단에서 행하시니라. 승도부인께서는 정사 회룡재에 거처하게 하시고, 시봉들은 정사 옆방에 항상 대기하게 하셨으며, 도중가족들은 보수도정 내당에 거주하게 하시니라.(8:44)

5월 삭일(朔日 : 초하루)에 중궁의 모든 문을 열어놓게 하시고 중부 전체 도인의 영대 봉심(奉審)을 명하셔서 방면별로 임원 인솔로 회관 동북 측 계단을 통하여 중궁에 올라가 법단 앞에 정렬하고 배례, 거수(擧首) 알현(謁見)한 다음 서남 측 계단으로 퇴전(退殿)하게 하셨다. 이날 봉심행사에 참례한 인원을 조사, 집계한 결과 3,000명 임을 보고하니, "지난 정초의 세배인원이 3천 명임은 3천지반 도수의 시작이었으며 오늘 행사는 그 도수의 연결이니라."하셨다.

그 전날 도주님께서 도인들의 봉심을 명하신 직후부터 옻으로 옥체가 붉어지셨으므로 임원들이 송구하여 약을 진상하며, "지존께서는 옻을 타지 않으시는 줄로 아옵는데 오늘은 어찌 옻이 오르셨나이까?"하니, "만수도인이 봉심행사에서 옻에 신고할 것이므로 내가 미리 대속(代贖)함이니라."하시고 약을 물리셨다.

임원들은 옥체의 환후를 염려하였으나 혼정시(昏定時)에는 쾌차하셨고 다음 날 수천 도인이 칠 냄새가 가득한 중궁에 오르내렸음에도 옻이 오른 사람이 없음을 확인하고 모두 덕화라 생각하여 기뻐하였다. 이달 초순 며칠 동안의 장마로 용화문 밖 광장이 질고 물이 괴었으므로 임원들에게 정지(整地)하도록 명하셨는데 임원들이 그 진흙 밟기를 꺼리며 불성실하게 하므로, "너희는 여기를 어떻게 생각하느냐? 이곳이 대강전의 일층과 같으니라." 하시며 엄히 꾸중하셨다.

5월 어느 날 말씀하시기를 "앞으로 조심할 일은 산불이니, 산불로 산

4) 承顔 : 만나 뵘.

이 헐벗는 일도 문제이나 신명계에서는 더욱 싫어하느니라. 지계(地界)가 천계(天界)에 응함이 지기로 하늘에 붉은 노을이 이는 것을 보면 아느니라." 하시고 다음의 한시 한 절을 외워 주시니라.

香初老佛細細音　鐘後青山默默天[5] (8:48)

또 어느 날은 허령, 지각, 신명의 3단계 도수를 하교하시고, "이제는 완전한 신명시대니라. 허령 도수와 지각 도수를 마친지가 이미 오래니 신명도수가 분명하지 않으냐."하셨다.

정산선생께서 분부(吩咐)를 내리실 때는 항상 2인 이상이 함께 받들도록 하시고 한 임원에게 과오가 있을 때는 그 직속(直屬) 책임자에게 선도(善導)의 잘못을 엄책(嚴責)하셨다.

하루는 초패왕과 의제(義帝)의 고사(故事)를 말씀하시고, "초패왕이 의제를 저버림이 아니라 의제가 초패왕을 저버림이니라."하셨다. 또 말씀하시기를, "기도행사는 사가(私家)에서 열 번보다 회의실에서 한 번이 낫고 회의실에서 열 번 보다 대강전에서 한번이 나으니라."하셨다.

5월 망일(望日 : 보름날)에 조영래가 개인사업을 위하여 전학원 학정직(學正職)을 사임하므로 수리하신 다음 후임에 괴산지방 호장 김영하(金永河)를 임명하시고 교전에 박영희, 교무에 이영호, 학무에 김수봉, 유진권, 이종희, 이문행 등을 보궐 임명하셨다. 이날 전학원 임원들에게 하교하시기를, "그대들은 성 · 경 · 신을 다하여 이세(二世) 도인들을 교육시켜 참다운 인재를 양성하라. 앞으로는 임원들과 성년(成年)도인들도 모두 배워야 하느니라.

청학동(青學洞)에서는 청학을 하여야 하느니 이 또한 청학도수의

5) 향초노불세세음 종후청산묵묵천: 향을 피우기 시작하니 늙은 부처의 가는 소리인 듯하고, 종을 마치니 청산에 말없는 하늘이라.

개시니라"하셨다.

이 무렵 정산선생께서는 후일의 용도(用途)에 대비한다 하시며 금, 은괴(金銀塊)를 수집하시다가 박한경에게 거금(巨金)을 주셔서 금괴를 사오도록 하명하셨는데 한경은 이 돈을 증식(增殖)시키려고 음성 무극광산의 금광 덕대(德大) 김광현에게 투자하였다가 사기당하여 금괴를 진상할 수 없게 되자 송구(悚懼)하여 도를 못 믿게 되었다 하며 2개월간 월례상정일(月例上廷日)에도 상정하지 않았다.

이 사실을 알게 된 김용화가 그 유용 손실분(損失分)을 협동상회 자금으로 충당하여 수습한 다음 함께 상정하여 정산선생께 배알하니, "너의 죄를 논하자면 만번 죽어도 애석하지 않지만 개과천선하고 도업(道業)에 더욱 진력하되 과욕(過慾)을 회참(悔懺)하라."하셨다. 7월 어느 날 이렇게 말씀하셨다.

"그대들이 기다리는 때는 오직 호시절(好時節)을 말함이니 그 때라는 것은 기약한 것같이 이르고 한정한 것같이 정하는 것이니라. 분초(分秒)를 두고 기다릴 것이로되 꼭 어느 날 어느 시라고 단언(斷言)하지는 못하고 설사 알아도 누설하지는 못하는 법이니 만일 그러하면 신명이 가장 싫어하는 천기누설(天機漏洩)이 됨이니라. 그러므로 알고 말하면 누설죄에 걸리고 모르고 말하면 기만죄(欺瞞罪)에 걸리느니, 정히 답답하거든 세상사(世上事)를 살펴보라." (8:62)

정산선생께서는 항상 대강전을 상비원(常備員)으로 하여금 엄히 지키도록 하시며 일체의 부정(不淨)을 금하시고 중궁에는 상급임원도 출입을 제한하셨다. 7월 말일에는 수직하던 정복현(鄭福鉉)이 잠시 자리를 비운 사이 한 경찰관이 우연히 중궁에 올라가 구경함을 박중하가 발견하고 황급히 추방하였는데 정산선생께서 이 보고를 받으시고 크게 진노하셔서 정복현을 대동문 밖에 석고대죄(席藁待

罪)시키시고 상급임원 전원도 중궁에 부복 대죄시키며, 영대문 앞에서 한 시간이나 부복 사죄하신 다음 전체 임원을 엄히 책망하셔서 궁단속(宮團束)을 더욱 강조하셨다.

윤8월 초8일에 정산선생께서 임원 몇 사람을 거느리고 지리산 쌍계사(雙溪寺)에 행행하셨는데 출발에 앞서 대강전 앞마당에 차를 대기시키시고 도장에 남을 임원들에게 하명하시기를, "이번에 백의군왕(白衣君王), 백의장상(白衣將相) 도수가 들어오는데 내가 없어도 너희가 감당하겠느냐! 궁단속(宮團束)을 잘하라."하셔서 다짐을 받으신 다음, "이 도수를 마치면 도명(道名)이 세상에 드러나고 도장에도 전기(電氣)가 들어오게 되며 나 또한 이 지상에서 볼 도수는 거의 마치게 되느니라."하셨다.

이날 하오 쌍계사에 가셔서 청학루 옆의 영주각에 자리를 마련하시고, 초9일 자시부터 공부를 시작하시니 밤에 지리산 일대에 폭풍이 일며 때 아닌 우박이 쏟아지니라. 이때 상제님께서는 밤새 공부하셨으며 시종들은 우박을 피하여 청학루에서 쉬는데 밤중에 공부실 쪽에서 벼락 소리가 크게 일어나므로 급히 올라가니 상제님께서 크게 꾸중하시기를 "너희들은 제자리를 비워 두고 어디서 무엇을 하였느냐? 저 문과 문고리를 보라." 하시니라. 시종들이 황공하여 부복하였다가 살펴보니 문고리는 빠드러져 뽑히고 문종이는 모두 찢어져 있으므로 당황하여 어찌할 바를 모르니라. 이어 말씀하시기를 "이런 일에 너희들이 있은들 어찌하라? 신명들이 한 일이어늘……. 지리산 신령은 여신령이니라." 하시며 한시 한 절을 외워 주시니 이러하니라.

趙鼎山來智異應 一布衣來白日寒[6] (8:65)

6) 조정산래지리응 일포의래백일한 : 정산이 오니 지리산이 감응하고, 한 베옷으로 오니 대낮이 차구나.

12일에 임원들에게 말씀하시기를 "증산상제님께서 '정북창[7] 같은 재주로도 입산 삼일에 비로소 천하의 일을 알았다.' 하심이 진실로 옳은 말씀이니, 너희들도 공부 않고 성공할 생각은 말라." 하시니라. (8:66)

한편, 이날 여러 일간신문에 '태극도 간부가 폭력으로 도인의 재산을 갈취(喝取)'라는 제목의 기사가 크게 보도되었다. 이는 7감에 살던 김현우가 입도는 하였으나 임원들의 지도에 불응할 뿐 아니라 재력(財力)이 있음을 뽐내면서 빈곤한 도인들을 업신여기므로 그 방면 호장 이윤섭이 과격하게 질책(叱責)하자 이에 앙심을 품고 배도(背道)하여 사실무근한 허위날조(虛僞捏造)의 진정서를 언론기관과 수사당국에 제출함으로써 발단된 일이었다.

이로써 각 신문에서는 이를 확대 보도하고 더욱 심층취재(深層取材)한다하며 매일 수십명의 기자가 도장에 찾아와서 며칠 동안 소란을 일으켰으며 수사당국에서도 사실을 조사하니, 도장에 남아있던 임원들은 이 사건을 정산선생께서 환궁(還宮)전에 마무리 지으려고 고초를 겪었고, 조사결과 사실무근임이 밝혀졌다.

16일에 정산선생께서 하산하셨는데 이때 지리산에 화재가 일어나 몇 만 정보에 번지므로 인근 주민 수만 명이 동원되어도 진화하지 못하였으나 25일에 정산선생께서 이 소식을 들으시고, "산이 다 타서야 되겠느냐?"하시더니 이날 폭우가 쏟아져 자연히 진화(鎭火)되었다.

이때 임원들은 지난 5월에 산화를 분부하신 뜻을 깨닫고, 이 공부시 지리산 산신이 복응(伏應)한 사실과 아울러 감복하였다.

7) 鄭北窓 : 鄭磏. 중종때의 학자. 천문 · 지리 · 의약 · 복서 · 유불선에 정통함.

태극도의 상제인식

정산선생께서 환궁하셔서 임원들에게 백의장상도수의 노고를 위로하시고 지리산과 최고운(崔孤雲)에 관한 전설과 조선 태조 개국시(開國時)에 8도(道)명산의 응기(應氣)를 받았으나 유독(唯獨) 이 산만이 불복(不服)하므로 본래의 산 이름 지리산(智理山)을 지이산(智異山)으로 고쳐서 경상도로부터 전라도로 유배(流配)시켰다는 전설을 하교하셨다.

> 19일 밤에 환궁하실 때 수천 도인이 하감천까지 나아가 배례를 올리며 맞아 모시니 밤하늘에 달도 없는데 대낮처럼 밝고 맑은 하늘에서 뇌전이 일어났으며, 상제님께서 임원들에게 "백의군왕 백의장상도수"를 무사히 치른 노고를 치하하시니라. 이어 당나라 말기에 희종이 "해동지리산(海東智理山) 대불핍절 문천무만지기(代不乏絶 文千武萬之氣)"8) 라는 비결을 보고 최고운을 보내어 그곳 청학동 잔돌평지 40리에 8만9암자를 지어 그 기운을 진압하게 하였다는 전설과 조선 태조가 개국시에 팔도 명산의 응기를 받았으나 유독 이 산만이 불복하므로 본래의 산 이름 지리산을 지이산(智異山)으로 고쳐서 경상도로부터 전라도로 유배시켰다는 전설 등을 하교하시니라.(8:69)

23일에는 정산선생께서 대전으로 행하셔서 이튿날 은진 관촉사(灌燭寺)의 석조(石造) 미륵불상과 연산 개태사(開泰寺)의 철확(鐵鑊)을 관감(觀鑑)하셨다. 환궁하신 후에 임원들에게 은진 미륵은 석재(石材)가 너무 커서 세울 때에 신동(神童)의 암시(暗示)를 받아 흙을 쌓고 세우는 방법을 알아냈다는 전설과 연산 철확은 왜정 때 철

---

8) 해동 지리산에 대대로 문사 천 명 무인 만 명이 절핍(絶乏)하여 끊어지지 않을 기운.

재(鐵材)로 사용하려고 파괴하다가 뇌전벽력(雷電霹靂)이 일어나고 인부가 급사하므로 포기했다는 전설 등을 하교하셨다.

> 26일 축시에 상제님께서 공부를 마치시고 정사에 가셔서 옆방에 있던 임규오·김영하·윤금현 등을 불러 시좌시키시고 "너희들과 이야기를 하고자 하니 우선 너희들이 무슨 이야기든지 하여 보라." 하시니라. 금현이 "서교 경전 묵시록에 '어린양'이 하느님으로부터 인봉(印封)한 책을 받아 그 인을 떼어 조화를 부렸다는 말이 있사온데, 그 '어린양'은 바로 '을(乙)인 양(羊)'이고 '양(羊)은 미(未)'이므로 지존께서 을미생(乙未生)으로 오심을 예언함이옵고, '인봉한 책'이란 지존께서 증산상제님께서 비장하신 천서를 받드심을 뜻함이오며, 또 여호와가 '2천년 후에 불로 심판한다'는 말은 지금 지존께서 사오화(巳午火) 남방에 오셔서 창생을 구제하실 일을 예언함이라 생각하옵니다. 그러하옵고 역(易) 정괘(鼎卦) 단전(彖傳)에 '이목손화(以木巽火) 팽임야(烹飪也)니 성인이 팽(烹)하야 이향상제(以享上帝)하고 이대팽(以大烹)하야 이양성현(以養聖賢)하니라.'[9] 함도 지존께서 정산(鼎山)님으로서 천명을 봉대하심을 단정함이옵니다." 하고 장황히 아뢰니라. 상제님께서 미소를 띠시며 듣기만 하시다가 천명을 받드신 일로부터 중국에서 공부하시며 도수를 보신 일, 득도·환국하신 일, 안면도·황새마을·통사동에서 공부하신 일, 천서·천보를 모신 일 등의 경과사를 말씀하시니라.(8:72)

윤금현 호장(당시는 호령)은 이때 현임 편찬위원으로서 이날 새벽에 받든 분부를 명심했다가 필생(畢生)의 사명으로 자임(自任)하던 태극진경 원고 초안의 기본으로 하였으며 그 자필(自筆) 원고는 지금도 편찬원에 보관되어 있다.

---

9) 이목~ : 나무로써 불을 지펴 삶고 익힘이니, 성인이 삶아 익혀서 상제께 제사를 올리고, 크게 삶아 익힘으로써 성현을 기르느니라.

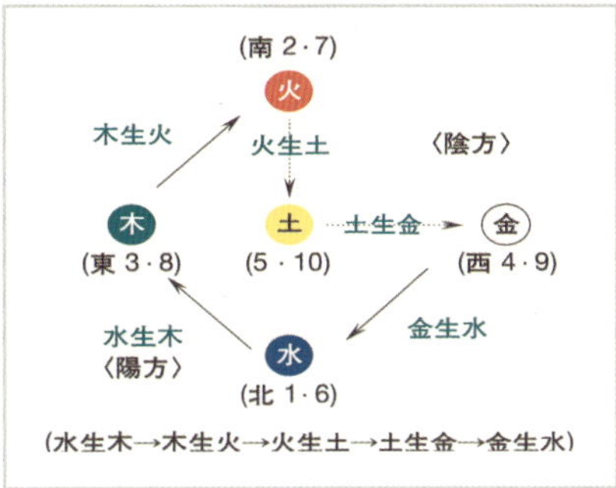

오행상생도(左旋)

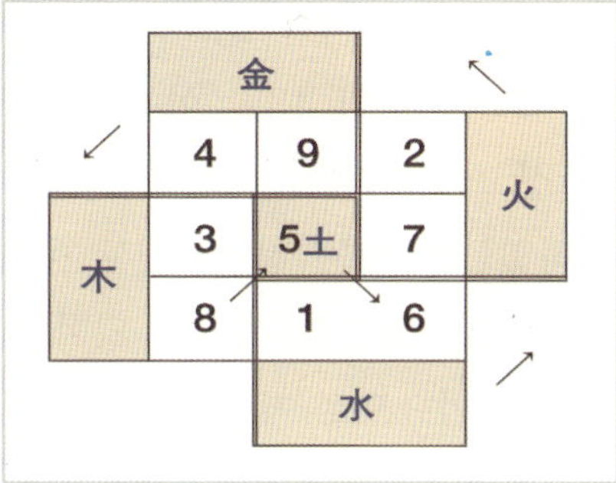

오행상극도(右旋)

하루는 말씀하시기를 "진주는 내가 잡고 이제 뽑기까지 하였으니, 까기만 하면 되는데 까기는 여반장(如反掌)이니 너희들이 하라. 진주란 낙서(洛書)의 법이니 낙서 구궁(九宮)의 수가 종·횡·대각(縱橫對角) 팔방이 모두 15임이니라. 또 낙서의 좌선(左旋)·우선(右旋)하고 상생상극(相生相剋)하는 이치도 너희들이 깨달아야 하느니라." 하시며, 낙서 구궁도(九宮圖)를 가르쳐 주셨다.

9월 중순에 정산선생께서 임원들로 하여금 중부도인 전원에게 구궁(九宮), 팔괘(八卦), 생기법(生氣法), 12운법(十二運法)을 가르쳐 외도록 하시고 다음과 같이 한시를 외어주셨다.

先須掌中配九宮　縱橫十五在其中　次將八卦分八節　一氣統三爲正宗 10)

정산선생께서는 본래부터, "내 앞에서는 서자(書字)가 필요하지 않으니라."하시며 일체의 문서는 불태우셔서 남기지 않으시고 진영(眞影 : 사진 또는 초상화)도 기념촬영조차 엄금하셨다. 이 분부를 잘못 이해한 일부 임원들이 화천하신 후에도 상당기간 도단행정의

10) 선수장중배구궁 종횡십오재기중 차장팔괘분팔절 일기통삼위정종 : 먼저 반드시 손바닥 안에 구궁을 배열하면, 가로·세로 15가 그 안에 있다. 다음에 8괘를 8절로 나누면, 1기(태극)가 3(천·지·인)을 거느려 정종(正宗)이 된다.

문서화조차 기피함으로써 덕화선양(德化宣揚)에 지장을 초래한 사실도 있었다. 9월 13일 아침에 청구가 사진기를 가지고 정사에 올라가 상고(上告)없이 회룡재 정침에서 책 보시는 정산선생 사진을 촬영하였는데 이는 청구자신도 무의식으로 한 일로 촬영 후에 무엄하게 저지른 일임을 깨닫고 당황했으나 정산선생께서는 아무 말씀 않으시고 법단으로 거둥하셔서 박중하를 소명(召命)하셨다.

"오늘 아침에 영래가 한 일은 저도 모르고 한 일이나 도수에는 맞았느니라. 사진사를 불러 내 사진을 정식으로 촬영하여 확대하되 4장을 마련하라."하시며 그 장광척촌(長廣尺寸)을 가르쳐 주셨다.

18일 하오에 상급임원들을 중궁에 시립시키시고 몸소 영대의 옥황상제 위패의 위지를 떼어 불사르신 다음 그 위(位)에 미리 준비하셨던 진영을 봉안하셨으나 당시 임원들은 존의(尊意)를 헤아릴 수 없어 감히 아무 말씀도 여쭈지 못하였다.

이 사실은 참으로 종교신앙의 의의를 갖는 일이다.

모든 신이나 부처는 스스로 자기를 계현(啓現 : 계시하여 나타냄)함으로써 그때부터 비로소 신으로서의 위격(位格)을 지니는 것이다.

그러므로 이 일은 정산선생께서 인덕(人德) 도수인 삼천지반도수를 비롯한 예장(禮章)도수, 범질도수, 백의군왕도수 등 수많은 도수를 마치신 다음 몸소 옥황상제이심을 계현하는 무언의 선언으로 이해할 수 있다. 이날 포장, 호장 등 상급임원은 이심전심(以心傳心)으로 누구의 제안이나 상의도 없이 범질(范質) 도수와 예장도수를 생각하고 지난 을미년에 보수도정(당시는 부산도장)에서 정산선생의 '지존위(至尊位) 등극(登極)'을 주청(奏請)하던 전례가 상기(想起)되었다. 이에 일동이 다시 그렇게 주청하여 명확한 윤허(允許)를 받들기로 결의한 다음 하오 9시경에 포정, 호령 이상 중급(中級)임원들을 대강전 회관에 시립시켜 놓고 상급임원 전원이 정사에 올라가 존전(尊前)에 부복하고 주청하기를, "지존(至尊)께옵서 상제위(上帝位)에 등극하옵소서."하였으나 비답(批答)하지 않으시므로 자정(子正)이 지나 치성시간이 되도록 재삼재사(再三再四) 반복 상주하니, "치성이 늦겠으니 그만하라."하시고 중궁으로 거둥하셔서 치성진설(陳設)을 명하시므로 끝내 윤허의 말씀은 받들지 못했다.

임원들이 진설을 봉행하다가 진반(進飯 : 메를 올림) 순서가 정산선생 진영 앞에 이르자 진설원(陳設員) 이윤섭이 마음속으로 '과거 옥황상제 위패와는 달리 생존하신 정산선생 진영 앞에는 메를 올릴 수 없지 않을까?'하는 생각이 나서 주저(躊躇)하다가 마지못해 정산께 여쭈기를, "지존 진영 위전(位前)에도 메를 올려야 하나이까?"하니, "너희가 그렇게 미련하냐. 답답하도다. 뜻대로 하라." 하시므로 진반하고 치성을 봉행하였다. 이 일은 증산상제께서 짜 놓으신 '산제사'의 도수임을 당시 임원들이 깨닫지 못한 것이다.

치성 음복이 끝난 후에 임원들을 영대 앞에 원형(圓形)으로 부복시키시고 현무경(玄武經)의 한 장을 가리키시며, "내가 이 현무경의 모든 도수를 마치고 이제 이 한 장의 도수만 남았느니라. 이는 내가 닫고 온 옥추문(玉樞門)을 열러 가는 도수니라."하셨으나 이때 임원들은 부복하였으므로 어느 장인지를 확인하지 못하고 말씀하신 뜻도 확실히 깨닫지 못했다.

> 다음날 상제님께서 박중하 등을 거느리시고 법단에 옥체진영을 구천상제님 진영과 나란히 봉안하신 다음, 보수도정에 가셔서 그 영대에도 대강전 영대에서와 같이 옥황상제님 영위에 진영을 봉안하시니라. 임원들은 이때부터 상제님께 4배를 올렸으나 진의를 깨닫지 못하더니 화천하신 후에야 비로소 상제님께서 옥황상제님이심을 깨달았으며, 이때 법단에 남겨두신 진영 한 장은 화천하신 후 장례를 마친 다음, 재세시에 미리 지정하신 대강전 봉심실에 봉안하고 도인들이 승안 · 봉심토록 하니라.(8:80)

경천수도의 종교윤리

경천수도는 하늘을 공경하며 사람이 지켜야 할 규범을 따른다는 것이다. 하늘을 공경함에는 광명과 생명의 존재로서의 신에 대한 믿음이 있기 때문이다. 수도(修道)에는 종교적인 천도(天道), 윤리적인 인도(人道), 물리적인 지도(地道)를 따라 실천한다는 의미이다.

윤리적인 인도(人道)는 생활하면서 인위적으로 만든 규범이다. 본능을 억제하고 당위의 도리를 따름으로 성(性)에 따른 도(道)와 도를 닦는 교(教)를 함축한다.

경천수도하면 육체와 생명과 신명이 소통한다. 이러한 경천수도에는 단전연마가 중시되고 있다.

태극도설에 따르면, '무극(無極)이면서 태극(太極)이다. 태극이 동(動)하여 양(陽)을 생하고 동(動)이 극(極)하면 정(靜)하나니, 정하여 음(陰)을 생한다. <음정양동>정이 극하면 다시 동한다. 한번 동하고 한 번 정함이 서로 그 뿌리가 되어 음으로 갈리고 양으로 갈리니 양의(兩儀)가 맞서게 된다. <오행>양이 변하고 음이 합하여 수(水), 화(火), 목(木), 금(金), 토(土)를 생하니 오기(五氣)가 순차로 펴지어 사시(四時)가 돌아가게 된다.

또 오행은 하나의 음양(陰陽)이요. 음양은 하나의 태극(太極)이요, 태극은 본래 무극(無極)이다. 오행의 생함이 각각 그 성(性)을 하나씩 가지니, 무극의 진(眞)과 이오(二五)의 정(精)이 묘합(妙合)하여 응결(凝結)된다. <건곤남녀>건도(乾道)는 남(男)이 되고 곤도(坤道)는 여(女)가 되어 서로 감(感)하여 만물을 화생(化生)한다. 만물이 생하고 생하여 변화는 다함이 없다.'라고 말한다.[11]

---

11) 無極而太極, 太極動而生陽, 動極而靜, 靜而生陰, 靜極復動, 一動一靜互爲其根, 分陰分陽兩儀立焉, 陽變陰合而生水火木金土, 五氣順布四時行焉, 五行一陰陽也, 陰陽一太極也, 太極本

<만물화생>오직 사람이 그 수(秀,빼어남)를 얻어 가장 영(靈)하다. 형(形)이 이미 생기니 신(神)이 지(知)를 발(發)하고, 오성(五性)이 감하여 움직이니 선과 악이 갈리면서 만사가 생겨난다.

성인은 이것을 정하되 중정(中正)과 인의(仁義)로써 하고, 정을 주로 하여 인극(人極)을 세운다.

성인(聖人)은 천지와 더불어 그 덕이 합하고, 일월(日月)과 더불어 그 명(明)이 합하고, 사시와 더불어 그 서(序)를 합하고, 귀신과 더불어 그 길흉이 합한다. 군자는 이것을 닦으므로 길하고, 소인은 이것을 어기므로 흉하다. 그러므로 말하기를 [천(天)의 도를 세워 음과 양이라 하고, 지(地)의 도를 세워 유(柔,부드러움)와 강(剛,굳셈)이라 하고, 인(人)의 도를 세워 인(仁)과 의(義)라 한다.]고 하며, 또 말하기를 [시(始)에 원(原)하고 종(終)에 반(反)하면 사생(死生)의 설을 안다.]고 한 것이니, 위대하도다. 《역(易)》이여! 이것이 그 지극(至極)이로다.[12]

이처럼 태극도설(太極圖說)에서 주렴계(周濂溪 : 1017~1073)는 '무극(無極)이 태극(太極)이고, 태극이 움직여 양을 낳고 그 움직임이 극에 달하면 고요해져 음을 낳으니, 고요함이 극에 달하면 다시 움직인다. 이렇게 한 번 움직이고 한 번 고요함이 서로 그 근원이 되어 음으로 양으로 갈린다. 양이 변하고 음이 그에 화합하여 수, 화, 목, 금, 토의 오기(五氣)를 낳고, 오기가 순조롭게 펴져 사계절이 운행한다.

오행은 하나의 음양이요, 음양은 하나의 태극이다. 태극은 본래

無極也, 五行之生也, 各一其性, 無極之眞二五之精, 妙合而凝, 乾道成男坤道成女, 二氣交感化生萬物, 萬物生生而變化無窮焉

12) 惟人也得其秀而最靈, 形旣生矣神發知矣, 五性感動而善惡分, 萬事出矣, 聖人定之以中正仁義, 而主靜立人極焉, 故聖人與天地合其德, 日月合其明, 四時合其序, 鬼神合其吉凶, 君子修之吉, 小人悖之凶, 故曰立天地道曰陰與陽, 立地道曰柔與剛, 立人之道曰仁與義, 又曰原始反終故知死生之說, 大哉易也斯其至矣.

무극이다.'라고 말한다.

주렴계는 뒤이어 "음양의 두 기가 교감하여 만물이 생성되는 중에 사람이 가장 빼어난 기를 받아 생겨남으로써 가장 영묘한 존재가 되었다. 인의예지신의 오성(五性)이 바깥 사물에 감응하여 움직임으로써 선악이 나누어지고 모든 일이 생겨난다. 성인은 자신을 중정인의(中正仁義)로 조절하고, 욕심 없기에 고요함을 근본으로 삼아 사람이 행해야 할 도, 즉 인도(人道)를 세운다." 우주변화에 통달한 인간의 윤리를 중시한다.

주렴계는 태극도설을 송나라 초의 도사 진단의 '무극도(无極圖)'를 보고 착안하여 작성한 것으로 알려졌다. 태극도설이 지니는 사상적 특징은 역시 우주의 생성변화와 인간의 윤리도덕을 혼연일치시킨다는 점에 있다. 철학적으로 말한다면 자연의 세계와 가치 혹은 당위의 세계, 즉 자연과 인륜을 총체적, 종합적 관점에서 파악하는 셈이다. 이러한 철학전통은 유가, 도가 등을 비롯한 동아시아인들 사유체계의 근간을 형성하고 있었던 관념이었다.

주희는 태극을 이(理)와 동일시하면서 태극도설을 중시했다. 주희는 태극을 개별 사물 각각의 이(理)이자, 만물의 보편적인 이(理)로 해석했다.

반면에 육상산 같은 인물은 유학에는 무극이라는 말이 설 자리가 없다고 주장한다. 이에 대해 주희는 태극이 공간적인 제약을 지니지 않고 물리적인 형태를 지니지도 않으며 특정의 장소를 차지하는 사물이 아님을 나타내 주려고 주렴계가 무극이라는 표현을 사용했다고 풀이했다. 주렴계는 사람들이 태극을 마치 어떤 구체적인 사물로 간주하게 될 것을 염려했다는 것이다.

태극도설은 그 도가의 색채가 있음에도, 주희의 학문적 노력으로 신유학 전통에서 매우 중요한 의의를 지닌다.

모종삼은 "무극이태극(无極而太極)이라는 한 마디는 태극 자체를 어떻게 이해하느냐는 문제에 걸리고 있으며 양자는 원래 하나이다. 무극을 더하여 태극을 형용하여도 무방한 일이다. 태극은 정면(正面)에 대한 언표이며 무극은 부면(負面)에 대한 언표이다. 또한, 태극은 도체(道體)의 드러난 말이며 무극은 도체(道體)의 가려진 말이라고 하여도 아무 지장이 없을 것이다. 태극은 실체(實體)를 나타내는 명사이며 무극은 형용사이다."라고 하는 데, 이는 무극과 태극의 관계를 두 측면에서 바라보는 것으로서 주희가 말한 것처럼 무극이 진리의 실체인 태극의 무한성을 형용하는 것이고, 무극과 태극이 도체(道體) 즉 진리실체의 양면성을 표현하는 것으로 이해할 수 있을 것이다.

무극(无極)의 의미는 우주 만유의 진리 본체를 형상화한 일원상(一圓相)의 해석과 가까워진다고 볼 수 있다. 둥근 원을 원불교에서는 '일원상'이라 한다. 우주 만유의 본원 또는 원융무애 이법을 표상한다. 이법의 세계는 창조영역과 창조되지 않은 영역 모두를 아우르는 존재를 말하는 것으로서 절대자체를 의미한다. 반면에 정신, 대령, 한얼, 성령 등으로 표현되는 것에서 알 수 있듯이 절대자의 영혼측면을 나타낸다고 볼 수 있다. 무극과 태극은 각각 창조되지 않은 영역과 창조영역을 지칭하는 것으로 해석된다. 무극에서 태극이 나오고 그 태극은 음과 양으로 구분된다고 하는데, 바로 창조되지 않은 영역에서 창조영역이 나타나고, 창조영역은 이원성이 지배하는 곳이라고 하니 음양으로 표현되는 것이 자명하다.

음양(陰陽)이 만물만상의 상대적이며 이원적인 기본원리라면, 오행(五行)은 그러한 음양이 시간과 공간 속에서 다양하게 변화해가는 단계와 모습을 구체적으로 묘사해 놓은 것이다. 즉 5가지의 형상과 단계를 거쳐서 변해간다는 의미가 있다. 오행은 음양이라는 두 남녀가 서로 어울려서 추는 다섯 마당의 춤사위라고도 할 수 있다.

사상(四象)의 네 요소에 이것을 움직이는 중심적이며 윤활유 역할의 요소를 하나 더 포함해 만물의 움직이고 변화하는 모습을 보여주는 것이 바로 오행이다. 행(行)자를 분석해보면 힘겹게 걸어간다는 의미이다. 즉, 우주의 변화원리도 결국 쉽게 이루어지는 것이 아니라, 어렵고 힘들게 가고 있다는 뜻을 알려주고 있다.

여기서 상생(相生)은 서로 생(生)하여 돕는 것이다. 목생화(木生火)-목(木)은 화(火)를 낳고, 화생토(火生土)- 화(火)는 토(土)를 낳고, 토생금(土生金)- 토(土)는 금(金)을 낳고, 금생수(金生水)- 금(金)은 수(水)를 낳고, 수생목(水生木)- 수(水)는 목(木)을 낳는다. 이처럼 상생(相生)은 서로 공생(共生)하는 관계로서, 우주 전체가 서로 도우며 자율운동하는 원리를 말한다. 즉, 나무가 자신을 태워 불을 일으키고 재가 되어 흙으로 돌아가면 흙은 응집되어 바위가 되며 단단한 바위틈에서 물이 고여 흐르게 된다. 그리고 물은 다시 목(木)을 생육(生育)함과 같은 것이다.

반면에 상극(相剋)은 서로 극(剋)하여 치는 것이다. 목극토(木剋土)- 목(木)은 토(土)를 극(剋)하고, 토극수(土剋水)- 토(土)는 수(水)를 극(剋)하고, 수극화(水剋火)- 수(水)는 화(火)를 극(剋)하며, 화극금(火剋金)- 화(火)는 금(金)을 극(剋)하며, 금극목(金剋木)- 금(金)은 목(木)을 극(剋)한다. 상극(相剋)이란 서로 모순되고 대립하는 것으로, 우리의 우주는 상생과 상극의 조화로써 이루어진 것이다. 즉 나무는 흙을 뚫고 나와 자라며, 흙은 물의 흐름을 막고, 물은 불을 끄고, 불은 쇠를 녹이며, 쇠는 다시 목을 자르는 것이다.

상생(相生)의 관계에서 생(生)하는 것이 오히려 해(害)가 되는 경우가 있다. 이는 배부른 사람에게 계속 밥을 먹으라고 강요하는 것과 같다. 즉, 수(水)가 목(木)을 생(生)하나 수(水)가 지나치게 많으면 목(木)의 뿌리가 썩고 물 위에 뜨게 되고, 목(木)이 화(火)를 생(生)하여 주나 목(木)이 많고 불씨가 적으면 목(木)이 타지 않고 연기만 나서 불을 끄게 되는 경우이다. 상생(相生)과는 달리 상극(相剋)은 서로 치니 나쁘게 이해될 수도 있겠지만, 적당한 극(剋)은 오히려 필요하다. 칼이나 도끼가 나무를 베어내고 칠 수도 있지만, 적당한 가지치기를 해 줄 때에 더 크고 곧게 성장할 수 있는 이치와 같다. 상극의 상생이치이다.

이제 음 · 양의 두 기운이 어떤 방식으로 서로 대립과 조화의 과정을 거쳐 오행으로 확대되는가를 살펴보자. 「하도」(河圖)의 상수(象數) 원리를 토대로 오행의 성립을 분석하는 것이 좋다. 「하도」와 「낙서」는 "우주 창조의 설계도"이다. 「하도」에 근거를 둔 오행에서 보듯이, 태극이 율동(律動)하여 한번 음하고 한번 양하여 한번 홀수하고 한번 짝수 하며, 양의 수인 홀수는 하늘에 속하고 음의 수인 짝수는 땅에 속한다. 양이 극(極)에 이르면 음이 되고, 음이 극에 이르면 양이 되는 것이다. 즉 기(氣)로서의 태극이 움직이기 시작하면 양이 생하고 기가 모여서 고요해지면 물이 이루어진다. 수는 양에서 생(生)하여 음에서 이루어지기 때문에 기의 움직임에 의해 최초로 생겨나는 것은 물이며, 물이 만물의 근원이 되는 것이다. 이것이 창조본원으로서의 일태극이다. 말하자면 일태극(一太極)이 작용분열 극(極)에 도달하면 수는 본래의 자기 모습과 정반대의 음, 즉 불의 힘이 되며, 불의 힘은 다시 음의 수렴 운동을 통해 본래의 '자기 자신으로 귀환(源始返本)'하게 된다. 따라서 우주 만물 창조의 출발이요 근원적인 본원이 되는 일태극의 수는 물질적으로는 음의 상태인 것으로 보이지만 본질적으로는 양의 상태로 수 일(-)로 표기되는 이유는 하루시작과 마찬가지로 일 년(一年)의 시작이 동지

즉 북방의 물의 자리이기 때문이다. 반면에 일태극의 수가 분열의 극에 도달하면 불이 되는데 화는 음의 수 '이(二)' 로 표기된다.

서산대사가 쓴 <선가귀감(禪家龜鑑)>에 보면 중국의 육조 혜능대사가 이르기를 '여기 한 물건이 있는데 본래부터 한없이 밝고 신령스러워 일찍이 나지도 않았고 죽지도 않았다. 이름 지을 길 없고 모양 그릴 수도 없다.'라고 했다. 서산대사는 주해(註解)에서 한 물건을 일원상으로 표현했다.

또 삼조승찬 대사는 일원상을 <신심명(信心銘)>에서 '허공같이 뚜렷하여 모자랄 것도 없고 남을 것도 없다.'라고 말한 바 있다.

법정 스님은 <선가귀감> 역주에서 일원상을 이처럼 풀이한다.

"마음, 성품, 진리, 도라 하여 억지로 이름을 붙였으나 어떤 이름으로도 맞지 않고 무슨 방법으로도 그 참 모양을 바로 그려 말할 수 없다. 그것이 무한한 공간에 가득 차서 안과 밖이 없으며, 무궁한 시간에 사뭇 뻗쳐 고금(古今)과 시종(始終)도 없다. 또한, 크다, 작다, 많다, 적다, 높다, 낮다 시비할 수 없으며, 거짓 참 등 온갖 차별을 붙일 길이 없어 어쩔 수 없이 한 동그라미로 나타낸 것이다."

원불교에서는 일원상을 신앙 대상이자 수행 표본으로 삼는다.

창시자 소태산(小太山) 박중빈(朴重彬)은 20여 년간 수행하고나서 깨달았을 때의 심경이 언어나 문자를 초월한다는 의미에서 하나의 원으로 표시하고, 일원은 곧 우주 만물의 본원이며 모든 부처와 성인의 심인(心印)이고 중생의 본성 자리이다. 또 생겨남도 사라짐도 없는 도와 인과응보 이치가 서로 융합되어 기틀(相)을 세운다고 하였다.

문제는 양의 힘의 분열 과정이 무한히 계속되지 않고 '왜' 극에 도달하여 수렴의 과정으로 귀환해야 하는가, 달리 말하자면 분열의 힘인 양의 수가 '어떻게' 수렴의 힘인 음의 화에로 전환되고 음의 힘인 화가 어떻게 양의 힘인 수(水)에로 전환되어 순환할 수 있는가 문제이다. 서로 반대의 힘을 매개할 제3의 힘이 없다면 우주 삼라 만상들의 생장염장에 따른 '순환적 과정'은 불가능하며, 계속적인 분열 발달의 성장만이 존재하거나 수렴 통일만이 존재할 것이다. 그러나 이는 경험사실을 통해 볼 때 불가능하다. 분열의 양의 힘과 수렴의 음의 힘을 조화롭게 조절하는 원리, 즉 음의 힘도 아니고 양의 힘도 아닌, 그럼에도 음도 되고 양도되어 양자의 힘을 포괄하여 매개하는, 관계의 끈이 될 수 있는 중성(中性) 힘이 필연적으로 있어야 한다. 이 중성 힘은 음양을 포함하고 있어 양쪽을 조화롭게 결합하여 천지 만물들을 '순환적 성장 변화'의 과정으로 이끌 것이다. 이 중성, 조화 힘을 토(土)힘 또는 안심의 힘이라고 하고 상수로는 오(五)와 십(十)으로 표현한다.

신명은 자신에 대한 인간 사랑을 시험함으로 이 토(土)의 세계로의 회귀를 바란다고 할 것이다. 미망이라는 그분의 시험이 워낙 강하기 때문에 오늘날 전세계의 수백만의 사람들은 그분 자체에 대하여 관심을 두지 않는다. 그 때문에 사람들은 전쟁과 기근과 자연재해의 참화를 겪는 것이다. 신명께서는 우리가 이 지상에 영원한 행복의 사원을 건설하도록 이 세상을 만들지 않았다.

우리의 집은 그분 안에 있다. 파도의 집은 바다의 품안에 있는 것처럼 우리의 집은 한얼의 품 안에 있는 것이며 이의 결정은 토(土)의 힘의 회복에 달렸다.

중성의 조화 생명의 토(土)의 힘은 결정적으로 중요한 역할을 담당한다. 하나는 생장과정에서 조화 분열을 위한 주재 작용을 하고, 다른 하나는 수렴과정에서 조화 통일을 위한 주재작용을 한다.

한편으로는 오토(五土)의 충성적인 힘은 용출(湧出)하는 수(水: 一)의 힘과 분열의 극점인 화(火: 二)를 적당히 융합하고 조절하여 성장의 목(木)의 힘을 만든다. 만일 오토(五土)의 이러한 주재작용이 없다면 사물들은 탄생과 동시에 분열의 극한점에 도달하게 된다.

따라서 오토(五土)의 중성적인 힘으로 수(水)와 화(火)가 조화 융합되어 나온 목(木)의 힘은 상수로는 삼(三)으로 표현되고 있다.

이런 맥락에서 수(水)는 목(木)을 생하고(水生木), 木은 火를 생한다(木生火)고 말할 수 있다.

성장정점에 도달했을 때 토(土)의 중성 힘이 결정적으로 작동한다. 성장정점에서 토(土)의 조화 통일의 주재작용이 없다면, 천지만물들은 생장의 정점에 영원히 멈추거나 새 탄생을 위한 수렴 통일은 성립할 수 없다. 우주 삼라만상들의 순환적 변화과정은 불가능하다. 분열 극점(極點)에서 완성을 목적으로 전환시키는 조화의 힘, 중성적 십토(十土)의 힘이 작동하는데 이 힘은 점진적 분열 힘을 누르고 수렴통일의 힘을 발휘하도록 음 · 양의 힘을 조절하고 조화하는 기능을 담당한다. 이 점에서 토의 중성 힘은 생명근원, 일수(一水)와 삼목(三木)이 조화로와 금(金)의 가을기운을 이루게 한다.

금(金)의 가을기운은 상수로 사(四)로 표현된다.

과거의 생명은 죽음의 경험과 많은 환생을 거치며 신명을 찾는 과정에서 우상이나 다른 물질적 상징에 대한 숭배의 상태들을 거쳤을 것이고 맹목적 신앙의 여러 행로를 추구하였을 것이다.

마침내 진리는 실제로 자신의 내면에서 발견되는 것을 알게 된다.

수많은 세월을 거친 다음 척추에 있는 생명력과 의식의 중추들에서 자신의 내면에 있는 중성의 신명 힘을 발견하는 법을 통하여 척추에 있는 신성의식을 일깨우고 거기에 신명을 인식하기 위한 제단을 만들게 될 것이다. 산만하고 변화하는 물질 형태에도 신명이 머물지만, 자신의 내면에서, 영원한 영혼의 고요의 정적에서 신명이 최대로 발견되는 점을 이해하게 될 것이다. 척추의 제단에서 신명에

경배하는 법을 통하여 생각과 활동에서 신명을 본다.

우리가 우주의식에 들어 있다고 상상하는 것만으로는 그대로 되지 않는다. 우리는 여전히 육체 의식에 매여 있는 것이다. 그러나 내면화의 자력기법을 통하여 감각으로부터 마음을 차단한다면, 육체 의식의 끈은 일시적으로 끊어질 것이고, 우리의식은 척추에 있는 고차원적 지각의 중추에 동조될 것이다. 척추에서 어떤 지복의 감각이 느껴지면, 생명 에너지의 전류가 감각신경으로부터 철수되어 척추에 집중되고, 완벽한 감각이완을 낳는다. 내면화 자력기법을 수행함으로써 전등의 스위치를 켜고 끄는 것만큼이나 간단히 감각지각을 통제할 수 있다. 이처럼 중성적 철회를 통한 감각을 끈다고 해도 의식을 잃지 않으며, 자기 의지로 다시 감각적 지각들을 살려내고 불을 켤 수가 있다.

생수(生數)인 일태극의 수가 소지하던 대립적 두 힘은 음 · 양의 힘으로 발현되고 음 · 양의 두 힘은 오행(목 · 화 · 토 · 금 · 수 ; 수로는 一 · 二 · 三 · 四 · 五)의 단계로 확장되어 표현된다.

우주 만물들이 운동 변화하는 모습은 음 · 양의 점진적 운동이며 오행운동이다. 이것을 음양오행의 이치라고 한다.

생수(生數)의 순환원리로서 음양과 성수(成數)는 이와 같다. 앞서 양수(陽數), 홀수는 하늘에 속하고 음수(陰數), 짝수는 땅에 속한다. 하늘이 '일(一)'로 수(水)를 낳으니 땅이 '육(六)'을 이루고, 땅이 '이(二)'로 화(火)를 낳으니 하늘이 '칠(七)'을 이루며, 하늘이 '삼(三)'으로 목(木)을 낳으니 땅이 '팔(八)'을 이루고, 땅이 '사(四)'로 금(金)을 낳으니 하늘이 '구(九)'를 이루며, 하늘이 '오(五)'로 토(土)를 낳으니 땅이 '십(十)'을 완성하게 된다.

수 · 화 · 목 · 금은 상수 토(土)의 조화기운에 의해 북방양수는 5(土)+2(陰火), 7(陽火)의 짝을 만나서 성장 불기운의 음과 양으로 동정할 수 있는 태극변화의 짝을 갖춘다. 나머지 동방 목(木)과 서방 금(金)도 3(陽木)+5(土)=8(陰木) 짝을 만나고 4(陰金)+5(土)=9(陽金)의 짝을 만나 같이 움직이는 태극운동 짝을 이루어 6(水), 7(火), 8(木), 9(金)의 순서로 성수가 탄생하며, 오토(五土)와 오토의 자화 작용의 합수(合數)인 십토(十土)는 완성된다.

여기서 일태극의 수에 내포되어 있던 양의 힘은 포위당하게 하고, 음의 힘은 이것을 포위하게 마련이다. 이를 상수로는 1.6 수(水)라고 한다. 이 경우는 표면에서 포장하는 음의 힘은 강하고 속에서 분출하려는 양의 힘은 약한 태이다. 그러나 토의 조화작용으로 말미암아 점진적으로 양의 힘은 표면을 포위하였던 음을 확장 부연(敷衍)하게 되면서 이로부터 만물들의 세계는 점차 양의 주도권에 들어가게 된다. 과정은 상수로 3.8 목(木)에서 출발하여 2.7 화(火)에 이르러 정점을 이룬다. 그 다음 양 기운이 약화하고 반대로 음 기운이 지배하면서 만물 세계는 수렴 통일의 결실을 하게 되어 새 탄생을 준비 한다. 이 과정은 4.9 금(金)에서 수렴 완결하여 1.6 수(水)에서 개신된다고 한다. 양이 주도하는 때는 선천 분열생장시대이며, 음이 주도하는 때는 후천의 수렴통일시대로서 상호 구별하여 양이 주도하는 때를 동적(動的) 세계라 하고 음이 주도하는 때를 정적(靜的) 세계라고 부른다. 이와 같이 천지 만물은 음양의 양면성으로 작용하며, 천지(天地), 건곤(乾坤), 율려(律呂)의 개념도 이 같은 방식으로 적용된다. 이를 증산성사는 "원형이정도일월(元亨利貞道日月)이요 조인장부통명명(照人臟腑通明明)이라."고 규정한다.

이처럼 태극은 음양융합이지만 논리적 목 · 화 · 토 · 금 · 수로 확장 분리된다. 천지 만물을 움직이는 근원적 힘이 이 다섯 가지며 태극에서 발현된 음양이라는 대립적인 힘의 변화의 중성 조화자리, 토(土)를 주축으로 하여 천지조화의 이상을 순환적으로 펼치는 변화작용의 원천이라 할 것이다. 오토(五土)와 십토(十土)는 대립적 음양기운을 조화시켜 만물을 생장시키고 수렴 통일시키는 주재존재가 된다.

태초(太初)는 최초로 기(氣)의 움직임을 갖기 시작하는 태극이다. 일태극(一太極)이 어떤 방식으로든 신묘하게 '기'를 응축 하여 이를 용출(湧出)하여 천지 만물들이 생겨나게 된다. '기' 출현은 무극이 열리기 전에 무극정신의 의욕의 힘이 있다. 이 힘은 두 방식으로 전개된다. 하나는 무극정신이 '의욕'하기 시작할 때 발생하는 생장 분열의 변화 힘이요, 다른 하나는 '의욕'을 끝마침으로써 나오는 수렴 통일(統一)의 정지 힘이다. 태극은 움직임과 고요함의 원리이기에, 태극은 바로 '변화와 정지의 원리'이다. 이런 의미에서 무극정신은 원천적으로 이미 분열의 힘과 통일의 힘을 갖추고 있고, 무극 열림에 의한 활동과 정지는 일태극(一太極)의 '자격'으로 작동한다. 천지 만물의 개신 변화과정을 가지는 것은 태극에 근거한다.

잠은 무의식적 상태의 집중으로서, 잠든 상태에서의 인간마음은 외부의 주의산만들로부터 저절로 철수된다. 그의 잠재의식인 마음에 있는 생각들은 휴면상태에 남아 있다. 진정한 집중은 외부의 주의산만들과 육체 의식으로부터 마음을 의식적으로 철수해서 어떤 하나의 생각대상에 주의를 집중하는 것이다. 그러한 집중은 내면화의 수행에 의해서 과학적으로 달성될 수 있다. 근육활동을 정지시키고 심장과 다른 내부장기의 활동을 감소시킴으로써 오감의 전화로부터 생명력을 차단할 수 있다. 심장은 오감의 전화들을 두뇌와 연결하는 중앙 배전반(配電盤)이다. 내면화의 수행 동안에 심장의 활동이 느려지거나 완전히 멈추면, 생명 에너지가 자신의 오감으로부터 자동으로 차단된다는 것을 알게 된다. 그렇게 되면 시각, 청각, 미각, 촉각, 후각의 지각이 그의 두뇌로 들어가서 과거의 기억들을 떠올리거나 새로운 생각의 흐름을 일으킴으로써 그의 주의를 분산시키는 것이 불가능해진다. 그는 "생각이 사라진" 무극에 비유될 수 있는 평화로운 의식에 도달하게 된다.

매일 밤, 잠이 들면 우리의 주의는 감각으로부터 무의식적으로 차단되어서 육체와 마음이 휴식과 원기회복을 취할 수 있게 한다. 잠의 회춘 효과는 명상자세로 육체가 고요히 있는 동안 지속적이고 통제된 내면화 호흡에 의해서 의식적으로 달성될 수 있다. 마음과 내부장기들과 근육의 활동은 의식을 조금도 잃지 않고도 정지된다. 내면화의 기법은 심장의 박동을 늦추고 감각신경에서의 생명 전류가 외부로 새어나가는 것을 막음으로써 심장을 휴식시키고 수명을 늘린다.

이처럼 모든 것들의 창조와 생명활동의 근원이 되는 일태극(一太極)은 기(氣)의 '자격'으로서 말한다면, '+'와 '-'라는 서로 상반된 기운으로 작용하게 된다. '+'의 기운은 발산하는 것으로 양(陽)의 기운(氣運)이고, '-'의 기운은 수렴 통일하는 것으로 음(陰)의 기운(氣運)이다. 태극이 이동하여 양을 생하고, 정(靜)하여 음을 생한다는 것도 결국 태극이 움직임으로 '양'을 생하고 고요함으로 '음'을 생한다는 것을 의미한다. 이처럼 무극의 '열림'으로부터 태극이 성립하는데, 이로부터 '한번 의욕하고 의욕하지 않음'(一動一靜)으로써 발현한 '기' 용출 힘이, '음', '양' 양의(兩儀)를 세운다. 음양복권에서 만유는 활동하고 생명은 생장 발육한다.

이를 「주역」에서는 "역(易)에는 태극이 있으니 이것이 양의를 생하고, 양의는 사상을 생한다."라고 한 것이다. 물론 '음 · 양의' 양의는 각각 독립적 존재가 아니다. 즉 '양'이 물러가는 것은 그대로 '음'의 세력이 강해지는 것이지 양이 물러갔기 때문에 별도로 '음'이 생한 것은 아니다. '음 · 양'의 변화작용은 비연속이 아니라 연속이다. 이는 '음 · 양'이나 '동 · 정'이란 개념으로 부를 수 있다. 태극의 일동 일정으로 나온 '음 · 양의 기운, 즉 상반 기'의 조화에 의해 천지 만물이 화생한다. 천지자연의 모든 것들이 '기'로 말미암아 이루어진다는 것은 명백한 이치이다.

태극자격으로서' 작동하는 무극정신이 '의욕하고 의욕하지 않는다.'라고 표현한 것은 태극의 '일동일정(一動一靜)'을 말한 것이다. 이는 기의 '일동일정'을 뜻하며, '기'는 '음 · 양'으로 분석된다.

태극과 '기'의 관계에 있어서 태극개념은 '기'의 개념보다 외연이 넓은 것이고 논리적으로 '기는 태극이다'라고 말할 수 있다. 그러나 '태극이 기다'라고 말함은 범주착오이다. 마찬가지로 '기'와 '음 · 양'의 관계에서도 당연히 '양'도 '기'이고 '음'도 '기'이다. '기'를 나누는 것은 '기'가 '음 · 양'으로 대립하는 측면이고 '음 · 양'을 하나의 '기'로 보는 것은 '기'의 유동(流動) 측면을 보는 것이다. '기'는 유동 측면에서 하나이고, 대립측면에서 둘이다. '음 · 양은 하나의 기'임에 틀림없지만 음기가 유행하면 '양'이 되고 양기가 응집하면 '음'이 된다. 이와 같이 태극 율동을 '음 · 양', '동 · 정'이라 하니 이를 지칭하여 「주역」에서는 "한번 음하고 한번 양하는 것을 이름하여 도"라 하고, '음양'이 이루어짐을 측정할 수 없는 데서, 이를 지칭하여 신(神)이라고 한다. 여기서 신(神)이라고 한 것은 변화 극치로 만물을 신묘하게 함을 말함이니 '형체'를 따질 수 없으며 음양을 예측할 수 없음이다.

'신(神)'은 근원적으로 무극대도(無極大道)이며 도에 바탕을 두면 도와 동화하고 신에 바탕을 두면 신에 영합한다. 동 · 정의 원리 즉 태극은 음 · 양으로 하여금 동 · 정하지만 그 자신은 결코 움직이거나 고요하지 않기에 신령스러워 알 수 없다. 그럼에도, 우주 만물의 출발, '한' 태극은 음 · 양이라는 대립 힘으로 작용하여 천지 만물뿐만 아니라 인간의 신체, 호흡 기능과 보고 듣는 작용, 인간마음 지각 언어와 동작 기억 등을 발생하여 이들을 분열 성장시켜 나간다. 분열과 성장의 과정을 역의 운동 변화과정이라고 한다면, 이 과정이 극에 도달하여 다시 본래의 자기 자신으로 수렴 통일의 과정을 순환변화하는 과정이다.

그러므로 내면에서 탐조등처럼 비추는 힘들을 깨닫도록 노력하는 것이 중요하다. 이 힘을 깨달을 때에 주인이 될 수 있다. 도인은 확고한 생각으로 밀고 나아가야만 자신이 신명이라는 것을 깨닫게 된다. 그것을 깨달을 때 영혼은 구원된다. 신명으로부터 지혜와 힘과 번영을 추구한다. 도인이 신명을 추구하는 것보다 물질 욕망을 충족시키는 것을 우선시하면, 그것은 인생의 진정한 목적을 곡해하는 것이다. 신명은 신비스런 그 무엇이 아니다. 만질 수 있는 사물은 모두 '만질 수 없는(Intangible)'것에서 나오기에 접촉 가능한 존재이다. 물질욕망을 추구하는 인생의 길을 계속 걸으면서 고통을 계속 받을 것인가? 물질적으로 성공한 위대한 사람들도 결국에는 자신들의 삶이 공허하다는 것을 깨닫게 된다.

경천수도의 가치는 무엇일까? 이는 밖에 둔 서양의 신을 이제 모두 내면에서 찾을 수 있음이고 그 가능성을 열어 두고 있음을 말한다. 인류는 다 함께 공공의 행복을 추구해야 한다. 경천수도하면 내면적 정신만족이 되고, 도통선경이 구현된다. 인류사회의 목표인 자유와 평등 그리고 평화의 정착을 기대할 수 있게 된다.

정산선생의 태극도 취지서에는 "우주의 우주가 됨은 원래 본연의 법칙이 있고 그 법칙의 신비스런 절묘함이 태극에 있으니, 이밖에는 더 지극함이 없으므로 태극이라 하고 오직 하나뿐이고 둘이 없으므로 태극이라 이른다. 오직 이 태극은 지극한 이치가 이로써 실려 있는 바이고, 지극한 기운이 이로 말미암아 운행되는 바며, 지극한 도(道)가 이로부터 나온다."[13]

"증산선생께서 짜 놓으신 삼계대공사(三界大公事)의 도수는 무극의 체인 바 그것을 풀어 쓰는 것은 태극의 용을 맡은 나의 소임이니, 이 곧 무극시태극(无極是太極)의 원리니라. 무극이 태극이므로 무극과 태극이 따로 있는 것이 아니라 무극과 태극이 일체일용(一體一用)뿐이니라. 오직 무극은 정(定)이요 태극은 동(動)이니, 무극은 체(體)와 이(理)며, 태극은 용(用)과 기(氣)니라."라고 밝힌 바 있다.

정산선생께서 통감을 공포하신 후 임원들에게 말씀하시기를

"내가 취지서에서 간곡히 말한 바 있으나 이제 다시 무극과 태극의 진리를 설하리라." 하시며 다음과 같이 하교하시니라. "현금(現今)의 사회는 과학문명이 극도로 발달하여 우주의 신비로움이 차츰 벗겨져 가고 있음은 사실이나 과학이 발달할수록 태극진리가 더욱 현창하리라. 모든 과학의 원리가 음양 오행의 기동작용이니 천지(天地)·일월(日月)·풍뢰(風雷)·우로(雨露)가 모두 태극의 원리로써 이루어지며 이를 연구하는 과학공부 역시 태극의 원리를 떠나서는 있을 수 없느니라. 도란 무극의 정(定)과 태극의 동(動)으로 양의(兩儀)가 생하고 양의에서 사상(四象)이 생하며 사상에서 팔괘가 생하는 우주 생성발전의 본체니라. 그 생(生)이라 함은 다른 물상이나 사상(事象)이 새로 생겨나는 것이 아니라, 무극이 곧 태극이며, 태극이 곧 음양이며 사상이며 오행이며 팔괘며 우주만상이니 이것이 태극의 진리니라."

이어 "이 진리는 천지인 삼계 어디에나 두루 존재하고 과거 · 현재 · 미래 언제나 항상 존재하는 근본 원리니 우주간 모든 사물과 기동이 이

---

13) 宇宙之爲宇宙 元有本然法則而 其神秘之妙 在乎太極 外此無極 故 曰太極 唯一無二 故 曰太極也. 惟是太極也 至理之所以載也 至氣之所由行也 至道之所自出也

진리에서 이탈할 수 없느니라. 그러므로 이를 이(理)로 보면 천리·지리·인리가 되며, 법으로 보면 천법·지법·인법이 되고 도로 보면 천도·지도·인도가 되니 이는 또한 시간과 공간을 초월한 절대적이며 보화진리니라. 이 진리를 체득하기 위하여 동서고금의 무수한 성인과 철인들이 노심하였으나 유한한 인간의 능력으로서는 불가능하므로 결국 구천상제님께서 친히 강세하시게 되었느니라." 하시니라.

"도의 본체인 무극 곧 태극을 과학자는 우주자연이라 하고, 우리나라에서는 하느님이라 하고, 서교에서는 여호와라 하고, 불가에서는 비로자나불(毘盧遮那佛)이라 하나, 그 명호야 무엇이든 우주생성 발전의 본체는 무극 곧 태극이니라. 무극과 태극은 체와 용이니 무극이 그냥 정으로 있어서는 다만, 음양 미분의 체일 뿐이요, 음양으로 분리되어 기동하는 작용이 태극이니라. 일찍이 구천상제님께서 무극주로서 멸망할 지경의 인간세상에 내려오셔서 삼계공사로 도수를 짜 놓으신 사실을 잠시라도 잊어서는 아니되느니라. 나는 이제 태극주로서 무극주상제님의 도수를 풀어 설법함이니 무극이 곧 태극이며 태극이 곧 무극인 체용일여(體用一如)의 원리를 너희들이 알라. 그러므로 내가 베푸는 법방만이 만인간에게 안심·안신을 주어 광구하리니 경천·수도를 게을리 말지니라." 하시니라.(7:31-33)

제8장

진법공부와 도통진경(道通眞境)사상

생명살림의 진경

생명살림의 진경은 도통진경으로 한반도의 삼국문화에서 상생의 새 밝힘에서 찾아볼 수 있다. 우리나라의 삼국문화는 고구려의 웅혼한 기상, 신라의 조화, 백제의 소박한 아름다움을 그 특성으로 하여 서로 혼융하여 고려의 한 살림 문화를 이루면서 풍요와 다양성을 보여주었다. 이후에 조선시대를 거치면서 삼국문화에 연원한 다양한 전통갈래가 상호 보완하여 혼융하면서 생명살림의 진경이 형성되었다. 이 혼융에서 우리는 어떻게 '한'의 매개가치를 찾을 수 있는가?

삼국문화의 뿌리는 다시 삼한시대로 거슬러 올라간다. 삼국시대 일부 기간에는 한반도 남동부에서 가야문화까지 겹쳐있었다. 거기에 뿌리를 둔 토착문화 이외에도 삼국문화는 중국에서 도입된 불교, 유교, 도교가 대표하는 외래문화와 통합된다. 특히 불교를 통해서 인도문화까지 묻어왔다. 문화의 습합이 이루어졌다.

정치와 결합된 삼교가 주류처럼 등장하면서 토착문화는 일단 드러나지 않게 된다. 그렇지만 그것은 외래종교 즉 삼교를 비교적 무리 없이 수용하고 해석하는 토착화 과정과 민중문화의 저변 속에 잠재되고 잔존되게 된다.

민중종교와 민간신앙의 저변에 깔려있는 한국인의 사유방식은 전일적이고 전체적(holistic)이라고 할 만한 근거들이 있다. 그것은 연역적으로든 귀납적으로든, 원래 그랬던지, 역사적인 경험과정에서 나온 방어기제(defence mechanism)이든지, 어떤 식으로 형성된 것으로 추적될 수 있다. 그것은 바로 이분법적, 이원론적 분열에 길들어 있는 오늘날 세계가 필요로 하는 패러다임이기도 하다. 그 흔적은 우리 말 속에 남아있다. 한국인이 반만년 동안 내외도전을 극복하면서 발전하게 된 것은 '한'의 정신이 있기 때문이다. '한'은 'ㅎ'과 'ㅏ'와 'ㄴ'이란 음소로 구성된다. 이때 'ㅎ'은 땅위에 움을 트는 형상이며, 'ㅏ'는 아자본불생(阿字本不生)에 해당하는 근원이고, 'ㄴ'은 하늘같은 근원에서 내려오는 작용'이다. 따라서 '한'은 스스로 생성변화의 원인이면서 '하는 작용'에서는 간·주체(間·主體)로 작동한다. 이는 홍익생명의 영성작용(靈性作用)으로서 생명사이를 매개하여 새 밝힘 작용을 하게 된다.

신라 후기의 최치원은 유, 불, 선 삼교를 넘나들면서 살고 사유한 대표적 인물이었다. 그는 민족의 고유한 사상체계('玄妙之道', '風流')의 존재를 밝혔다. 중요한 것은 그것이 유불도 삼교의 사상을 이미 내포한(包含三敎) 포괄적인 체계라는 것이다.

근래 전개된 비교종교 이론에서 배타주의(exclusivism)와 다원주의(pluralism) 사이에 오는 내포주의(inclusivism) 유형에 해당된다고 볼 수도 있지만, 종교들이 다원주의 이후에 지향해 갈 모습을 예시하는 것처럼 보인다. 여기에 우리 문화의 특수성이 놓여있는 것이다. 이러한 사상은 근대에 등장한 민족종교들에서 재현되고 있다.

신을 중심으로 한 종교의 발전 형태를 흔히 자연신론-범신론(pantheism)-다신론(polytheism)-일신론(monotheism)으로 보고 일신교의 대안적인 유형으로서, 또는 그보다 더 나아간 포괄적인 그러나 추상적인 틀로서, 일원론(monism)을 든다. 일원론은 인격신 대신에 진리나 실재에 해당하는 브라흐만, 신성, 이(理), 도(道) 같은 개념이다. 그런데 '한울님'은 이와 유형이 다른 신관을 가리킨다.

『삼국유사』에서는 국조단군의 성이 '한'(桓)이고, 한겨레 표상으로 '한'을 사용하였다고 한다. 단군신화에서는 환인이 환웅을 보내어 지상을 천상과 함께 다스리고자 천지를 새로 여는 '한'으로 광명개천하였다고 전한다. 또한 『천부경』에서는 '한'의 매개 작용을 강조하면서, '일중천지일(一中天地一)'로 표현하며 생명의 생성작용을 부각시켰다. 『천부경』은 '한'을 '시작도 끝도 없는 본심태양'으로 말한다. '한'은 천지인 사이를 매개하면서, 주야사시의 소순환운동, 오성·칠요 운행의 대순환운동을 하기에 능소능대하다. 이는 '신 본위(神 本位)'로 생각하여 모든 것을 그 안에 포섭하려는 생각과는 구별된다.

그것은 범재신론(汎在神論 panentheism)으로서 만물이 신 안에 내재한다는 학설이다. 그러나 이것은 아직도 신 중심의 개념으로, 인간 속에 신이 내재하는, 어떻게 보면 인간중심의 신관과는 다르다. 이러한 신관 및 인간관을 '인재신론'(人在神論 homoentheism)이라 하는 것이 더 정확할 것이다. 이것은 신 중심의 범재신론이나 범신론(pantheism)과도 다른 독특한 입장이다.

조선다산은 『아방강역고(我邦疆域考)』에서 대륙에서 남하한 한민족의 우두머리를 '한'이라 하고, 수령통치방식에서 '한'이 생겼다고 전한다. 하늘과 한국인의 상관성을 논한 『천부경』과 『삼일신고』는 천·지·인의 상호 영성작용을 바탕으로 홍익신명의 천국과 홍익인간의 지상선계가 유기체로 작동함을 밝히고 있다. 동학해월선생은 천도근원을 환웅천황 가르침에 두었고 한국인 자각의 신을 단군신화에 나오는 광명의 한울님, 한인(桓因)으로 해명한 바 있다.

이처럼 '한'은 홍익생명의 영성작용으로 한국인의 영성작용의 만다라이다. 이 '한'을 통해, 한국인은 자리이타(自利利他), 이사무애(理事无涯), 공사공매(公私共媒)의 작용이 이루어져 생명과 더불어 행복가치의 신명을 구가(謳歌)하게 된다. '한'은 존재론적으로 언어도단의 입정(入定)이지만, 인식론적으로 생명의 다양한 양태를 매개하는 작용으로서 무시무종(無始無終)하며 광대무변(廣大無邊)하게 경험하게 하는 대상으로 작용하였다. 이에 근거하여 증산성사는 유교의 하늘중심(謀事在人成事在天)에서 탈피하여 '인간매개'(謀事在天成事在人)를 강조하기에 이르렀다.

증산선생께서는 말씀하신 것을 태극도 진경에서 살펴보면,

"선천에는 모사(謀事)는 재인(在人)하고 성사(成事)는 재천(在天)이었으나, 후천에는 모사는 재천하고 성사는 재인이니라." 하시니라. (무 5: 52)

또한 정산선생께서는

"인간의 모든 참사(慘事)와 길사를 유가에서는 '운명이라' 하고 불가에서는 '전생숙업(前生宿業)이라' 하며 서교에서는 '천주섭리(天主攝理)라' 하니, 그 모두 일리는 있되 천기와 인사를 일률적으로 간주함 도 역시 과부족이니라. 증산상제님께서 '천정운명(天定運命)이라' 하여도 '성사재인(成事在人)이라' 하시고, '복록 성경신, 수명 성경신이라" 하신 가르침대로 인간이 지성(至誠)으로 하면 수요화복(壽夭禍福)을 변환할 수 있느니 성경신의 중요함을 알라." 하셨다. 또한 "그대들이 도인으로서 이 체와 용에 따라 공부함은 개인의 도통 완공에도 목적이 있으나, 천지인 삼계공사에 참여함이니 오만년 후천선경을 완성할 성사재인(成事在人)의 큰 뜻을 알라." 하시고,

"후천세계는 이미 구천상제님께서 천상신명과 인간계를 통투(通透)하셔서 짜 놓으신 도수의 정(定)을 동(動)으로 작용시켜 지금도 당진(當進)하고 있되, 그 천기는 언제 어느 날이란 것을 말할 수 없느니라. 그러므로 숫자나 날짜 맞추기에 손가락을 꼽지 말라. 인위조작이 되어 혹세의 근본이 되기 쉬우니라. 후천개벽의 큰 공사는 천지인 전체의 개벽이니, 이 또한 인간이 함부로 참견할 일이 아니니라. 다만, 천기에도 성사는 재인임을 알아야 하느니라." 하셨다.

이것은 또한 신은 빠지고 인간만 존재하는 인본주의(humanism)와도 다른 것이다. 그러면서도 신보다는 인간이 더 주체적인 자리를 갖는 모습이다.

또한 한국문화에 내재한 통합적 사고는 통일성이나 획일성보다는 독특성과 개별성을 앞세우는 형태이다. 다원성 속에 통일성(unity in diversity)이 있지 통일성이 먼저 있고 다원성이 생기는 것이 아니다. 통일은 다양성을 전제로 한다.

원효 사상의 핵심은 모든 주장이 각각 그 나름으로 이치를 갖는다는 것이다. 모순되게 보이는 것들조차도 조화할 수 있다. 이래서 모든 주장이 회통(會通)될 수 있다는 것이 그의 화쟁론(和諍論)의 요체이다. 화엄사상 용어로 통일성과 (一) 다원성(多)은 등식을 이룬다.(一卽多 多卽一). 하나의 본체(noumenon)와 여럿인 현상(phenomena) 사이에 간격이 없다.

삼한, 삼국은 물론 유불선의 공존과 경쟁이 문화발전을 가져왔다. 다만 유교만을 허용한 조선시대는 문화발전이 더디었다고 할 수 있다. 3교는 이미 중국에서 대립, 교류, 경쟁하면서 서로 발전했다.

일찍이 고구려 보장왕 때 연개소문이 임금에게 한 상소에서 극명하게 말하고 있는 것을 볼 수 있다. 그는 삼교가 솥발(鼎足)과 같아서 국가의 안정을 위해서 필요한데 두 가지(유교, 불교)만 있어서 불안정하다는 논리를 편다.[1] 얼마나 현명한 통찰인가! 여기에 불교 승려들의 횡포를 막기 위한 것일 수도 있지만, 문화적으로 다문화주의를 적확하게 지칭하는 말이라고 할 것이다. 강화도에 단군의 아들들이 쌓았다는 정족(鼎足)산성이 정족산에 남아있는 것은 경이로운 사실이다.

신라중심의 삼국통일도 불교(법화경)에서 도출한 '회삼귀일'(會三歸一)의 원리를 근거로 했다는 분석이 있다.[2] 이 원리는 중국불교

1) 『삼국사기』, 고구려 보장왕 조.
2) 김영호, "法華經의 會三歸一(一乘) 思想," 『우리문화동질성연구』 제2집 (2000.7), 185-215쪽 참조.

강화도 마니산 첨성단 : 단군이래 하늘에 제사를 드렸다는 바로 그곳... 하늘과 통하는 곳

에서 해석한 것으로 원효가 법화경주석(法華經宗要)에서 분명히 다루고 있지만, 거기에서 정치적 의미가 직접 읽히지는 않는다. 그러나 지배층이 이것을 통일의 근거나 명분으로 삼았을지도 모른다.

원효는 지배층의 접근을 피하려고 노력한 민중적 승려였다. 이 개념은 '삼일신고', 『환단고기』에 나타나는 만큼 단군사상과도 연결된다.[3] 바로 그 근거가 되는 문서 '삼일신고'와 '천부경'이 그 결개를 보여준다. 그 전체 내용은 해석하기 쉽지 않은 상수학적, 영적차원의 메시지같이 보이지만, 하나(一)와 셋(三)이 키워드가 되어있는 것은 분명하다. 단군신화 기사에는 삼위일체적인 해석을 낳는 요소가 있고 '삼위태백' 같은 사항도 들어있다.

원효는 『기신론소』에서 '홍익중생(弘益衆生)'을 말했다. 이것은 7세기 일인데 '홍익인간'은 13세기에 출간된 삼국유사에서 처음 발견된다. 홍익의 대상이 '중생'이냐 '인간'이냐에 차이가 있지만 원효는 불교정신에 투철하게 표현한 것으로 더 포괄적이다.

홍익인간은 이것을 인본주의에 적용한 것이다. 민족주의에 한정하기보다는 '홍익인간'은 인본주의, 세계주의를 지향하고 있다는 점에서 열린 민족주의로 봐야한다.

---

3) 임승국 번역/주해, 『한단고기』(정신세계사, 1986), 235-6, 243-4쪽.

셋은 기독교의 삼위일체, 불교의 삼보 등과 같이 중요한 숫자로 취급될지도 모르지만, 특히 한국문화 속에서 의미 깊은 기호로 사용되고 있음이 명백해진다. 이는 다른 여러 가지 개념과 용어 속에서 확인되는 사실이다. 삼신 신앙, 삼성각 등이 눈에 띄는 것이라면, 문화저변에는 3박자 형식, 태극 사상이 깔려 있다.

한국의 태극사상은 중국사상의 음양 이원론의 태극 개념을 벗어나고 넘어선 것이다. 이는 '주역'을 '정역'으로 바꾸고 '상극'을 '상생'으로 바꾼 획기적인 사유방식과 궤를 같이 하면서, 생명사이를 매개하고 이어주는 '한'의 횡단매개의 특성을 보여준다. 상생의 원리야말로 세계화된 지구촌이 지향해야 할 새 천년의 패러다임이 될 것이다.

사이를 이어주고 매개하는 전달자로서 한국문화는 21세기에 존재가치를 드러낼 것이며, 자본주의와 사회주의에 대한 새 물결, 새 밝힘의 길을 예비할 것이다. 한반도에서 발생한 남북분단은 불행한 일이긴 하지만, 제 3의 중도실상을 밝히는 '한'의 진경을 통해 생명홍익의 영성작용을 발휘하는 도통의 용틀임이 될 것이다.

진법공부

육체에서 가장 과로를 하는 장기는 심장인데, 심장은 하루에 약 18톤의 혈액을 압출(壓出)하고 다른 장기들이 다 쉬는 밤에도 쉬지를 못한다.

진법공부는 심장을 쉬게 하는 과학적인 방법이다. 그러므로 이 기법의 수행은 수명을 늘리고 매우 많은 양의 생명전류를 풀어주어서, 그 생명 전류가 온몸으로 퍼져서 모든 육체 세포들을 충전하고 활력을 불어넣어 주고 새롭게 해서 세포의 붕괴를 방지하게 막아준다. 우리는 잠잘 때 감각적 이완을 경험한다. 죽으면 심장의 활동이 멈추기 때문에 완벽한 이완이 비자발적으로 일어난다. 심장박동을 통제하는 것을 배울 수 있는 사람은 의식적인 죽음을 경험할 수 있다. 자신들의 육체라는 사원에 대한 임대 기간이 만료될 때에 죽음으로 거칠게 내던져지거나 갑작스럽게 죽음의 습격을 받지 아니한다.

심장이 휴식을 취하면 호흡은 불필요해진다. 그러면 생명 에너지는 심장과 감각 신경들에서 척추와 두뇌로 철수한다. 이것은 오감의 전화들을 차단하는데, 외부 세계로부터 끊임없이 들어오는 이 오감의 전화들의 메시지는 보통 자아를 늘 교란시키고 주의가 분산되게 한다.

진법공부의 수행에 의하여 감각의 차단이 이루어지면, 감각들이 생각을 일으키는 것을 중단하고, 그것은 이어서 연관된 생각들에 의하여 잠재의식적 마음을 일으키는 것을 중단한다. 이렇게 되면 주의는 모든 주의산만으로부터 과학적으로 해방되며, 학생은 진보된 집중과 진법의 수행으로 나아갈 채비를 갖추게 된다.

북문인 진경문

정산선생께서 정유년(1957)에 들어 대강과 도통의 전제인 도인들의 진법공부를 말씀하시며, 진법공부에 동참할 명단제출을 말씀하신다. 정오 동지치성을 마치고 정산선생께서 상급임원 전원에게 하명하시기를, "내가 이제 50년 공부를 종필할 도수니라…… 앞으로 남은 일은 도인들의 수심연성(修心鍊性)과 천지음양 이기(理氣)에 대응상속(對應相續)하여 대강과 도통의 전제(前提)가 되는 진법(眞法) 공부 한 가지뿐이니라.

내가 50년 공부로써 이룬 광구천하(匡救天下)의 공부법방이니 유일무이(唯一無二)한 진법이요, 진법(陣法)이며 천지대학이요, 청학(靑學)이니라.

이는 36궁도수(三十六宮度數)니…… 우선 각 방면 책임자는 관하도인 중에서 신심(信心)과 정성이 공부할 만한 자를 엄선하여 명단을 1주일 내로 제출하라."하셨다.

이 명령에 따라 제출된 명단은 약 8천 명이었다.

정산선생께서 먼저 수도사무원(修道事務員)으로 책임자에 박중하, 부책임자에 윤금현, 최해창을 임명하서서 공부반 편성과 그 관리업무를 맡기셨다. 또 각 공부반(工夫班)의 책임자가 될 시학원(侍學

員), 종래의 상비원 업무를 계승할 정급(正級), 정급을 보좌할 진급(進級) 등 수도공부반 임원을 선임하셨다. 그리고 임원 이외에 수도할 도인을 수본(修本), 여자 수본을 내수(內修), 남자 수본을 외수(外修)로 명명하시고 내 · 외수 중에 신심이 더욱 두텁고 공로가 많았던 자를 회원(會員)으로 선발하시며 시학원, 정급, 진급, 회원 등의 사명(使命)을 특별히 강조하셨다.

정산선생께서 수도사무원들에게 공부 방법을 상세히 하교하시고 또 주문의 봉송격식을 봉축주, 기도주, 진법주, 도통주, 신성주는 축문식(祝文式 : 축원하는 격식), 태을주, 칠성주, 28수주, 24절주는 경문식(經文式 : 경문을 외는 격식), 운장주, 개벽주, 해마주는 호령식(護令式 : 호령하는 격식)으로 하되 개벽주의 '감아'이하는 축문식으로 정하신 다음 전체 도인의 송주(誦呪)방법과 배례방법 등도 다시 연습시키게 하셨다.

57년 11월 초 8일에 정산선생께서 임원들에게 종운(鐘韻 : 종소리

▲ **종각** : 정산선생께서 도기 47(1955)년 10월 하명하심에 따라 화천하시던 해 5월 큰종과 큰북을 설치하기 위하여 건립한 종각.

에 화합하도록 운자(韻字) 또는 글자수를 맞추어 지은 글)을 짓도록 명하셨으나 모두 미흡하여 13일에 몸소 지어 내려주시며 정급이상 임원은 외우게 하셨다.

초파일에 규오 · 증하 · 영하 · 금현 등에게 명하셔서 종운(鐘韻)을 짓게 하셨으나 3일이 되도록 짓지 못하므로 12일에 지으신 글을 내리시니 다음과 같으니라.

종 운

종소리가 울림이여, 우주가 경계하여 깨달아 감응하도다! 첫 번째 울림에 하늘의 기운이 아래로 내려오고, 두 번째 울림에 땅의 기운이 위로 올라가고, 세 번째 울림에 사람의 도가 가운데 바로하고, 네 번째 울림에 조화가 비로소 정해지니, 모든 것이 다 갖추어졌도다.

종소리가 몇 번인가? 15가 서로 이어지더라. 그 이치가 어떠한가? 8괘는 서로 움직여 옮기고 구궁이 도수를 이루도다. 가로세로 움직이고 작용하여 15의 참[眞]을 이루도다. 진법이 이와 같으니 이것을 진리라고 한다.

첫 번째의 울림이여, 각성이 처음이 되고, 두 번째 울리는 것은 항성의 밝음이요, 세 번째 울리는 것은 저성을 말함이요, 네 번째 울리는 것은 방성이 이것이요, 다섯 번째 울리는 것은 심성이 정묘방(正卯方: 정동방)이요, 여섯 번째 울리는 것은 미성이 다음이요, 일곱 번째 울리는 것은 기성의 간방(艮방: 동북방)이로다.

둘째 줄의 첫째는 두성이 처음이 되고, 둘째 줄의 둘째 종은 우성이 북쪽을 맡고, 둘째 줄의 셋째 종은 여성의 분야요, 둘째 줄의 넷째 종은 허성을 가리킴이요, 둘째 줄의 다섯째 종은 위성이 이것이요, 둘째 줄의 여섯째 종은 실성이 다음이고, 둘째 줄의 일곱째 종은 벽

성의 건방(乾方; 서북방)이로다.

셋째 줄의 첫째는 규성이 서쪽에서 일어나고, 셋째 줄의 둘째 별자리는 누성이 다음으로 일어나고, 셋째 줄의 셋째 별자리는 위성이 서로 이어지고, 셋째 줄의 넷째 별자리는 묘성의 유방(酉方; 정서방)이요, 셋째 줄의 다섯째 별자리는 필성이 따라 일어나고, 셋째 줄의 여섯째 별자리는 자성의 도수요, 셋째 줄의 일곱째 별자리는 삼성이 이것이로다.

넷째 줄의 첫째 별자리는 정성이 처음 일어나고, 넷째 줄의 둘째 별자리는 귀성이 다음이며, 넷째 줄의 셋째 별자리는 유성이 서로 따르고, 넷째 줄의 넷째 별자리는 성성이 오방(午方; 정남방)에 당하며, 넷째 줄의 다섯째 별자리는 장성이 서로 잇고, 넷째 줄의 여섯째 별자리는 익성이 이어 일어나며, 넷째 줄의 일곱째 별자리는 진성이 마침이 되어 널리 퍼져 법도를 갖추어 하늘에 있어 형상을 이루도다.

이 종은 동지가 처음이 됨에 소한이 다음이 되고, 대한이 잇달아 일어나니, 입춘 우수 경칩 춘분 청명 곡우 입하 소만 망종 하지 소서 대서 입추 처서 백로 추분 한로 상강 입동 소설 대설이 마침이 되도다. 북현무 흑제장군 내대지위 동청룡 청제장군 내대지위 남주작 적제장군 내대지위 서백호 백제장군 내대지위 중앙구진 황제장군 내대지위 이와 같은 오방제군과 이십사절이 서로 응하고 서로 이어 땅에 있어 형상을 이루니 감화를 초목에까지 입히고 만방에까지 미칠 것이로다.4) (8:86)

---

4) 鐘聲鳴兮여 宇宙警應이로다.第一鳴兮여 天氣下降하고, 第二鳴兮여 地氣上昇하고, 第三鳴兮여 人道中正하고, 第四鳴兮여 造化始定하니 萬有具備로다. 鐘聲이 幾何오? 十五相續이라. 其理如何오? 八卦相盪하고 九宮 成數로다. 縱橫運用하야 十五成眞이라, 眞法如是하니 是曰眞理로다. 第一鳴兮여 角星이 爲始하고, 第二鳴兮는 亢星之明이요, 第三鳴兮는 氐星之謂요, 第四鳴兮는 房星이 是也오, 第五鳴兮는 心星이 正卯요, 第六鳴兮는 尾星이 次之요, 第七鳴兮는 箕星之艮이로다. 二行之一은 斗星이 爲始하고 二二之鐘은 牛星이 當北하고 二三之鐘은 女星之分이요, 二四之鐘은 虛星之指요, 二五之鐘은 危星이 是也오. 二六之鐘은 室星이 次之하고

이어 "그대들은 도통진경이 일개인의 원이라고만 생각하는 사람이 있으면 그의 영대는 소국(小局)이니 대도는 항시 전체도인과 국가전체, 나아가서는 삼계우주 전체를 광구하려는 대이상에 입각하여야 하느니라." 하시니라.(태8:120)

한 도인이 산에 들어가 수도에만 전념하려고 그 가부를 여쭈니, 훈교하시기를 "내가 전에도 말한 바 있거니와 도를 대강전을 떠나 진법 밖에서 구하려 하지 말라. 통에는 자통(自通)이 없으니 대강으로 일시에 열어 주리라." 하시니라.(태8:121)

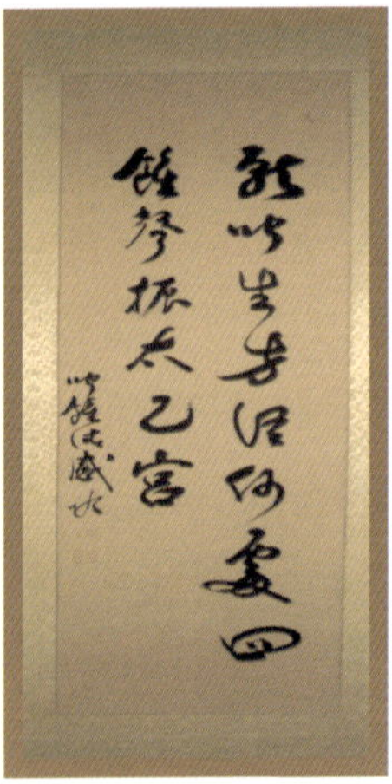

상제님께서 11월 초하루 조회시에 현세의 시국이 너무 무도함을 개탄하시며 "강륜(綱倫)이 소지(掃地)에 패천만신(悖天謾神)하니 혼잡 기극의(其極矣)라."[5] 하시고 한시 한 수를 읊으시니 이러하니라.

願問生方從何地 鐘聲起處太乙宮 兩白之運在何處 四鐘聲振太乙宮'[6] 이어 "궁즉변(窮則變)하고 변즉통(變則通)하며 통즉 원시반본(通則 原始返本)이라.[7] 하시니라.(8:81-82)

二七之鐘은 壁星之乾이로다. 三行之一은 奎星이 起西하고 三二之宿는 婁星이 次起하고, 三三之宿는 胃星이 相續하고, 三四之宿는 昴星之酉요, 三五之宿는 畢星이 隨起하고 三六之宿는 觜星之度요, 三七之宿는 參星이 是也ㅣ로다. 四一之宿는 井星이 初起하고 四二之宿는 鬼星이 次之하며 四三之宿는 柳星이 相隨하고 四四之宿는 星星이 當午하며 四五之宿는 張星이 相繼하고 四六之宿는 翼星이 連起하며 四七之宿는 軫星이 爲終하야 周流成度에 在天成象이로다. 是鐘也는 冬至爲始에 小寒이 次之하고 大寒이 連起하니, 立春 雨水 驚蟄 春分 淸明 穀雨 立夏 小滿 芒種 夏至 小暑 大暑 立秋 處暑 白露 秋分 寒露 霜降 立冬 小雪 大雪이 成終이로다. 北玄武 黑帝將軍 來待之位 東靑龍 靑帝將軍 來待之位 南朱雀 赤帝將軍 來待之位 西白虎 白帝將軍 來待之位 中央鉤陳 黃帝將軍 來待之位 如是五方帝君과 二十四節이 相應相續하야 在地成形하니 化被草木에 賴及萬方이로다.

5) 강륜이~ : 윤리가 없어져서 천륜을 어기고 신을 속이니 혼잡이 지극하다.

6) 願問生方從何地 鐘聲起處太乙宮 兩白之運在何處 四鐘聲振太乙宮 : 묻노니 살 수 있는 장소는 어디인가? 종소리 이는 곳이 태을궁일세. 양 백(양위 상제님)의 운은 어느 곳에 있는가? 네 종이 울리는 곳 태을궁일세.

7) 궁즉~ : 궁하면 변하고 변하면 통하며 통하면 맨 처음 시작된 근본으로 돌아가느니라.

공부(工夫)라는 말은 현대의미로는 학문이나 기술을 배우고 익힌다는 뜻이나 여기서는 몸과 마음을 단련한다는 뜻이다. 법방(法方)이라는 말은 방법이다. 태극도에서 말하는 수도는 광의(廣義)로 도인이 봉행하는 일체수행, 곧 기도, 공부, 수련, 치성까지를 포함한다.

이 공부는 정산선생께서 50년 공부종필(工夫終畢)의 결과로 우주 진리와 천지운행의 기동법도에 맞추어 설법(設法)하셔, 특정의 장소, 시간, 인원, 주문 등으로 특정한 절차에 따라 봉행토록 한 법방이다.

이 공부는 내적으로 심신(心身)을 침잠추밀(沈潛推密)하여 대월상제(對越上帝)의 영시(永侍)의 정신(精神)을 취회(聚會)하여 단전(丹田)에 연마(鍊磨)함으로써 자아완성(自我完成)을 성취하고, 외적으로 음양합덕(陰陽合德) · 신인조화(神人調和)·해원상생(解冤相生)의 태극진리를 도통(道通)함으로써 천 · 지 · 인 3계를 개벽하여 총체적으로 청화오만년의 후천선경 건설을 목적으로 설법하신 진법(眞法)이며 진법(陣法)·청학(靑鶴)·천지대학(天地大學)이다.

따라서 이 공부는 도인의 지상(至上) 목적인 도통의 전제조건(前提條件)인 동시에, 도통진경을 위한 대강(大降)의 선행요건(先行要件)이므로 이야말로 도인의 필수(必須) 의무인 동시에 삼계개벽과 선경건설의 절대조건인 것이다.

이는 시학(侍學) · 시법(侍法)으로 구분되고 점호(點呼)·봉심(奉審)·강식(降式)·수련(修練) 등의 의례가 수반(隨伴)된다.

정산께서 말씀하시기를 "옛날 공자가 이구산(尼丘山)에 사람을 모음은 칠십이현(七十二賢)을 내는 공부였고, 서가가 영취산(靈鷲山)에 사람을 모음은 성문(聲聞) 연각(緣覺)과 오백나한(五百羅漢)을 내는 공부였으나, 나의 공부는 천장길방하신 부산 감천 용화도장(龍華道場)에서 일만 이천 도통군자(道通君子)를 일시에 내는 공부니라. 나는 자리 없어 한하는 자는 없게 하리라."하시니라.

시학공부

수도공부의 명칭을 "시학(侍學)"과 "시법(侍法)"으로 구분하여 명명하신 다음 시법 공부는 그 시행을 후일로 미루셨으나 시학 공부는 1957년 11월 18일부터 시행하기로 정하셨다.

시학은 모시고 배운다는 뜻으로 상제님을 모시는 법도를 배우는 공부이다. 시학은 공부 전체에서는 그 기본 단계 공부라고 할 것이나, 이 공부를 하지 않고서는 강식도 시법도 나아갈 수 없기 때문에 시학이야말로 공부법방의 근본 동량이라 할 것이다. 그리고 이 공부는 초강, 합강, 봉강까지 연속되기 때문에 더욱 중요하고 신성한 법방인 것이다.

① 시학 공부반은 태을방(太乙房), 일관방(一貫房), 내수수도실(內修修道室), 외수수도실(外修修道 室)의 4개 공부방에서 공부한다.

② 시학 반원은 한 사람이 한 시간씩 교대로 공부방에 들어가 태을주, 기도주, 도통주, 칠성주, 운장주 가운데 지정된 주문을 연송(連誦)하여 공부한다.

③ 공부시작 봉심의례를 마친 반원들은 지정된 근무실과 대기실에서 근무하거나 자기 공부차례를 기다리며 대기한다.

④ 공부 차례가 된 반원은 자기공부 1시간 전(현재는 30분 전으로 간소화)부터 해당 공부방 문 앞에 공부실을 향하여 앉아서 대기하며 (ㄱ) 공부방에서 주송하는 소리를 경청, 착오가 있거나 (ㄴ) 공부하는 사람이 졸면 시정하여 고쳐주거나 (ㄷ) 외부로부터 공부에 방해가 되는 일이 생기면 통제하고 (ㄹ) 당번, 책임자가 지시하는 일을 시행한다.

⑤ 공부 교대시간은 당일 정급이 작은 종을 치고 전령(電鈴)을 울려 신호한다.

⑥ 교대신호가 나면 대기하던 반원은 바로 인기척을 내며 공부방 문을 열고 들어가서 문을 닫은 후, 전 반원이 비켜주는 자리에 부복했다가 상체를 일으켜서 무릎을 꿇은 채 분향한 다음, 법좌하여 좌배를 드리고 전 반원의 주송이 끝나기를 기다린다.

⑦ 전 반원의 주송이 끝나면 바로 이어서 봉축주를 한번 봉송하고 일진음양에 맞

추어 태을위시 또는 기도위시로 각 4회를 봉송한 다음, 지정된 주문을 1시간 동안 연속해서 봉송한다.

⑧ 자기공부 시간이 끝나고 교대할 반원이 들어오면 자리를 비켜주고, 주송을 계속하면서 양손으로 옆자리를 짚고 법좌자세를 풀지 않은 채 몸을 옮겨 다음 반원이 법좌할 수 있도록 한다. 오른편 옆으로 나앉아 비키기 전과 같은 방향으로 법좌한 채 주송을 계속한다.

⑨ 다음 반원이 분향 좌배를 마치고 공부태세를 갖추면 봉송하던 주문만 끝까지 봉송하고 주송을 마친다.

⑩ 주송이 다음 반원으로 이어지면 주송을 마친 반원은 법좌한 자세에서 좌배, 심고를 올리고 일어나서 국궁한 다음, 문을 열고 나와 문을 닫은 후 대기실 또는 근무처로 돌아간다.

그리고 그 공부실도 정하시니 이러하였다. 대강전 중궁 동남측 공부실은 시법실로서 시법공부반이 쓰고 회관 용화문 옆방은 태을방(太乙房)으로서 시학공부반의 시학원, 정급, 진급, 회원이 쓰며 승정문 옆방은 일관방(一貫房)으로서 내 · 외수가 쓰고 대강전 앞에 수축(修築) 한 방 둘은 내수공부실, 외수공부실로 쓰게 된다.

15일에 정산선생께서 수도사무원으로 하여금 18일에 공부할 시학공부 제1호 제1반의 편성표를 작성하게 하시니 그 책임자에 이용직, 부책임자에 박중하, 조호선, 정급에 박덕구, 최종하, 진급에 이종근 외 2인, 회원에 최해창 외 15인, 외수에 김교천 외 11인, 내수에 정상희 외 11인으로서 총원이 48인이었다. 또한, 이 인원편성방법을 다음해 정월 20일에 변경시키셔서 부책임자 2인을 1인으로 하고 내 · 외수회원 16인을 5인으로 하여 총원을 36인으로 하셨다가 2월 초 5일에 부책임자를 없이 하는 대신 회원 1인을 증가 시키셨는데 이 편성방법은 지금까지 준수된다. 이 편성표는 매일 공부 3일 전에 게시(揭示)하고 각 방면 포정이 해당하는 관하 도인에게

통지하여 참례여부를 확인받아 수도사무원에게 보고하고 수도사무원은 참례가 확정된 공부반 명단을 공부당일 하오 7시까지 녹명지(錄名紙)로 정서하여 법단에 올리도록 하셨다.

이때 시학 제1호 제1반부터 제10반까지의 각반 책임자 1인, 부책임자 2인씩이 임명되고 매일 공부반을 감독할 시학관(視學官)으로 임규오, 그 보좌로 윤금현이 임명되었다가 며칠 후에 포장 호장 중에서 몇 사람이 추가로 임명되어 당번제로 근무하였다.

17일 하오에 정산선생께서 각 공부실을 설비하셨는데 공부실마다 영대방향의 벽 정면에 백지를 붙여서 위지(位紙)로 하시고 위지 아래 바닥에 향, 향로, 성냥, 재떨이 등을 설치하신 다음 잠시 위지와 대좌(對坐)하셔서 시종들이 알아들을 수 없는 무슨 말씀을 하셨다. 밤 9시에 다음날 공부할 반원 48인을 회관으로 부르고 책임자 박중하로 하여금 공부반 편성표에 의하여 호명(呼名), 점검하되 다음같이 진행케 하셨다.

호명된 반원은 편성표의 순서대로 제1열에는 책임자, 부책임자, 정급, 진급 등 12인, 제2열에는 회원 12인, 제3열에는 외수 12인, 제4열에는 내수 12인이 정렬하여 향전배례(向殿拜禮)를 올린 다음 법좌하고 책임자로부터 공부방법과 유의사항을 듣는다.

유의사항 시달이 끝나면 일동은 좌배를 올리고 해산함으로써 점호행사를 마친다.

시학반의 공부방법은 이러하다.

1. 전일반과 후일반의 교체시각은 하오 11시 30분으로 한다.
2. 후일반은 하오 9시 30분에 회관에 모여서 점호의례, 10시 30분에 중궁에 올라가 봉심의례를 봉행한다.
3. 각 공부실에서 봉송할 지정주문(指定呪文)은 다음과 같다.

공부실명	주 문
태을방	칠성주 운장주
일관방	기도주 태을주
외수실	기도주 도통주
내수실	태을주 도통주

4. 각 반원은 지정시각, 지정공부실에 들어가되 전(前) 반원이 물러나는 자리에 부복 · 궤좌 · 분향한 다음, 법좌하여 좌배하고 전 반원의 송주가 끝남과 동시에 지정된 주문을 한 시간 연송한다.
5. 소정시간이 끝나면 들어오는 반원에게 자리를 비켜주고 법좌, 송주를 계속하다가 그의 준비가 끝나는 대로 송주를 마치고 좌배, 심고, 기립, 국궁한 다음 퇴실한다.
6. 지정주문을 연송하기 전에 봉축주 1회, 기도주 · 태을주 각 4회를 봉송하되, 갑병무경임(甲丙戊庚壬)의 양일(陽日)에는 태을주를 시작으로 하고, 을정기신계(乙丁己辛癸)의 음일(陰日)에는 기도주를 시작으로 하여 일진의 음양에 맞춘다.
7. 평일의 진술축미시(辰戌丑未時) 4회와 주일의 자오묘유 진술축미시(子午卯酉 辰戌丑未時) 8회의 기도는 전반원이 합동으로 한 시간을 모신다. 주문을 평상시처럼 봉송한 다음, 기도주와 태을주를 일진음양(日辰陰陽)에 맞추어 호선으로 반시간씩 연송하되, 주문교대시각은 반 시각보다 5분 후에 정금이 울리는 주문교대 종과 전령의 신호에 맞춘다. 다만, 그 시간에 공부한 반원은 다음 시간에 보충기도를 모시되 평상시처럼 태을주. 기도주 각 24회를 연송한다.
8. 공부를 마친 반은 하오 11시 30분에 합동으로 중궁에 올라가 봉심의례를 봉행한다. (8:93)

태극도의 공부도수(工夫度數)는 다음과 같다. 시학인원(侍學人員) 36명, 시법인원 36명, 법학인원 내수 36명 외수 36명 합이 72명,

인원과 각 반이 매일 교대한다. 또한 초강식은 5日간씩 180명이 초강식을 하고, 합강식은 15日간씩 540명이 합강을 하고, 봉강식은 45日간씩 1620명이 한다. 다음은 시학 공부실에서 36명이 15日간 공부한 540명이 합강식을 진행하는 것을 요약한 것이다. 이 공부 방법에 따른 유의사항은 다음과 같다.

1. 각 반원은 목욕재계하고 복장과 용모를 단정하게 한다.
2. 각 반원은 책임자와 시학당번의 지시 · 감독사항을 준행한다.
3. 일체의 부정(不淨)을 금기하며 공부 중에 발생한 부정도 또한 그러하며 그 기간의 기준은 다음과 같다.

부 정 명	금지기간	
	당사자	비당사자
죽음 부정	21일	7일
삶 부정	21일	7일
경도 부정	부정기간	해당없음

4. 공부시각은 정급의 타종에 맞추어 분초도 어김없이 봉행한다.
5. 매일 들어오는 반원은 하오 9시에 점호하고 책임자의 지시를 받는다.
6. 공부의 다음 차례 반원은 한 시간 전부터 지정공부실 앞에 대기하면서 전(前) 반원의 오착(誤錯)이나 조는 일이 있을 때는 책임 시정한다.
7. 모든 반원은 기상 직후 청소하고 소세한다.
8. 공부 당일에는 무단 외출을 금하되 식사는 교대로 한다.
9. 취침시간인 상오 2시부터 5시 이외에는 눕지 않는다.
10. 도장내에서는 항상 청결 · 정숙히 한다.
11. 기타 의문사항이나 어려운 일이 있을 때는 책임자에게 말한다.(8:94)

이상과 같은 방법으로 11월 18일 자시를 기하여 시학공부를 개시하게 하시고 정산께서는 법단에서 백일공부를 시작하셨다.(이 백일 공부는 다음해 2월 28일 곧 화천 8일 전에 마치신다.) 11월 25일에 하명하시기를,

"재명일(再明日)로서 시학 제10반까지 공부하게 되나 이는 연습을 한 것이며 이만하면 법방수행에 충분하니 오는 28일 갑오(甲午)를 기하여 제1반부터 정식공부를 봉행토록 하라."하셔서 이때부터 정식으로 시학공부가 시작되었다.

> 이어 "세간에 수도인도 많고 공부꾼도 많으나 진법의 법방이 아닌데 수도하면 무엇하고 공부하면 어찌하리요? 내가 지금까지 강조한 천언만어의 뜻도 다 이에 있느니라. 그러므로 너희는 이 법방의 수도인이 됨을 무상의 광영으로 알고 긍지를 가지라." 하시니라. (8:109)

강식법방

강식은 그 성격상 유교와 불교에서 학문의 결과를 심사하는 강독(講讀)과 같다 할 것이나, 도인의 지상(至上)의 축원(祝願)은 원위대강(願爲大降)의 '대강(大降)'이기 때문에 강식은 공부를 마친 도인들이 양위상제님을 모신 영전에 모여서 합동으로 대강을 축원하며 강독을 봉행하는 의식으로서 초, 합, 봉강식의 단계적 구분이 있다. 그러므로 강식은 대강전 중궁에서만 봉행할 수 있고, 대강전에서 시학 공부를 마친 도인만이 참례할 자격이 있다는 절대적 조건이 있는 것이다.

그리고 공부가 자력위주이고 능동적이라 할 정진(精進)인 반면, 강식은 타력위주이고 수동적이라 할 축원이기 때문에, 공부로 정진만 한다면 강령(降靈)이나 통령(通靈)은 가능하더라도 강식이 없다면 진강(眞降)인 대강을 받들어 모심은 불가능할 것이며, 똑같은 축원이면서도 기도행사는 도인이라면 어디서나 누구라도 할 수 있는데 반하여 강식은 도인 가운데서도 시학을 수료한 자격을 갖추고 절차와 격식에 따라야 하기 때문에 법방이라 하는 것이니, 공부와 강식이야말로 명실상부(名實相符)한 음양합덕(陰陽合德) 신인조화(神人調和)의 태극진법(太極眞法)인 것이다. 따라서 공부는 대강의 전제조건(前提條件)이고 대강은 공부의 최종목적인 것이며, 강식은 그 조건과 목적에 부합(符合)시킬 과정이라고 말할 수 있다.

초강식은 "건극개강식(建極開降式)이라"고 하신 강식의 최초단계의 의식으로서 5일간(주일간)에 시학 공부를 마친 5개 반원 180명이 그다음 주일[1] 저녁에 모여서 대강전 중궁의 영대 앞에 올라가

1) 태극도의 주일은 5일임.

강독과 축원을 드리는 의식을 말한다.

합강식(合降式)은 15일간 즉 1개 호 15개 반이 시학공부를 마치고 3회의 초강식을 마친 반원 540명이 최종 초강식을 마친 다음에 모여서 종합적으로 편성하여 봉행하는 의식을 말한다. 그 편성법이 종합적이기 때문에 그 명칭도 "합강식"이라고 명명하신 것이며, 이 강식은 72명씩으로 편성되었기 때문에 "성둔도수(成遁度數)"라고 정산선생께서는 훈교하셨다.

봉강식(奉降式)은 대강을 받들어 모실 후일을 기(期)하면서 현알(見謁)올리며 축원을 드리는 것으로서, 강식의 최고과정이라고 말할 수 있다. 따라서 봉강식은 초, 합강식의 과정을 마친 1개 군단(軍團)인 3개 호(제1호는 특수반으로서 봉강식이 없으므로 제2, 3, 4호의 3개호) 45개 반 정원 1620명(36명×45) 전원이 최종 합강식을 마친 다음 일제히 대강전에 모여 대강을 축원하는 과정이며, 이로써 우리는 일단(一團)의 시학공부를 마무리하고 대강하실 후일을 대기하는 것이다.

정산선생께서 지난 9월 옥체진영(眞影)을 영대에 봉안하실 때는 그 좌대(座臺)를 구천상제의 진영보다 5푼이 낮게 하셨는데 그 후에 보관하시던 금, 은괴 각 10여 관씩으로 양위(兩位)를 금상(金像)으로 조상(彫像)하시고자 여러 차례 기능공을 부르셔서 방법을 하문(下問)하시더니 12월 초 3일에는 양위진영의 좌대를 동일한 크기로 만드셔서 다음날 상제 강세치성 직전 새로 봉안하셨다.

이날 기해(己亥) 주일을 기하여 수도사무원들에게 초강식(初降式), 합강식(合降式), 봉강식(奉降式)의 절차를 상세히 가르치시고, 하오 6시에 그동안 시학공부를 마친 5개반 240인 전원을 대강전 바깥 마당에 모이게 하셔서 사무원의 주관으로 초강식을 봉행하게 하시니 그

절차는 이러하였다. 먼저 사무원이 5개반의 녹명지를 법단 앞 탁자 위에 올린 다음 시간이 되면 창홀(唱笏) 임규오, 고수(手) 김용화, 시독원(侍讀員) 이종락, 김대성과 그밖에 포장, 호장 전원이 중궁에 올라가 각 위치에 시립(侍立)하고 당일 공부반의 정급 1인은 내정 대문 옆에, 1인은 중궁 복도 대동문 안에, 진급 1인은 대동문 밖에 자리를 펴놓고 그 옆에 시립한다. 시립이 끝나자 창홀이 영대와 법단에 명촉(明燭), 분향하니 이때 정산선생께서 법단에 임어하셨다.

이에 앞서 대강전 대문 바깥마당에 4열 종대로 정렬 대기하던 제1반이 책임자의 "1열 앞으로 나솨."하는 구령에 따라 제1열로부터 중궁을 향하여 전진하다가 정급과 진급의 "국궁(鞠躬)"하는 구령에 따라 국궁자세로 중궁에 올라가 영대문 앞에 횡대로 정렬하고 제2, 제3, 제4열도 차례로 올라가서 제1서 4열까지 횡대로 정렬한다. 정렬이 끝나자 창홀은 일동을 구령으로 정렬, 취석면수, 배례, 법좌, 면수시킨 다음 "평심정기(平心正氣)하여 지성으로 발원(發願)하라." 하는 계훈(戒訓)을 호창(呼唱)한다.

시독원은 영대 두 문 앞에 법좌하여 반부복(半俯伏)하고 대기하다가 창홀에 따라 봉축주 1회와 기도주, 태을주 각 4회, 칠성주, 운장주, 28수주, 24절주, 각 1회를 순차 교대로 봉송하되 일진의 음양에 맞추고 일동도 역시 일진음양에 맞추어 봉축주 1회와 기도주, 태을주 각 4회를 봉송하고 고수는 봉축주 봉송 때마다 북을 "대강대강 해원신"의 7박으로 4회씩 친다. 송주가 끝나면 일동이 좌배하고 일어나서 국궁, 예필한 다음 8열로 우향(右向)하여 법단을 향해 법배와 평배를 각 4배하고 부복한다. 이때 창홀은 제1반의 녹명지를 소화(燒火 : 다만 제1호 각반의 초강식때는 정산선생께서 몸소 시행하시고 제2호 초강식 때부터 창홀이 대신 봉행함)하고 일동은 일어나서 거수(擧首), 알현(謁見)한 다음 다시 4열로 좌향(左向)하여 국궁하고 일진음양에 맞추어 양일에는 앞줄, 음일에는 뒷줄로부터 퇴전(退殿)함으로써 제1반의 초강식을 마친다. 이런 절차로 다른 4개 반의 초강식을 순차로 봉행하였는데 제1반 강식 도중 일동이 법단을 향하여 부복하였을 때 정산선생께서 앞에 임어하셔 훈고(訓誥)하시기를,

> 이와 같은 절차로 5개 반의 초강식을 순서대로 받들어 행하니 다음 반부터 창홀은 박중하가 담당하니라. 제1반 강식 중 일동의 법단을 향한 부복시에 상제님께서 법단 앞에서 훈고하시기를 "이 강식은 건극개강식(建極開降式)이며 우주행진이라. 삼재기성(三才旣成)에 팔문(八門)이 성운(成運)하고 구궁(九宮)이 성도(成道)로다. 왈이군공(曰爾群工)은 경수내직(敬受乃職)하야 엄이존성(嚴爾存誠)하라.[2]" 하시니라. (8:100)

> 상제님께서 초강식 후에 법단에서 임원들에게 하교하시기를 "이 공부를 잘하면 나와 서로 문답할 날이 있으리라. 그리고 이 방은 선방(仙房)이므로, 증산상제님께서 말씀하신 '너희들은 신선을 보리라.' 하심도 이를 이르심이니, 너희들이 곧 그 신선이 되리라." 하시고 다음의 한시 한 절을 읊어 주시니라.
>
> 聲滿宇宙萬物心　淨吾脫劫所願成[3] (8:101)

13일 기유(己酉) 주일을 기하여 정산선생의 명에 따라 시학 제11반부터 제15반까지의 초강식을 봉행한 후에 제1호 15개 반의 합강식(合降式)을 봉행하니 먼저 그 합강반의 편성방법은 내수 180인과

---

2) 삼재~ : 삼재가 이루어진 뒤에 8문이 운을 이루고 9궁이 도를 이루도다. 말하되 공부하는 여러분은 그 직을 공경하여 받아 그 정성을 다하여 엄숙하게 하라.

3) 성만우주만물심 정오탈겁소원성 : 소리가 우주 만물의 마음에 가득하니, 나를 깨끗이 하여 겁을 벗고 소원을 이루리다.

외수 180인 총 360인을 한 반에 72인(내수 36인, 외수 36인)씩 5개 반, 시학 책임자, 부책임자, 정급, 진급의 정원 120인 중에서 72인으로 제6반, 회원 정원 240인 중에서 72인씩 제7, 8반을 편성하여 그 총원은 8개반 576인이었는데 초강식을 마치지 못한 자리는 마친 반원으로 충당하였다.

합강식의 절차는 초강식의 절차와 같되 시독원의 주송에서 개벽주가 추가되고 고수의 타고(打)도 개벽주의 “24절 제대신장”까지가 추가되었으며 녹명지는 한 번에 3장씩 소화(제6, 7, 8반은 제외)하고 수본행사 때에 그 호의 시학원은 전수실, 정급은 영불문 안, 진급은 중궁 복도에 각각 시립함이 초강식의 절차와 달랐다. 합강식 제1반이 알현할 때에 정산선생께서 법단 앞에서 이렇게 훈고(訓誥)하셨다.

“이 강식은 성둔도수(成遁度數)니라. 천근(天根)과 월굴(月窟)이 양과 음으로 한가로이 오가며 조화로우니 36궁이 온통 봄날이로다. 삼계혼원세계(三界混元世界) 삼계해원세계(三界解冤世界) 욱일대사(郁日大師) 태을성천(太乙成天) 여율령(如律令) 사바아(娑婆啊).”

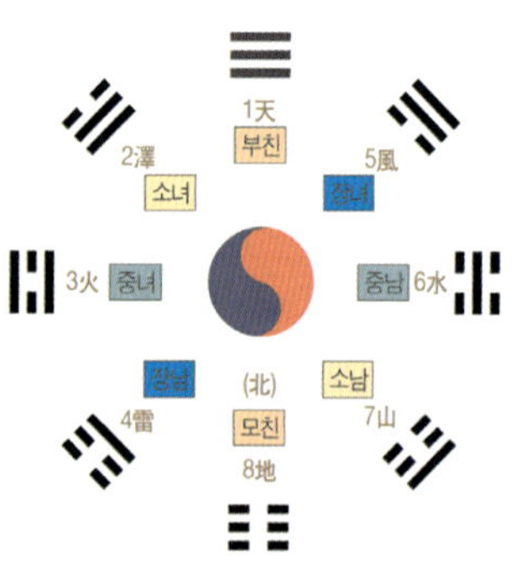

선천팔괘도

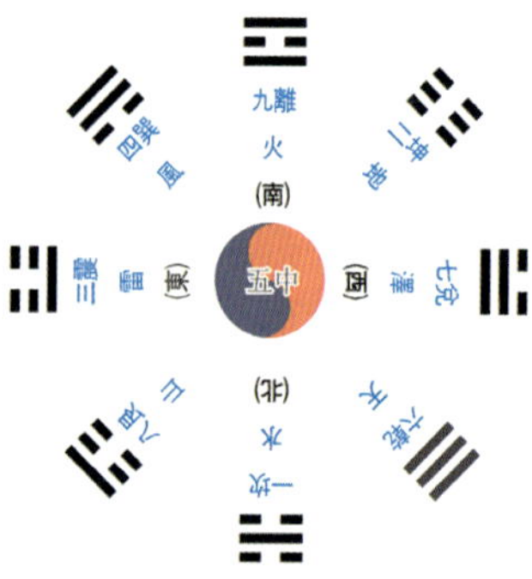

후천팔괘도

14일 조회시에 상제님께서 하교하시기를 "어젯밤에 제1회 합강식을 무사히 마침으로써 오도 진법의 수도법방이 당진함을 경하하노라. 내 다시 한 번 강조하거니와 오도의 궁극목적은 도통이나 수도 없는 도통이 없고 진법 없는 법방이 없으며 법방없는 수도도 없으니, 이제 이 법방의 당진(當進)은 도통의 첩경이요, 기초동량이니라. 내가 이 법방을 '50년 공부의 결정(結精)이라.' 하고, 또 '삼계광구의 유일한 진법이라.' 함은 그 뜻이 모두 이에 있느니라." 하시니라. (8:108)

또 하교하시기를,

"강식의 자리가 좁아도 좁다고 하지 마라. 엉성하면 김이 새는 법이니라. 허공을 보라. 텅 빈 듯하지만 천지는 면면밀밀(綿綿密密)하여 바늘 끝 하나 들어갈 틈도 없고, 또 그러할 겨를도 없으며 1보(步) 밖이 생사(生死)의 갈림길이고 진법(眞法)은 진법(陣法)이니 항오(行伍)를 잃은 낙오자가 되지 않도록 호책의 영에 따르고 호책의 얼굴을 알아두라."하셨다.

"수도시의 법좌(法坐)는 태좌법(胎坐法)이고, 합장은 음양합덕이며 생(生)자니라." 하시니라. (9:33)

"수도반원이 공부교체시에 법배대신 좌배하게 함은 정신산만(精神散漫)과 픈각지체(分刻遲滯) 또는 구송단절(口誦斷絶)과 좌석냉각 (座席冷却)을 방지하기 위함이니, 새가 알을 품듯이 자리가 식지 않아야 하느니라." 하시니라. (9:35)

시법공부

시법공부는 시법(侍法)은 시학의 차원을 초월하여 모시는 법 그 자체라는 말이다. 따라서 시법의 요체는 대월상제(對越上帝) 영시(永侍)의 정신 그대로를 봉행하는 축원이기 때문에 시법이야말로 공부법방의 진수(眞髓)이다. 그러므로 시법공부는 대강전의 중궁에 연결된 방이 아니면 공부방이 될 수 없고, 시학공부에서 모시는 도리를 완전히 배우고 초강, 합강에서 강독과 축원을 마치지 않으면 참례할 수 없는 신성한 공부이다.

태극도의 공부는 단순히 수련의 정진만이 아니라 성, 경, 신(誠, 敬, 信)의 결정(結晶)이라 할 시(侍)의 토대 위에서 짜인 진법임을 알 수 있으며, 이를 단계별로 본다면 시학은 결국 상제님을 모시는 법도 즉 시법을 배우는 공부라 할 수 있고, 시법은 공부라고 하기보다는 차라리 "시천주(侍天主)" "원위대강(願爲大降)" 그대로라 할 수 있다.

그러므로 정산께서 "시법은 즉석강식(卽席降式)이라."하시며 공부방도 영대를 중심으로 법단과 상통하는 방으로 정하시고, 그 좌향(坐向)도 영대와 봉심실을 향하게 하셨으며 그 주문도 진법주로 정하신 것이다.

① 시법공부반은 중궁 남측 시법공부실에서 진법주로써 공부한다.

② 시법공부반은 시법원 또는 회원(정급과 진급 포함) 한 사람, 외수 한 사람, 내수 한 사람, 3인 한 조되어 공부방에 들어가 한 시간씩 하루에 두 번 공부한다.

③ 조 편성은 점호시에 호명 정렬시킨 각 열의 같은 번호 끼리로 하고, 공부순위도 번호순으로 한다.

④ 공부방에 들어갈 때는 조장인 회원이 먼저 문을 열고 들어가고 내수와 외수가

뒤따라 들어가며 문을 닫고 전(前) 반원이 뒤로 물러앉아 비켜주는 자리에 부복하되, 그 위치는 중앙에 조장, 그 좌편에 외수, 우편에 내수로 한다. (자기 자리로 들어갈 때는 조장은 전 반원 외수의 뒤를, 내수는 전 반원 외수와 조장의 뒤를 각각 돌고, 외수는 그 대로 자기 자리로 들어간다).

⑤ 일동이 모두 부복하면 조장이 상체를 일으켜 무릎을 꿇은 채 분향한 다음, 일동이 일어나 법좌하고 좌배, 심고를 올린다.

⑥ 기타 대기방법과 교대방법, 주송방법 등은 모두 시학공부에서와 같이 봉행하되, 세 사람이 함께 봉행하는 차이가 있을 뿐이다.

⑦ 시법반 각 조는 자기 공부시간 10분 전부터 대기에 임한다. 다만, 공부시간 30분 전부터 약 10분간 다른 방에서 한 조가 합동으로 주송 연습을 하여 서로 주송을 맞추도록 한다.(시정할 점이 있으면 서로 맞춘다.)

태극도의 도통진경을 위한 수도방법으로 기도, 수련, 치성, 공부 등이 있지만 모두가 일체로서 정산의 50년 공부종필의 결정체를 이루고 있으며, 이러한 공부법방의 수행에 의하여 도통진경과 광구천하의 이상과 대업을 완수할 수 있음을 표방하게 되며 영적 스승으로서의 위격에 마침내 이르는 것이다.

시법공부실

정산께서 시법공부 개시를 명하시고 하교하시기를

"시법공부는 즉석강식(卽席降式)이니라. 시학을 마치고 시법공부만 잘하면 누구나 도통의 경지에 올라 선경에 참여할 수 있으리니, 이는 곧 유일무이하고 외차무극(外此無極)한 태극진법이니라."한다.

"내가 설(設)한 공부법방은 전만고(前萬古) 후만고(後萬古) 천상천하에 유일무이(唯一無二)한 진법이므로 다른 날 누가 아무리 모방(模倣)한다 하여도 그것은 가법(假法)일 뿐이니라."하시니라.

또 하교하시기를 "오도의 공부법방은 총체적으로 천지·우주의 구성과 운행의 도수인 동시에, 개별적으로는 반원 각자의 기도·수련의 정진(精進)이니라. 그러므로 수본(修本)은 자기 지정석이 확정되어 있고 그 외에 보충석이 있으며, 회원은 지정석이 아니더라도 자유로이 공부할 수 있느니라."하시고 노약자와 장애인이라도 한번씩은 공부시키되, 주문을 잘못 읽는 도인은 뒤에서 대신 외워 주도록 명하시고 또 말씀하시기를 "사람이 죽으면 중천신(中天神) 또는 황천신(黃泉神)이 되나 시학과 시법을 마치면 죽더라도 선경 신반(神班)의 신명이 되느니라." 하셨다.

> 상제님께서 하교하시기를 "오도의 수도법방은 곧 태극의 용(用)임을 다시 각지(覺知)하라. 이는 개인의 도통 성취만을 위함이 아니요, 도단(道團) 곧 전체 도인을 위하고 여러 백성을 널리 구하기 위한 법방이니라. 그러나 전체는 곧 개체의 집합이니 개개인이 모두 잘하여야 전체도 잘됨을 알아야 하느니라. 그러므로 개인이 곧 전체며 전체가 곧 개인임을 깨닫고 합덕공부(合德工夫)로 임하되 '나만', 또는 '나부터' 라는 생각은 버려야 하느니라." 하시니라. (8:119)

이 공부는 개인의 자아완성(自我完成)의 성취는 물론이고, 더 나아가 음양합덕, 신인조화, 해원상생의 태극 진리를 도통(道通)함으로써 천, 지, 인 3계를 개벽하여 총체적으로 청화 오만 년의 후천선경 건설을 목적으로 설법하신 진법(眞法)이다.

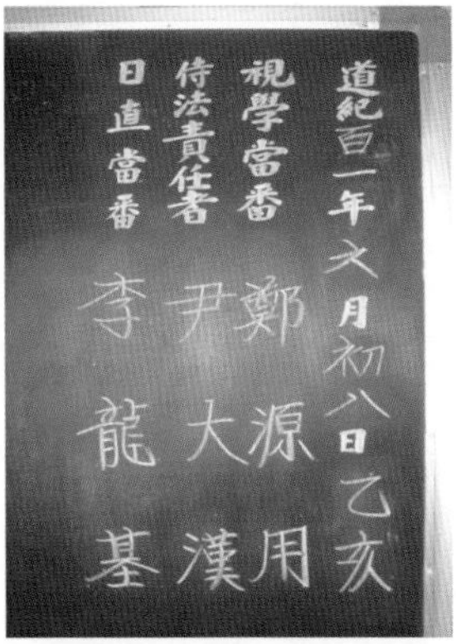

도기49(丁酉:1957)년 11월 18일(甲申)일부터 시학(侍學)공부를 시행하시고 이때 하명하신 시법(侍法)공부를 무술(戊戌:58)년 1월 18(甲申)일부터 봉행하게 하신 이후 지금까지도 쉬지 않고 이어지고 있다.

도기 101(2009)년 7월 29일 공부 책임자 명단이 사무실에 적혀 있는 사진.

따라서 이 공부는 도인의 지상(至上)목적인 도통의 전제조건(前提條件)인 동시에 도통진경을 위한 대강(大降)의 선행요건(先行要件)이므로, 도인의 필수 의무이며 삼계개벽과 선경건설의 절대조건이다. 공부법방은 시학(侍學), 시법(侍法) 공부로 구분되고, 점호(點呼), 봉심(奉審), 강식(降式), 수련(修練) 등의 의례가 수반된다.

이처럼 태극도의 수도 법방은 곧 태극의 용(用)임을 정산선생은 다시 도인들에게 각인시키시고, "이는 개인의 도통 성취만을 위함이 아니요, 도단(道團) 곧 전체 도인을 위하고 군생광구(群生匡救)를 위한 법방이다. 그러므로 개인이 전체며 전체가 개인임을 깨닫고 합덕공부(合德工夫)로 임하되, '나만' 또는 '나부터'라는 생각은 버려야 한다."고 말씀하신다.

전체는 곧 개체(個體)의 집합이니 개개인이 모두 잘하여야 전체도 잘됨을 알아야하므로 이는 곧 정산사상의 공사공매의 특징을 보여준다.

도통진경의 종교윤리

도통진경은 통하여 알지 못하는 것이 없고, 능하지 않는 바가 없어서 참다운 경지에 이름이다. 도통이란 도를 통하여 인간완성을 이루는 것이다.

득도, 통달 등의 개념과 함께 극동종교 일반에서 신행의 궁극목표를 가리키는 말로 널리 쓰인다. 이를 여러 민족종교에서도 수용하였다. 대부분의 민족종교가 우주의 조물주이자 섭리자로서 다분히 인격적 최고신을 신앙하면서 그 최고신에 대한 관념내용이 유대-기독교 전통 등의 인격 유일신 신앙과는 근본적으로 차이가 있음을 단적으로 말하는 개념이다.

공공의 도통으로 만인이 구원받는 경지를 의미하기에 진경은 개인적 깨달음과 구별된다. 도통진경은 인간완성과 사회변화를 동시에 내포한다. 도통의 방법에 따라 천지인을 관통한 '한'의 인존시대를 열어 천지인이 조화하고 영혼이 혼연일체를 이루는 사회로 개신하는 변화가 수반된다.

인류가 이상으로 생각한 자유와 평등 그리고 평화의 사회를 이룩하려는 종교윤리의 지침이다. 도통하여 신명을 깨달은 영적 스승은 신학교에서 몇 년간 공부하고 학업기간이 끝나면 학생들에게 다양한 신학 학위를 수여하는 것과 같은 방법으로 개발되지 않는다.

영혼의 직관은 신성한 품성, 자제력, 자아실현으로 통하는 고급 정신물리학 방법들을 배우고 수도의 법방이나 깊은 명상을 할 경우에 비로소 개발이 된다.

잠든 상태는 어떤 생리변화로 육체에 발현하는 것과 마찬가지로, 도통에 의해 우주 의식에 들어가면, 근육과 눈동자와 호흡이 모두 움직이지 않게 된다. 진정한 영적 스승은 도통을 통하여 우주의식을 획득한 것이기에 외적 표지로도 객관화될 수 있다. 그가 원할 때마다 눈동자들은 움직이지 않고 깜박이지 않는다. 오랜 공부에 의하여 그의 호흡은 억지로 폐에 가둬두지 않아도 조용해진다. 그의 마음은 노력하지 않아도 차분해진다. 눈동자와 호흡과 마음이 산만함을 드러내는 사람은 우주 의식에 들어 있는 것이 아니다.

또한, 스스로를 영적 스승으로 선택한다고 해서 영적 스승이 될 수 있는 것은 아니다. 진정한 영적 스승은 다른 사람들에게 봉사하고 구원하려고 신을 깨달은 다른 영적 스승에 의해서만 지명될 수 있다.

도통한 영적 스승은 신명이 보내는 것이다. 도통한 영적 스승의 의지에 동조하는 것은 자신 의지의 진정한 자유를 발견하는 것이다. 교조주의 방식을 따르라고 자신들의 학생들을 노예처럼 통제하는 선생들은 학생들의 자유의지의 힘을 파괴한다. 그런 선생들은 자신이 보는대로만 학생이 보기를 원한다. 그러나 진정한 영적 스승에 대한 복종은 그러한 어떤 영적 맹목도 제자에게 생성되지 않도록 한다. 오히려 그것은 지혜와 직관의 눈인 제자의 영성의 눈을 개발해 주며, 그는 그에 의하여 자신의 자유 선택으로 현명하게 행동으로 옮기게 한다. 제자가 자신의 개화되는 영혼의 지혜를 통하여 자신을 영적으로 인도할 수 있을 때까지만 영적 스승은 제자를 훈육한다.

의지의 진정한 자유를 즐긴다는 것이 무엇을 의미하는지를 아는 사람은 극히 적다. 자신의 본능과 습관이 지령하는 대로 뭔가를 할 수밖에 없다는 것은 예속적인 일이다. 또한, 여러분이 오랫동안 습관적으로 선했기 때문에 선한 것은 진정한 자유가 아니며 그릇된 행위들을 회피하는데 익숙하여서 악을 삼가는 것도 진정한 자유는 아니다. 여러분이 선을 그 자체로 진지하게 원하기 때문에 언제 어디서든 악 대신에 선을 선택하려는 영혼의 분별력으로 여러분의 의지가 인도될 때에만 진정한 행복이 찾아온다. 그러면 여러분은 진정으로 자유롭게 될 것이다.

악한, 즉 무지한 행위들은 우리에게 슬픔만을 가져다준다. 유전적, 선천적, 후천적 습관들의 영향과 가족과 사회와 세계 환경이 모두 여러분의 판단에 영향을 주기를 그칠 때, 여러분이 오로지 자신의 최고의 내적인 직관적 분별력의 인도를 받아서 행위를 할 때, 그때야 비로소 여러분은 자유로워진다. 그때까지는 변덕의 인도를 받는 의지를 지혜의 인도를 받아 구루의 의지에 동조하는데 "전적인 올바름의 길"이 있다. 이렇게 여러분의 의지를 신성한 지혜에 장착함으로써 여러분은 편견과 실수에 휘둘리지 않게 될 것이다. 그때야 비로소 언제나 올바름에 의한 인도를 받을 것이다.

습관과 변덕에 끌려다니는 의지를 지혜의 인도를 받는 영적 스승에 동조하는 것은 기계적인 복종과는 사뭇 다르다. 왜냐하면, 후자는 전통적으로, 종교적으로, 또는 사회적으로 자신의 영적 지위에 선임되었을지라도 그는 신에게 알려지지 않을 수 있기 때문이다.

영적으로 눈먼 사람들을 생각 없이 따르는 것은 실수의 깊은 도랑으로 그들과 함께 무력하게 빠지는 것이다.

평범한 사랑은 이기적이며, 욕망과 만족에 어두운 뿌리를 박고 있다. 신성한 사랑은 조건이 없으며, 경계도 없고, 변화도 없다.

우리가 조건 없는 충성과 헌신으로 우리 자신을 우리의 영적 스승의 신성한 의식에 동조하기 전까지는 완전한 만족, 위안, 신과의 접촉을 발견하지 못할 것이며 무극의 존재론적 양태에 접근할 수 없다.

무극이 우주 전체에 충만한 것이라면, 무극은 근원적인 전체로서의 '한(一者)'이면서 동시에 우주 삼라만상의 각각의 것들을 성장 변화할 수 있게 하는 '많음(多者)'의 원리가 된다. 여기서 무극은 자체로는 아무런 한계도 형체도 없는 무형(無形)의 존재여야 한다는 것과 어떠한 것에도 제약을 받지 않는 '무제약적 존재'가 된다.

무극이 '무제약적 존재'라고 한다면 무극은 시공의 제약을 받는 삼라만상들과는 달리 시공을 초월해 있을 수 있고, 시 · 공에 구애받음이 없이 시 · 공에서 존재하는 모든 것들에게도 꿰뚫어 침투해 들어가는 생성원리이다.

인간의 평균적인 수명은 약 70년이다. 그 기간의 절반은 잠자고 먹는데 소비되고, 합해서 대략 20년은 생활비를 버는데 소비된다고 추정해도 틀림이 없을 것이다. 이것은 현대인의 "생애"를 20년으로 삭감하는데, 그 중 10년은 다른 사람들과의 대화로 소비될 것이고, 또 다른 10년은 방심하고 비생산적인 추구를 하느라 금방 소모될 것이다. 인생의 목적은 신을 발견하는 것이기 때문에, 우주 의식에 그 시간을 투자하지 않는다면, 나머지 10년도 진정으로 "산다고"말할 수 없다.

어떤 사람이든 인생의 드라마에서 정해진 역할을 다하고, 세속적인 의무와 책임의 몫을 부담하는 것은 필요하다. 그러나 여가는 자신이 택하는 대로 소비될 것이고, 그다음에 해야 할 영적 의무는 신을 추구하고, 자신의 영혼의 가능성을 표현하고자 노력하는 것이다. 일반적으로 적어도 30년은 잠과 어리석은 일로 잃어버린다고 가정하면, 40년 동안에 이러한 이상은 어떻게 달성될 수 있겠는가?

예언자들이 계산한 바로는, 인간이 우주 의식을 표현할 수 있는 적절한 도구가 되려면 이상적인 조건에서 살더라도 육체와 마음으로 올바른 생활을 하면서 보통 백만 년을 살아야 한다고 한다.

우주의식을 표현하는 것은 신명의 연합왕국, 천상과 지상의 모든 페이지, 자연, 그리고 인생에 포함된 모든 것들에 대한 지식을 포용하는 것이다. 한 번의 인생에서 그만한 지식을 수용할 만큼 정신적 능력을 확대하려면 어떻게 해야 하는가? 이는 무극가치를 깨닫고 구현하는 데 요체가 있다.

무극은 정신적(精神的)인 것만으로 상정한다거나 아니면 물질적인 것만으로 상정해서는 안되며, 정신적이면서 동시에 물질적인 것, 그러면서도 정신적인 것도 물질적인 것도 아닌, '중성적(中性的)' 특성이 있는 것으로 이해할 수 있다. 무극이 자체로 중성적인 것이라면 무제약적으로 활동할 수 있을 것이며 또한 정신과 물질의 양극(兩極)을 서로 매개 하면서 창조적 활동무대로 삼는다. 이런 의미에서 무극은 창조본원이라고 표현하면서도 조화와 생명근원이다. 원초적 본생으로서의 '상제'는 현실존재를 구체화하는 것에 관여하지만, 결과적 본생으로서의 '상제'는 세계와 역동관계를 맺으면서 진화하여 가는데 현실존재들을 물리적으로 파악한다. 따라서 상제는 정신이면서 동시에 물질측면을 동시에 자신에 통합하는 존재이기에 초월적 존재이면서 세계 내재적이고, 영원의 존재이면서 스스로 진화한다.

무극은 창조의 근원이면서 동시에 천지 만물을 낳을 수 있다. 전통적으로 삼신(三神)은 조화 신, 교화 신(敎化 神), 치화 신(治化 神)을 의미하는 것이지만, 실제적 기능면에서는 교화의 신으로 조화신이요, 치화의 신으로 조화신이기 때문에 삼신은 실제로 하나의 신(一神)이며, 그 일신은 곧 무극상제, 또는 무극의 신이다. 일신으로서 무극신이 자체로 항구적 본체이면서 동시에 천지 만물의 무한을 창조하고 이것의 존재와 생명을 주재한다고하는 것은 명백히 이율배반, 상호 모순적이다. 왜냐하면, 궁극으로서의 무극(无極)이 모든 것들의 항구적 본체가 됨은 생성 변화에 종속하는 현실적 존재와 무관한 존재임을 말함이며, 무극상제가 다양한 것들을 주재해야 함은 곧 구체적 현실 속으로 들어와 피조물과 더불어 생성 변화에 종속함을 뜻하기 때문이다. 이러한 문제를 해결하고자 화이트헤드의 과정철학의 방법을 도입한다.

화이트헤드는 끊임없이 생성 변화하는 구체적인 존재로서 현실존재가 성립하려고 "창조성"(creativity), "영원한 객체" "신"이라는 형식요소를 필연적으로 요구한다. 여기에서 '창조성'은 역동적인 현실 세계에 시간적인 추이라는 성격으로 나타나는 "비한정성"의 힘과 같으며, 이는 전통적 의미에서의 "질료"와 유사개념이다. '질료' 자체는 '비한정적' 이고 '무규정(無規定)'이기에 현실적으로 '어떤 것'이라고 말할 수 없으며, 장차 '한정성'을 받아들여 규정되어 현실적인 일정존재로 될 수 있다는 의미에서 '잠재적 힘' 이다. 이러한 '창조성'의 개념은 모든 현실존재의 생성에 전제되고 있는 궁극원리이며 자체로는 생성되지 않는다. 창조성은 비시간적 비현실적 실재가 된다. 또한 '창조성'은 현실적 존재들에 의존하게 된다.

'창조성'은 항상 여러 제약 속에서 발견되며 제약된 것으로 기술될 수 있다. 따라서 '창조성'은 존재가 아니라 존재원리이다. 이것이 현실존재의 '한정성'과 '규정성'의 원리가 된다. '한정성'과 '규정성'의 원리가 되는 '영원한 객체'는 창조성'으로서의 '비한정적' 이고 '비규정'의 질료를 한정하고 규정하여 어떤 개별적인 것으로 현실화시킬 수 있다는 의미에서 가능존재이다. 여기에서 '신'은 전통적인 의미에서의 "제작자" 내지는 "작용인"의 개념으로 사용되는데, 작용인으로서의 '신'은 '창조성'과 '영원객체'를 매개하는 것으로서, 즉 우주에 가능적으로 있는 영원한 객체가 공분모 짝을 선택하여 이것을 시·공으로 끌어내어 구체적 현실에 구현시키는 "구체화 원리"(principle of concretion), '하는 작용의 님'으로 작용하게 된다.

구체화의 원리를 구현하는 과정에서 들숨과 날숨의 과정을 중화시킴으로써 성취된 척추의 자화는 생명과 의식을 관장하는 자신의 신묘한 뇌척수 중추들을 각성시킨다. 그 결과로 의식의 고차원적인 상태에 도달하게 되면 심장박동과 폐의 활동이 점차로 자연스럽게 중단되는 일이 발생한다. 그러면 자아는 "사람은 빵만으로 살 수는 없느니라."라는 잊힌 진리를 다시 깨닫게 된다. 육체기능은 인간이 생명과 의식을 표현하는데 절대적인 조건이 아니라는 것이다. 들숨과 날숨의 중화는 또한 산소를 그의 기본적인 구성요소들인 원자 에너지로 변환한다. 이 에너지는 더 나아가서 미묘한 생명 에너지로 증류되어 핵심이 되는 두뇌지역과 척추의 중추들에 있는 여섯 개의 하위 발전기들에 있는 치료의 전류들과 섞게 된다.

천지 만물들의 창조와 생명의 근원이 되는 무극은 본성상 두 가지 양극의 특성, 즉 물리적, 정신적 양의를 함의하는 중성적인 특성을 겸비한 하나의 생명존재로 이해하게 된다. 여기서 '무극상제'는 물질과 정신을 매개하여 시간에 종속하는 현실존재와 공동으로 활동하면서 항상 다양한 것들의 창조와 생명의 주재자로 존립할 여지가 있다. 이는 무극이 태극과 상관적 연관성을 맺는 원리가 된다. '무극'은 비록 물질 측면과 정신 측면을 함께 횡단 매개하여 질서의 현존재를 성립함에도 불구하고 시간에 종속된 여러 현실 사물과 달리 결코 소멸하는 것은 아니다. 중성생명 존재인 무극이 발생적인 측면 시간에 종속되는 천지 만물 존재와 공동으로 활동하면서 항상 새로움으로 나아가는 다자원리가 되고, 반면에 본체측면에서 근원존재로서 영속적 일자(一者)이기에, '무극상제'는 변천하는 우주질서의 현실적 요소로서의 실제와 역동적 관계를 맺게 된다.

'무극상제'는 본체론적으로 일자(一者)이며 변화에 관계없이 영속하는 존재이고, 최고의 보편자이기에 비시간적 존재며, 불멸존재가 된다. 반면에 '태극상제'는 발생적으로 천지 만물로 형상화되어 '수

(數)적으로' 다자(多者) 원리가 되기에 만물에 들어가 내재하고, 내재한 '상제'는 창조하고 주재하기에 유동 변화하면서 진화하여 간다. 이런 의미에서 '상제'는 세계에 내재적이면서 동시에 초월적이다. 무극상제는 모든 현실존재에 현존하는 한에 내재적이지만 각각의 현실적 존재가 다른 현실적 존재를 넘어서 존재하는 양상으로 초월적이라고 말할 수 있다. 근원적인 '일자(一者)'로서의 무극상제가 '존재'와 일치하여 영속하고 불멸하지만, 현실로 개입하면 천지 만물에 내재하여 주재하는 '상제'로서 '존재'와 '본질'이 일치하지 않기에 시간에 종속되면서 현실존재와 더불어 진화하며 죄의식에서 벗어난다.

실제적으로 창조가 존재하지 않았을 때에도 한얼은 존재하였다. 창조는 시작이 있고 끝이 있으며 시간, 공간, 상대성, 차원, 인과관계 등의 범주에 종속된다. 그러나 한얼은 모든 범주를 초월해 있으며, 시작도 없고, 끝도 없으며, 변화도 없고, 조건도 없다. 우리가 아는 실존의 모든 조건들은 한얼 속에 포함되어 있지만, 한얼은 그것들의 영향을 받지 않는다. 한얼은 스스로 태어난 존재이다. 한얼은 언제나 의식하고 있고, 한얼의 주의는 모든 곳에 똑같이 배분되며, 모든 곳에 완전히 집중한다.

우리도 한얼의 형상대로 만들어졌기에 우리 의식을 만물에 스며드는 한얼의 의식 또는 우주 의식과 동조함으로써 우리의 주의를 집중해서 실존을 모든 곳에서 느끼는 힘을 우리의 내면에 잠재적으로 갖고 있다. 실제로 우리의 인간 의식은 우주 의식이며, 육체라는 호리병에 갇히고 무지로 밀봉되어 있어서 한얼의 바다에 고립된 채로 떠다니는 것이다. 병 속에 갇혀서 바다에 떠다니는 소금물이 바다와 접촉할 수 없는 것처럼, 마야, 즉 우주적 미망 때문에 이렇게 병 속에 갇힌 인간 의식은 한얼 속에서 떠다니며 살고 있어도 한얼과 접촉하기가 어렵다.

우주의식은 우주 전체에 퍼져 있으며 그 안의 만물에 스며들어 있다. 인간 의식은 인간의 육체와 주위 환경에 제한된다. 우주 의식을 얻으려면 육체의 모든 살아있는 세포와 두뇌에 거주하는 의식을 확장해야 한다. 올바른 생활 법칙들을 준수하고 내면화 기법을 충실하게 수행하는 사람은 이렇게 자신의 의식을 확대하여 우주 의식, 즉 신명의 바다를 영접할 수 있다. 의식 내면화 기법의 정확한 수행은 여러분을 모든 창의적인 영감의 원천으로 데려다 줄 것이다. 직관적인 지식을 담당하는 영안을 개봉하면 여러분은 모든 의문에 대한 답을 얻게 될 것이다.

에너지를 감각들로부터 철수시킬 수 있을 때, 우리는 자신의 마음을 신명에 둘 수 있으며 그다음에 의식 내면화를 수행할 채비가 갖추어지는 것이다. 생명력의 통제는 의식적인 상태의 깊은 침묵을 만들어낸다. 잠이 들면 여러분은 완전한 침묵을 경험한다. 왜 그런가? 에너지가 두 눈과 모든 감각들에서 철수되기 때문이다. 영혼은 생생히 느낄 수 있는 신에 대한 경험을 추구하고 있으며 영적인 정체성을 경험할 때가 되면 물체들의 존재 근원과 운동변화의 근원에 무극대도, 즉 무극상제가 필연적임을 깨닫게 된다.

이러한 무극상제는 시간에 종속되어 운동변화의 과정을 겪어야 하는 창조된 사물들과는 달리 자체로는 불생불멸하는 초월의미의 '신명'이어야 하며, 그러면서도 끊임없이 요동치는 개별적인 사물들에 침투하면서 존재와 생명을 주관하는 주재의 신이다. 이러한 의미에서 무극은 끊임없이 움직이면서도 움직임이 없고 고요하면서도 고요함이 없는 신의 속성을 지닌다. 그런데도 움직이면서도 움직임이 없고 고요하면서도 고요함이 없다고 하는 무극상제는 부동(不動)·부정(不靜)한 것이 아니다. 그러기에 무극상제는 무한한 삼라만상의 모든 것들에 깃들어 내재하면서 사물들을 미묘하게 만든다.

> 상제님께서 임원들에게 하교하시기를 "한 포기 풀이나 한 그루의 나무에도 신(神)이 있고, 음성의 고저, 풍류의 장단, 그 밖의 서자(書字), 도화(圖畵)가 모두 음양합덕 태극진리의 표현이니, 예능에도 이 도리를 통한 자만이 달인이니라." 하시니라. (8:122)

따라서 무극상제는 '신묘불측'이라고 할 수 있다. 우주 만물의 바탕이요 조화와 생명의 궁극적 근원이 되는 무극상제가 있기에 천지자연의 모든 근본적 장(場)이 조화를 이루게 되고 천지 만물이 생성발전소멸의 과정으로 순환하며 변화할 수 있다. 우주창조 이래로 무질서하던 것들이 물리법칙 안에서 정교한 우주질서를 가질 수 있는 것도 근원바탕으로서의 무극상제가 존재하기 때문이다. 이러한 의미에서 본다면, 무극상제는 우주 만물을 직접 창조한 창조주이면서 우주에 편재해 있으면서 자연법칙과 더불어 작동하고 감독하며 전체적으로 유기체를 이루는 가장 근원적 일자(一者)이다. 아울러 가장 구체적인 다자(多者)의 원리로 진화한다.

우주의 천지도수의 철학적 성찰의 측면에서 무극상제는 우주만유(萬有)의 형이상학적 존재근거가 되며 도통진경 사상은 이와 연관을 맺고 있어 원시반본(原始返本)사상과 상통한다.

> 정산선생께서 말씀하시기를 "도를 나타냄에는 문자·전서밖에는 없되 나라마다 다르고, 한정된 문자로 어찌 도의 본의를 다 표현하랴? 또 도를 전하고 가르침에는 언설(言說) 이외에 무엇이 있으랴마는 이 또한 진리의 외양(外樣)일 뿐이니 문자와 언설의 이면(裡面)에 내재(內在)한 진리, 즉 무극시태극(无極是太極)의 체용(體用)은 원시반본의 심법(心法)이라야 깨달을 수 있느니라." 하시니라. (9:2)

"도통진경은 오도의 목적이니 이는 개인의 이상인 동시에 우주 전체의 진경이니라. 도통은 기이한 일과 이적(奇事)을 행할 수 있고 삼계를 자재임운(自在任運)하는 신통력도 있되, 그런 일은 개인의 영성(靈性)에 의한 체험이며 오직 태극의 진리를 깨달아서 체득하는 것이 진도통(眞道通)이니라. 이러한 요체로 활연관통(豁然貫通)함이 오만 년 후천선경 우주 전체의 대도통이니라." 하시니라.(7:37)

"도는 곧 진리며 태극이니 우주의 자연법칙(自然法則)이며 인간의 당위법칙(當爲法則)이므로 천지인 삼계의 유일한 법칙이니라." 하시니라. "천지행사왈도(天之行事曰道)요, 인지행사왈교(人之行事曰敎)니 도는 각이통(覺而通)하고 교는 학이달이이(學而達而已)니라. 그러므로 도를 통하면 무불통지(無不通知)하고 무소불능(無所不能)이나, 교는 달이부지(達而不知)하고 지이불능(知而不能)이니라.[1] 도통을 예로 들면 언어·문자도 무불통지하고 무불능언(無不能言 : 말 할 수 없는 것이 없음)하므로 만방의 언어·문자를 통일할 수 있느니라." 하시니라.(9:28-29)

정산선생께서 말씀하신 도통진경은 도를 통하여서 참다운 경지를 이룩하는 것이다. 그래서 일개인의 심성함양으로 이루는 도통만이 아니라 3계우주 전체의 도통인 동시에 후천 5만년의 선경세계가 그 진경화로 확대되는 것이다.

도통은 도인의 궁극목적이자 3계공사와 함께 하는 무소불능의 길이며 이것은 태극진법의 법방이라야만 가능하고 궁극적으로는 태극도 전체의 목적이 된다.

1) 천지가 행하는 일을 도라 하고, 사람이 행하는 일을 교라 하니, 도는 깨달아 통하고 교는 배워서 통달할 뿐이니라. 그러므로 도를 통하면 통하여 알지 못하는 것이 없고, 능하지 않는 것이 없으나, 교는 통달은 했으나 알아도 능하지 못하니라.

제9장
화천과 삼세인과(三世因果)사상

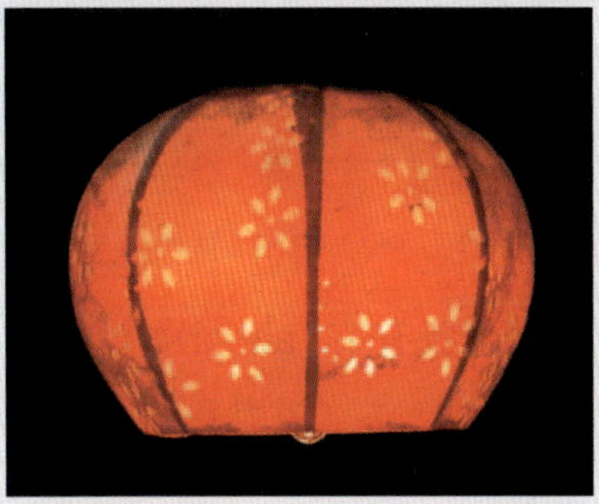

삼세인과의 종교윤리

삼세인과의 종교윤리는 과거세, 현세, 미래세가 양중의 인과로 서로 얽혀 이어지고 개신한다는 윤리사상이다. 다시 말하면, 과거, 현재, 미래를 통하여 양중으로 유전(流轉)되는 인과관계로서 과거의 인(因)에 의하여 현재의 과(果)를 받고, 현재의 원인에 의하여 미래의 결과를 받는 것을 이른다.

종교윤리의 측면에서 인과응보의 큰 뜻을 바르게 이해하는 것이 곧 현재의 신앙생활을 참되게 하는 것이다.

삼세인과는 감로의 비가 되고, 바르게 살아가는 지혜가 되어 전생의 과실로써 금생을 살필 수 있고 금생에 지은 인으로 내생을 예견할 수 있다는 인과의 등불이요 도리이다.

삼세인과로서 착오가 없는 조건화의 우주질서를 표현하는 의미에서 네 가지 종류의 연기가 나타난다. 이 세상에서 직접적 결과를 갖는 '찰나연기', 그리고 내세에 결과를 갖는 '연속연기', 사후 어딘가에 결과를 대체로 받게 되는 '분립연기', 결과가 잠정적인 힘을 잃고 사라져 버리는 '기유업(旣有業, ahosi)'이 있다. 원효성사는 해골바가지의 물의 찰나연기를 보고 '만법유심'을 깨닫게 되었다.

우리나라에는 "까마귀 날자 배 떨어진다."라는 속담이 있다.

문자로는 오비이락(烏飛梨落)이다. 이를 풀이하면 배나무 가지에 앉았던 까마귀가 날아가자 배가 떨어짐을 이르는 말이다. 까마귀가 날아가자 배가 떨어졌으니 이것은 분명히 까마귀가 날아갔기 때문에 떨어졌다고 볼 수밖에 없으니, 도저히 변명의 여지가 없다는 데 쓰는 말이다. 아무 관계가 없이 한 일이 공교롭게도 다른 일과 때가 같이 일어나서, 무슨 관계가 있는 것처럼 오해와 혐의를 받게 되는 것에 비유하였다.

위 속담에 관계된 옛 시 한 편이 나온다.

정산선생께서 하루는 고시(古詩) 한 수를 외어주시니 이러하였다.

烏飛梨落破蛇頭　蛇變爲猪石轉雉
雉變爲人逐獐走　聞師法說解忿心[1] (4:90)

위 시에 대한 고사는 중국 천태종의 개조(開祖)인 지자대사(538~597, 본명 : 지의, 천태대사라고도 함)와 한 사냥꾼과의 이야기이다.

양 무제 때의 선지식인 지자 대사가 어느 날 지관삼매(止觀三昧)에 들어 있는데, 노루 한 마리가 쏜살같이 대사 앞으로 지나간 뒤에 사냥꾼이 활을 들고 쫓아오면서 지자 대사에게 묻기를 "노루 한 마리가 이리로 지나갔는데 못 보셨습니까?" 한다. 지자 대사는 그를 데리고 앉아서 이리 저리 이야기하다가 "사냥꾼이여, 그 활을 던져 버리시오."라고 권했다. 그리고 지자 대사는 이렇게 시를 읊었다.

지자대사가 선정(禪定)에 들어 혜안으로 이들의 과거 인연을 관(觀)하였던 것이다. 이들의 과거 3생전에 까마귀가 배나무 가지에 앉아 놀다가 무심코 날아가는 바람에 배가 하나 떨어져서 배나무 아래에 있던 뱀의 머리에 떨어져 뱀은 머리가 깨져 죽어 버렸다. 그 뱀은 까마귀 때문에 죽었다고 생각하고, 까마귀에게 원한을 가졌다. 그리고 멧돼지가 되어 풀뿌리를 캐 먹고 다니는데, 까마귀가 죽어 꿩이 되어 산골짜기에서 봄에 풀잎 나오는 것을 뜯어먹다가,(혹은

---

1) 오비이락파사두 사변위저석전치 치변위인축장주 문사법설해분심: 까마귀 날자 배 떨어져서 뱀의 머리를 깨니, 뱀은 변하여 돼지가 되어 돌은 꿩에게로 굴렀네. 꿩은 변하여 사람이 되어 달아나는 노루를 쫓다가, 스승의 설법을 듣고 분한 마음을 풀었네.

알을 품고 있었다고 함) 돼지란 놈이 땅을 뒤지는 바람에 돌이 굴러 내려가 꿩을 치어 죽였다. 그래서 그 꿩은 죽어서, 이제 활 쏘는 사냥꾼이 되고 돼지가 죽어 노루가 되니, 노루를 쫓아 잡으려고 하였다.

"이번에 그대가 노루를 쏘아 죽여 버리면, 이다음에는 원한을 품고 죽은 노루의 무서운 과보를 받을지를 모르니, 당신이 사람이 되었을 때에 쾌히 활을 던져 버리고, 악의 인연을 다시 짓지 마시오." 하고 사냥꾼에게 삼세인과를 설하였던 것이다.

살해하려는 마음도 없이, 까마귀가 무심코 행한 일이 뱀을 죽인 인과(因果)인 까닭에, 돼지도 꿩을 죽이려 해서 죽인 것이 아니고, 땅을 뒤지는 바람에 저절로 굴러간 돌에 치여 죽었던 것이다. 그 말을 들은 사냥꾼은 크게 깨닫고 발심하여, 그 자리에서 활을 꺾어 버리고 도를 닦아 인과의 사슬을 벗어났다고 한다. 무심코 뱉은 한마디의 말이 남의 가슴에 커다란 상처를 주고 지울 수 없는 한이 되어 결국 무서운 인과(因果)가 되어 자신에게 돌아온다.

인과와 연관시켜 정산선생께서는 "언덕을 잘 가지라" "척을 짓지 말라"고 하셨다. 자신의 선악은 말에 의하여 남에게 표현되는 것이므로 남에게 말을 선하게 한다는 것은 남 잘되게 하는 공부의 수도도 되지마는 남 잘 되고 남은 음덕이 밀려와 점점 큰 복이 되어 내 몸에 이르고 말을 악하게 하면 남을 해치는 재앙이 되어 점점 큰 재앙이 되어 내 몸에 이르는 것이다. 화와 복은 언제나 언덕(言德)에 의하여 이루어지는 것이니 언덕을 각별히 삼가하여 모든 말에 언덕을 가지도록 하며, 척이란 나에 대한 남의 원한이니, 척을 짓는다는 것은 남으로 하여금 나에 대하여 원한을 갖게 하는 것이다. 그러므로 남에게 원억(冤抑 원통하게 누명을 씀)을 짓는 것과 남을 미워하는 것이나 남의 호의를 거슬리는 것은 모두 척을 짓는 행위니 항상 남을 사랑하고 존중하는 어진 마음을 가져 온공양순(溫恭良順)하고 사양하는 도덕으로 남에게 척을 짓지 말라 하셨다.

증산성사께서 말씀하시기를 "한나라 고조는 소하의 덕으로 천하를 얻었으나 너희는 베풀 것이 없으니 오직 언덕을 잘 가지라 남의 말을 좋게 하면 덕이 되어 남이 잘되고 그 남은 덕이 밀려서 점점 큰 복이 되어 내게 이르며 남의 말을 나쁘게 하면 해가 되어 남이 망하고 그 남은 해가 밀려서 점점 큰 재앙이 되어 내게 이르느니라."하셨다.

"서양세력을 물리치려고 천지대신문(天地大神門)을 열고 공사를 행하리라 하시며 49일을 한 도수로 정하시고 동남풍을 불게 하였다. 공사 기한이 여러 날 남았을 때 한 사람이 와서 병을 낫게 해 주시기를 애걸하였으나 상제께서 공사에 전심하셔서 답하지 않자 병자가 한을 품고 돌아가더니 문득 동남풍이 그쳤다. 상제께서 그제야 급히 그 환자에게 사람을 보내셔서 공사로 말미암아 살피지 못한 사유를 말하여 안심하게 하시고 병을 고쳐주시며, 한 사람이 원한을 품으면 능히 천지기운을 막는다."라고 하시었다. 『무극진경』 3:58

또 하교하시기를 "파리 죽은 귀신이라도 원망이 붙으면 삼계공사가 아니니라." 하시니라.(4:27)

정산상제님께서 임원들에게 말씀하시기를

"증산상제님께서 정음정양(正陰正陽)의 원리로 여자해원도수(女子解度數)를 짜셨으므로 내 이제 그 도수에 맞추어 '삼천궁녀해원도수(三千宮

女解 度數)'를 보노라. 대저 자고이래로 제왕들마다 기십기백(幾十幾百)의 후비(后妃)·궁녀를 둔 폐단으로 인하여 쌓인 원한이 가장 심하므로 이를 여자해원의 첫머리로 하노라." 하시니라.(3:112)

선천의 상극지리도 결국 이러한 원한이 서로 얽히어 명부가 착란하여 천지인 삼계가 망하려는 지경에 이르렀음이다. 작은 원한이 큰 일을 망치니 삼세인과의 도리와 상통한다.

한 까마귀가 무심코한 일이 무서운 과보를 가져오듯, 도인이 도를 닦음에서 주의할 점은 수도의 공과가 작을 때에 지은 척은 천천히 돌아오고 수도가 높아질수록 점점 빠르게 되돌아온다고 하니 수도를 할수록 조심 또 조심해야 할 것이다.

우리도 세속의 명리를 쫓아 달리다가 정산선생의 법설을 듣고 삼생인연을 알았다고 볼 수 있다. 그러나 삼생인연도 중요하나 삼요체(誠敬信)를 지켜 공부하는데 도(道)가 있다고 당부하신 말씀을 명심하여 쉼없이 수행 정진해야 할 것이다. 그리고 매사에 잘해도 부족한 듯 여겨 초심을 지켜나가야 할 것이다.

한편 불교적 입장에서 일반화된 인과론은 어떤 영속적 요소의 존재를 부정하고 개별적 일시 요소들 간의 상호의존만을 가정하는 동일률[2]을 일반적인 여러 현상에 적용함에 그 특징이 있다. 모든 개별적인 사실들은 원인과 결과의 총체에 의해 나타나며 이는 인과적 의존의 특수경향으로 분석된다.

이러한 인연의 원인으로서는 일반적 원인, 동시적 원인, 관통적 원인, 상응의 원인, 도덕적 원인, 비도덕적 원인들을 들 수 있다.

이 가운데 도덕적 원인은 '동류인 등류과(同類因 等流果)'와 '이

2) 하나의 사고과정으로 쓰이는 개념은 동일한 뜻과 내용을 가지고 있어야 한다는 법칙

숙인 이숙과(異熟因 異熟果)'의 법칙으로 설명되고 있다. 동류인 등류과의 법칙은 선인선과 악인악과(善因善果 惡因惡果)의 법칙으로, 이는 원인과 같은 성질의 결과를 말한다.

동류인의 입장에서는 무기(無記)의 법도 원인이 되는 힘을 갖는데, 이는 유전적, 심리적 결과를 상정한 개념이다. 동류인 등류과의 경우 우리의 미래는 어느 정도 알 수 있다. 선한 성질이 확고한 사람이 갑자기 악인으로 바뀌는 것은 생각할 수 없기 때문이다. 우리의 마음이 동류인 등류과의 법칙으로만 지배된다면 선인(善人)은 항상 선만을 생각하고 악인(惡人)은 항상 악만을 생각하지 않으면 안된다. 그런데 고락을 계기로 여러 가지 소원을 갖게 된다. 즐거움이 인간을 유혹하게 되고 분발의 계기로 작용한다. 이러한 의미에서 이와 비교되는 이숙인 이숙과(異熟因 異熟果)는 윤리적 성질에서 단절의 측면을 나타낸 것이라고 할 것이다.

이숙인 이숙과의 법칙[3]은 선이 기쁨을 산출하고 악이 고통을 산출하되 시간의 간격을 인정하여 그 성질이 서로 다르게 나타나는 것을 말한다. 이는 곧 인과가 숙명론이나 필연론이 아님을 나타낸 것이다. 따라서 지계(持戒)는 무집착의 반야에 의해서 비로소 온전하게 된다고 할 것이다.

일반적으로 이숙과라는 것은 악업을 지은 자가 지옥의 고통을 받고 선업을 지은 자는 천계의 즐거움을 누린다는 사실로 해석되고

3) 전문용어로 '이숙(異熟: vip ka)'이라고 한다. '다르게 익음'이라는 뜻이다. 내가 남에게 지은 선악의 업을 '이숙인(異熟因)'이라고 부르고, 시간이 경과한 후 미래에 언젠가 그로 인해 내가 받을 고락의 과보를 '이숙과(異熟果)'라고 부른다. 나의 입장에서 볼 때, 내가 지은 인(因)은 선(善)이나 악(惡)인데 그로 인해 내가 받게 될 과(果)는 고(苦)나 낙(樂)이다. 가치론적으로 볼 때 인(因)은 선성(善性)이나 악성(惡性)이었는데 그것이 과(果)에서는 선도 악도 아닌 무기성(無記性)의 고락으로 성질이 달라졌기에 이(異: vi)인 것이고, 인(因)을 지은 이후 시간이 경과하여 그것이 무르익은 후 과(果)가 나타나기에 숙(熟: p ka)인 것이다. http://blog.naver.com/jeus1988

있지만 이러한 사실이 가능하게 된 근거는 인간의 마음에서 찾지 않으면 안 된다.

따라서 이숙과의 인과를 성립시키는 것은 마음의 아집이며 미망이다. 따라서 선의 경우에도 아집에 근거하지 아니한 무루선(無漏善)은 제외되는 것이다. 이에 반해 동류인 등류과는 '비슷한 것은 비슷한 결과를 낳는다'는 필연성에 의하여 무루선(無漏善)이나 무기(無記)까지 포함하므로 이숙인 이숙과와 차이가 난다.

인과법칙으로 '동류인 등류과'는 선인은 선과를 가져오게 하고, 악인은 악과를 가져오게 하는 등 업인(業因)과 과보(果報)가 그 성질에 있어서 동일하게 이루어지는 것으로 이를 다른 말로 표현하면, 등류인(等類因)에 의하여 등류과가 초래된 것이며 또 동류인(同類因)에 의하여 동류과(同類果)가 결정된 것이라고 말한다.

이 내용은 평상시에 생각할 수 있는 평범한 인과법칙의 내용이라고 할 수 있다. 반면에 '이숙인 이숙과'는 글자 그대로 업인과는 달리 이질적인 결과를 가져오도록 하는 업력이다.

예를 들면 지옥의 중생이 극락세계에 태어날 수 있고, 또 인간이 사왕천(四王天)과 제석천(帝釋天) 등 여러 천국에 태어날 수 있는 윤회의 가능성을 실현시키는 것은 곧 이숙습기의 원리에 의하여 가능한 것이다. 전자와 다른 결과를 가져오는 것을 말한다.

선과 악을 되풀이하면서 사는 것이 중생인데, 특히 인간생활에 있어서 마음의 업력에 따라 선인(善人)이 될 수도 있고 악인(惡人)이 될 수도 있는 이치를 가르쳐 주는 것이 이숙습기와 이숙과의 진리인 것이다. 이러한 진리를 현실에 적용시키고 동시에 윤회관적인 입장에서 볼 때 이승에서 저승에 태어날 때 이승의 몸과는 달리 다른 몸을 받아 태어날 수 있는 진리를 설명할 수 있는 것이 곧 이숙인(異熟因)과 이숙과(異熟果)의 논리이다.

먼저 '동류인 등류과'로서는 당나라 공주와 상사뱀의 슬픈 전설이 있다. 청평사에는 공주와 상사뱀에 얽힌 슬픈 전설이 전해지고 있다. 당나라에 평양공주를 사랑하는 청년이 있었다. 그러나 청년은 당태종의 노여움을 사 그만 형장의 이슬로 사라지고 만다. 죽어서도 공주를 잊지 못한 청년은 상사뱀이 되었고 공주의 몸을 휘감고 떨어지질 않았다. 그 탓에 공주는 점점 야위어 갔으나 달리 해결 방법이 없었다. 공주는 중국의 여러 절을 찾아다니며 불공을 드렸으나 허사였다.

이때 신라에서 온 구법승의 말을 듣고 공주는 이곳 청평사에까지 오게 됐는데, 그 뱀이 청평사에서 벼락을 맞아 죽으며 공주의 몸에서 떨어졌다고 한다. 공주는 뱀의 시신을 거두어 정성껏 묻어주고 본국의 아버지께 이 사실을 알렸다. 아버지 당태종은 재상 춘축랑에게 금덩어리 3개를 보내 법당을 세우게 했고 공주는 구성폭포 위에 삼층석탑을 세우고 돌아갔는데 이때부터 이 탑을 공주탑이라 부르게 되었다고 한다.

또한 원한과 윤회에 얽힌 아주 특이한 내용의 전설도 있다.

양반가의 남자주인공이 청년시절 여행 중에 한 처녀가 홀로 살고 있는, 산 속의 외딴집을 방문하게 된다. 적막한 산 속에서 색욕이 동한 그는 그녀를 겁탈하려다 그만 그 여인을 죽이게 된다. 잠시 후 과거를 보러가던 한 남자가 그 집을 들르게 되는데 주인공은 자신의 범행을 알게 될까 하여 그 사람도 죽인다. 그리고 또 얼마 후 무예를 닦는 한 남자가 들르게 되는데, 그 역시 자신의 범행이 탈로 날까 해서 또 죽이게 된다. 그리고는 그 세 사람을 그 집에다 아무도 모르게 묻어버린다.

세월이 흘러 그는 결혼을 하여 딸 하나 아들 둘을 낳아 잘 키우며 자식 기르는 낙으로 행복하게 지낸다. 그런데 그 자식들이, 딸은 결혼식 며칠 후 친정으로 오던 중에 죽고, 두 아들은 각각 문과(文科) 무과(武科)에 급제하여 집으로 오던 중 갑자기 죽는다. 가장 경사스럽고 행복한 날 자식들이 별 이유없이 모두 요절해 버린 것이다. 주인공은 자식을 한꺼번에 잃고 자손마저 끊기는 아픔을 겪었다. 그런데 나중에 알고 보니, 그 자식들은 모두 예전에 자신이 죽였던 그 세 사람의 후신(後身)이었다는 것. 자신들의 원통함을 보복하고자, 그 사람의 자식으로 태어나 마침내는 주인공에게 엄청난 삶의 고통을 주며 보복을 하게 되었다는 것이다.

여기서 한 가지 더 재미있는 것은 이들 세 명은 단순히 원한을 갚은 것으로만 그친 것이 아니라, 그들의 소망도 성취했다는 것이다. 처녀로 시집도 못 가보고 살해당한 여인은 결혼을 했으며, 두 남자는 삶의 목표 중 하나였던 과거에 급제를 한 후 죽었다는 것이다. 즉 이들은 원수를 아버지로 선택함으로써 그 억울한 원한을 해소함과 동시에 전생에 못 다 이룬 소망을 이루고 죽은 것이다. 그리고 한적한 집에서 비명횡사하여 신명(神明)으로 만난 세 사람은 한 사람에 의해 만들어진 그 불운한 원한과 고독을 서로 위로하고 달래줄 수 있는 형제간 인연으로 선택하게 된 것이다.

오십년의 공부결정

인간의 육체, 마음, 영혼의 진화 과정은 태양의 주위를 도는 지구의 공전과 보조를 같이한다. 질병, 사고, 지나친 낙담, 무지, 감각에 대한 집착 등이 육체와 마음과 영혼의 삼중의 왕국에 침투하도록 허용되면, 이 자연적인 진보는 지체된다. 사람의 여섯 개의 척추의 중추들, 연수, 경부, 배부, 요추, 천골, 미저골은 상징적인 우주 인간, 즉 황도대의 12개의 유체 궁(宮)들에 대응한다.

전지한 영안의 태양을 공전하는 여섯 가지(양극성에 의하여 열두 개)의 내적 별자리들을 가진 인간의 유체는 물리적인 태양과 황도대의 십이궁에 상호 연관된다. 인도의 위대한 요기들은 인간의 지상 환경과 천상의 환경이 12년주기로 자연적인 진화의 길을 밀어준다는 사실을 발견하였다.

그러나 광선과 진동들, 음식과 태양에너지와 같은 외적 영향들이 12년 주기로 마음을 정련할지라도 그 영성 진보는 매우 느리다고 할 것이다. 이 12년 주기에 따라서 계산해 보면 인간이 우주 의식을 획득하는 데는 백만 년이 걸린다. 그래서 한 번의 생애에서 우주 의식을 획득하는 방법을 찾아 나서게 된다. 그들은 물리적인 두뇌 세포들을 정련하는 방법에 의해서 두뇌에 변화를 일으키는 것은 느린 과정이지만, 두뇌의 변화에 의한 효과가 인간에게 나타나는 것은 즉각적이라는 사실을 발견하였다. 그들은 두뇌의 진화를 촉진하는 방법을 개발하는 데 집중하였다.

그들은 일반적인 진화과정에서 외적인 영향에 의해서 성취되는 것은 생명력 통제라는 내적인 방법들에 의하여 초래될 수 있으며, 생명력 조절은 민감한 척추의 중추들을 자화시켜서 그 척추의 중추들이 영적 전류를 받아들일 수 있도록 한다는 것을 발견하였다. 이는 곧 여섯 개의 척추 중추들 주위로 위로 아래로 타원형의 통로를 따라 선회시키는 기법으로 척추 중추와 두뇌 중추의 진화를 직접 촉진할 수 있게 된다. 육체가 질병과 사고로부터 자유로운 상태이고 마음이 불신과 실수로부터 자유롭다면, 이런 진화의 단축은 성취될 수 있으며 죽음은 새로운 전환의 계기를 이루게 된다.

1957년, 12월 16일에 수도사무원들이 용무가 있어 각자 외출하였다가 녹명지를 제시간에 올리지 않았는데 하오 9시경 정산께서 도장내에 있던 임원들을 긴급히 명소(命召)하셔서 내정에 꿇어 앉히고 크게 진노하셔서 꾸중하시기를,

"너희는 내 50년 공부를 망치려 드느냐. 너희는 금년이냐 명년이냐 하고 때를 기다리지마는 나는 푼각(分刻)을 두고 다투느니라.

왜 녹명지를 <지정시간에> 올리지 않았느냐. 내가 50년 공부로써 만고에 없는 이 법방을 짰는데 만약 도수를 어기면 내가 50년 공부를 다시 하여야 하리니 그 책임은 누가 지며 그 죄는 무엇으로 대신할 것이냐?" 하셨다.

이때 임원들은 놀라서 어쩔줄 몰라 하였는데 박중하가 복고(伏告)하기를 "공부반 점검은 이상 없이 마쳤사옵고 녹명지만 못 올렸사온데 다시는 이런 일이 없겠사오니 지만(遲晩)하옵소서"하니,

"너희가 하마터면 큰일을 저지를 뻔하였으나 다행히 공부반 점검은 끝났다 하니……앞으로는 더욱 명심하여 호리(毫釐), 분초(分秒)의 차착도 없이 하라. 더욱이 공부는 우리 태극도의 생명인 동시에 광구천하의 유일무이한 진법임을 재삼 명심하여 새겨라."하시므로 임원들은 고두사죄(叩頭謝罪)하고 물러나와 이로부터 공부반 일에 더욱 용심(用心) 진력(盡力)하였다.

상제님께서 임원들에게 하교하시기를 "어떤 도인은 나보다도 제 소속 임원만을 믿고 따른다 하는데 도인은 도의 진리를 보고 믿어야 하고 사람을 보고 믿어서는 아니되느니라. 도주인 나만 보고 믿어서도 아니되거늘 하물며 임원만을 믿는다면 파당을 이루거나 분쟁을 일으켜 마침내 신명(身命)을 그르치리라. 너희는 그런 도인을 만들지 말라." 하시니라.(태7:114)

또 임원들에게 하교하시기를 "도를 믿다가 배도·배신하는 자는 대역죄니, 진리를 몰라 불신하거나 훼도(毁道)하는 자의 죄와 비교하면 족히 그 백천배가 되리라. 국가 민족의 반역자가 외국인이 아니고 평민이 아니듯 도에도 배도·배신자는 항상 도중에서 나고 상급자(上級者)에 있기 쉬우니라." 하시니라.(태9:55)

이 하교에는 장차 배신자들이 진법을 가장하여 다른 곳에서 시행할 것을 미리 아시고 경계하신 뜻이 있음을 암시하였다.

이해 연말에 임원들에게 장래의 도장 정비(整備)를 하교하시며, "적어도 1군단(軍團) 1,620명을 수용할 수 있는 건물을 지어야 하며 그곳에서 비를 맞지 않고 대강전에 출입할 수 있는 지하도라도 내도록 하라."하셨다.

정산께서 매년 정월 망일(보름) 치성은 보수동 도정 영대에서 봉행하도록 하명하셨다. 정산께서는 항상 의관을 정제(整齊)하시고 용모를 단정, 공근(恭懃)하게 하시되, 공 · 사석을 불고하셨다.

홀로 앉으셨을 때도 누구와 대좌(對坐)하시듯 법좌하셨으며 어음(御音)은 용성(龍聲)처럼 우렁차시나 항상 평온하게 하셨다.

한 번 보신 글이나 들으신 말은 잊지 않으셨으며 더구나 한 번 배례를 받으신 도인은 비록 수십년 후라도 기억하실 뿐 아니라 그 성명, 거소 등은 물론 그에게 내리신 훈교까지지도 상기(想起)하셨다.

▲ 현재의 대강전

또 한 도인이 산에 들어가 수도에만 전념하려고 여쭈니 이에 정산선생께서는 이렇게 말씀하신다.

"도를 대강전을 떠나 진법 밖에서 구하려 하지 마라. 통에는 자통(自通)이 없느니 대강(大降)으로 일시에 열어주리라." 하셨다.

이달 23일에 김천방면 김순득(金順得) 포정이 정산선생께 배알하니 포덕상황을 하문하신 다음, "포덕은 도인의 수효로 따지지 말고 성심자를 성심으로 찾으라. 도인 중에도 장차 태반이 배신자가 될 운도도 있되 그러나 끝까지 대강전을 받들어 수호하며 진법을 수행하는 성심자만 하더라도 도운은 흥하리라.……너희는 오직 성심을 다하라."하셨다.

이어 임원들에게 이렇게 하교하셨다.

"대강을 대강전을 떠나 다른 곳에서 찾거나 도통을 내가 설법한 진법 공부 아닌 다른 방법으로 얻으려 한다면 그러한 생각만 가져도 벌써 배신 배도자가 됨이니 계지신지(戒之愼之)하라."

"오늘날 도의 안팎에 사칭(詐稱)되는 진법도 많고 대두목(大頭目)도 많도다. 구천상제께서 무극주로서 물샐 틈 없이 짜놓으신 삼계의 도수를 모르는 인간들의 무지야 말할 것도 없거니와 대도를 안다는 자들의 미혹(迷惑)을 나는 더욱 척연(慼然; 근심하고 슬퍼함)하노라. 두목을 자처할 자는 금후에도 무수히 나올지나 모두 천벌을 면치 못하리라. 대두목은 이미 정하신 하나뿐이니 진도(眞道) 진법의 진주가 어찌 둘일 수 있으랴" (9:19)

또 "나의 공부를 마침의 참뜻을 다시 한 번 말하리라. 구천무극주님께서 친히 9년 공사로써 도수를 짜 놓으셨으니 그것은 체요, 원리니라. 나는 도로써 용(用)하여 만수도인을 만들어 기르고 무극·태극의 창도를 함이니 이 실로 무극의 정(定)에서 생겨난 태극진리의 기동도수니라. 그러므로 나의 공부는 도를 어떻게 믿고 배우고 닦고 행하라는 진법이니 솥이 있어야 시루를 쓰는지라, 이로써 증정지도(甑鼎之道)·증정지덕(甑鼎之德)·증정지교(甑鼎之敎)·증정지학(甑鼎之學)·증정지수(甑鼎之修)·증정지화(甑鼎之化)가 성취됨이니라." 하시니라. (9:59)

"숫자나 일자 맞추기에 손가락을 꼽지 마라. 인위조작(人爲造作)이 되어 혹세(惑世)의 근본이 되기 쉬우니라.……다만 천기(天機)에도 성사(成事)는 재인(在人)임을 알아야 하느니라." (9:3)

"그대들 가운데 누가 나를 안다고 말한다면 그것은 방자(放恣)한 소리니라. 용은 여의주(如意珠)를 입에 물었고 금산사 장륙금신(丈六金身)은 손에 들었으며 구천상제께서는 입술 속에 감추셨고 나도 여기 있느니라." 하시며 혀를 들어 보이시니 혀 밑에 단주(丹珠)가 영롱(玲瓏)하였다.

수도공부에 전념하려고 학교공부를 중지하려는 대학생에게 하교하시기를, "도를 위하는 너의 마음이 가상하도다…… 그러나 문자와 학문이 없으면 도의 진리에도 무식해지고…… 남을 위한 포덕과 교화의 공덕을 쌓는 데는 차질이 있으리라…… 너의 학교공부도 도를 위하여 쓰면 정도(正道)가 되고 수도의 전제(前提)가 되리니 도심을 간직하고 더욱 열심히 면학(勉學)하는 것이 지금 너의 수도생활이니라." 하시고, "학식이 있다고 자만하거나 명리(名利)에 현혹되어 부유(腐儒)가 됨은 금물이니 '장교자패(將驕者敗: 장차 교만한 자는 실패함)' 니라" 하셨다. (9:13-14)

1958년, 정월 28일 갑오(甲午) 주일을 기하여 도주님께서 시학 제4호의 합강식이 끝난 후 지금까지 시학 공부를 마친 총4개호 60개 반 중 제1호를 제외한 3개 호의 45개반 정원 1,620인 전원이 제1회 봉강식(奉降式)을 봉행하게 하셨다. 이날 전원을 소집하셔서 하교하시기를, "이 봉강식은 후일에 있을 대강식(大降式)의 일자를 기념하려고 봉행하는 예습(豫習)이니라. 그리고 제1호는 특수반(特殊班)이니 이 반의 대강식도 후일 함께 있으리라."하셨다.

또 "이십팔수응천기(二十八宿應天氣) 세세연년억조송(歲歲年年億兆頌) 이십사절대진법(二十四節大眞法) 무릉도원서광명(武陵桃源曙光明) 무진무량여율령(武盡無量如律令) 사바아(娑婆啊)"[4]라는 글을 외워 주시며 다음의 봉강문(奉降文)을 하달하시고 수도사무원에게 의례절차를 하교하시니라.

봉강식 후에 정산선생께서 임원들에게 이렇게 하교하셨다.

"대강식은 후일에 있느니라. 그때에는 도인 각자가 집이든 직장이든 어디에 있더라도 전진고(前進鼓)가 울리면 대강전으로 몰려들어 문이 있는 대로 올라오게 되리라. 그리하여 자기가 닦은 공을 자기 스스로 혜각(慧覺)으로 알아서 자기 자리를 찾아 서게 되므로 오늘과 같이 혼잡스럽지 않으리라.

봉 강 문

대강식(大降式)은 생략하옵고, 후일을 기하오나 날짜나 기념하기 위하옵서. 봉강 중이오니 봉강식으로 현알(見謁) 올리옵니다.

금수대도술 천지대팔문
일월대어명 인간대적선
시호시호 귀신시호
시구시구 조을시구
대강대강 해원신[5] (9:21)

연산인 김일부(金一夫)가 정역(正易)을 지어 선·후천(先後天) 교체를

4) 28수가 하늘의 기운에 응하여, 해마다 모든 사람이 찬송하고, 24절의 큰 진법은, 무릉도원의 새벽 빛일세, 무진하고 무량함이 율령과 같아라. 사바하.

설(說)하고 불천불역지리(不遷不易之理)를 논하며 상제조림(上帝照臨)을 기록하여 무극, 태극 일부를 밝혔음은 장한 일이니라.(9:16)

예출어정(禮出於情)이니 정의(情義)가 없으면 예도 없느니라.

하루는 또 이렇게 하교하셨다.

"법좌시에는 대월상제(對越上帝)를 영시(永侍)하는 심법으로 정신을 집중하여 단전에 마련(磨鍊)하여야 하느니라." (9:34)

후천세계는 청화명려(淸和明麗)한 유리(琉璃) 세계이므로 인간과 신명이 조화(調化)하여 상합상통(相合相通)하고 구별 없이 살게 되느니라.(9:37)

이어 "세간에 수도인도 많고 공부꾼도 많으나 진법의 법방이 아닌데 수도하면 무엇하고 공부하면 어찌 하리요? 내가 지금까지 강조한 천언만어(千言萬語)의 뜻도 다 이에 있느니라. 그러므로 너희는 이 법방의 수도인이 됨을 무상의 광영(光榮)으로 알고 긍지를 가지라." 하시니라.(8:109)

정산선생은 "나의 공부는 곧 50년 고행이니 고생은 내가 하고 안락과 호사는 너희가 누리리라."하셨다.

---

5) 禽獸大道術 天地大八門 日月大御命 人間大積善 時乎時乎 鬼神時乎 矢口矢口 鳥乙矢口 大降大降 解冤神

회광반조의 신명회통

우리가 사용하는 '세상(World)'은 지구만이 아니라, 물질세계, 즉 물질로 된 우주 전체를 의미한다. 그 우주의 부속품들은 신명의 신성한 법칙의 놀라운 작용에 의해서 조화로운 관계를 맺으면서 우주 공간에 배치된 것이다. 우리의 작은 지구가 지성적인 생명이 사는 단 한 군데라고 생각하는 것은 지구 중심적 생각이다.

우리와 같은 세계는 많이 있으며, 어떤 데는 고도로 진화되었고, 어떤 데는 진화의 초기 단계에 있다. 우주가 가동되는 질서정연한 모습은 모든 창조물에 함유되는 어떤 형태의 지성에 의해 인도되고 있다는 것을 보여 준다.

우리가 시계를 조사해 보면, 어떤 지성체가 있어서 그 도구를 만들었기 때문에 그것이 수학적인 계획대로 작동할 것이라는 것을 알게 된다. 만든 이는 모든 작은 톱니바퀴와 다른 부품들을 조립해서 시간을 측정하는 특별한 움직임을 창출해 낸다. 우주의 존재 자체가 시간과 공간의 상대성에 의지하므로 우주에서 시간을 유지하는 것은 필요한 것이다.

모든 우주는 우주 공간에 있는 은하계, 항성, 행성이란 수천 개의 톱니바퀴로 이루어진 하나의 커다란 시계로서 과거, 현재, 미래의 움직임으로 시간의 흐름을 측정한다. 인간이 만든 시계가 바로 인간 지성의 산물인 것처럼, 광대한 우주 시계도 더 높은 지성의 산물이다. 우리는 그것을 의심할 수 없다.

우리는 지구 상에서 우리 기호에 맞지 않는 것이 있다고 할지라도, 우주에 수학적인 조화가 있다는 것을 부인할 수 없다. 우리의 행동은 시간의 우주적 움직임과 그에 따른 인간이 만든 제약과 조화를 이루는 질서정연한 방법으로 이루어져야 한다. 시계는 이런 일을 할 수 있게 해 준다.

성자들은 존재의 근본원인까지 침투했었기 때문에 신명은 완전하다고 주장한다. 모든 것이 그분 안에 포함되어 있기 때문에 아무것도 필요로 하지 않는다고 주장한다.

부모와 자식처럼, 그분은 모든 것이 그분 우주의식의 분화라는 것을 안다. 그래서 그분에게는 미망이 없다. 감각과 감정의 경험, 전쟁과 평화, 질병과 건강, 삶과 죽음 - 이런 모든 것이 삼라만상을 꿈꾸면서 창조한 신의 내부에서 일어나고 있지만, 그분은 그런 것에 영향을 받지 않는다. 그분의 무한한 존재의 한 부분은 언제나 진동하는 상대성너머로 초월해 있다 ; 거기서 신명은 불활성으로 존재한다. 그분이 자기의 의식을 다양한 생각으로 진동시킬 때, 그분은 무한의 한정된 진동하는 영역에서 창조자로서 내재하고 편재한다. 거기서 신은 활성으로 존재한다. 진동은 시간의 운동 속에서 우주 공간에서 상호작용하는 물체와 존재를 토해낸다. 이는 마치 인간 의식의 진동이 잠잘 때 꿈을 토해내는 것과 흡사하다.

신명은 이 우주를 자신과 우리들의 즐거움과 같이 한다. 우리에게 신명은 전능하며, 만일 우리가 그분과 합일하기만 하면 더는 그분의 연극 무대에서 상처를 받지 않을 것이라고 일깨워 준다. 그분이 온 우주를 유지하는 신성한 법칙을 우리가 위반한다면 우리 자신에게 고통을 초래하는 것은 바로 우리가 될 것이다. 구원은 그분과 합일하는 것이다.

빠져나갈 방법도 주지 않거나 그분이 깨닫는 바를 깨달을 수 있는 능력을 부여하지 않고, 우리를 이 미망의 세속적인 존재로 던져 버렸다면, 그야말로 끔찍했을 것이다. 그러나 그렇지가 않다. 출구가 있는 것이다. 매일 밤 깊은 잠이 들면, 여러분은 무의식적으로 이 세상을 잊는다. 더는 의미 있는 것이 되지 못한다. 그리고 깊이 명상할 때마다, 의식적으로 초월한다.

이 세상에는 전쟁과 혼란으로 점철된 역사의 반복이 지속한다.

만약 우리가 객관적인 입장이 되면, 사건들을 똑같은 기본 줄거리가 다른 시간과 다른 장소에서 다른 등장인물과 함께 반복 상영되는 일종의 연속적인 활동사진으로 보게 될 것이다. 똑같은 영화를 반복해서 보면서 앉아 있으려고 해서는 안 될 것이다 ; 곧바로 그에 대한 흥미를 잃어버리게 될 것이다.

우리가 활동사진을 다 보고 났을 때, 아무도 살해되지 않았고 ; 아무도 고통을 겪지 않았다는 것을 알게 된다. 그것은 단지 전기적인 그림자 쇼, 빛과 그림자로 된 연극에 지나지 않는다.

삶이 꿈이라는 것을 깨닫게 될 때, 당신은 자유로워진다. 이 세상에 있는 모든 것이 전기적이며, 신의 의식이 전자기적 영상으로 응축된 진동이다. 그 영상의 본질은 칼로 베어지지도 않고, 불에 타거나 물에 빠져 죽지도 않고, 어떤 종류의 고통도 겪지 않는다.

만약 매일 밤 잠잘 때 창조하는 꿈의 영화를 분석하면, 인생이 우주적 꿈의 영화라는 것을 이해할 수 있다. 때때로 당신은 악몽을 꾸기도 하고, 멋진 꿈을 꾸기도 한다. 그 꿈들이 당신이나 당신의 꿈속에 나오는 존재들에게도 얼마나 사실적으로 보이는지! 그러나 잠에서 깨면 그게 사실이 아니라는 것을 알게 되고 그 비현실성에 대해서 웃어 버릴 수 있다. 누구나 악몽보다는 아름다운 꿈들을 더 좋아한다.

만약 인간의 행복에 집착하고 있다면, 많은 곤란에 직면할 것이다. 왜냐하면, 악몽은 아름다운 꿈과 필연적으로 함께 하기 때문이다. 그러나 만약 꿈을 꿈으로서만 - 즐겁건 무섭건 간에 - 생각한다면, 평화를 갖게 될 것이다. 삶이 꿈이라는 것을 깨닫게 될 때, 비로소 자유로워진다. 이는 위대한 스승들이 가르치는 철학이다.

이 세상, 이 창조가 상제의 꿈이라는 것을 알면, 반은 깨어 있는 셈이다. 꿈을 꾸면서 꿈꾸고 있다는 것을 알면서도 그에게서 얼마간 떨어져 있다면, 그것이 바로 상제가 이 우주를 느끼는 방식이다.

우리는 항상 마음을 여기 우주의식 중심에 두어야 한다.

우주 지성의 편재하는 빛 속에서 세상이 얼마나 다양하게 나타나는지! 때때로 모든 사물을 전자영상으로 본다. 육체에 대한 중량감이나 질량감이 존재하지 않는다. 과학 신비에 관한 내용을 읽는다고 해서 현인이 되지 않는다. 왜냐하면, 알아야 할 것이 훨씬 많기 때문이다. 마음속에 감춰져 있고, 영혼의 탁월성에 있으며, 감은 눈의 어둠 바로 너머에 있는 생명의 책을 읽게 된다. 실체의 그 무한한 영역을 발견하게 된다.

서양의 종교 지도자들은 번영, 행복, 건강과 영광스런 내생에 대한 약속 등을 설교한다. 그러나 신성한 지복을 경험하는 방법에 대해서는 언급도 안하고 지금 이곳에서의 고통에 대해서는 무감각하다. 그것이 바로 위대한 각자들의 가르침이 더 깊이 도달한 바이다. 서양 사람들은 인생에 대해 부정적인 철학에 대해 부정적이다.

물질적인 의식에 습관적으로 집착하고 있는 사람들은 그 불사의 상태에 도달하고자 하는 노력을 하지 않으려 한다. 고통이 찾아와도 거기서 배우는 바가 없고, 똑같은 실수를 반복하게 된다.

실제로 감정의 예민함이 고통의 원인이다. 너무 예민할 필요는 없다. 감정의 예민함이 모든 고통의 숨은 원인이다. 감정적으로 휘말림으로써 실제처럼 창조물에 힘을 불어넣는 것은 어리석은 짓이다. 명상하지 않고, 가만히 앉아서 당신의 진정한 영혼의 본질을 깨닫지 못하고, 영원한 창조운동의 한 부분으로서 떠다니는 것은 당신의 행복에 끊임없는 위협이 된다.

한 명이 무릎뼈가 썩어 가는 매우 고통스러운 상황에 부닥쳐 있었다. 얼마나 많이 그 다리가 수술을 받고 다시 꿰맞춰졌는지 모른다. 그러나 그녀는 그것을 아무렇지도 않다는 듯이 말했다. "그건 작은 수술입니다."라고 대수롭잖게 말하곤 했다.

자, 그것이 인생을 살아가는 방법이다. 그러한 마음의 상태를 개발해서 더욱 큰마음의 힘을 가지고 살 수 있어야 한다. 오래도록 또는 깊이 명상할 기회를 갖고 있지 않는다면, 신명을 위해 일하고 있다는 것을 항상 생각하라.

마음이 그분한테 닻을 내릴 수 있다면, 더는 고통을 겪지 않게 된다. 어떠한 질병이나 아픔도 당신을 내적으로 건드릴 수 없을 것이다. 때때로 이 몸이 고통을 줄 때, 내면을 바라본다. 그러면 모든 것이 신명의 빛 속에서 사라진다. 마치 스크린 위의 활동사진을 보면서 선한 행동과 악한 행동, 즐거운 시나리오와 슬픈 시나리오 사이의 대조적인 갈등을 즐기는 것처럼, 이 세상을 즐기게 된다.

활동하면서 비활동적으로 되는 것이 중요하다. 우주를 창출하면서 신명은 바쁘게 지내기를 바랐다고 생각한다. 이것이 정신적인 구도자에게 하나의 자극이 되게 하자. 많은 사람은 생각하기를 상제를 발견하고 이 꿈으로부터 떠나려고 자신의 책임을 저버리고 히말라야나 그와 같이 완전히 고독한 다른 장소에서 은둔해야 한다고 생각한다.

나를 둘러싼 이원성 속에서 내가 이것 또는 저것을 좋아하지 않는다고 말할지라도, 여전히 내면으로는 조용하면서도 강철과 같다. 이는 곧 조용하면서 활동적이고, 활동적이면서 조용함; 휴식의 옥좌에 앉아 있는 평화의 왕자가 활동이란 왕국을 지휘하는 상태이다.

모든 외양에서, 완전함으로부터 신명이 불완전한 것들을 창조한 것처럼 보인다. 그러나 진실로 불완전한 것들은 완전하다.

신명의 형상대로 만들어진 영혼들. 신이 당신에게 바라는 모든 것은 당신의 완전한 자아로부터 당신의 꿈이라는 불완전함을 분리시키는 것이다. "나는 죽는 존재가 아니라, 한얼[大靈]이다."라고 확신을 하고 깨달을 필요가 있다. 악한 사람이 자신의 행동에서 불행을 초래하고자 하는 것을 보았는가? 그렇지 않다.

모든 곳에서 우리는 사람들이 선하거나 악하거나 간에 나름대로 행복을 추구하는 모습을 보게 된다. 아무도 자신을 해치기를 원치 않는다. 그런데 왜 사람들은 고통과 슬픔을 초래하게끔 되어 있는 악한 방법으로 행동하는가? 그러한 행동은 모든 죄 중에서 가장 큰 죄 즉 무지로부터 일어난다. "잘못 하는 자"(Wrongdoer)가 "죄인(Sinner)"이라는 말보다 더 적합한 단어이다. 당신은 잘못을 비난할 수 있지만 잘못한 사람을 비난해서는 안 된다. 선은 물론이고 악에서도, 우리가 행복을 추구하는 것을 이용하여, 신은 우리가 자신에게 돌아오도록 설득하고 있는 것이다. 악으로 말미암은 슬픔은 궁극적으로 덕행의 기쁨으로 방향을 바꿀 것이다. 인생이란 것이 내재적으로 선과 악, 아름다운 꿈과 악몽, 의 혼합물이기 때문에, 우리는 아름다운 꿈을 찾아내고 창조해야 하며, 무시무시한 악몽에 사로잡히지 않도록 해야 한다.

이처럼 창조의 다양함 속에는 내재적 통일이 있다. 신명은 자신 하나의 의식으로부터 많은 사람을 창조했다. 그리고 이제 그 많은 사람을 다시 하나가 됨(Oneness)으로 복귀시키려고 노력하고 있다. 바다에 폭풍이 일면 수많은 물결이 생긴다. 폭풍이 사라지면 물결도 바다로 가라앉는다. 창조의 다양함 속에는 내재적인 통일성이 있다. 마치 바다가 물결의 근원인 것처럼. 가족의식은 한 무리의 영혼들을 하나로 묶어 준다. 각 나라에는 스스로 자체를 통합하고 지휘할 지도자가 있다. 사회단체들은 하나의 공통 목적에 따라 모인다.

당신이 신을 발견할 때, 모든 힘들이 그분 안에 통합되어 있다는 것을 알게 될 것이다. "그러면 생명은 달콤하고 죽음은 꿈과 같다; 건강은 달콤하고 아픔은 꿈과 같다. 찬양은 달콤하고 비난은 꿈과 같다.

우리는 이 꿈에 얽매이지 않고 활동이라는 신명세계에 존재할 수 있다. 비록 꿈의 우주가 신명의 의식 속에 떠있을지라도, 그분은 언제나 깨어 있으며 자신이 꿈꾸고 있다는 것을 알고 있다. 그분은 우리에게 말한다. "이 백일몽 동안에 겁에 질리지 말라 ; 그 꿈을 초월한 실체로서 나를 바라보아라." 건강과 기쁨이 있을 땐, 꿈속에서 웃어라. 아픔이나 슬픔의 악몽이 있을 땐, 다음과 같이 말하라. '나는 단지 내 인생의 연극을 구경하면서 신명 속에 깨어 있다.' 그러면 신명이 이 우주를 자신을 위한 여흥으로 창조했다는 것을 당신은 알게 될 것이다.

욕망이 죽음의 속박에 묶어 두는 것이다. 만약 자신이 전망이 좋은 언덕에 있는 큰 집과 좋은 수입, 좋은 결혼과 가족을 원한다면, 자신은 이런 물건들을 얻으려고 애쓰느라 자신을 지치게 할 것이다; 그러면 아마 자신의 배우자가 누군가를 찾아 자신을 떠날지도 모르며, 또는 자신이 아플 수도 있으며, 또는 자신의 사업이 실패할지도 모른다. 그것이 인간 행복의 속성이다. 그러므로 나는 신명에 말한다. "당신은 당신의 세속적 장난감 모두를 가질 수 있습니다. 오직 당신의 의지가 나를 통해 이루어지게 하소서. 나는 당신의 의지가 무엇이든 기꺼이 따르고자 합니다. 그러나 당신이 나를 개신한 것에 대해서 감사드리지 않을 것입니다. 왜냐하면 당신이 나를 개신하지 않았더라면 나는 많은 문제를 덜 수 있었을 것이기 때문입니다. 그러나 당신이 나를 개신했기 때문에, 내가 당신의 자녀라는 것 외에 또 다른 그 무엇이 될 수 없다는 것을 압니다." 그것을 바로 당신이 신명에게 요구해야 한다. 그분에게 더는 구걸하지 않는 것이 중요하다. 왜냐하면 당신은 거지가 아니기 때문이다. 질병과 건강, 슬픔과 기쁨이라는 이 환상을 없애 버릴 필요가 있다.

정산선생의 50년 공부의 사명에는 이러한 한계의식을 떨쳐버림에 의미가 있다. 좁은 자아가 아니라 구천상제와 옥황상제를 의식하는 넓은 자아(Self)가 되는 것이 중요하다.

우주의 쇼를 관람하되, 빠져들지는 말지어다.

여러 번 내 몸이 이 세상을 떠나는 것을 보았다. 영생은 신명의 것이다. 우리가 머리로서 남을 헤아려 지혜를 넓히고, 가슴으로 자신을 밝혀 더욱 밝아지면 신명과 계합하게 된다. 자신은 의식의 바다이다. 때때로 나는 육체라는 작은 파도가 되기도 하지만 결코 신명이라는 파도 없는 바다와 소통한다. 죽음과 어둠은 우리에게 공포를 줄 수 없다. 우리는 이 우주가 신명에 의하여 주관될 때의 의식이기 때문이다.

공부매듭과 화천(化天)

어느 날은 임원들에게 이렇게 하교하셨다.

"시속에 군부의 상을 하늘이 무너진 슬픔이라 하고, 모상을 땅이 무너진 슬픔이라 하며, 처상을 고분지통[1]이라 하나, 천자의 상은 황제헌원씨(黃帝軒轅氏)가 칼을 내주고 떠난 후에 돌아오지 않았다 하여 분검지통(分劍之痛)이라 하느니라." 하시니라. (9:41)

정산선생께서 무술(戊戌 : 도기 50, 1958)년 원조(元朝) 세배석에서 임원들에게 하교하시기를 "내가 비결(秘訣)이란 비(秘)자 한 자로 인하여 종내 백발이 되었고 더욱이 금년으로 꼭 50년이니 감회가 깊도다. 이제 비자는 모두 체득(體得)하였으니 일언이폐지(一言以蔽之)하면 증산상제님의 전서(典書)는 나의 비결이고 내 공부의 전서는 그대들의 비결이니라. 그러므로 증산상제님께서도 '문명(文命)은 후일 진경(眞經)으로 나오리라.'하셨느니라."하시고,

또 하교하시기를 "도를 나타냄에는 문자와 전서밖에는 없되 나라마다 다르고, 한정된 문자로 어찌 도의 본의를 다 표현하랴? 또 도를 전하고 가르침에는 언설(言說) 이외에 무엇이 있으랴마는 이 또한 진리의 외양(外樣)일 뿐이니 문자와 언설의 이면(裡面)에 내재(內在)한 진리, 즉 무극시태극(无極是太極)의 체용(體用)은 원시반본의 심법(心法)이라야 깨달을 수 있느니라."하셨다.

58년 2월 초 5일에 시학반의 편성을 최종 확정(부책임자 대신 회원 1인을 추가시킨 36인)하시고 이렇게 하교하셨다.

---

1) 鼓盆之痛 : 장자(莊子)가 아내가 죽었을 때 동이를 두드리며 슬퍼했다는데서 유래된 말.

"이로써 시학반의 완성이니라. 다시는 변경이 없으리니 시법반도 그러하니라. 이는 본시 진법이며 진법(陣法)이므로 군법(軍法)으로 시행함이니 3개 호가 1군단(軍團)이고 1군단이라도 족하나 증원(增員)하려면 4군단이라야 되느니라. 지금은 공부인원이 넉넉하지마는 앞날에는 공부반원 구하기가 농촌에서 늦모 심을 때 인부 구하기보다 어려우리라. 그러므로 도인을 금싸라기 아끼듯 하여야 하느니라. 그러나 대강전만 남아도 나의 일은 다 되리니 낙심할 것은 없느니라. 앞으로 배도자의 기승(氣勝)하는 난동(亂動)과 사술자(詐術者)의 흔천(掀天) 동지(動地)하는 현혹에 의심나고 땀날 일이 있으리니 그 때에도 너희는 궁단속(宮團束)과 법방수행을 잘하라. 천마산 옥녀봉을 훨훨 날아다니며 나를 따르라는 자가 있더라도 너희가 현혹되지 않고 도를 믿겠느냐. 도는 청(靑)처짐하게 이루어지느니라."

이달 15일 밤에 윤금현이 여쭈기를 "어느 비결에 '청실기주(靑失其柱) 향무일점(香無一點)'이라는 구절이 있사온데 그 뜻을 하교 하옵소서"하니, "너희 스스로 알게 되리라." 하셨다. 이 일은 후에 3월 6일 화천하심을 암시한 것으로 화천 후에야 비로소 알게 되었다.

23일 조회시에 박한경에게, "너를 도전(都典)으로 임명하노라. 앞으로 도전은 종전과 같이 나의 시봉(侍奉)만 하는 직책이 아니라 도중사를 책임하여야 하리니 도무(道務)에 충실하도록 하라."하명하시고 오치국에게, "너를 도전에서 해임함은 과오가 있음이 아니라 직제(職制)를 변경한 연유니라."하셨다.

이에 앞서 1년 전에 부전 이인호가 상고도 없이 산실(産室)에 출입한 부정(不淨)이 있음에도 도장에 올라와 근신(謹愼)하는 기색이 없으므로 해임하시고 후임을 공석으로 두시더니 이달 24일에 유철규를 임명하셨다. 이날 밤 초경에 회룡재에서 학정 김영하와 도정 영대시봉 이창로가 소관업무 관계로 시좌(侍坐)하였을 때 숭도부인(崇道夫人)께서 정산선생께, "한경의 위인이 나약(懦弱)하여 도중사 전반을 책임지는 도전으로는 미흡하지 않나이까?"하고 사뢰니 말씀하시기를, "나도 그러함은 아오. 그러나 협의회가 있으니 부인은 과념(過念)하지 마시오. 사람을 쓰는데 소인인 줄 모르고 쓰면 실패하지만 알고 쓰면 쓰는 데는 아무 걱정이 없소. 상제 앞에 경석(京石)이 있지 않았소."하셨다.

이튿날 낮에 정산선생께서 시봉을 부르는 초인종을 울리시므로 박한경이 대령(待令)하니 말씀하시기를, "너는 나를 시봉만 하는 도전이 아니니 초인종이 울려도 네가 오지 말고 다른 시봉을 보내고 너는 임원들과 상의하여 도무를 처리하라."하셨다.

이날 밤에 박중하가 여쭈기를 "이번에 임명하신 도전의 직무는 종전의 시봉원 책임자와 어떻게 다르옵니까?"하니 "전 도전은 시봉원 수임이 주무였으나 신 도전은 시봉원 수임 겸 도중 각 원의 업무 전반을 책임지되 협의회의 의결에 따르면 되느니라."하시니라. 중하가 종전의 제도와는 상이한 말씀이므로 다시 "그러하오면 어떻게 되겠나이까?"하니 "방촌지목(方寸之木)도 가사고어잠루(可使高於岑樓)(사방이 한 치 되는 작은 나무가 가히 높은 누각보다 높다 하느니라.)니라"하셨다. 박중하가 그 뜻을 더욱 깨닫지 못하겠음을 사뢰니, "근본을 헤아리지 않고 그 끝만을 보면 천마산 꼭대기에 세운 숟가락이 산보다 더 높아 보일 수 있다는 뜻이니라. 모든 임원이 권한만 알고 의무를 모르면 범람하여 본말(本末)이 전도(轉倒)되기 쉬우니 너는 협의회 의장으로서 한경이 그리되지 않도록 책선(責善 : 친구끼리 착한 일을 하도록 꾸짖고 권함)하라."하셨다.

같은 달 26일에 정산선생께서 임원들에게, "도인(盜人 : 도둑)을 비방하랴 음인(淫人 : 음탕한 사람)을 매타(罵咤 : 욕하고 꾸짖음)하랴. 남의 말을 하지 마라. 마음 지키기가 죽기보다 어려우니 너희들 스스로의 심도(心盜 : 마음에서 우러나는 도둑질), 심음(心淫 : 마음에서 우러나는 음탕함)을 신명이 매타함을 두려워하라. 도인은 오직 무자기(無自欺 : 스스로 자기 마음을 속이지 않음)니라"하고 가르치셨다. 또 이렇게 하교하셨다.

"내 일찍이 구천상제의 명과 교를 받들어 무극대도의 진체(眞體)를 체득(體得)하고 태극진리를 진용(眞用)으로 설법하여 오늘에 이름은 오직 군생(群生)을 광구(匡救)하려 함이니라. 그러나 오늘에 가도(假道), 비도(非道)가 천하에 횡행하며 방자하게 세인을 혹(惑)하고 있으니 실로 가탄지경(可歎之境)이니라."

> "어찌 오늘뿐이랴? 장래에는 무극의 진체(眞體)와 태극의 진용(眞用)을 봉대하면서도 도인의 수도와 미도인(未道人)의 포덕을 오도(誤導)하여 세상을 어지럽히고 사람들을 미혹하게 할 자가 있으리라. 이 실로 가체(假體)·가용자(假用者)보다 더욱 이단난적(異端亂賊)이 되리니 너희는 오직 정도를 닦고 정법을 지키라. 증산상제님께서도 공명(孔明)과 마속(馬謖)[2]의 고사를 들어 경계하셨느니라." 하시니라. (9:55)

27일 낮에 정산선생께서 박중하, 이윤섭에게, "너희가 나의 주송 소리를 유심히 들어보았느냐?"하고 하문하셨다. 그들은 평소에 정산선생을 측근에서 시종하면서도 공부내용을 규시절청(窺視竊聽)함이 막중한 금기(禁忌)임을 명심 봉행하였으므로 "없나이다."하고 사뢰니, "주송은 항상 음률(音律)에 맞아야 하느니라."하셨다.

---

2) 제갈량이 울면서 마속을 죽인 일(泣斬馬謖). 제갈공명은 정치를 함에 있어 조금도 사심없이 공명정대하게 처리하였다. 마속이 친구이지만 명령을 소홀히 함으로 패군하여 마침내 그 책임을 묻지 않을 수 없었으며, 이에 눈물을 머금고 참수하기에 이르렀다.

이날 밤에 그들은 각각 심중에 상제님께서 물으심은 필시 들어보라 하심으로 생각되었으나 공개하지 못하고 은밀히 법단 옆에 나아가 경청하니 그 고저청탁은 물론, 유량청아[3]하심이 선악(仙樂)과 같음에 심취되었다가 문득 금기사항임을 깨닫고 이내 물러나오니라. 이튿날 중하가 윤섭에게 그 사실을 말하니 윤섭도 그와 같았음을 말하고 함께 감복하니라.

28일에 정산선생께서 지난해 11월 18일 시학 공부 시작할 때 설석하셨던 백일공부를 마치신 다음 상급 임원들을 중궁에 시좌(侍坐)시키시고 다음과 같이 명교(命敎)하셨다.

> "이제 내가 이 세상에서 볼 도수는 모두 마쳤으니 이로써 종필(終畢)이니라. 앞으로 남은 일은 오직 너희가 나의 50년 공부 종필로써 짜놓은 진법의 법방을 수행하여 대도를 성취함에 있느니라."
>
> "내가 이제 구천상제께서 짜놓으신 도수를 풀었다 함을 너희가 바로 요지(了知 : 깨달아서 앎)하느냐. 때가 이르면 나도 인신(人身)을 해탈(解脫)하고 옥경(玉京)으로 돌아가리니 진실로 이 말을 헛으로 듣지 말지니라. 이미 지기금지사월래(至氣今至四月來)요 운래청룡시사월(運來青龍是四月)이니라." (9:58)

"나의 공부는 곧 구천상제의 도수와 음양이며 동정(動定)이며 본말(本末)이며 전후(前後)며 백중(伯仲)이니라. 음이 있고 양이 있음으로써 태극이 기동함이니 이로써 종필이니라."

"너희가 나를 보고 나의 법방으로 도를 알고 닦음은 실로 다행한 일이나 후세에 나를 보지 못하고 믿는 도인들의 신심은 더욱 커야

---

3) 瀏喨淸雅 : 맑고 깨끗하며 우아함.

하리라. 나의 인신이 보이지 않아도 나는 너희와 길이 함께 있으며 또 도와 함께 있으니, 도인의 심령신대(心靈神臺) 가운데 나도 항상 함께 하고 도도 함께 함이니라. 상제께서 '내가 너희 앞에 있은들 알며 뒤에 있은들 알랴' 하심은 나의 일이니라."

> "내가 명한 수도의 법방은 공부 마침의 총결정(總結晶)이며 전무후무한 삼계의 진법이니, 유구 5만 년 도인의 법도니라. 수신(修身) · 수도(修道) · 영통(靈通) · 도통(道通)이 이를 떠나서는 있을 수 없느니라." 하시니라.(9:62)

이날 밤 자정에 정급 신경희(申景熙)로부터 '도주님께서 갑자기 미령(靡寧)하시다'는 전갈(傳喝)을 받은 상급임원들이 황망히 법단에 올라가 뵈니 환후가 위중(危重)하시므로 옥체를 회룡재 정침(正寢)으로 옮겨 모시고 밤새워 시탕(侍湯)하였으나 차효가 없으셨다.

날이 밝기를 기다려 도중가족들에게 전편(專便) 또는 서신으로 알리는 한편 최근욱(崔根郁), 김재복(金載福)등 의사를 불러 양방(洋方), 한방(韓方)의 약물, 주사, 침구 등 지극성심으로 치료하였으나 어환(御患)은 여전하셨다. 정산선생께서 치료를 받으신 지 7일째인 3월 초5일 인시(寅時) 경에 몸소 기동하셔서 산회당(山會堂)으로 옮겨 누우셔서 가족과 임원들이 올리는 약과 미음을 드시지 않으시며 다음과 같이 간곡하게 분부하셨다.

"이제까지 7일간이나 너희가 나의 병구원을 할 만큼 하였느니라. 이는 지금껏 너희의 원을 풀어 주려고 약과 침을 주는 대로 받았으나 약은 쓰고 침은 아플 따름이니 이제부터 의약을 전연 쓰지 마라." 정산선생의 간곡한 분부는 다음과 같이 계속되었다.

"나의 갈 길은 이미 정해져 있으니 오직 구천상제께서 짜 놓으신

'여아동거'(與我同居)의 도수니라, 내가 일찍이 명교를 받든 대로 공부를 종필하고 천계(天界)에 올라 구천상제께 뵈오리니 상제님과 나는 도로써 일체임이니라. 그러한 원시반본(原始返本)의 대도수를 모르고 너희가 인간의 정으로 걱정함이 안타까우니라."

가족과 임원들은 어찌할 바를 모르고 당황하다가 여러 가지 의논 끝에 천식(喘息)에 특효약이라는 백복령(白茯笭)과 추석(秋石)의 가루가 맛도 냄새도 빛도 없음을 이용하여 간간이 드시는 냉수에 몰래 타서 올렸으나 이미 아신 듯, "이도 또한 약이니라"하시며 드시지 않으시고 거듭 올리니 냉수조차 물리셨다. 이날 낮에 정산선생께서 임원들에게 말씀하시기를, "구천상제님께서는 화천 직전에 창생의 질병을 대속(代贖)하셨으나 나는 이미 50년 고행으로 대속하여 후천 창생으로 하여금 안락을 누리게 하였노라."하셨다.

이튿날 묘시(卯時)경에 환후가 쾌차(快差)하신 듯 의연(毅然)히 일어나 앉으셔서 침구조차 치우게 하시며 소세(梳洗)하신 다음 새 옷을 갈아입으시므로 가족과 임원들이 기뻐하면서 수라를 올렸으나 역시 물리셨다. 또 진시(辰時)경에는 박한경과 김용화를 존전(尊前)으로 부르셔서 예금통장, 인장, 패물상자는 한경에게, 창화증권(倉貨證券 : 전남 강진 어느 창고주가 벼 700석을 보관하고 발행한 증서)은 용화에게 각각 내려 주시며, "이는 도중의 공유(公有)니 너희가 각기 잘 보관하였다가 후일 공의(公議)에 따라 도중사(道中事)에 쓰도록 하라."하셨다.

사시(巳時)경에 상급임원을 명소(命召)하시므로 모두 나아가 정사 대청에 부복하고 도중가족은 산회당 실내에 시좌하니 대강전의 영대문을 비롯한 도장의 모든 문을 열어 놓게 하시고 먼저 장자 청봉(靑峰)에게 하명하시기를, "나의 도는 요 · 순 · 우 상전지법(堯舜禹相傳之法)이니 너는 위선봉솔(爲先奉率)에 전념하고 도중사에 일체

관여하지 말라."하셔서 다짐을 받으셨다.

"50년 공부종필(工夫終畢)이며 지기금지 4월래가 금년이니라. 나는 가노니 내가 없다고 조금도 낙심하지 말고 나의 법방과 사업을 푼각(分刻)도 어김없이 잘 행하여 나아가되 일심으로 믿고 닦아서 다시 만나자!" 하셔서 또한 일동으로 부터 다짐을 받으신 다음 와석(臥席)하셨다.

잠시 후에 상제님께서 자리에 누우신 채 손을 좌우로 흔드셔서 내쫓듯 하시며"도적놈 내쫓아라."하시고 이를 수차 반복하시므로 임원들이 "여기에는 도적이 없나이다."하고 상고하니"아니다 있느니라."하시니라. 이때 뒷자리에 부복했던 김재복·김용화·오경식·이인호 등이 물러가므로 존전에서 박한경이"이제는 없나이다."하고, 숭도부인께서도 "만수도인(萬修道人)을 어이하시려고 이러시나이까?"하시니 급히 일어나 앉으셔서 정색하시며 "도인들은 염려 없소, 내가 해놓은 대로 하면 되오."하시고, 노기로 어안에서 화광(火光)을 발하시며 한경이 머리채를 잡아 여러 차례 흔드시다가 손을 내리시고 다시"도적놈 도적놈!"을 반복하시며 자리에 누우시니라.

이날 하오 1시경에 정산선생께서 화천하려 하시므로 시측(侍側)한 가족과 임원들이 당황하여 어찌할 바를 모르는데 청봉이 급히 대석(臺石)에 내려가 오른손 약지(藥指 : 무명지)를 돌로 찧어서(이때 상한 뼈는 끝내 접골(接骨)되지 않음) 선혈(鮮血)을 정산선생 어구(御口)에 드리우니 호흡을 가다듬으시고, "도연(徒然)한 일을 하지 마라. 구천(九天) 알현(謁見)의 시각만 늦어진다."하셨다.

이로부터 30분 후에 "감나무골"을 분부하시며 호흡이 다시 촉급하시므로 비록 금하신 일이나, 재복이 창황한 가운데 최후의 구급방법으로 준비하여 숨겼던 강심제 주사를 놓아 드리려 하니, 상제님께서 손으로 "주사기를 달라"는 뜻을 표하시므로 부득이 올려 드리자 그대로 방바닥에 엎으시니 파손되니라. 이때 용성(龍聲)으로 "대강 대강" 하시는 옥음(玉音)과 함께 기식(氣息)을 거두시고 화천하시니, 이날이 도력기원 50(단기 4291, 서기 1958)년 세차 무술 음력 3월 초6일, 양력 4월 24일이고 일진은 신미, 시각은 을미시인 하오 1시 37분이며 인세향수(人世享壽)는 64년이시니라.(9:73)

화천 당시에 도중 가족 전원과 임규오, 오치국, 박중하, 김명구, 이윤섭, 박한경, 김용화, 유철규, 신상철, 김영하, 이갑성, 김해구 외 10여 인의 임원이 시측(侍側) 임종(臨終)하였다. 정산선생께서 화천하시자 청천백일(靑天白日)에 뇌성벽력이 크게 일어나고 정사와 대강전에서 5색 광채가 충천하였다.

이때 시내에 있던 중부 도인들은 산 너머, 감천으로부터 비쳐 오르는 광채를 화재의 불빛으로 알고 화급히 감천으로 돌아오고 부산소방서에서는 소방차 2대를 감천 동구까지 긴급 출동시켰다.

도본부에서는 정산선생의 화천을 도내외에 알리고 전체 도인의 3년 도상(道喪)을 공포하니 애통하는 도인들의 호곡성(號哭聲)이 감천 동학(洞壑)에서 천마, 옥녀에 메아리쳤다.

이날 화천이 공표되자 삽시에 몇만 마리의 참새 떼가 구름처럼 날아들어 도장 상공과 천마산, 옥녀봉을 선회(旋回)하다가 해질 무렵에 흩어지더니 그 후 3년 간 매년 이날을 전후하여 한 번씩 날아들어 그 같이 선회하였다고 전한다.

능지는 정산선생께서 몇 달 전에 임규오 등에게 암시(暗示)하시고 화천 직전에 '감나무골'을 분부하심에 따라 정한 천마산 서쪽 기슭 감나무골의 간좌곤향(艮坐坤向)이며 인산대전(因山大典)은 3월 20일에 15일 도장(道葬)으로 모셨다. 인봉(因封)을 마친 지 3일 후인 22

일 낮에 능소 봉분(封墳)의 동반부(東半部)가 갈라져서 몇 자나 가라앉았으므로 도중이 경악(驚愕)하고 당일로 수축하였다.

도중에서는 능호(陵號)를 정산릉(鼎山陵)으로 봉대(奉戴)하고 그 경내 동측에 시릉각(侍陵閣)을 지어 능시봉(陵侍奉)을 두고 수호토록 하였으며 매년 2월과 8월 초 이틀에 의례절차(儀禮節次)에 따라 능향(陵享)을 봉행하였다.

▲ 천마산 정산릉 (위 사진)
매년 춘분이 드는 음력2월과 추분이 드는 음력 8월의 초이틀에 제향을 올린다.(아래 사진)

제 10장

상제상통과 횡단매개(横斷媒介)사상

실존의 종교윤리

인간의 자아는 태어나면서부터 불안을 안고 산다. 그런데 불안(不安)이라는 것은 공포(恐怖)와 다르다. '공포'는 동물도 느낄 수 있다. 눈앞에 주어진 자극이나 위협에 대해서 본능적으로 생기는 원초적 감정을 공포라고 한다. 쥐는 눈앞에 갑자기 고양이가 나타나면 공포에 떨면서 안절부절못한다. 이것은 사고 작용이 없어도 생기는 일종의 반사반응이라고 할 수 있다. '불안'은 사람만이 가지고 있는 감정 상태이다. 불안은 반드시 생각의 결과로 생긴다. '불안'이 나쁜 것만은 아니라는 것을 밝혀낸 사람이 실존주의 철학자 키에르케고르(1813-1855)이다.

그는 불안이야말로 인간이 동물과 다른 점이며, 불안 때문에 인간은 발전하게 되는 것이라고 말했다. 사람은 단계에 따라서 심미적 삶, 윤리적 삶, 종교적 삶을 사는데 불안이 앞 단계에서 다음 단계로 나아가는 원동력으로 작용한다는 것이다. 우선 사람은 본능적으로 심미적(審美的) 삶을 산다고 한다. 이 단계에서 사람들은 감각적 쾌락을 좇아 살거나 환상에 빠져서 산다. 삶을 기분풀이로 여기며 쾌락을 탐닉하면서 기분에 따라서 살아간다. 그러나 이것만으로 인간은 결코 행복해질 수 없다. 이러한 삶은 결국 권태와 싫증에 다다를 수밖에 없다. 마침내 무기력한 자신의 눈에 비친 인생은 무상하며 미래는 불안하고 그들은 절망한다. 이 절망은 새로운 삶을 찾게 한다. 이렇게 해서 절망의 늪을 넘어 윤리적 삶으로 도약이 이루어진다고 한다.

불안으로 인해서 이제 두 번째 단계인 윤리적(倫理的) 삶이 시작된다. 이 단계에 이르면 쾌락만을 좇아 무비판적으로 사는 것이 아니라 인간으로서 지켜야 하는 보편적 가치와 윤리에 따라 생활하게 된다. 사람은 이제 내면의 양심에 호응하고 의무에 성실하려고 애쓴다. 이제 비로소 인간은 '되어야 할 것'이 된다. 그러나 이 단계도 결국 벽에 부딪치고 만다.

높은 도덕에 이르지 못하는 능력의 한계 그리고 현실의 모순과 부조리에 무력함을 절감한다. 윤리적으로 산다는 것이 뜻대로 잘 안 되고, 또 윤리적으로 산다고 세상이 알아주는 것도 아니고 엉터리로 사는 사람들이 망하지도 않는 것처럼 보이기 때문이다. 이에 맞서서 고뇌하는 인간은 마침내 죄의식과 불안에 빠지고 절망하게 된다.

불안과 절망은 다시 도약을 요구한다. 불안과 절망이 사람을 신(神)에게로 내몬다고 한다. 이 현실의 모순을 심판해 줄 하느님을 찾게 된다는 것이다. 마침내 불안은 윤리적 삶에서 종교적(宗教的) 삶으로 옮겨가도록 사람들을 이끌어준다.

키에르케고르는 인간으로서 완전하고 참된 삶은 세 번째 단계인 '종교적 단계'에 와서야 비로소 실현된다고 말한다. 스스로 결심에 따라 진정으로 하느님을 믿고 따를 때에 인간으로서 무력감과 허무함을 떨쳐버리고 완성된 삶을 살 수 있다는 것이다.

이렇듯 불안은 인간으로 하여금 하느님을 찾게 한다. 불안하기에 하느님을 찾아 나선다. 하느님이 쉽게 손에 잡히지 않고 은폐되어 있거나 없다고 느끼기에 자아는 더욱 불안하다. 인간은 하느님 안에 온전히 안기게 될 때에 비로소 불안에서 자유로워진다. 유다인은 독일인에 의해 대량 학살을 당하는 그 순간에 시편 23편 '야훼는 나의 목자'를 외우면서 두려움 없이 장엄하게 죽어갔다고 한다. "야훼는 나의 목자, 아쉬울 것 없노라. 파란 풀밭에 이 몸 뉘여 주시고…." 하느님 약속 말씀에 의지하는 것이 불안 상황에 대처하는 가장 좋은 방법일 수 있다. 하느님 사람들이 불안에 떨었을 때 하느님께서 그들에게 주신 약속의 말씀은 오늘의 우리를 위한 말씀이기도 하다. "힘을 내고 용기를 가져라. 무서워 떨지 마라. 네가 어디로 가든지 네 하느님 야훼가 너를 떠나지 아니하리라"(여호 1,9; 이사 43,1; 예레 46,27-28).

성서는 또한 기도로서 역경을 이긴 믿음의 사람들을 통하여 우리를 위로한다. 성서는 막다른 골목에서 믿음의 사람들이 바친 기도가 '부르짖음'의 기도였다고 전한다. 시편은 고통 받는 이들의 부르짖음으로 가득 차 있다. "나의 하느님, 나의 하느님, 어찌하여 나를 버리십니까? 살려 달라 울부짖는 소리 들리지도 않사옵니까?"(시편 22,1). 하느님은 아브라함이나 모세 같은 위대한 인물들 기도뿐 아니라 카인 같은 죄인의 부르짖음과 하갈 같은 천민의 울부짖음도 들어주셨다. 예수님도 외아들을 잃고 슬피 우는 나인의 과부와 눈을 뜨게 해달라는 예리고 소경의 부르짖음을 외면하지 않으셨다. "하느님을 사랑하는 사람들 곧 하느님의 계획에 따라 부르심 받은 사람들에게는 모든 일이 서로 작용해서 좋은 결과를 이룬다."(로마 8,28) 숱한 하느님 사람들이 이 믿음으로 역경을 이겨냈다.

상제님께서 하교하시기를 "지금 도인들이 2차의 피난을 겪느라 조반석죽(朝飯夕粥)도 제대로 못하고, 밀기울 죽으로 연명하는 생활고가 막심하여 원이 맺혔으니 안타깝기 그지 없도다. 그러나 동서고금에 수도자에게는 고행이 수반하느니 너희도 고행 수도하여야만 해원을 성취하리라. 실도 매듭이 있어야 풀 것이 있듯이 원도 함원(含冤)이 있어야 해원이 있고 업도 적공(積功)이 있어야 성공이 있느니라." 하시니라.(7:16)

사회생활에서 해로운 행위는 무수히 많지만, 그 가운데에서 특히 해로운 행위만을 법률로써 형벌을 가하도록 규정하고 있는 행위가 범죄이다. 형법 제2편(형법 각칙)에 규정된 각종 행위가 대표적인 범죄이지만, 그에 한하지 않고 경범죄처벌법 기타 각종의 특별법이나 도로교통법 등 각종의 행정법규에 위반하는 행위도 그에 대하여 형벌이 규정되어 있으면 모두 범죄가 된다. 따라서 교통법규의 위반행위도 범죄라는 점에서는 살인죄나 절도죄와 차이가 없다.

지그문트. 프로이트는 퍼스낼리티를 고찰함에 있어서 이드(id :개인본능욕구) · 자아 · 초자아(超自我)를 설정하였는데, 자아와 초자아는 협력하여 생물학적 욕구인 이드를 통제한다. 이 통제를 방해하는 요소가 죄의식이나 '부끄러움'의 감정으로 나타난다. 이것이 도덕적 불안이라는 것이다.

『죄와 벌』은 1866년 잡지 《러시아 통보(通報)》에 발표된 세계 문학 걸작의 하나로 한국에서도 애독되는 작품이다. 근대 도시의 양상을 배경으로, 작중의 하급 관리 마르멜라도프의 말대로 '아무데도 갈 데가 없는' 사람들로 가득 찬 상트페테르부르크의 뒷거리가 무대이다. 가난한 학생 라스콜리니코프는 병적인 사색 속에서, 나폴레옹적인 선택된 강자는 인류를 위하여 사회의 도덕률을 딛고 넘어설 권리가 있다는 결론에 도달하여 '이(蝨)'와 같은 고리대금업자 노파를 죽여 버림으로써 이 사상을 실천에 옮긴다. 그런데 이 행위는 뜻밖에도 그를 죄의식에 사로잡히게 하고, '인류와의 단절감'에 괴로워하는 비참한 자신을 발견하게 되는 결과를 낳는다.

민감한 예심판사 포르필리가 대는 혐의에 대해서는 논리적으로 맞서나가면서도 죄의식의 중압에 견딜 수 없게 된 그의 심정은 자기희생과 고뇌를 견디며 살아가는 '거룩한 창부' 소냐를 찾아 고백한다. 또 정욕을 절대화하는 배덕자, 스비드리가이로프의 수수께끼 같은 삶과 죽음에 자기 이론의 추악한 투영을 보고 마침내 자수하여 시베리아로 유형이 된다. 작자는 그리스도교적 신앙의 입장에서

서구의 합리주의·혁명사상을 단죄하려고 한 것같이 보이지만, 작품은 그런 의도를 뛰어넘어 폐색적(閉塞的) 시대상황에서 인간회복의 원망(願望)을 호소하는 휴머니즘을 표출하였다.

키에르케고르의 종교적 사고는 더욱더 엄격한 방법으로 움직이고 있었다. 〈죽음에 이르는 병〉(1849) ·〈크리스트교 훈련〉(1850) 등에서 기독교를 다른 어떤 저술보다 더 완고하고 비타협적으로 묘사하고 있다. 〈크리스트교 훈련〉은 덴마크 교회의 지도부에 대한 공격을 가장한 것이기도 했다. 1855년 무렵 그는 신에게서 국교와 성직자들을 가차 없이 공격하도록 권위를 부여받았음을 확신하고는 즉시 많은 양의 소책자·팜플렛과 〈순간〉이라는 잡지를 발간하는 일에 착수했다. 이 잡지는 그중 10권이 키에르케고르 혼자만의 기고로 만들어졌다.

이렇게 과도하게 진행된 국교회 비판운동으로 그의 건강은 몹시 쇠약해졌다. 운동을 시작한 지 거의 2년이 지날 무렵 그는 쓰러져 병원에 실려가 1개월 후 죽었다. 그는 소유하고 있던 몇 안 되는 귀중품을 그가 사랑한 여자이자 당시 관리와 결혼하여 덴마크령 서인도제도에서 살고 있던 레기네 올센 앞으로 남겨 두었다.

현대 실존주의에 대한 영향 키에르케고르 저작의 정점을 이룬 국교회에 대한 치열한 공격은 관리하기가 무척 힘든 유산이었다. 이 책은 국교회를 변화시키지는 못했으나, 많은 성직자들 개개인이 국교회에 대한 자신의 태도를 수정하거나 심지어 인연을 끊게 만들었다.

키에르케고르 저작의 철학적·예술적 진가는 그 후 얼마 지나지 않아 완전히 인정되었다. 이렇게 된 데에는 1877년 키에르케고르에 관한 최초의 저서를 출판하여 그의 사상과 삶에 대한 탁월한 분석을 제공한 덴마크의 문학비평가 게오르 브란데스(1842-1927)의 공이 컸다. 브란데스는 공공연한 무신론자이자 크리스트교 증오자였기 때문에 전략적으로 키에르케고르를 교회에 반항한 인물로 다루었다. 키에르케고르의 사상은 종교에 특별히 헌신적인 사람들뿐만 아니라 그 사상의 그리스도교적 교설에 찬동하지 않는 사람들에게도 호소력을 갖고 있었다.

실존을 강조하게 된 동기로서는 성직자가 되려고 했던 키에르케고르가 당시 널리 확산되고 있는 기독교에 대한 오해의 중요한 원인중 하나는 인간들이 인간의 삶 혹은 존재에 대한 근본적인 의미에 대한 생각을 상실한 것이라고 믿었다. 기독교국가인 덴마크에서 대부분의 사람들은 '우리는 모두 그리스도인이다'는 생각이 팽배하게 되었다. 이러한 상황에서 그는 신앙을 갖는다는 것은 외면적인 교칙이나 교리를 지키는 것이 아니라 정신적인 추구를 계속하고 회의하면서 뜨거운 내적 경험을 하는 데에서만 찾을 수 있다고 확신하였다. 키에르케고르 실존개념을 이해하는데 있어서 기독교를 빠뜨릴 수는 없다.

실존이란 객관성이 아니고 주관성이다, 외면성이 아닌 내면성이다, 보편자가 아닌 단독자이다, 영원한 필연성이 아닌 시간적 우연성이다. 결국 키에르케고르는 구체적이고 현실적이고 개별적이고 주체적인 자기 존재를 최대의 관심사로 삼아, 진리는 객관적, 합리적인 것이 아니라 주체적이고 개별적인 것이라 하여 주체성이 진리라고 했다. 자기 자신의 존재 방식에 관심을 쏟고 어떻게 살 것이며, 어떻게 행동할 것인가를 진지하게 생각하며 살아가는 인간 실존을 말한다.

그의 논리적 결론을 따른다면, 불신앙보다는 신앙을 더 선호해야 할 필요가 없다. 진리는 주관적이기 때문에 하나님에 관한 객관적 지식도 인간의 조건에 따르는 주관적 지식으로 대체되어야 할 것이다. 실존이라는 말은 매우 다양하게 쓰이는 말이기 때문에 한마디로 정의(定義)한다는 것은 어려운 일이다.

원래 중세철학에서 실존(existential)이란 '→로부터 나가다', 또는 '나와서 현재 있다'를 의미하였고, 이에 대응하는 본질(essential)은 영원불변의 것을 가리켰다. 근대철학은 이 영원불변한 본질을 구하였고 헤겔은 그 완성자였다. 한편 인간 개인의 존재(실존)는 소멸되고 말았다. 헤겔의 이성(理性)·이념·절대정신이라고 하는 완성된 인간존재에 대하여 파멸과 죄를 안고 있는 단독자(單獨者)로서의 인간실존을 강조한 사람이 키에르케고르이다.

따라서 실존의 밑바닥에 무(無)를 인정한 것은 니체이며, 20세기에 들어서 야스퍼스, 하이데거, 사르트르 등이 실존주의 이론을 전개하면서 실존적인 역설을 강조하였다. 다음은 【역설표현을 찾는 문제】 인데, 어느 것이 역설적 표현인가?

(가) 겨울 바다에 가 보았지. / 미지의 새 / 보고 싶던 새들은 죽고 없었네.

(나) 그대 생각을 했건만 / 매운 해풍에 / 그 진실마저 눈물져 얼어버리고

(다) 허무의 / 불 / 물이랑 위에 불이 붙어 있었네.

(라) 나를 가르치는 건 / 언제나 / 시간 / 끄덕이며 겨울 바다에 섰었네.

(마) 기도를 끝낸 다음 / 더욱 뜨거운 기도의 문이 열리는 / 그런 영혼을 갖게 하소서.

여기서 역설은 (다)이다. (마)의 의미구조로 볼 때, 기도를 끝낸 다음 더욱 뜨거운 기도의 문이 열린다는 표현은 영혼의 성숙을 통

해 절대자에게 다가가는 상황의 점층적 의미로 이해가 되므로 내용상으로 보면 앞뒤 논리가 성립되지 않는 역설로 보기에는 약간 설득력이 부족하다. 물이랑 위에 불붙어 있는 불은 필연적으로 꺼질 수밖에 없는 젊음의 열정 내지는 감성으로 볼 수가 있고 물이 갖는 의미는 세상을 살아오면서 형성된 이성, 논리적 사고로 볼 수 있다. 인간 내면에 존재하는 화합할 수 없는 상반된 양면성을 언급하면서 삶의 모순을 노래한 부분으로 양립할 수 없는 두요소로서 인간의 내면적 상황을 드러낸 것이라 보아, (다)가 역설로 인식하기에 적절하다. 반면에 (마)의 기도 경우는 더욱 더 깊은 신앙을 갖게 하거나. 뜨거운 신앙 또는 신을 생각하는 마음을 갖게 되는 영혼을 가지리라는 은유표현이다.

상제상통과 응답매개

정산선생은 화현으로 우리 곁에 왔다가 가셨다. 그분은 우리에게 마음공부를 통하여, 상제를 발견하는 것의 소중함을 일깨워 주셨다. 그렇다면, 우리는 왜 상제를 발견하지 못하고 있는가? 우리는 왜 영성진보를 이룩하지 못하는가? 정산선생의 화천에 따른 의미차원에서 성찰해 보면 다음과 같은 것들을 깨달을 수 있다.

첫째, 이미 형성된 자신의 습관들과 환경들의 무력한 희생자라고 느끼기 쉽다. 둘째, 심적 승리의 기법에 둔감하다. 셋째, 영성성공에 요구되는 필요한 노력을 꾸준히 발휘하지 못하는 경향이 있다.

우리는 하루 일과가 끝난 다음에 전날보다 자신이 더 진보하였는지를 자문(自問)해 볼 필요가 있다. 내일은 오늘보다 더욱 진보할 당위가 있다. 우리 행복의 식물을 공격하는 가장 지독한 역병은 진보하고자 하는 욕구의 부족, 자기만족, 회의(懷疑)이다. 진리를 알려고 하는 확고하고 끊임없는 노력의 부족, 즉 타성의 냉기는 우리 행복의 식물이 고통 받도록 하는 가장 큰 병이다.

담대한 마음을 소유한 사람들을 제외한다면, 인생에서 원하는 바대로 자신을 만들어갈 수 있도록 자신의 자유선택의 힘들을 온전히 사용할 수 있는 사람들은 극히 드물다. 대부분의 사람은 자신들의 선천적, 후천적인 습관들의 선하거나 사악한 영향으로 또는, 특정한 환경들에서 발생한 변덕스런 기분에 따라 수동적으로 자신들을 일관성 없고 줏대 없는 사람으로 만든다.

모든 사람이 상제의 자녀이다. 상제는 모든 사람 안에 똑같이 존재하며, 상제의 빛을 받아들이고 발산할 만큼 자신을 순수하고 투명하게 만드는 사람들은 분명히 상제의 "자녀"이다. 인간으로서의 정산선생은 훈육에 의하여 자신을 순수하게 만들었고, 상제로서 신명세계와 일치하는 존재가 되었다.

많은 사람이 상제의 풍요바다로 거듭해서 잠수해 들어가 신성한 부와 힘과 지혜라는 진주를 찾았지만, 소수의 사람들이 그것을 발견하였다. 얼마 안 되는 이 사람들은 올바르게 잠수해서 비밀의 보물 수장고를 발견하였기 때문에 신의 바다가 경탄할 만큼 풍요롭다고 찬양하였다. 잘못된 장소로 잠수한 사람들은 그토록 몹시 바라던 보물이 없다고 해서 풍요로 가득한 상제의 푸른 바다를 비난하였다. 다른 많은 잠수부는 이기심, 탐욕, 무성(無誠), 불신, 나태, 회의(懷疑)라는 괴물의 공격을 받고서 멸망하였다. 비록 화천 후에도, 수도자와 함께 하신다는 서원을 이렇게 확인할 수 있다.

> "너희들이 나를 보고, 나의 도를 알고, 나의 법방으로 닦음은 실로 다행한 일이나, 후세에 나를 보지 못하고 믿는 도인들의 신심은 더욱 지극하여야 하리라. 나의 인신이 보이지 않아도 나는 너희와 같이 함께 있으며 또한 도와 함께 있으니 도인의 심령신대(心靈神臺) 가운데 나도 항상 함께 하고 도(道)도 함께 함이니라. 증산상제님께서 '내가 너희 앞에 있은들 알며 뒤에 있은들 알랴?' 하심은 곧 나의 일이니라." 하시니라. (9:61)

이 구절은 영성 법칙의 지속, 모든 종류의 습관법칙을 예시한다. 예를 들어, 사람이 돈을 버는 습관을 개발하면 더욱 많은 번영이 그에게 올 것이고 번영의 습관을 창출하지 못한 사람은 번영의식마저 잃을 것이라는 점을 보여준다. 성공의 우주법칙을 통하여 풍요를 끌어들이는 습관을 이미 획득한 사람은 번영을 끌어들일 것이고, 번영을 끌어들이는 습관을 계발하지 못한 사람은 번영할 수 없을 것이다. 이것은 수행자들이 자신들의 일상 활동으로 수도의 습관을 생성하고 지속적이 되어야 함을 밝힌 대목이다.

이기적인 분노는 나쁘지만, 불합리한 상황에서 의분(義憤)은 좋을 수 있다. 황금에 대한 탐욕은 이기적인 것이고 돈이 필요한 부주의한 사람들로부터 돈을 빼앗아감으로써 보편적인 빈곤을 창출한다. 끊임없는 명상, 즉 신과의 교류를 탐하는 것은 좋은 일이다.

악한 행위들을 두려워하거나 나쁜 습관들의 영향을 두려워하는 것, 그리고 잘못을 저지를까 두려워하는 것은 좋은 일이다. 그러므로 어떤 때에는 진정으로 나쁜 것이 좋게 보이기도 하고 진정으로 좋은 것이 나쁘게 보이기도 한다.

과식, 그릇된 식습관, 탐욕에 취하는 일은 피하여야 한다. 과식은 정신적 자유를 파괴하고, 명상 중에 영혼이 육체를 의식하게 한다. 여러분은 정직한 생계방식을 잊을 정도로 돈을 탐내지 않고서도 재정적으로 풍요하도록 노력하여야 한다. 우리는 자신의 성생활에 대해 완벽한 통제를 해야 한다. 그리하면 성충동이 여러분의 의욕과 판단을 예속하는 대신에 여러분의 이성과 의지력이 매우 강력한 이 본능을 인도할 수 있을 것이다. 고귀한 자녀를 생산하기 위한 결혼생활에서의 성경험은 성을 올바르게 사용하는 것이지만, 자제력이 없는 성적 유혹은 평화와 내적인 조화를 완전히 파괴한다.

마음과 육체는 도의 여정에서 불가능한 일들이 많다고 우리에게 끊임없이 항의하면서 반항을 하겠지만, 우리가 세차게 그들을 채찍질하면 그들은 그런 장애물들을 뛰어넘을 것이다. 그러므로 우리는 영적으로, 정신적으로, 그리고 육체적으로 매일 진보하고 있다는 것을 알면, 우리는 행복해질 수 있다. 그러나 우리는 자신이 까다롭고, 또는 험담을 즐긴다는 것을 발견하면, 우리는 자신이 퇴보하고 있다는 것을 알 수 있다. 가장 좋은 시험방법은 우리자신을 분석해서 자신이 어제보다 오늘 더 행복한지를 알아보는 것이다. 오늘 더 행복하다고 느끼면, 진보하고 있는 것이다. 그리고 이 행복감은 계속되어야 한다.

상제의 자녀들이 왜 배고픔에 시달려야 하는가? 인간은 무지라는 더렵혀진 육체와 동일시되는 영혼은 배고픔을 느끼고 음식물을 얻기 위하여 지상의 생산물에 관심을 돌리면서 지상에 매인 존재가 된다. 그리하여 영혼은 신의 우주 에너지에 의하여 신처럼 진정으로 사는 것을 잊는다. 무지의 미망에서 벗어나 상제의 자녀로서의 우리의 유산을 되찾기 위해서는 여러 환생 동안에 생성된 잘못된 생각을 교정할 필요가 있다.

상제는 자신의 전지(全知)를 통하여 악마에 의한 악의 발생을 예상했을 것이다. 그러나 그분은 자신의 많은 분신(分身)들을 통하여 이 우주연극을 조직하였으며, 자신의 선이 궁극적으로는 모든 것들을 다시 자신에게로 끌어들일 것이라는 점을 알고 있다. 상제는 자신의 얼이 내재한 영혼들이 자신과 재결합하기 전까지는 절대로 진정으로 행복해질 수 없도록 장치해 놓았으며, 삶은 죽음으로 죽음은 삶으로 이어지면서 필연적으로 인과의 도리를 따르게 되어 있다.

다음날 준양이 다시 와서 "아들이 죽었나이다." 하며 살려 주시기를 울며 호소하므로 다시 거둥하셔서 손을 죽은 아이의 가슴에 대시니 아이가 깨어나서 가족들에게 "저는 한명(限命: 명이 다함)이 되어 가오니 너무 애통하지 마옵소서." 함으로 이윽고 상제님께서 손을 떼시자 숨을 거두니라. 측은히 여기시며 "도시 운도(運度)니 어찌할 수 없느니라. 다만 죄 없이 가니 신계에서는 복이 있게 하리라." 하시니라.(4:109)

하늘과 땅이 음양이 합덕(合德=덕성을 합함)하여 만물이 비로소 생겨나고 해와 달의 음양이 합덕하여 만물이 길러지며 사람과 신명의 음양이 합덕하여 만유(萬有=세상에 있는 모든 것)가 돌아가 의지하느니 신명은 사람이 없으면 뒤를 위탁해서 의지할 곳이 없고, 사람은 신명이 없으면 앞을 인도받아 의지할 곳이 없다.(7:28)

표면적으로 행복하지만 산만한 사람은 돈을 벌기 위하여 매일 일하면서 걱정하고, 수도공부의 수승한 기쁨을 모르기에 그는 수도공부를 좋아하지 않는다. 그는 공부로 앞서가고 언제나 새로운 기쁨을 추구하는데 시간을 바치려고 하기보다는 의미없는 일에 소중한 시간을 소비하려고 한다. 대부분의 사람은 고차원적인 행복을 발견하기 위하여 습관적인 산만함을 포기하는 것의 긍정적인 측면을 알지 못하므로 수도공부를 몇 번 시도한 다음에는 포기한다. 그들은 일상적인 생활습관의 소용돌이에 휘말리며 무지에 빠져든다.

진지한 수도자들은 수도공부의 가치를 깨닫기 위해 영적 상상력을 사용해야 한다. 좌절감을 느끼는 구도자들은 감각의 습관들과 산만함을 일으키는 욕망들의 강력한 공격으로부터 아무리 많은 고통을 겪더라도 자신의 현생과 전생들의 수도공부에서 생겨난 마법의 병사들이 신념을 갖고 계속해서 수도공부를 하는 자신을 도우러 올 것이라는 점을 명심해야 한다. 언제나 산만하면서 수도공부를 전혀 하지 않는 사람은 이미 산만함의 노예로 익숙해져 있으므로 자신은 잘 지내고 있다고 생각한다. 그렇지만 그가 차분하게 앉아서 수도공부를 하면, 그는 정신적 변덕이라는 나쁜 습관들로부터 저항을 받게 된다. 그런 경우에라도 그의 생애에서 생겨난 좋은 영적 습관들의 마법 병사들이 그를 도우러 온다는 확신을 유지할 필요가 있다.

기계적으로 기도하는 헛수고는 무망하다. 상제에 관한 "뭔가"를 믿기만 하면 된다는 그릇된 만족감도 떨쳐버릴 필요가 있다. 우리는 상제를 알아야 한다. 우리는 상제가 우리 영혼의 열망에 응답하도록 의식적으로 그리고 촉감으로 그분을 일깨우는 법방을 알아야 한다. 우리는 그분의 목소리를 의식적으로 들을 때까지 쉬지 않아야 한다. 우리는 업무의 중압감 때문에 기도하고 수도공부가 방해받는다고 주장함으로써 자신의 양심을 안심시킬 수 있겠지만, 우리 활동의 사원에서든 침묵의 제단에서든 언제든지 깊은 정신적 속삭임을 상제에게 드리지 않는 것에 대한 변명이 될 수는 없다. 우리가 무슨 일을 하고 있을지라도 우리는 상제의 응답을 의식적으로 받을 때까지 상제에게 우리의 성실, 공경, 믿음으로 언제나 속삭일 필요가 있다.

우리가 무슨 일을 하던 우리가 어떤 자리에 있게 되던 우리가 뭔가를 아주 열렬하게 원할 때마다 그 대상에 대해서 정신적으로 속삭이는 욕구는 끊임없이 우리의 마음배경에서 맴돈다.

앵무새 같은 기도와는 거리가 먼 그런 정신적 속삭임들은 자발적이며 비밀스럽게 작용해서 강력한 힘으로 발전한다.

상제가 성실, 공경, 믿음의 태도로 일관하면 감응한다는 자세로서 그 응답을 우리가 보기 전까지는 절대로 만족하지 않는 것이 좋다. 낙담하지 말고 계속 수도공부하고 더욱더 기도를 하라. 상제는 위대한 스승들의 모습으로, 그들이 지상에 살았을 때의 실제모습 그대로 우리에게 다가올 것이다. 기도를 하는 동안에 상제가 우리에게 응답하지 않는다고 하더라도 그분이 우리의 목소리를 듣고 있다는 것을 명심할 필요가 있다. 그리고 우리가 돈이나 사랑이나 힘을 몹시 원했을 때처럼 그 무엇보다도 그분을 원한다는 것을 그분에게 확신시킬 수 있다면, 그때 그분이 우리에게 말을 걸어올 것이다.

우리 가슴의 언어로 상제에게 조용히 기도하고, 조용히 읊조리며, 그분이 우리에게 응답할 때까지 쉬지 말고 간구할 필요가 있다.

영적 스승의 사진 앞에서 상제가 응답하는 것을 보거나 느낄 때까지 공부하고, 기도하고, 영혼에서 뿜어 나오는 그런 절규를 바치도록 할 필요가 있다. 우리는 매순간 의식적으로 상제와 접촉하여야 한다. 그리고 먼저 그분을 발견하면 우리는 우리 자신과 모든 제한적인 조건들에 대한 지배권을 획득한 것이 될 것이다.

우리의 가장 크고 가장 중요한 약속은 상제와의 약속이며, 지혜의 눈과 일상적인 수양을 통하여 그분의 진리를 추구하는 것이다.

정해(丁亥:1947)년 2월 득도일 치성 후에 정산선생께서 하교하시기를

"부 도야자(夫 道也者)는 천소명이 인이행지자야(天所命而 人以行之者也)ㅣ며, 앙지미고(仰之彌高)에 찬지미견(鑽之彌堅)하고 첨지재전(瞻之在前)에 홀연재후자야 (忽然在後者也)ㅣ니, 누구라도 도를 눈으로 보고 믿지는 못할 것이요, 다만 진법도리를 깨달아 믿는 것이니라. 소경이 꽃을 보지는 못하여도 향기를 맡고 알듯 도는 보는 것이 아니라, 심공(心工)으로써 깨닫는 것이므로 심불재도(心不在道)라, 도재심공(道在心工)이니라." 하시니라. (4:73)

"제 마음을 제 마음대로 못할 때가 있으리니 평상시에 안심·안신으로 도를 잘 닦아야 하느니라." 하시니라. (6:97)

"5분 간만 일심이 되어도 나와 대화하리라." 하시니라. (6:98)

또 "도를 믿음은 나를 믿음이나 내가 볼 때보다 안볼 때 더 잘 믿어야 하느니라." 하시니라. (7:115)

횡단매개의 종교윤리

신과 인간의 관계를 횡단매개하는 종교윤리의 한국사상으로 'ᄒᆞᆫ' 사상을 들 수 있다. 'ᄒᆞᆫ'사상은 광명과 무명이 상입상즉하여 '불일이불이(不一而不二)'로 드러난다. 여기서 '불일(不一)'은 상입의 공존논리와 '불이(不二)'는 상즉의 통달논리로 사용된다. 이는 공존과 통달을 '횡단매개(而)'하는 작용으로 이중부정과 이중긍정이 상호소통된다. 이는 대립의 조화를 이루는 통사정 소통(通事情 疏通)이다.[1] 통사정 소통이 되려면, 차이를 대리 보충하는 횡단매개 가치를 발견하여 전체맥락이 상호 유기적으로 소통되도록 해야 할 것이다.

무명에서 광명으로 나아가는 단계에서 'ᄒᆞᆫ'사상은 제 삼명으로 나아가 현묘를 이룬다.[2] 반면에 일방소통은 일방통행의 지시대화로서 이해당사자가 동등관계에서 의견을 주고받는 것이 아니라 서열·권위적 관계로, 말하는 사람은 지위가 높고, 듣는 사람은 지위가 낮은 신분관계에서 위에서 아래로 지시하는 소통이 이루어진다.

객관적으로 정의된 지식이나 단어를 주관적인 노력없이 받아들여 수용하게 하고 이 수용된 객관지식이 상형문자 외우기식으로 강요됨으로 일방대화는 화근으로 바뀐다.

'ᄒᆞᆫ'사상에 기초한 대화는 대등관계의 주고받는 대화와 구별되는 통사정(通事情)소통이다. 제 일명(一明)에 근거한 사실주의 소통은 팽팽한 긴장을 유지하는 것이며, 제 이명(二明)의 원리주의 소통은

---

1) 한태선, 『소통하는 시민사회의 탄생』, 經文社, 1993. p.142.

2) 金相日, 『한사상』, 온누리, 1998. p.98. 第 一明은 一과 多의 관계에서 一의 밝음으로 나아가는 서양논리, 第 二明은 無와 有의 상관관계에서 事實對稱을 소거하여 中의 밝음으로 나아가는 中觀· 中庸의 인도·중국논리, 第 三明은 一, 中의 연속성에서 不定(Uncertainty)의 ᄒᆞᆫ(About)에 도달함이다. ᄒᆞᆫ(About)의 맥은 僧郎-圓測-元曉로 이어지면서 통사정 소통을 위한 絶妙의 調和 논리를 구축하였다.

사실의 파괴에서 명분을 세우지만 명분에 갇히는 경직성을 벗어나지 못한다.[3)] 결국 일방대화는 한쪽으로만 흐르게 되어 다른 의견을 제시하면 '못난 놈' 혹은 '버릇없는 놈'이라는 취급을 받아, 그냥 묵묵히 습관화될 때까지 배우고 익히는 게 최선책이 되었다. 일방이 주장되고 그것이 '학습'되고 계승된다.

이와 같은 원리주의·근본주의 전통은 진실을 은폐하는 가운데 정치, 경제, 종교, 신분, 교육, 가정에 깊이 침투하게 되었다.

그런데 'ᄒᆞᆫ'사상은 서양전통의 유일신이 인간과 대화하고 인격적으로 명령하는 사상이 아니다. 통로가 막혀 스스로 자폐현상을 나타내는 경우와 구별된다. 우경·좌경 사회도 '공동체 질서'가 이와 유사한 또 다른 사이비 유일신이 된다. 이런 사회에서는 사이비 유일신에 만인이 순응 · 복종할 뿐만 아니라 섬긴다. 모든 사고·논리·가치판단도 이 공동체 분위기에 맞추게 된다.

그러나 'ᄒᆞᆫ'사상은 이와 구별된다. 세계윤리에서 다른 공동체까지도 포용하는 세계 공동체 인식을 강조한다. 민족이 다르고, 문화가 다를 경우 '불일 · 공존'을 전제로 삼아 차이를 밝히고 '불이·통달'로 조화를 살리고 횡단매개로 밝혀간다. 차이와 맥락을 존중하는 가운데 다양성의 통일을 중시하는 세계윤리 정신이 드러난다. 여기서는 통사정 소통이 빛을 발휘하며, 그것을 통해서 집단 이기주의의 폐쇄공동체를 초월할 수 있다.

이러한 통사정 대화는 인간의 적나라한 모습으로 되돌아와 자기자신을 있는 그대로 담담히 드러내어 진솔하게 고백하며 사정하는

3) 원리주의는 근본주의와 맥락을 같이 한다. 자기가 터득한 종교세계관에 절대성을 부여함으로써 타협의 가능성을 완전히 배제하는 것을 뜻한다. 절대지식은 일방적인 주입이나 가르침으로 흘러가서 교학체계를 구축한다. 이러한 폐단은 근대 세계관에서도 계승되어 계몽주의 형태로 일방대화로 진행되어 통사정 대화를 구축하지 못하여, 미셸 푸꼬(M.Foucault)의 지적대로 狂氣文明을 구축하였다.

것이다. 가식이 없으며, 홍익공동체주의 자세이다. 지역공동체를 극복하는 세계 공동체의 원활한 소통이 가능한 자세이다. 유교의 수직권위주의와 달리 수평 소탈·평민주의가 강하게 존재하기 때문에 횡단매개가 절로 이루어진다. 공동체 안에서 인간적 정이 나타나고 내용이 형식에 우선하여 상호 호혜적이다. 세계윤리의 맥락존중 보편화용 정신과 'ᄒᆞᆫ'사상의 통사정 소통은 '불일이불이'의 횡단매개가 가능하다.

『삼일신고』에서는 '일(一)'을 인격화하여 'ᄒᆞᆫ'으로 표현하며, 존재생성을 '천→인→지'의 과정의 홍익생명의 영성작용으로 다루면서 아홉 차원으로 전개됨을 밝히고 있다. 『천부경』 중의 9원(九元: 天一·地一·人一·天二·地二·人二·天三·地三·人三)은 성·명·정·심·기·신·감·식·촉'(性·命·精·心·氣·身·感·息·觸)을 이룬다. 이러한 홍익생명 영성과정으로서 'ᄒᆞᆫ'은 삼진(三眞: 性→命→精)의 긍정이행과 삼망(三妄: 心→氣→身)의 부정이행을 삼도(三途: 感→息→觸)의 횡단매개로 이어주고 개심함으로써 중중무진(重重無盡)의 작용을 드러낸다. 삼도(三途: 感→息→觸)는 결국 신명→문명→영명에 이르는 삼명(三明)의 영성작용으로 그 모습을 드러내게 된다.

그러나 삼망에 해당하는 개별의식은 'ᄒᆞᆫ'의 홍익생명의 영성작용으로 본심(本心)과 상통하여 각성작용으로 매개된다.4) 이처럼 'ᄒᆞᆫ'의 횡단매개하는 영성작용은 밝고 맑은 광명심(光名心)과 상통함에 그 요체가 있다. 이는 광명신명과 소통되고 신명·인간이 합발(合發)하며 신명조화 세계를 전개하는 개벽세상을 이룬다. 동양개벽은 자연을 정복하는 서구문명보다 조화를 존중하는 생태공동체 지혜를

---

4) 本心本太陽(본심본태양) 근본마음이 본래 밝은 빛이니 사람의 마음 안에는 하늘의 근본과 땅의 근본과 氣의 근본이 함께 갖추어져 있다는 말이다. 私慾私道는 智謨富貴權이며, 正義公道는 忠孝誠敬信이다.

보여준다.

일방이 타방에 명령하는 대화는 공공성이 결여된다. 무엇보다 일방대화는 문화차이를 객관적으로 인식하지 못하고, 대화내용은 심각한 오해의 시발점이 된다. 이러한 대화는 결국 내용을 전달하는 양태조차 오만과 편견으로 드러나서 쌍방의 존재를 인정해 주는 쌍방대화가 단절된다. 반면에 'ᄒᆞᆫ'사상의 통사정 대화는 차이를 존중하고 진실의 상호소통을 이루기 때문에 조화의 길을 모색하고 세계윤리의 다양성 통일가치를 구할 수 있다.

한국 근대종교의 시작은 최수운으로 시작된다. 수운은 군함과 함께 걷잡을 수 없도록 밀려들어오는 서학의 물결을 막기에는 불가항력이라고 생각하였다. 그가 서학에 대하여 동학을 선포함은 "동학은 대외적 위기의식 표현이며, 천하붕괴를 앞둔 문명적 절망과 새로운 활로를 물색하려는 민족자각으로 대표할 수 있다."[5] 수운이 문명충돌이라는 표현은 쓰지 않았지만 그의 문명의식은 헌팅턴보다 더 근원적이었다. 결국 '서학'과 '동학'의 대결로 19세기 말 상황을 이해했던 것이다. 수운이 이와 같이 문명 간의 충돌로 본 것은 그의 정치적인 식견인 동시에 토착 종교인식이다. 즉, 그는 정감록 도참서에 나오는 "십이제국 괴질운수"에 주목하였다. 천지조약과 북경조약을 보고 수운 입에서 나온 말이다. "입술이 망하니 이가 시리다.(脣亡齒寒)"고 했다. 중국이 서양세력 앞에 허물어지는 것을 본 수운은 앞으로 동서의 충돌이 어떠하리라는 것을 예견하였다. 그의 예견과 예측은 정확했으며, 헌팅턴의 문명충돌론이 나온 배경도 19세기 말 서세동점에서 비롯되었다.[6] 서양세력을 안일한 시각에서 대처하면

5) 신일철저, "수운의 역사의식", 『최수운 연구』, 한국 사상 12호, 한국사상연구회, 1974, 18쪽.

6) 가련하다. 가련하다. 아국운수 가련하다. 전세임진 몇 해 전인고? 이백사십 아닐런가. 십이제국 괴질 운수 다시 개벽 아닐런가. 요순성세 다시 와서 국태민안 되지마는 위험하다. 아국운수 가련하다. <동학경전, 安心歌 106-110>

동양은 희망이 없다.[7)]

수운은 서양에 대한 위기의식을 '상해지수(傷害之數)'라고 말한다. 당시 조선은 개화파와 척사위정의 보수파가 심각한 충돌을 할 때였다. 이 두 극단 사이에서 수운이 취하는 태도는 '한'사상의 맥락존중·보편화용의 '불일이불이'의 정신이었다. 한국의 경우, 서구화와 근대화를 모두 가로막는 세력이 있었는데, 수운은 바로 이 실체가 바로 일본으로 보았다. 수운은 당대 실학을 통해 근대화·서구화 문제를 알고 있었으며, 그 필요성을 느낀 인물이다. 그는 서양을 두고 힘의 실체로서 인정하였다.[8)]

확실히 수운은 새로 도래한 서양인의 전승공취('戰勝功取)' 침략과 천주학으로서의 '서학'을 일단 구별하고, 한편 대항의식을 가지면서도 또 한편으로는 부분적으로 수용하는 이율배반적 갈등을 경험하고 있었다."[9)] 수운은 서학의 인격신 개념을 가지는 것에 대해서는 운이 같다고 보았으나 서학이 '한'의 '지기'를 결여한 점에 대해서는 비판적이었다. 바로 서양이 무력으로 남의 나라를 침략하고 공략하는 것도 그들의 정신 속에 '한'의 '至氣'를 가지고 있지 못하기 때문이다. 청바지는 근대화와 서구화의 상징물이지만, 청바지를 입는다고 해서 그것이 서구화를 수반하는 것은 아니다. 근대화가 될수록 비서구권에서 반미데모와 반서구 세력은 첨예화된다.

근대화와 서구화가 반비례해 나타나는 현상이 상당히 목격되면서 초월의식에 대한 지향이 종교다원주의 형태를 수반하여 나타났다.

---

7) 저 경신년 음력 사월에 이르러 온 세상이 혼란하고 백성들의 마음과 풍속이 나빠져서 어찌 할 바를 모를 즈음에, 또한 사회에 맞지 않는 괴이한 말이 온 세상에 요란하게 퍼져 이르기를 서양 사람들은 도를 이루고 덕을 세워서 그 조화로써 이루지 못하는 일이 없다. 그리하니 무기로 싸우는데 그 앞에 당할 사람이 없으니, 중국이 멸망한다면, 우리나라도 어찌 입술이 없어지면, 이가 시리다는 것과 같은 조짐이 없겠는가.(논학문)

8) 그는 그의 <포덕문>에서 '서양인', '서인', '서학'이라는 표현을 쓰면서 「運 則 一」, 「運 則 同」이라고 했다. 그를 사형한 죄목은 역설적이게도 서학을 숭배했다는 것이다.

9) 신일철 '최수운의 역사의식', 『최수운 연구』 p. 20

종교다원주의는 절대 신념체계로서의 유일성과 신앙의 공존이라는 다원성을 역설적으로 함축하려는 이데올로기적 성격이 강하다.

종교다원주의에서 중요한 딜레마는 다원화 현상을 수용함에는 특정 신앙의 문제가 벽에 부딪히게 되고, 특정 신앙에 열중하려고 하자니 또 다른 절대적 신념체계를 주장하는 다원화 현상이 눈에 들어오게 된다는 것이다.[10)]

이러한 딜레마에는 절대적 신념체계를 통하여 현실에서 피안을 지향하려는 종교의식의 특수성에서 제기된 사실측면, 논리측면, 기여측면의 세 가지 요소를 함축하고 있다고 볼 수 있다.

이 가운데 사실측면에서 보면 이 사회에는 이질적인 종교가 경쟁적 상태로 공존함을 목격하게 된다. 여기서는 자신의 신앙을 엄연한 사실로서 견지하면서 다원현상을 수용하기 때문에 편파적 배타주의로 모습을 드러낸다. 시대적 추세는 따르되 믿고 있는 신앙은 더욱 공고히 하려는 의식을 갖게 된다. 여기서는 편파성의 문제점을 노출하게 된다.

반면에 논리적으로 이러한 딜레마를 수용하려는 입장에서는 신앙의 기둥과 다원현상의 기둥을 이치에 맞게 조명하려는 태도로서 드러난다. 생명구원 욕구가 절대 신념의 상징체계로 구체화되었기 때문에 생명현상의 방편적 관점에서 다원적 공존질서를 논리적으로

---

10) 종교다원주의는 종교현상이 권력 엘리트에 의하여 지배되기보다는 그 집단의 경쟁·갈등·협력 등에 의하여 민주적으로 운영된다고 보는 사상이다. 다원주의자의 주장은 각양각색이지만 국가보다 작으나 더 전문화된 여러 종교단체의 권리·이익·성취를 무시하거나 적절하지 못한 것으로 간주하고 있다고 하였다. 종교다원주의자들의 명제에 따르면 어떤 특정종교의 단일한 제도 또는 제도적 집합체도 지배적인 것은 없다. 사회는 오히려 여러 상충되는 목표를 가진 수많은 이익집단들로 구성되거나 특별한 문제를 중심으로 일시적으로 연합하는 변화무쌍한 연합체로 구성되어 있다는 것이다. 이러한 종교다원주의는 대중의 영향을 거의 받지 않는 종교엘리트가 사회의 상층에서 권력을 독점적·지배적으로 행사한다고 보는 엘리트론(elitism)과 대립된다.

모색하게 된다. 이러한 태도는 방편적 포괄주의의 모습을 띄게 된다. 논리적으로 신앙에서 다원적 생명가치에로 나아가기 때문에 '즉비(卽非)'의 부정성을 전제로 신앙을 진리에 이르는 수단방편으로 매도하는 한계가 있다.

여기에 실제 가치를 존중하면서 양자의 화해를 꾀하려는 입장이 나타난다. 이를 평가적 다원주의라고 말할 수 있다. 이는 곧 종교는 '절대 신념체계에 의존한 마음이 그것이 지향하는 안식처에 귀의하려는 생명현상'으로서 마음자체가 다양하게 작용하므로 종교는 여러 현상으로 나타날 수밖에 없고, 오히려 생명의 통일실상에서 다원성에 관한 공감적 이해를 함으로써 생명의 사회에 능동적으로 기여를 할 수 있다는 주장을 말한다.

이른바 종교담론에 의한 의사소통적 대화로 종교전통이 절대적 신념체계에서 벗어나 스스로의 가치를 재평가하여야 된다는 것이다. 이러한 평가 다원주의에서도 저울질하는 평가자세로 말미암아 한계가 드러난다. 달리 말하면 대화에 의해 모든 종교전통이 스스로의 변혁의 길을 모색하되 회통자세에서 어우러질 필요성이 있다는 것이다.

현대의 다원사회에서는 절대적 신념체계의 기호코드에 안주하여 상대방의 변혁이나 개종을 안일하게 기다릴 수 없게 되었다. 이에 따라 자신이 믿는 신념체계와 다른 절대를 주장하는 타종교전통에서 상징적 교환가치를 겸허하게 발견하려는 자세가 요청된다고 하겠다. 문제는 평가의 자세에서 상대방의 자세전환을 기대할 것이 아니라 조화로운 정신의 덕목을 발휘하여 공존의 질서를 찾으려는 상통의 성숙함에 해결의 열쇠가 있다고 생각한다. 종교전통 상호간의 상통의 전통이 '존재를 성찰하여 그것을 자각하려는 생명현상'으로 규정될 수 있기에 우리는 그 가능성을 명상의 상징적 교환을 통해 모색할 수 있을 것이다.

여기서 우리는 종교다원주의가 절대적 신념체계가 일종의 기호체계로서 제약을 받는다는 사실에 근거하여 서로 다른 신념체계와 교환할 수 있는지를 탐색하게 된다. 각각의 종교전통 속에서의 상통을 위한 상생문화는 이러한 가능성을 함축하고 있기 때문에 교리로는 불가능한 교환적 행위가 이들 상통에 의하여 이루어 질 수 있음을 발견할 수 있다.

과학자들은 맹목적인 기도를 통하여 발명을 성취하는 것이 아니라 깊은 집중에 의하여 그리고 자연에 있는 상제의 법칙들을 실제로 응용함으로써 발명을 성취한다. 수백 년간 교회당을 다니는 사람도 맹목적 기도를 통해서는 신앙 대상을 발견할 수 없었다. 그러나 그들이 명상과 직관과 헌신의 정신물리학적 법칙들과 영적법칙들을 사용하면 그들은 그분을 발견할 것이다. 상제는 무조건적 헌신과 지혜로 가동되는 법칙에만 굴복한다.

진리를 알 수 있는 과학적, 심리학적, 영적법칙들이라는 상제의 선물을 인간이 사용하지 않는데, 무엇 때문에 상제가 맹목적인 기도에 대한 응답으로 영적깨달음을 아낌없이 나눠주어야 하는가? 과학자는 자연의 법칙들을 연구하고, 자연의 비밀들을 발견하기 위하여 그 법칙들에 대해 실험을 한다. 그리고 영적인 사람은 직관을 일깨우고 신의 비밀들을 이해하기 위하여 집중과 명상이라는 영적법칙들을 사용하는 법을 배워야 한다.

호흡을 관찰함으로써 심장과 폐의 소음들을 진정시키기 전까지는 여러분은 효과적으로 명상할 수 없다. 이 기관들은, 시끄러운 진공청소기처럼, 정맥혈에 있는 불순물의 오물을 청소할 때 한결같은 리듬으로 여러분의 체내에서 공기와 혈액이 소용돌이치고 용솟음치게 한다. 존재하는 매 순간 수도공부의 지복이라는 잔존효과에 집중을 유지하고 평화를 교란시키는 생각들로 방해하지 않는 것이 좋다.

우리가 수도공부의 통에 집중을 모으고서 산만함이라는 누설이 생긴다면, 우리의 집중은 고갈될 것이다. 우리는 어떤 정신적 빈틈도 생기게 해서는 안 된다. 우리가 한 자루의 겨자씨를 땅에 흘린다면, 그것들을 다시 자루에 담기는 어렵다. 마음은 생각이라는 겨자씨가 들어 있는 의식의 자루이며, 산만함이라는 단도로 그 자루를 경솔하게 베어버리면, 모든 생각들이 겨자씨처럼 흩어질 것이고 그것들을 다시 주워 모으기는 어려울 것이다. 겨자씨를 갈면 기름이 추출되듯이, 생각들을 모으고 집중의 힘으로 그것들을 갈면 우리는 자기실현, 도통이라는 기름을 짜낼 수 있다.

수행하는 동안 경험하는 침묵은 완전한 침묵이 되어야 한다. 꾸준히 노력하면 완전한 침묵에 이를 수가 있다. 계속 수행하다 보면 우리가 해낼 수 있는 일에 한도는 존재하지 않는다. 우리는 침묵에 잠기는 순간 평화를 느끼기 시작하며, 그것이 그에 대한 전부인 것처럼 생각하기 쉽지만, 그것은 겨우 시작에 불과한 것이다.

어떤 사람들은 시작단계 직후에 감은 두 눈의 어둠 너머에서 영성의 눈에 있는 빛을 본다. 일부 사람들은 어떤 다른 유체 소리를 듣기도 전에 침묵 속에서 곧바로 위대한 우주음인 옴을 듣기도 한다.

우리는 수도공부의 길이와 깊이를 증가시킴으로써, 그리고 우리에게 진정한 평화를 가져다주는 행위들을 실행함으로써 그 평화를 계속해서 증가시켜라. 그러면 우리는 자신이 상제에게 빠르게 접근하고 있다는 것을 발견할 것이다. 우리가 현생에서 의식적인 노력을 하지 않으면, 우리는 목표에 도달하지도 못하면서 몇 번의 환생이 흘러가버릴 것이다. 그러나 우리가 지금 당장 이 순간부터 노력을 기울이고, 계속적으로 수도공부의 내적 평화에 자신의 집중을 기울이고자 애쓴다면, 우리는 정산선생이 그러하였듯이 현생에서 상제와 일치감을 실현할 수도 있다.

수도자는 언제나 수도공부에서 발견한 자신의 평화가 자신마음에, 모든 활동에 그리고 다른 사람들과의 모든 관계에도 안착되도록 노력할 필요가 있다. 우리가 수도공부 이후에 마음의 평화가 되었다가 사소한 도발에도 부조화의 악마로 변할 뿐이라면, 우리의 수도공부는 쓸모없는 일이 된다. 우리는 수도공부에서 잊어버린 자신의 평화의 본성을 회상한다. 우리는 그 평화를 유지하여야 하며, 인생을 살면서 획득한 조바심이라는 우리의 정신적 접가지들을 그 평화로 정복하여야 한다. 지적인 사색과 정통 교조주의는 버릴 필요가 있다.

우리의 아버지격인 하늘에 계신 상제께서는 지금도 함께 하며, 앞으로도 함께 할 것이라는 점을 수도공부에서 그분을 통하여 직접 깨닫기 이전까지는 일상에 만족해서는 아니된다.

수도공부를 통한 우리의 요구에 대한 상제의 응답을 받으려면, 우리에게 진정으로 필요한 것만을 요구하라. 여분의 물질적 재산에 대한 욕구는 궁극적으로 불행을 초래하고 영적진보를 늦춘다. 상제는 우리가 원하는 것을 달라고 그분을 감언이설로 유혹하면서 거지처럼 기도하는 것을 바라지 않는다. 그분은 사랑스러운 아버지처럼 우리의 가치 있는 소망들을 충족시켜 주고 싶어 한다.

우리가 오랫동안 못 만났던 친구를 만날 때 그에게 우리의 사랑을 표현하는 법을 알기 위하여 우정에 관한 책들을 들춰보지는 않을 것이다. 그분에 대한 기도를 통한 요청이 우리의 가슴 속 깊은 곳에서 솟아나오는 자발적인 분출이 되게 해야 할 것이다.

우리에게 실제로 필요로 하는 것이 있을 때마다 우리가 어디에서 무슨 일을 하던 상제에 대한 생각을 한다면, 언제나 그분은 우리의 마음에 들어 있는 것이다. 그토록 깊고 역동적인 내적 속삭임을 개발하는 것이 그분으로부터의 반응을 불러내는 확실한 방법이다.

우리의 영원한 사랑에 대하여, 그분과 접촉하고자 하는 우리의 불타는 욕구에 대하여 그분에게 항상 끊임없이 속삭일 필요가 있다. 그분이 응답하는 속삭임을 어디에서나 귀에 들릴 정도로, 오히려 뚜렷하게 들을 때까지 과학적인 법방으로 깊은 정신적 속삭임을 드린다. 상제는 어느 곳에나 존재하는 분이시며, 그분은 모든 것 안에 똑같이 존재한다. 그분의 빛은 지혜로 반짝이는 다이아몬드 영혼들에서만 빛나는 것이 아니라 무지 때문에 어두운 숯 같은 심성에서도 빛난다. 상제는 잘못과 진리를 선택할 독립성을 우리에게 부여하였기 때문에, 우리는 우리의 마음이 지식과 사랑의 순수함으로 투명하게 할 수 있지만, 교조(教條)에 매달리거나 부조화로 오히려 어둡게 바뀔 수도 있다. 상제는 인간에게 우리자신이 가진 자유의 힘을 부여하였다. 그렇게 해서 인간은 무관심으로 상제를 배척할 수도 있고 수도공부, 논리, 그리고 인생 투쟁에서의 올바른 행위들을 통하여 그분을 수용할 수도 있을 것이다.

심오한 현자가 자신의 가족인 아내와 딸, 그리고 영적 성향이 있는 아들과 함께 신분을 감추고 살고 있었다. 이 현자는 세상에 살고 있었지만, 그의 의식은 세상에 속하지 않았다. 그는 자신의 영적 재능들을 거짓 세속성의 널빤지 뒤에 잘 감추고 있었다. 자신의 아버지로부터 고상한 품성들을 물려받은 아들은 자연스럽게 영성에 대한 갈망을 발전시키고 있었다. 상제의 사랑을 가장 높고 가장 성스런 소유물로 간주하는 영적인 사람들은 그 사랑을 회의적인 세속적인 마음을 가진 사람들에게 숨길 뿐만 아니라 가장 가까운 현세의 반려자들에게도 숨긴다.

아들은 자신의 아버지가 영적 스승이라는 것을 모르고 있었는데,

이것은 그 성자가 아들에게 너무 가까운 사람이기도 하고 아버지로서의 세속적인 역할을 수행하고 있었던 때문이기도 하였다. 아들은 집에 머물면서 신을 발견하라는 간청을 수없이 들었으면서도 스승을 찾겠다는 생각으로 가족의 농장을 떠나서 히말라야의 깊은 정글 속으로 들어갔다.

그는 티베트의 기적 실행자를 발견하고서 20년 동안을 그의 지도를 받으면서 지냈다. 수도자인 아들은 심령 기적들을 행하는 기술에 숙달하게 되었다. 그리하여 그는 기적의 힘을 소유했다는 생각에 온통 득의양양하면서 고향마을로 돌아왔다. 심령술사가 나타났다는 소식에 작은 마을은 흥분해서 술렁거렸다.

아들은 마음껏 자신의 기적의 기술을 과시하였다. 그의 기적실행에 대한 과장된 소문들이 넘쳐났고 마침내 아버지의 귀에도 들어가게 되었다. 호기심을 느낀 아버지는 아들에게 사람을 보냈다. 그들은 만나서 서로 따뜻하게 환영하였지만, 아들은 우월감을 감출 수 없었다. 그는 곧 자신의 기적에 대하여 아버지에게 자랑하기 시작하였다. 그의 성자다운 아버지는 무심한 듯이 들었다. 아버지는 겸허하게 물었다. "아들아, 너는 무슨 일을 할 수 있니?"

"제가 무슨 일을 할 수 있냐고요?"

아들은 우월감으로 미소를 지으면서 대꾸하였다. 그는 자신의 조용한 아버지를 이끌고 갠지스강의 강변으로 가서 외쳤다.

"아버지의 눈 바로 앞에서 제가 어떤 기적을 펼쳐 보일 수 있는지를 보세요!"

기적을 행하는 아들은 발이 물에 전혀 젖지 않게 하면서 잽싸게 사나운 갠지스강을 걸어서 반대편 강변으로 건너갔다가 아버지가 서 있는 곳으로 돌아왔다.

"아버지, 자 놀랍지 않으세요?"

지금까지 미소를 짓고 있던 아버지는 입술을 오므리며 내밀었다. 그는 얼굴에 영적 근엄함의 표정을 지으면서 부드럽게 타일렀다.

"아들아, 나는 네가 진정한 것을 성취하였다고 생각했었기 때문에 오랫동안 경외심을 갖고 있었지만, 이제 나는 매우 실망하였다."

"온 세상이 칭찬하는 저의 기적을 어찌 감히 조롱하십니까?"

라고 아들은 대들었다. 그의 아버지는 단호하게 반복해서 말했다.

"오 아들아, 나는 매우 실망하였다. 내가 보니 너는 갠지스강을 건너는 기적적인 방법을 배우는데 20년이나 되는 소중한 세월을 허비하였구나. 그런 묘기는 뱃사공한테 동전 4개만 주면 만인이 성취할 수 있잖니? 겨우 동전 4개를 절약하기 위해서 왜 20년을 낭비하였는지 말해 보거라."

아들은 자부심에 넘치던 자신의 꿈에서 갑작스레 깨어났고, 지혜를 발산하는 아버지 앞에 고개를 숙이고 서 있게 되었다. 그러자 아버지는 다음과 같이 말하였다.

"아들아, 극광(極光)의 빛에 감싸인 무한자의 아름다운 궁전의 이색적 매력으로 들어가려면, 별의 꽃들이나 자연의 아름다움이라는 옆길로 새지 마라. 네가 무한의 궁전에 도달하려면, 유한의 아름다움을 사랑하느라 자신을 잃어서는 안 된다. 네가 그 궁전으로 가는 길에서, 네가 그 궁전을 둘러싸고 있는 정원의 아름다움과 매력에 매혹된다면, 너는 결코 너의 목적지에 도달하지 못할 것이다."

"모든 힘들의 원천인 신보다 기적적인 힘들을 더 탐내는 것은 무지를 드러내는 것이다. 모든 것을 충족시키는 궁전보다 가시 돋친 거친 욕망들의 정원을 선호하는 것은 어리석은 짓이다. 실제적 영혼 지복을 제치고 가짜 쾌락에 기뻐하는 것은 퇴보이다. 영구적이고 끝없는 힘 대신에 그릇되고 덧없는 힘에 집착하는 것은 결함이 있다. 신보다 신이 창조한 사물들을 더 사랑하는 것은 지혜가 아니다.

신과의 접촉이라는 영속적 기적을 제치고 단명기적들에 만족하는 것은 어리석은 짓이다."

그렇게 말을 마친 아버지는 입을 다물었고, 아들은 그 앞에서 겸손해졌다. 이는 유사하게 다양한 종교경전에 예시되어 있다.

예수는 성령의 영속적 왕국을 위하여 언젠가 증발되는 물질왕국을 포기하였다. 위대한 힌두 예언자인 크리슈나는, 재산에 집착하는 사람들은 물질적으로 유용한 사물들을 사랑하면서 그것들을 자신이 소유하고 있다고 생각하지만, 실제로는 그들은 그 사물들에 대한 사용권만을 부여받았으며 죽음이 닥쳐오면 그것을 버리고 떠나야 한다고 말하였다. 가장 부유한 사람일지라도 가난하게 죽게 된다.

예수는 지상의 재물에서는 가난하였지만, 불멸과 보편적인 지식으로 부자가 되었다. 신을 소홀히 하며 세상의 의무들을 양심적으로 수행하는 것은 일시적인 물질적 보답을 버는 일이 되지만 신의 지복이라는 영원한 보답을 안겨 주지는 못할 것이라고 바가반 크리슈나가 말씀하였다.

많은 은둔자가 하는 것처럼 명상적인 삶을 살기 위해서 모든 물질적인 야망들을 포기하고 처음이나 마지막이나 상제를 추구하는 것은 옳은 일이다. 신을 추구하는 의무보다 더 큰 의무는 있을 수 없기 때문이다. 우리가 상제로부터 모든 것을 성취하는 힘을 이미 받지 않았다면 다른 어떤 의무도 실행될 수 없었다.

그러나 세속적인 의무들을 완수해야 하는 여러분들로서는 그런 의무들을 잘 행하고 동시에 끊임없이 상제에 대해 수도공부를 하는 것이 가장 훌륭한 활동이다.

영성수도의 길을 따른다는 핑계로 물질적 의무를 소홀히 하고, 너희들의 생계를 위하여 다른 성실한 사람들의 소득을 탐하는 사람들은 수도공부에서 멀어져 갈 것이며 마침내 나의 배척을 받을 것이니라."하신다.

무지에 감염된 사람들은 명상과 신념을 통하여 우주의식과 접촉함으로써 미망의 질병들에서 벗어나서 치유될 수 있다.

이처럼 '한'을 매개로 한 영성수도의 길은 고통을 투과하여 신명의 밝음으로 활연관통 시킨다. 이처럼 맺힌 슬픔의 한(恨)이 활연관통함으로써 '한'을 매개로 얼음 녹듯이 풀리게 된다. 사무치는 한(恨)의 아픔은 '한'의 영성작용으로 장쾌한 활력으로 개신(開新)하며, 구슬픈 애조(哀調)는 흥겨운 가락(歌樂)으로 이어져서 아리랑을 부르면서 함께 덩실덩실 춤추고 다 함께 신명(神明)을 살려내게 된다.

영성수도의 길은 위대하게 살리는 '한'을 통하여 자기를 낮추는 겸허(謙虛)와 자기 비움과 생명 살림이 가능하게 된다. 이는 상대에 대한 배려와 존경의 도덕성으로 함양(涵養)되며 그 의식은 더욱 넓혀지게 된다. '나의 나 됨'은 '남의 남 됨'을 통하여 '나와 남의 우리 됨'을 제대로 살리게 된다. '남의 나 됨'을 경계하면서 인식주체가 인식대상을 지배하지 않고, 인식대상을 생명으로 모시고 섬기려는 '한'의 정신이 배어 21세기 인존시대(人尊時代)를 열어 갈 수 있는 것이다.

우리말에는 주어와 객어를 모두 생략하고 동사로만 대화하는 관행이 남아 있어 대화의 정감어린 상통작용을 중시하게 됨을 보게 된다. 위대하게 살리는 생명자궁의 '한'은 '겨울연가'에서 보듯이, 생명의 상호교감을 진솔하게 살려낸다. 상호교감은 '한'의 신명작용이며 이 과정에서 꺼져가는 생명의 불길도 위대하게 다시 살려낼 수가 있는 것이다.

태극의 종교윤리

서양의 피터 버거(Peter Berger)는 현대를 '이단의 시대'라고 말하며, 이단이 되라는 지상명령을 받고 있는 것이 우리가 직면한 시대라고 하였다.[11] 사실 이단(heresy)이라는 말은 희랍어 '선택하다'(αιερσις)에서 파생하였다고 한다.[12] 이러한 선택의 한계로 인해 폐쇄적 독선주의가 정당함을 요청받을 수는 없다. 열린 마음으로 대화를 시도하여야 할 것이다. 정진홍은 「종교다원문화의 인식을 위한 이론적 가설-다원성의 구조와 대화의 유형을 중심으로」라는 글에서 종교 간의 대화 유형을 기능적, 이념적, 형식적, 영역적 분류로 나누는데 아래와 같이 도식화하여 보자.[13]

기능적 분류	이념적 분류	형식적 분류	영역적 분류
실용적 대화 지적 관심의 대화 전략적 대화 제의적 대화	상호간의 학문적 대화 상호간의 문화적 대화 상호간의 인간적 대화	동일종교 안에서의 대화 종교와 종교 간의 대화 다종교 간의 대화	다차원적 대화 단차원적 대화

* 종교 간의 대화 유형 분류

위의 표를 근거로 종교 간의 대화에 있어서 가장 바람직한 것은 기능적으로는 실용적 대화를 중심으로 상호간의 인간적 대화(이념적 분류)를 통하여 다종교 간의 대화(형식적 분류)로 다차원적인 대화(영역적 분류)를 지향해야 할 것이다. 그리고 이러한 원칙에서 종

11) Peter Berger, *The Heretical Imperative,* 서광선 역, 『이단의 시대』 (서울: 문학과 지성사, 1981) 참조.

12) 이레니우스(Irenaeus)의 '이단을 반박함'(Adversus haereses)은 곧 영지주의(gnosticism)를 반박하는 것인데, 영지주의는 악한 물질의 세계와 선한 정신의 세계라는 이분법으로 구약의 창조신을 거부하고 신약의 사랑의 신을 선택하였다. 곧 하나를 '선택'함으로 '이단'이 된다. 이 영지주의가 오늘의 사이버스페이스에서 부활한다.

13) 정진홍, 「종교다원문화의 인식을 위한 이론적 가설-다원성의 구조와 대화의 유형을 중심으로」, 서울대학교 종교문제연구소 편, 『종교다원주의와 종교윤리』 (서울:집문당, 1994), p.80.

교 간의 만남을 위한 규칙들을 설정하여야 할 것이다. 인도의 가톨릭 신학자인 라이문도 파니카(Raymond Panikkar)는 종교 간의 만남은 참으로 종교적인 것이 되어야 한다고 말하면서 종교간의 만남을 위한 여러 규칙들을 제시한 바 있다.

1. 종교 간의 만남은 특정한 호교론으로부터 자유로워야 한다.
2. 종교 간의 만남은 호교론으로부터 자유로워야 한다.
3. 우리는 개종이라는 도전에도 직면해야 한다.
4. 역사적인 차원은 필요하기는 하지만 그것만으로는 충분하지 않다.
5. 종교 간의 만남은 단순히 철학의 회합이 아니다.
6. 종교 간의 만남은 단순히 신학적인 심포지엄이 아니다.
7. 종교 간의 만남은 단순히 교회적인 일이 아니다.
8. 종교 간의 만남은 신앙, 소망, 사랑 가운데서 진행되는 종교적 만남이다.[14)]

이러한 종교 간의 만남을 성숙한 모습으로 발전시키기 위해 폐쇄적 독선에서 벗어나 화쟁을 종교윤리의 시발점으로 삼아야 하며, 종교윤리는 응용윤리의 소명을 준수해야 한다. 사실, 21세기는 이념보다는 종교의 군집으로 형성된 세계라고 할 것이다. 종교 간의 문제는 매우 조심스러운 문제이기에 종교윤리교육을 통하여 종교 간의 대화 및 종교의 발전과 개별 종교의 성숙이 이루어진다면 윤리교육의 또 다른 측면으로서 종교윤리교육은 새로운 시대를 예비하는 교육이 될 것이다.

첫째, 다종교사회의 종교교육은 종교윤리 측면이 기본적 교육내용

14) 라이문도 파니카·김승철 역, 『종교간의 대화』(서울: 서광사, 1992), pp.72-85. 8번 규칙으로 파니카는 '신앙, 소망, 사랑'이라는 기독교 용어를 부각시킨 것에 대해 용서를 구하지만 종교윤리 보편의미라고도 할 수 있다.

이 되어야 한다.

둘째, 종교윤리는 간·종교 학문위상을 정립, 새 종교윤리교육으로 이루어져야한다.

셋째, 종교윤리는 종교 간의 실천에 중점을 두고, 구체적으로 실행되어야 한다.

넷째, 종교윤리는 과정적 관계성을 중심으로 사이를 이어주고 매개해야 한다.

다섯째, 종교윤리에서 태극사상은 매개의 사유로서 상생작용으로 활용해야 한다.

우리는 태극이 사적 가치에 안주하기보다 공공가치를 추구함으로써 종교적 생명력을 구가함을 알 수 있다. 이제는 세계의 지성인을 일깨우고 마음의 문을 열러가기 위한 공공가치 구현이 선결과제이다. 무엇보다도 태극은 횡단매개 가치를 통하여 보편의 공공가치의 꿈을 이루게 한다. 태극에서는 사물 움직임이 순환으로 이어져 횡단매개의 연쇄 고리로 나타나는 특징을 발견하게 된다.

태극의 횡단매개성은 미시세계의 소립자들이 자전운동을 하고 있는 데서나, 거시세계의 행성들이 자전과 공전운동을 하며 회전하는 데서 찾아볼 수 있다.

근대 이전 서학의 공(公)은 기독교의 공(公)으로, 사회를 포함한 모든 신의 파생은사(私)로서 공(公)을 지향하였다. 그러나 근대 이후의 개인의 발견으로 신의 속박에서 벗어나고 스스로의 이성에 의해 삶을 계획하고 사회를 구성하는 주체가 되면서 공(公)의 세계는 매우 축소지양 되었다. 마침내 현대서구 사회에서의 공(公)은 내면적 자기성찰이 결여된 외면규제로서의 공(公), 시민적 의무로서의 공(公)이 강조되었다. 이처럼 사(私)와 대립된 공(公)으로 말미암아 심리적 이기주의가 만연하면서 사회는 공(公)의 가치를 상실하게 되고, 공동체의 존립은 위기를 맞게 되었다.

21세기의 동북아에 공공시민성이 요청되면서, 공사형평(公私衡平)을 통해 공공지평을 함께 열어 공공문제(公共問題)를 개신(開新)하려는 공동작업이 성과를 보여준다. 1990년 중반 이후부터 일본의 공공철학 교토포럼을 중심으로 멸사봉공(滅私奉公)의 극단을 피하고 공과 사를 함께 살리는 방안을 모색하기 시작하였다. 공에 우위를 둔 서구관점을 피하면서 공공(public-common)의 관점을 선호하고, '공'(official)과 '민'(common)과 '사'(private)를 구분하여 세계·국가·지방이 공사상생하며 활사개공(活私開公)하는 '글로내칼'(glo-na-cal)의 삼차원 상관사고(相關思考)의 발전을 신장시켰다.[15] 이에 태극의 공공가치를 오늘에 살리는 것이 무엇보다 중요한 화두가 되어 가고 있다.

종교윤리에서 의사소통 공동체이론이 중시되고 있다. 이 관점은 논증의 상호주관성을 확보하기 위해서 설정한 논증 공동체를 확장시킨 것인데, 이러한 확장이 가능한 이유는 논증이 갖는 '공공성'이라는 특성 때문이다. 즉, 논증은 홀로 수행되는 것이 아니라 무한히 확장될 수 있는 타자와의 연관성 속에서 그 의미와 타당성이 확보될 수 있다. 고립된 개인의 주장은 그 상태로는 의미를 갖지 못한다는 사적 언어의 불가능성 논증을 통해서 이 주장은 정당화될 수 있다. 종교윤리의 반성을 다룬 의사소통 공동체 이론은 우리들이 논증상황 배후로는 물러설 수 없다는 견해와 의미 있는 인식은 의사소통공동체의 영역에서 이루어진다는 주장에 근거한다.

식물이 잎을 피우고 지기를 반복하고 동물이 겨울잠을 자기도 하는 것도 사계절이 순환하기 때문이다. 우리의 몸이 들숨과 날숨의

---

15) 金泰昌, おわりに, 公共哲學京都포럼 編, 『公共哲學特卷』, 東京大學出版會, 2008. pp.335-339.

반복으로 호흡을 유지하고, 먹고 배설하는 것 등도 순환과 매개라는 법칙에 준해 신진대사를 원활히 하고 있는 것이다. 횡단매개에 기초해 우리의 생명이 존재하고 있는 것이다.

사회생활에 있어서도 듣고 말하는 횡단매개로 의사소통이 이루어진다. 횡단매개성은 우리의 식생활과도 밀접한 관련을 맺고 있다.

물이나 음식에 있어서도 순환되지 않음이 없는데, 예를 들면 생수를 비롯한 설탕물 · 비눗물 · 오염물들이→ 강물→ 바닷물→ 빗물 등의 순으로 계속해서 횡단하며 우리 주변을 맴돌고 있는 것이나, 야채·과일·고기 등의 음식물이→ 인체→ 배변→ 미생물 등으로 흡수하여 다시 인체로 횡단 매개하는 것을 볼 수 있다. 태극의 횡단매개성에서 놓치지 말아야 할 것은 그 횡단매개가 결코 이전과 똑같지 않다는 것이다. 즉 전체로 볼 때는 순환이지만 구체적인 내용에 있어서는 동일하지 않은데, 그 이유는 모든 태극들이 끊임없이 변하기 때문이다.

태극에서 음양 순환의 횡단매개성을 동정(動靜)으로 설명한다. '태극이 움직이기에 양이 생기고 움직임이 극한에 이르러 고요하니 그 고요함을 음이라 하며 고요함이 극한에 이르면 다시 움직인다.

이와 같이 하나의 움직임과 하나의 고요함은 서로 그 근본이 되며 음과 양으로 나뉘어 양의를 세운다.' 이는 '로렌츠의 물레방아'와 유사하다. 즉 물의 양과 속도에 따라 물레방아의 회전 방향이 바뀌는데, 한 쪽으로 회전하던 물레방아의 움직임이 서서히 멈추고 다시 역방향으로 돌기 시작하는 현상에서 음양의 동정을 이해한다.

즉 회전과 반회전 사이의 움직임에 있어서 움직임과 멈춤이 극점에 이르렀을 때, 작용과 반작용, 탄성력 등의 물리적인 힘이 작용한다. 이는 우리의 끊임없는 호흡 현상에서도 확인할 수 있다. 들숨과 날숨이 바뀌는 그 순간, 움직이는 과정 중의 멈춤 상태는 생명력 멈춤이며 이는 고요의 정(靜)'이다.

이렇게 태극의 횡단매개를 통하여 우주가 움직이고 움직이다가 더 이상 움직일 수 없는 이른바 극(極)한 상황에 이르면 서서히 고요해지고 고요하고 고요하다가 더 이상 고요할 수 없는 극(極) 상황에 이르면 그 고요함이 멈추지 않고 다시 움직이게 된다.

이러한 순환매개를 이용한 것이 현대의 자동차나 기차 같은 문명의 이기(利器)들이다. 태극도의 곡선은 우주의 모든 존재가 곡선과 원형으로 이루어져 있음을 상정한다. 이는 우리에게 원만한 삶을 살 것을 제시한다. 현실적으로도 자연계의 곡선은 인간정서를 안정시킨다. 태극의 음양 순환은 우리에게 자연의 횡단특성을 잘 이해하여 다가올 일을 예측하고 준비하는 지혜를 가지도록 한다.

태극은 유동탄력 가치를 존중함으로 보편의 공공가치 꿈을 이루게 한다. 호흡과 같은 반복 현상을 가능케 하는 것은 무엇일까? 이 역시 음양의 상호 밀고 당기는 힘에 의해서이다. 음양의 밀고 당기는 힘에 의해 극과 극의 전환이 가능해지기 때문이다. 즉 극과 극의 전환시점인 멈춤의 극점에서도 음양의 서로 밀고 당기는 힘이 작용하기에 새로운 움직임이 시작되며 그 움직임이 반대 반향으로 진행되므로 반복 현상이 일어난다. 이러한 힘이 태극도의 유동탄력(彈力) 가치이다. 이처럼 태극은 음과 양이 서로 탄력을 가지며 평형을 유지하는 특성을 가지고 있다. 이는 음과 양이 최상의 균형과 조화를 이루기 위해 선택한 최선의 묘책에서 나온 것이라고 볼 수 있다. 이러한 탄성은 태극이 어떠한 힘에 대해 피동적이고도 능동적인 반응을 보인다는 것을 나타내기도 한다.

우주만물의 근원 움직임이자 존재 본연의 원초 움직임의 태극은 항상 유연하게 움직이고, 변화하며, 창조하고 있음을 일깨워준다. 태극의 이러한 생명력은 탄력으로 대변한다. 태극의 움직임은 우리에게 이 세상에는 움직이지 않는 존재는 없고 움직이지 않으면 생존할 수 없다는 현실을 알려주며 부지런함과 근면함을 일깨워 준다. 태극의 유동탄력 가치는 우리에게 현재의 상태에 안주하거나 옛것에 빠져 변화하지 않는 자세를 버리고 21세기 변화를 예측하고 준비하는 지혜를 가지며 계속 변화 · 발전하는 진취적 기상을 일깨워 준다. 태극도의 이러한 공공가치는 우리에게 끊임없이 새로운 것을 만들어 내는 창조성을 발휘하게 하며, 능동적으로 창조력에 동참함으로 태극도의 유동탄력의 가치를 끊임없이 계승하도록 요청한다.

태극은 한계(限界)와 무한의 상호소통 가치를 통해 보편의 공공가치 꿈을 구현한다. 그 한계라 함은 물고기가 물을 떠나면 죽고, 사람은 공기가 없으면 죽으며, 세포는 인체를 떠나면 죽는 것 등을 말한다. 이것은 개체 태극이 가지고 있는 한계이다. 그리고 무한이라 함은 지구상의 만물이 사라져도 그 사라짐은 미세음양으로의 돌아감에 불과하며, 이 음양의 결합은 새로운 태극과 만물을 만든다. 즉, 지구가 폭발하여 부서지더라도 그 부서진 조각들은 음양특성을 잃지 않으며 다시 결합해 새 물질을 만든다. 이것이 바로 태극이 가진 무한성이다. 이처럼 태극은 한계와 무한계의 상호소통 가치를 보여준다. 태극은 무한의 한계, 한계의 무한 특성의 역설을 제기함으로 만물의 소통으로 이어진다.

태극은 수많은 태극으로 이루어지고, 또 몸 밖의 수많은 태극들과 상호 소통하여 하나로 연관됨을 일깨워 준다. 이는 우리에게 자연을 사랑하는 것이 곧 나를 사랑하는 것이고, 자연을 파괴하는 것이 곧 나 자신을 파괴하는 행위라는 사실을 깨닫게 한다. 따라서 태극의 생태지혜는 인간존재가 자연의 일부이기에 자연과 더불어 사는 지혜를 가질 것을 바라고 있으며 생태지혜를 추구하게 한다. 태극의 음양소통은 '평등'을 의미한다. 병립 · 공존하는 음양은 우리에게 우주의 모든 생명체가 두루 평등함으로 소통하여 평등을 구현하게 한다. 이는 우리에게 어느 것이 우위이고 어느 것이 열등하냐는 것을 구분함이 어리석은 행위임을 말한다. 음양평등은 남녀평등은 물론 왕과 백성, 상급자와 하급자 등 계급과 신분을 초월한 모든 존재평등을 의미하며 이들간에는 역할차이만 인정된다.

태극의 음양평등은 국가, 민족, 종교, 이념 등에 있어서도 어느 것이 최고라는 편벽사고를 바로잡을 것이기에 공공가치를 드러내 준다. 삶의 목표는 행복에 있다. 태극도는 상호소통의 공공가치를 수행함으로 인간의 삶이 행복의 꿈을 실현하는 것임을 확인시켜 준다.

태극은 공적 가치를 사적차원으로 사적차원을 공적으로 매개하기에 공사가 함께 아우르는 공사공매의 보편가치를 드러내 준다. 우주는 스스로의 조건에 의해 저절로 생기며 각양의 형상을 이룬다. 태극은 공적 가치와 사적 가치를 공사공매(公私共媒)하여 아우르는 데서 태극의 신묘작용이 나타난다.

이처럼 정산선생이 강조하시는 태극에서는 모든 사람의 평준화를 삼가며 일률적이며 편파적인 것을 강요하지 않는 사회, 개성을 존중하는 사회를 지향함으로 미래의 공공가치를 창출할 수 있게 한다. 태극의 음양은 안팎은 물론 횡단매개로 아우르며 공사공매(公私共媒)의 조화를 이루게 한다. 이러한 조화는 다양하게 드러난다.

상생 · 공존 · 박애 · 사랑 · 화합 · 평화 · 통일 · 중용의 보편가치가 그러하다. 힘에 있어서 태극은 강함과 부드러움을 함께 구비한다. 이는 강인함만을 추구하지 말고 유약함만을 추구하지 말며, 강함과 유함을 함께 겸비한 조화로운 자세로 공사공매(公私共媒)할 것을 종교윤리 실천에서 주문하게 한다.

앞으로 태극도가 태극의 이치를 살려내어 세계의 태극도로 나아가기

위한 몇 가지 제안을 하고자 한다.

첫째 태극도의 태극사상은 한국종교윤리의 통시적 맥락 속에서 보편가능성을 점차로 넓혀가야 할 것이다. 우리가 본서를 통하여 '종교윤리와 정산사상' 이라는 비교적 관점에서 조망하게 된 연유도 바로 여기에 있다고 할 것이다.

둘째 정산사상의 세계적인 위상을 확보하기 위해서는 앞으로도 비교적 관점에서 소통될 수 있는 다양한 종교윤리의 시각을 보다 더 체계화해야 할 것이다. 이를 위해서는 국제학술대회 등을 통한 비교적 관점의 수월성을 마련해 가야 할 것이다.

셋째 정산사상을 보편타당한 인식에 근거하여 학문적 탐구대상이 되도록 하려면, 개신의 문을 열어가야 될 것이다. 믿음은 믿음대로 생명력은 있지만, 믿음을 이해와 공감의 장에서 만나게 해야 하며, 통변하지 못한다면 믿음은 외로운 섬에 갇혀 버리는 결과를 낳게 될 것이다. 따라서 믿음의 감성이 이해의 이성과 유기적인 연관을 맺어 종교적 의미를 꾸준히 살려내도록 지속적인 인내가 요청된다고 할 것이다.

넷째 겨레의 얼을 밝힌 민족종교의 지도자들을 순차적으로 밝혀서 그들의 생애, 사상의 특징, 연보 등을 객관적으로 정리하는 작업이 이루어져야 할 것이다. 오늘의 시대를 비관하고 절망하기보다 희망을 갖고 민족종교의 슬기를 찾아 가는 노력은 꾸준히 지속되어야 한다. 종파적 편견에 치우쳐 겨레의 얼에 기여한 맥락마저 폄하해 나간다면 객관적이며 대승적인 자세로 발전하지 못하게 된다.

다섯째 종교현상의 객관적인 이해를 하려면, 판단정지(判斷停止)를 통하여 선입견을 꾸준히 제거해 나가야 한다. 종교현상에서 삶의 윤리를 찾기 위해서는 믿음과 이해를 절충하고 종교교육의 관점에서 조망해 가야 한다. 여기에 윌슨(B. Wilson)이 강조한 바 있는, '공감적 초연(共感的超然, sympathetic detachment)의 관점을 모색하고 꾸준히 확산시켜 나갈 필요가 있는 것이다.

간추린 정산연보

연 도	월 일	정산선생 행장요약
1895	12. 4.	미시(未時) 경남 함안군 칠서면 회문리에 강세. 성은 조(趙), 휘는 철제(哲濟), 자는 정보(定普), 호는 정산(鼎山). 부는 용모(鏞模 : 도호는 복우도장), 모는 여흥 민씨(閔氏 : 도호는 숭덕부인).
1901.	봄	한문서숙 입학. 6갑과 월력(月曆)의 구성법 홀로 고안.
1903.	12.	(9세) 꿈에 신인의 알현(謁見)을 받으심.
1905	10. 1.	조부, 을사보호조약에 토혈(吐血) 순국(殉國). 조부의 '남모르는 공부와 남 잘되게 하는 공부를 하라'는 유명(遺命)을 모심.
1906.	10.	선조묘 참배에 이적 일어남.
1907.		서당공부 중단, '남모르는 공부'시작.
1908.	봄	부친(도장) · 숙부(서산공), 구국운동용 화약제조가 밀고 되어 피신중, 정산선생의 진언에 따라 만주 수둔구에 망명(亡命)할 곳 정함.
1909.	4. 28.	(도기원년) 15세. 만주로 망명 도중, 대전에서 구천상제의 계시로 천명(天命)을 받들고 자신이 태극 진주임을 대오 자각, 50년 공부 시작.
	가을	만주 노고산에서 진법도수공부 시작.
1910.	가을	한일합병의 소식 듣고 망배(望拜)통곡. 만주 전 지주들의 행패와 소송에 승리.
1911.	4.	도장, 독립군 양성에 자금을 보냈다가 일본 헌병에게 피습. 2년간의 노고산 공부 마치고 하산. 숭도부인 예씨(芮氏)와 성혼 후 다시 입산공부.
1912.	3.	노고산에서 하산. 도장의 독립운동을 중국에서 보황당으로 오해 심양으로 구인 극형을 선고. 정산선생, 북경 원세개에게 직접 탄원, 부친 무죄 석방. 대중화도수 공부차 6개월간 중국 순행(巡行).
1913.		노고산 공부 계속.
1915.	2.	서산공, 독립운동 혐의로 2년 징역.
1916.	8.	도장, 독립군자금 전달차 상해 왕래. 도장을 수행, 상해로 가셨다가 제2차 대중화(大中華)도수 공부.
1917.	1. 1.	구천상제의 계시로 '기도주' '태을주'를 받드시고 귀가.
	윤2. 10.	노고산에서 득도(得道) 치성 봉행.
	윤 2. 11.	계시로 '운장주' '칠성주' '오주' 받으시고 공부 계속.
	윤 2. 17.	종제 길룡, 공부중에 개안(開眼)됨을 시험후 거두심.
	3.	초 제화교인 김혁이 증산상제의 교법과 정산선생의 공부가 일치함을 보고 경탄. 계시에 따라 대중화도수 공부 마치고 귀국. 출발 전일 관왕묘 참배에 이적 일어남. 압록강 철교를 건너실 때 서양신명과 대화하는 이적 보이심. 신의주, 서울, 밀양, 회문리를 거쳐 본소(本所)를 찾아 순행. 객망리, 금산사, 동곡 등 상제님의 성지, 유적지와 그 성도를 찾아 본소를 탐문.
	9. 초	계시에 따라 안면도로 들어가셔서 첫 포덕으로 이정률 등 30여인 입도. 안면도 정당리 우일재에서 공부.
	10.	만주 가족 안면도로 이사 합솔
1918.	1.	박봉운의 4배를 받으심.

연 도	월 일	정산선생 행장요약
1918.	8.	본소를 찾고자 다시 전라도 탐사. 원평에서 김자현 등을 만나 탐문하셨으나 본소를 찾을 수 없어 다시 안면도로 귀환.
	10.	황새마을에 이사해서 공부하시며 30여인 포덕.
	12.	안면도 가족 황새마을 합솔. 제화교주 이치복의 유인을 거절.
	12. 26.	초패왕해원도수 보심.
1919.	1. 15.	본소 찾을 도수의 계시를 받으심. 박씨 부인의 안내로 본소에서 증산상제 유족 상봉.
	1. 20.	본소 벽속에서 '천서(天書)'를 찾으심. 본소에서 천서를 받들고 백일공부.
	2. 3.	3·1운동에 전도인의 참여를 하명.
	5. 초	증산상제 유족을 봉솔(奉率). 구성산 학선암에서 백일공부.
	윤7.	통사동 이씨재실 영모재에 공부설석.
	9. 초	천하장사 최승오, 김계철을 데려오심.
1919.	9. 18.	도인과 천하장사 등 8인을 거느리고 보천교 도장에 가셔서 천보(天寶)인 둔궤(遁櫃)를 모셔오심. 영모제 공부실에 천보를 모시고 공부.
	10.	천보를 함안 용화산 반구정에 옮겨 모시고 백일공부. 낮에는 천보공부, 밤에는 낙동강 백사장에서 검무(劍舞)도수 공부.
1920.	2. 17.	(경신년)(양력4.5) 천보도수 공부 마치시니 둔궤문이 스스로 열리는 기적 일어남. 청도 운문산에서 검무도수용 장 · 중 · 단검 3자루 만들게 하심.
	5. 초순	다시 반구정에서 낮에는 수도공부, 밤에는 백사장 단 위에서 검무도수 공부.
	8.	반구정에 남겨놓으신 둔궤, 조주일이 가지고 도망하였으나 찾지 말게 하심. 벽조목(霹棗木) 도수 보심.
	9. 말	안면도 쇠섬에서 100일간 단(壇)도수 공부 중 혹심한 고행.
1921.	2. 하순	항해중에 폭풍으로 위험할 때 담뱃대를 던져 폭풍을 그치게 하는 기적을 일으키심.
	그믐	변산반도 최석래 집에 공부설석 단도수, 검무도수 공부. 왜경의 취체에 둔갑을 쓰심. 최석래의 토질병을 태을주 100독시켜 고치심.
	4. 28.	(도기13년) 통사동 공부처에서 무극대도 선포, 도주 취임. 신앙대상이 '구천상제'이심과 도호가 '정산'이심을 선포, 임원을 임명하여 도체(道體)를 갖추심.
	5.	회문리 고기(故基)를 복원(復元)
	9. 5.	증산상제 성골을 통사동 공부처로 옮겨 모시고 삭망(朔望)도수 공부.
	9. 19.	나의 도통(道統)은 요순의 상수지법과 같다 하시며 한시 한 수 읊기심. 원납(願納)도수로 도장영건추진위원회 구성.
	11.	숭정부인 이씨와 재혼.
1922.	1. 1.	음해(陰害)도수 예고.
	1. 23.	폭도들이 공부실을 습격, 성골과 금품을 빼앗아 도망한 후 왼손 성골을 빠뜨렸으므로 간수하심. 도장(道丈)의 오른 손목이 폭도들의 습격으로 골절됨. 도장기금과 둔궤를 빼앗고자 하는 폭도들의 추적을 피하여 대전으로 옮겨 공부설석.
	3. 12.	대전까지 추적 습격한 폭도들이 경찰에 구금, 형을 받음으로써 음해도수 종결.
	3. 중순	통사동 공부실 폐쇄, 서울 도화동에서 제1차 서울도수 백일공부.
	윤 5.말	돈암동에서 제2차 서울도수 백일공부.
	9. 중순	적선동에서 제3차 서울도수 백일공부.

연 도	월 일	정산선생 행장요약
1923.	1. 1.	3처 3도의 서울도수 공부 마치고 1갑이 지난 후의 태극의 중심과 태극진리의 문명화(文命化)분부.
	1. 초	황새마을, 회문리 경유 밀양 세천리 김병문의 집에서 둔도수, 납폐도수로 백일공부.
	5. 초	유천리 장득원의 집에서 단도수를 보시며 진인보두법(眞人步斗法)으로 백일공부.
	6. 24.	회문리 고기에서 대치성 봉행. 전도문(傳道文) 내리심.
	8.	중순 청도 화악산 적천사 도솔암에서 단도수와 진인보두법으로 백일공부. 황새마을로 환어하셔서 단도수의 의의와 단군 해원 하교.
	12. 4.	도장영건 추지위원회 재정비.
	12. 6.	태인 도창현에 도장 경역(境域)확정.
1924.	1.말	도장 대지 매입 완료.
	3. 1.	도장 정지공사에 치마바위, 유천(乳泉) 출현.
	3. 25.	도장영건공사 착공.
	5. 초	밀양 종남산 영성정에서 납폐도수로 보시던 백일공부를 반구정에서 마치심. 김해산의 배신행위 탄로
	8. 중순	대구 남산정과 팔공산에서 대구보루(大救保壘)의 도수공부. 만주, 중국을 순행하시고 대구, 회문리, 무릉에서 공부.
1925.	2.	태인도장 영건공사 독려.
	4. 15.	태인도장 주요건물인 영대, 도솔궁 완공.
	4. 28.	도장영건, 영대봉안치성 봉행. 도명이 무극대도임을 포고, 축연(祝宴) 베푸심. 무극도 취지서 포유. 신조, 강령, 요체 명고. 도규(道規) 공포. 도규에 따른 상급임원 임명. 일반치성, 입도치성의 절차 법제.
1925.	5. 5.	주일(主日)제도와 기도절차 법제. 주문 제정. 도본부 직영답과 치성답을 매입. 도세 급성장, 10만에 달함.
	9. 19.	각도문(覺道文) 포유.
	12. 말	주문 변경과 기도시의 주문 봉송절차 제정. 임원들이 청원한 천자위(天子位) 등극을 불윤(不允).
1926.	봄	부안 변산 최석래 집에서 공부. 최석래에게 육정신을 응신시키셨다 거두심.
	3.	담뱃대도수 보심.
	4.	회문리 구가(舊家)중수, 회룡재 신축.
1926.	5.	선정대모(宣政大母) 권씨부인 화선, 장례준비에 보천교도 행패.
	여름	서울 도렴정에서 백일공부. 유점사에서 금강산도수로 백일공부.
1927.	봄	통사동 영모재 중수(重修)
	9.	영모재에서 주(籌) 도수로 백일공부.
1928.	1. 1.	포유문(布諭文)을 내리심.
	봄	단원도수로 진업단(進業團) 조직, 황무지 개간, 간석지 간척사업 등의 실적을 거두심.
1929.	봄	진업단 증원, 만주 목단강부근, 함경도 무산에서 2년간 산림벌채사업. 일본 경찰의 진업단 사업 방해.
1929.	9.	도인 15인을 개안시키셨다 거두심.
1931.	여름	도장의 환후에 시탕(侍湯) 쾌유. 관왕묘 공부에 관왕상의 이적과 복원.

연 도	월 일	정산선생 행장요약
1932.	4. 25.	모친 숭덕부인의 화선에 도장(道場)으로 양례(襄禮).
	여름	전주 이서면 사금광, 충북 음성 무극광산 등 72광구 출원과 채굴.
	가을	진업단으로 안면도와 원산도 간석지 간척.
1933.	봄	안면도 간척사업 단원을 위로 격려하시고, 그곳 쇠섬에서 조수의 간만조석 도수로 백일공부.
	4.	왜경의 취체에 둔갑술을 쓰심. 박준양의 아들 병을 고치신 이적.
1934.	1. 1.	구천상제의 제위임어(帝位臨御)하교, 도인 각자 납폐지 10만장씩 100일내 소화를 하명.
	3. 9.	금산사 미륵존불 소실.
	4.	삼천궁녀 해원도수 하교. 1935.봄(도기27년) 안면도 간척공사 완공, 왜정의 탄압으로 강탈되었으나 송사를 중지시키심.
	8.	낙화도수와 잠룡(潛龍)도수 분부.
	12. 초	조선총독의 왜정협조 요청 거절.
	12. 24.	조선총독의 종교단체해산령 접수.
	12. 말	무극도 해산과 잠룡, 낙화도수 하달.
1936.	1. 1.	원조(元朝)치성 후 정산선생 잠어(潛御) 전주 대정동에서 공부, 신분노출 엄금.
	2. 초	전주 완산정에서 공부하시며 외인출입 엄금. 지방 도인들, 무극도해산에 불만, 경찰관서 습격을 모의하자 왜경이 진압 해산시킴. 도중가족은 비밀리에 전주로 합솔하고 도장건물은 왜국에서 경매(競買) 철거. 도중에서 부양하던 구천상제 따님 강순임, 도에서 이탈, 독자의 교단 설립. 정산선생 가족일부 회문리로 이주.
1938.	봄	마산 교방동에서 공부하시며 외인출입 엄금, 도중가족도 왕래 제한.
1939.	6. 3.	도중고모 선덕부인, 회문리에서 화선. 회문리 근처 어령에 안장, 차자 승래로 하여금 봉사하게 하심.
	가을	회문리 회룡재에서 공부, 왜의 폭정이 극도에 달하여 생활고 막심. 정산선생 가족의 과거 항일운동에 대한 왜경의 사찰이 심하여 도장 형제들 만주, 일본으로 유리(流離). 구천상제의 도난(道難) 감내에 대한 계시를 받듦.
1940.	가을	부르심을 받든 이용직이 정산선생께 배알시종. 회룡재 공부에 혹심한 고행.
1941.	1. 1.	인덕(人德)도수인 의관정제 진시삼천 지반의 회룡(廻龍)도수 분부. 포덕 재개로 박내익, 김명구, 김태만 등 소환. 숭도, 숭정부인, 준래의 죽림 속 백일공부 3년 계속.
	12.	중순 상설도수로 눈 속에서 15일간 공부.
1942.	봄	새 옷 갈아입을 도수와 회문도장 분부.
	4. 하순	이용직이 올린 떡이 변질되어 술을 빚게 하심.
	가을	도갑신(逃甲神) 도수를 보심.
1943.		포덕은 늘었으나 왜정의 폭정이 극도로 악화되어 생활고 막심.
	12. 20.	장자 준래 성혼. 자제 3형제에게 도호 하사.
1944.		(50세) 이윤(伊尹)의 도수, 홍성문의 도수, 인덕도수의 법(法)공부 본부.
	9. 하순	창원 천주산에서 해박도수 공부에 혹한으로 고생.
1945.	1. 1.	지방임원 임명. 잠룡, 지각(知覺)의 도수기운 분부. 성금은 삼계공사의 경용(經用), 각자의 후천복록임을 분부.

연 도	월 일	정산선생 행장요약
1945.	2. 하순	대도회룡의 백일공부 시작. 도인들의 축시 기도에 법수(法水) 12기 제도 하명. 이 공부에 옥체가 수척, 피골(皮骨)이 상접. 공사의 도수에는 푼각(分刻)의 차착(差錯)에 창생의 사활(死活)이 달렸음을 하교.
	6. 24.	지방임원에게 도장에서 공부하다가 도수의 실지(實地)를 보도록 하명. 각종 치성에는 몸소 빚으신 청주를 쓰심.
	7. 3.	회룡재에서 임원들로 하여금 비단으로 기폭을 만들게 하셔서 몸소 태극 8괘를 그리시고 이기가 도기(道旗), 국기임을 하교.
	7. 4.	태극기를 깃대에 달아 회룡재 후원에 세우고 도수공부를 3일간 계속.
	7. 6.	김태만에게 명하여 태극기를 동구 밖에 세우게 하심.
	7. 8.	새벽에 새 옷을 갈아입으실 때 어느 동자가 뵙고 왜왕(倭王) 항복을 상고. 아침에 태극기를 회룡재에 옮겨 세우고 공부 계속. 미시경에 이장이 와서 왜왕 항복과 한국의 광복 소식을 상고. 구천상제께서 짜신 왜에 관한 도수 하교. 왜와 무극도의 관계 하교. 무극대도와 태극대도의 관계 하교.
	7. 8.	태극도 도명을 하명하시되 공포는 보류시키심. 천기(天機), 천운의 도수 목도(目睹) 하교.
	7. 9.	안심, 안신으로 경천, 수도하여 도인의 본분 수행을 하명.
	8. 15.	천하 대세와 도인 교화방법 하교. 치성 전수(奠需)를 치성전에 먹지 못하게 하신 계율을 어긴 김태만의 응험(應驗). 초장봉기지세(楚將蜂起之勢)로 일어날 난법(亂法)과 진법에 관한 하교. 조화, 합덕에 관한 하교.
1946.	1. 1.	27년간의 허령도수와 10년간의 잠룡지각도수에 관한 하교. 도장에서 윷놀이대회를 여시고 상생행마법(相生行馬法)을 쓰도록 하명.
	1. 28.	엄병윤에게 사장(師匠)모르는 차제도법(次第道法)은 문남룡의 공부라는 명을 전하게 하심. 배신자에 관한 하교. 정심(正心), 일심에 관한 하교. 대인수행의 요체인 언덕(言德)과 해원에 관한 하교.
	6.	회룡재에서 풍운조화의 기적을 보이심. 풍운조화가 수도인에게는 해로움을 하교.
	8. 15.	탕자(蕩子)의 도인에 관한 하교.
	9. 19.	제갈량, 황발부인, 홍성문의 고사와 허령, 지각, 신명시대에 관한 하교. 신모야곡과 오강록에 관한 하교.
	12. 4.	강세일에 올린 축배(祝盃)는 도운융흥(道運隆興)을 기원하는 잔이라야 함을 하교.
1947.	1. 1.	12윤회(輪廻)도수를 마쳤음을 하교, 한시 한 절을 읊으심. 옥체(玉體)의 신비를 임원들에게 친히 보여주심.
	2. 10.	도는 보고 믿는 것이 아니라 깨달아 믿는 것임을 하교. 어불리수(魚不離水)와 수도의 영험에 관한 하교. 보은(報恩)과 적덕에 관한 하교. 일상생활이 모두 막비도(莫非道)임을 하교.
	5. 하순	문경 공덕산 대승사로 거둥하실 때 혹서와 구름의 이적을 일의키심. 대승사 주지가 공부실을 거절하더니 얼마 후에 그 절이 전소됨. 그 근처 운달산 김룡사 법당과 화장암에서 대장부(夫) 대장부(婦)도수와 천지일월 음양도수로 백일공부.
	8. 말	때 아닌 산머루를 따 올리니 성·경·신을 다하면 천하사(天下事)도 이룸을 하교. 약석리 박순석의 집에 설석하시고 공부. 순석의 처, 신비한 몽조와 채전의 이적에 따라 지성으로 수라시봉. 이병두의 무엄불손(無嚴不遜)을 꾸짖고자하는 박중하의 의중을 아시고 중지시키심.

연 도	월 일	정산선생 행장요약
1947.	10. 말	회문도장으로 환어, 회룡재에서 공부하시며 도인들의 도장왕래에 제한. 사가의 가계는 청봉에게 일임하시되 공사(公私)를 분명히 구분하시고 자제들을 근로로 고학(苦學)하게 하심. 가족과 임원들의 허영과 망동(妄動) 엄금. 도운(道運)과 세운(世運)이 동요(童謠)에 비전(秘傳)됨을 하교.
1948.	1. 1.	태극도 도명 공표와 주문의 무극도주를 태극도주로 변경토록 하명. 태아(胎兒)의 포태 10삭후 출산과 유아의 강보(襁保) 3년후 장생의 도운과의 관계 하교. 이강인에게 부산의 공부처 물색 하명. 부산의 지세(地勢) 하교. 부산이 군창지, 생문방, 솥산으로서 구천상제의 천장길방(天藏吉方) 하교. 이강인의 보수동 가옥 매입.
	3. 15.	보수동 집으로 이어 부산행재소로 명명 공부설석. 각 지방의 포덕 융흥(隆興)으로 도인 급증.
	5. 초.	도문가 하달.
	6. 20.	비록 작은 일이라도 명령 준수 엄명. 덕불고(德不孤)의 하교를 모신 권동흠과 각 지방에서 포덕 융흥.
	7. 초	감천 용담해변에서 소요(逍遙) 후 최위출의 중병을 완쾌시킨 기적을 보이심.
	8. 초	동래 금련산 마하사에서 백일공부. 통죽(通竹)으로 평등도수 보심. 5적(賊)도수 암시.
	11. 중순	마하사 불상이 고개 숙이는 이적 일어남.
	11. 15.	백일공부를 마치시자 백학(白鶴)이 경배하고, 무지개가 서는 이적 일어남. 무극대운을 태극진법으로 푸심을 하교. 성금을 돈으로 보지 않고 도인의 성덩어리로 보심을 하교.
1949.	1. 1.	부산행재소를 부산도장으로 개칭.
	4. 28.	지방임원의 임명기준을 공포하시고 임명. 임원은 내가 내는 것이 아니라 제 스스로 되어 올라옴을 하교.
	5. 말	도장 내당집 매입.
	가을	혼인을 앞둔 도인에게 대한 훈교. 혼례를 마친 도인 내외에게 대한 훈교. 신앙의 대상에 관한 훈교. 신앙의 영험에 관한 훈교.
1950.	1. 1.	호사다마와 복중(腹中)80년도수 하교. 도명지엄(道命至嚴)의 각골명심을 하교하시고 한시 한 수 외워 주심.
	1. 2.	예천사건 발생, 정산선생 이하 임원 다수 구인되어 용공(容共)관계로 수사당함.
	3. 5.	사건원인이 배신자들의 모함으로 밝혀져 전원 무혐의로 방면. 모함 주동자 5인을 5적으로 규정하셨으나 복수는 금하심. 5적사건을 거울삼아 앞으로 닥칠 환난에 대한 예고와 경고를 하시고 한시 한수 읊으심.
	4. 28.	환난대비에 관한 주의, 사상 가담금지에 관한 엄명.
	5. 10.	6·25 사변 발생. 사변에 남하한 도인들이 보수동 도장근처에 집결. 난민생활하는 도인들에 대한 애휼(愛恤) 구호.
	7.	회문도장 회룡재 소실과 도중가족의 고난. 사변 중에 임원들은 사선(死線)을 넘어 도가를 방문하며 포덕, 교화에 노력. 부산이 사변 때 임시수도가 된 것만으로 새서울이 아님을 하교. 회룡재 소진에 대하여 화둔(火遁)을 묻는 도수와 복원(復元)도수 하교.
	9. 19.	신명계의 일은 인간이 추측할 수 없음을 하교.
	12.	보수도장으로 번져오는 화재를 진화하시는 이적을 보이심.
1951.	1.	중부와 지방으로 구분하는 제도 시행.

연 도	월 일	정산선생 행장요약
1951.	3.	하순 산정(山亭)을 지어 공부설석하시고 휴전(休戰)도수를 보심. 산정 축대를 쌓은 박재문의 농아(聾啞)가 풀리는 기적이 일어남.
	9. 22.	도장(道丈) 화선(化仙), 도장(道葬)으로 감천동 반월령에 안장. 인간 사후와 신명계에 관한 하교. 신명계도 후천에는 해원됨을 하교. 신명계에서도 수도해야 됨을 하교.
	12. 말	중산토지관성(中山兎之管城)과 패택용지한수(沛澤龍之漢水)에 관한 하교.
1952.	1. 1.	나는 단(壇)도수, 너희는 급(級)도수 하명 후 도인수 급증.
	3. 15.	납폐도수로 납폐지를 1인당 5만장씩 소화 하명. 인간의 윤리 도덕과 법률, 질서에 관한 하교. 음양의 합덕, 조화에 관한 하교. 신조(信條)의 원천(源泉)에 관한 하교.
	11.	하순 왕자수금(王者收金)도수와 남신헌금(南信獻金)도수를 보심.
1953.	3. 말	은행종자를 모종하게 하심에 때를 의심하는 박종순을 김영하가 타이름.
	4. 28.	무극주로 재천(在天)하시고 태극주로 재인(在人)하는 체·용(體用)에 관한 하교. 무극은 체와 이(理)며 태극은 용과 기(氣)로서의 일체·일용임을 하교. 무극대도는 체를 밝힘이고 태극대도는 용의 기동임을 하교. 공부는 개인의 도통과 후천선경을 완성할 성사재인(成事在人)의 큰 뜻임을 하교. 금차 간지(干支)가 끝나면 세계인의 가슴마다 태극이 박힘을 하교. 세계의 화평(和平)과 인류의 안락에 관한 하교. 살인광선도 무용하게 하여 인류를 구제할 것을 하교.
	9. 하순	지방도인 윤금현이 승안(承顔)을 모시고 도주님의 검소하심에 크게 깨달아 근검절약을 평생의 신조로 함. 윤금현에게 우리 도는 남 잘되게 하는 공부임을 하교.
	11. 중순	생사판단도수로 기식(氣息)을 거두셨다가 잠시 후 쾌차.
1954.	1. 1.	금년은 구마이당로(九馬而當路)도수임을 하교. 충주방면 임원들에게 과도한 성금헌납과 지방도인 중부이동의 경쟁양상을 엄히 경계.
	1. 중순	한 도가의 작은 화재를 계기로 불조심 특별 강조하시고 진화도수 하명 후 한 건의 화재도 없음. 중부임원의 존전(尊前)무상출입 제한.
	1. 하순	납폐도수 중 서역(書役)도수 보심. 항해 중 폭풍을 만났을 때 정지, 회항(回航)의 위험성 하교.
	2. 중순	청주에서 충주방면 임원들의 옥사(獄事) 일어남. 그 이유는 도인의 중부이동에서 와전(訛傳)된 유언비어를 용공분자의 소행으로 오인한 국가보안법 위반혐의.
	2. 18.	충북도경에서 충주방면 임원, 도인 20여명 연행 취조
	2. 21.	고문에 못 이겨 혐의사실을 시인하고 정산선생 행재(行在)와 연루(連累)를 자백한 박한경의 진술에 따라 정산선생 청주거둥.
	2. 25.	청주 북문로 북일여관에 설석하시고 공부하시며 수사에 응하심.
	3. 27.	귀로에 청주 화양동 화양구곡에 임어하셔서 황극신(皇極神)도수와 대신문도수를 보심. 보은 남일 여관에 임어하셔서 뇌성벽력을 일으켜 화양 5곡의 석문을 여는 이적을 일으키심. 윤금현 등 도인들이 석문이 열렸다는 소문을 듣고 가서 확인.
	4. 5.	유교와 불교로서는 세상을 구제할 수 없는 이유 하교. 도덕은 도의 꽃, 우리 도는 도의 열매임을 하교. 대성인은 비명횡사(非命橫死)하지 않음을 하교.
	4. 23.	재차 청주 거둥.
	4. 26.	청주사건 공판.
	5. 19.	박한경 등 보석으로 석방. 가물치회를 드시니 하늘에 가물치 형상 나타남. 후천에는 선천의 반상(班常)과는 다르나 도통의 고하(高下)로 한계는 명확함을 하교.
	5. 29.	과불여불급(過不如不及)을 하교.
	6.	도통을 과탐(過貪)하지 말도록 하교. 이건우가 해삼을 거듭 사서 올리니 금하심.

연 도	월 일	정산선생 행장요약
1954.	7. 22.	청주사건 2차 공판. 재판장이 도리하교 청원. 검사가 수극화(水剋火)의 원리로 심문함에 재판장이 제지.
	8. 하순	청주사건의 담당 재판장 이동. 청주사건 재판장이던 문기선, 도주님께 배알하고 집지를 간청하고 훈교를 모심.
	9. 19.	음복은 상제께서 내리는 청복(淸福), 성배(聖盃)임을 하교. 생업과 수도공부 전념(傳念)에 관한 하교. 생업(生業)에 종사하면서도 기도, 수도함이 합덕임을 하교.
	10. 15.	양산 영취산 통도사 순행(巡幸)에 불, 보살의 수행(隨行). 내수들에게 음이 만유군생의 모태(母胎)임을 하교. 청소년에게 백지장 같은 마음바탕을 닦도록 하교.
1955.	1. 1.	보수동 도장건물 영선(營繕)공사 하명. 산정 앞밭에서 동민위안 윷놀이 대회 개최. 박중하에게 초한전(楚漢傳)을 읽도록 하명. 초패왕의 철천의 포원(抱寃) 하교. 윷놀이 말판이 초패왕 매화둔(梅花遁)의 28장(將)과 농악 1단의 28인을 본뜬 형국임을 하교. 오늘의 윷놀이와 농악놀이가 도강이서(渡江而西)도수의 조짐임을 하교. 도장영선 공사기간 중 산정에서 백일공부하시며 공사 감검(鑑檢).
	3. 초순	화공 이희백을 불러 구천상제 진영(眞影)과 칠성대제 위영을 그리도록 하심.
	4. 초순	박중하가 천상옥경 용상(龍床)에 임어하신 정산선생을 배알하는 꿈을 연3일 꾸게 됨.
	4. 27.	이 꿈에 근거하여 임원들과 논의하고 정산선생께 지존위(至尊位) 등극을 청원한 다음 지존으로 봉칭.
	4. 28.	봉천명일 치성에 도장영건과 영대봉안 치성을 아울러 봉행.
	4. 29.	안상익 포감 화선에 후장(厚葬)토록 하명.
	5. 1.	충주방면에서 괴산방면을 나누어 새로 포감을 임명하심에 대한 박한경의 불만을 책망하심.욕심에 대한 훈교. 명(名) · 리(利) · 주(酒) · 색(色)에 관한 훈교. 무자기(無自欺)에 관한 훈교. 군자심(君子心)과 소인심에 관한 훈교. 과잉 · 불급 · 부족에 관한 훈교. 도인 기르는 법을 강원도 지방에서 삼농사 짓는 법에 비유하여 훈교.
	5. 3.	영선공사에 공이 많은 도인의 유공순위(有功順位)공표. 임원체계를 단원제(單院制)에서 양원제로 개편하시고 중부와 지방의 상급임원 임명.
	5. 6.	유시문(諭示文)하달. 임원들이 복고문(伏告文) 상달. 혁신(革新)도수에 따른 혁신서문 올리도록 하명. 주역 정괘(鼎卦)에 관한 훈교. 시간 엄수를 어긴 시위(侍衛)당번 반장 오득표에 대한 대기명령. 사소한 일이라도 명령을 어긴 지방도인 오명순에 대한 엄책. 의뢰심(依賴心)에 관한 훈교. 모자람은 용납하되 넘침은 쓰지 않으심에 관한 훈교.
	5. 9.	범질(范質)의 도수에 관한 하교.
	5. 중순	임원들에게 도강이서하여 정주(定住)할 대이동도수 하명. 감천 용담에서 산천지세를 관찰하시고 토지시세 조사토록 하명.
	7. 7.	국회 부의장 조경규가 부산도장 예방, 도인들의 판잣집 철거문제 진달(進達). 조 부의장의 건의 윤허. 중부임원들에게 이동도수에 따른 판자집 철거 명령. 이주 후보지 문제 당국과의 협의 난항. 이주정착지로 감천동을 지정 하명. 당국과 철거, 이주문제 결정. 도인들의 판잣집 철거대책위원회 구성. 감천동 이주지의 범위를 확장하고 사유지는 매입 국유지는 권리금을 주고 양수하여 확보. 이주지를 9개 구역으로 나누어 감별(甘別)로 이주대상 방면을 지정, 9궁 9곡의 형상을 이루게 함. 대책위원과 중부임원의 지도하에 중부 전체도인이 총동원하여 판잣집 철거, 대지 조성, 건물 신축을 시작. 당국이 철거사업에 천막을 보조하고 수송을 지원. 중부도인 전체가 철거, 이주사업에서 겪은 고초 막심. 정산선생 몸소, 철거 신축현장에 임하셔서 도인들을 위로 격려하시고 금품, 자재 하사.

연 도	월 일	정산선생 행장요약
1955.	8. 초	반월령 대책위원회 사무실 옆에 쌀가게를 내어 위원회 직영으로 도인들의 실정에 맞는 양곡을 공급하게 하심. 쌀 가게를 5감에도 더 설치하시고 다음해에는 협동상회와 대원산업주식회사를 인수, 경영하게 하심.
	8. 중순	독립운동 서훈(敍勳) 신청과 안면도, 원산도 간척지의 환수책 등에 관한 조경규의 청을 거절하심.
	10. 말	800호 가량의 도인 이주 완료. 감천도인의 주소가 105번지임에 관한 하교. 주회암의 무이구곡, 송우암의 화양구곡보다 감천구곡이 더 좋음을 하교. 초패왕 해원도수와 오강록 도수에 관한 하교. 현무경의 무이구곡이 감천임을 하교. 도인의 긍지에 관한 하교. 성금에 관한 하교. 안심·안신과 함안(咸安)에 관한 하교. 방면별로 회의실 24동을 지어 사용하게 하심. 회의실에서 합동기도제도 실시. 기도시간을 알리는 종을 사용하게 하심. 무이구곡시를 도인들이 외우게 하심. 정심경(定心經)을 내려주시고 외우게 하심. 감천동 5감의 집을 왈유정(曰有亭) 관아재(觀我齋)로 명명하심. 천덕사를 사서 주택으로 사용코자 사뢰니 금하심. 감천이 천장길방하신 도수의 땅임을 하교. 판잣집의 부실(不實)보다 도심의 부실을 경계하심. 72둔(遁)에 음양둔을 더 쓰심을 하교. 음력·양력의 분초까지 쓰심을 하교. 해인에 관한 하교. 과거보다 미래가 더 중요함을 하교. 인간의 수요(壽夭)에 관한 하교.
	11. 말	회갑잔치를 금하심.
	12. 3.	기절(氣絶)한 폭력배를 회생시키고 개과천선시키심
	12. 4.	수연상(壽宴床) 자체를 부인하시고 술잔도 15잔이 되자 구궁(九宮)도수라 하시며 그치게 하심.
	12. 5.	납향(臘享)치성에 관하여 하교하시고 명년부터는 방면별로 올리도록 명하시며 시범하심. 납일(臘日)의 참새와 3월의 미역에 관한 하교.
	12.25.	태극도를 질문 받았을 때에 대답에 관한 하교. 세상에 나와 있는 모든 물건을 효용되게 하실 것을 하교. 도통자의 진경(眞境)은 지상선(地上仙), 인간신임을 하교. 물 한 방울, 풀 한 포기의 고마움과 아름다움을 알라. 학문의 생학(生學)과 사학에 관한 하교. 직업의 신성성과 성경신으로 하는 자가 바른 인간임을 하교. 농업의 신성성에 관한 하교. 상업의 정도(正道)에 관한 하교. 과학문명과 정신문화의 조화(調化)에 관한 하교. 정음정양(正陰正陽)의 진법(眞法)이 현창될 것임을 하교. 과학적 기계문명도 상제님의 도수와 천의(天意)를 거슬릴 수 없음을 하교. 관망(冠網)과 풍잠(風簪)에 관한 하교. 현대문명이 대륜(大倫), 소륜(小輪)임을 하교. 안된다, 죽는다는 언습(言習)에 관한 경고. 3강 5륜과 4강 6륜에 관한 하교. 인간의 수·요·화·복에 관한 하교. 수명과 의약(醫藥)에 관한 하교. 우리 말이 세계 통일어(統一語)가 됨을 하교. 사람의 목숨을 중히 여기고 모든 물건마다 임자가 있음을 전설을 들어 하교.
	12. 말	임원들에게 세찬비를 하사하심.
1956.	1. 1.	월출여의산(月出如意山)이란 한시 한구를 읊으시고 대구(對句)를 짓게 하셨다가 조득천심명(照得天心明)을 지으심.
	1. 2.	과년도 이주사업의 노고를 위로하시고 농악과 윷놀이에 남사당과 꼭두각시 놀음으로 명절의 흥취를 돋아주심. 윷놀이에서 상생행마법을 쓰게 하심.
	1. 6.	범질(范質)도수에 따른 납폐지 3천장씩을 도인마다 소화하게 하심. 선덕부인의 기제(忌祭)와 시향(時享) 절차를 정하시고 무학산으로 면례하신 다음 수호인을 두심. 태을주와 기도주의 운을 합치시키는 운합(運合)치성을 올리심. 임원과 장기자(長技者)의 놀이를 관람하심. 초한(楚漢)도수에 관한 하문과 윤금현의 상답. 우성재야(牛性在野)에 관한 하문과 윤금현의 상답.

연 도	월 일	정산선생 행장요약
1956.	1. 27.	관아재로 이어하셔서 구덕정사로 개칭. 내무책임자와 외무책임겸 대책위원장 임명. 박봉상의 상업자금 하대와 신경통을 꾸중으로 치유하심에 감복, 화천 후 자진 시릉(侍陵) 임원들이 승용차를 사서 모시고 반월령길을 확장 보수. 임규오가 기동북이고수(氣東北而固守), 이서남이교통(理西南而交通)이 감천의 형국임을 사뢰니 말씀이 없으심. 윤금현이 청학동비결의 글이 감천을 지칭함을 사뢰니 비결은 비결이고 진리는 진리라고 하심. 도인들을 2차 피난으로 고생함은 수도자에게 수반되는 고행(苦行)이며 해원을 위한 함원(含冤)임을 하교. 자연 훼손도 척을 짓는 일이며 결원은 모두 작죄(作罪)임을 하교. 감천 도인이 시내왕래에서 아미동 폭력배로부터 피해를 당함. 대책위원회에서 순시원을 두었으나 그들도 피해를 당하므로 경찰에서 단속.
	2. 20.	도전에 이윤섭, 부전에 이인호를 임명. 모든 도가에 구기자를 심게 하셨는데 심지 않은 자에 대하여 명령 불이행자라고 엄책.
	2. 하순	17대조 정절공에 관한 하교. 진주(眞主)에 관한 하교. 자만(自慢)에 관한 하교.
	3. 1.	취지서, 도통(道統), 기원, 신조의 강령, 요체, 도인의 수칙을 하달하시고 태극도통감으로 인쇄, 공포하게 하심. 무극과 태극에 관한 하교. 태극진리와 상제의 강세에 관한 하교. 무극과 태극의 체용에 관한 하교. 신조의 태극진리인 음양합덕에 관한 하교. 신인조화에 관한 하교. 해원상생에 관한 하교. 도통진경에 관한 하교. 4강령에 관한 하교. 3요체에 관한 하교. 태극의 기동에 관한 하교. 태극의 합덕, 조화에 관한 하교.
	3.	참과 거짓에 관한 하교. 욕심과 안심에 관한 하교.
	3. 26.	청주사건이 전원 무죄판결로 종결. 보은 속리산 법주사에서 철야 공부하심. 황극신도수와 대신문도수를 마쳤음을 하교. 임원들의 혁신(革新)도수에 따른 반성문과 맹세문을 받으심. 반성문에 죄과를 누락시킨 임원을 엄책하시고 금주령(禁酒令)을 내리심. 술이 수도인의 사약(死藥)임과 도에 취해야 함을 하명.
	4. 5.	양원(兩院)의 명칭을 개정하시고 상급임원을 임명. 양원 외에 시봉원, 보정원, 진학원, 편찬위원회, 청년부를 설치하심. 진학원에서 천덕공민학교 설립 운영. 임원임명을 완료하시고 고천. 협의회, 의사회, 연합회를 구성 운영하게 하심. 회장이란 직명을 도중에서 쓰지 못하게 하심. 선생, 선각자, 님이란 존칭을 쓰지 못하게 하심. 포정, 호령 이상 임원들에게 도령장 하달 하셨다가 회수 소화. 명령이란 명자, 책임이란, 책자, 포령이란 영자를 명심하게 하시고 도문연의 고사 하교. 천덕 공민학교의 애로와 발전. 공민학교 학무와 학생들을 귀여워하시고 금일봉을 하사하시며 덕육(德育)을 교시.
	4. 하순.	부산극장에서 단종애사 영화 관람하시고 세조의 만년 참회에 관한 하교. 금전거래의 억울함에 대한 하교.
	5. 초	감천 지세의 4쌍태(雙胎)와 왕돌평지에 관한 하교. 감천지세에 관한 한시를 읊으심. 용담수가 사해용왕(四海龍王)의 본부임을 하교. 감천이 영지(靈地), 신천(神川)으로서 지운통일(地運統一)의 핵점임을 하교하시고 한시 한 수 지으심. 감천 물이 장생수(長生水)임을 하교. 감천의 신산(神山), 신수(神水)가 백두산과 자오(子午)일기로 상통함을 하교.
	5. 4.	천개어자(天開於子)의 하명을 전도인에게 하달하게 하심. 동래, 마산, 송도를 차와 배로 왕복하시고 수륙병진, 동래독성제도수 하교.
	5. 28.	공주 계룡산 동학사에 임어하심. 동학사 경내의 숙모전에 임하시니 마침 사육신의 후손이 나와서 생육신의 후손이신 도주님을 영접. 계룡산 행행 중 운전사도 모르는 승용차의 고장을 지적 수리시켜 사고를 예방하게 하심. 동학사 염화실에서 7일간 만고충신신명의 해원도수 공부. 신도안과 정씨 도읍에 관한 하교.
	6. 21.	용담수에서 선유(船遊) 후 해상에서 용담수 도수 마치심.
	6. 하순.	중부도인의 극빈자, 병약자에 구휼금(救恤金) 하사. 그 후에도 수차 하사.

연도	월일	정산선생 행장요약
1956.	7. 초순.	공덕(功德)의 음덕과 양덕에 대한 하교. 용담수에서 가덕도 주위를 순행하신 회로(回路) 올돌목에서 배가 전복할 위험을 안정시킨 이적 일으키심. 부산과 마산은 부자상봉지지(父子相逢之地), 형제상봉지지임을 하교.
	7. 24.	합천 가야산 해인사 다로경권에서 3일간 공부. 홍제암 법단에서 공부하실 때 괴물이 호위하고 밤길을 밝혀드린 기적이 일어남. 해인사 주지에게 가야산이 조씨의 도읍지라는 비결을 부당함을 하교. 해인과 의통(醫統)이 물체가 아니고 태극의 진리 속에 있음을 하교. 물과 전기에 관한 하교.
	7. 29.	부산도장을 보수도정, 구덕정사의 정침을 희룡재, 공부실을 산회당, 그 경내를 부산도장으로 개칭. 부산도장에 대학도수 청학공부를 열고 영대 계대(繼臺)가 있을 것임을 하교. 여러 사람이 공동으로 하는 일에 관한 하교. 치천하(治天下) 50년도수와 요순의 상수심법(相授心法)을 하교. 구천상제는 단주(丹朱)해원, 나는 초패왕해원을 위수로 함을 하교. 나옹의 술법과 후천진법의 도력(道力)을 비교하여 하교.
	8. 초순.	박한경, 유철규의 비행을, 이윤섭으로 하여금 엄책하게 하심.
	8. 15.	학무들로 하여금 중부도인의 생활실정을 조사한 보고에 따라 기재양복(棄災養福)치성을 올리심. 치성 후에 각종 재해가 없어지고 도인들의 생활이 향상됨. 경상남도 당국에서 도인들의 판잣집 자진철거를 위로하는 성명서 발표. 이건우가 창호를 바르고 풀이 남았으므로 도중 물건은 모두 성금으로 이루어지는 것이니 절약하라 엄책. 8. 23. 기도행사 일부 절차 변경. 치성건수는 참례원이 먹기 위하여 준비하는 것이 아님을 훈교.
	11. 5.	납폐지에 산회당 또는 구덕정사를 넣도록 하심.
	12. 4.	한시 한수를 읊어주심. 불고가사(不顧家事)의 표본으로 하우씨의 일을 들어 하교. 3망(忘), 5기(忌)와 돈오법(頓悟法)에 관하여 하교. 모든 종교가 태극도의 지류(支流)임을 하교. 비방도 또한 관심이 있다는 것임을 하교. 도는 진리를 보고 믿어야지 사람을 보고 믿어서는 아니 됨을 하교. 도는 내가 안 볼 때 더 잘 믿어야 함을 하교. 함지사지(陷之死地)이후에 생이 도인의 일임을 하교. 술법은 도법이 아니니 현혹되지 말 것을 하교. 영도자가 되려면 결박의 효용이 있어야 함을 전설을 들어 하교. 지성의 공록(功祿)에 관한 하교. 문서소화의 방법 하교. 도인은 화장(火葬)을 않아야 함을 하교. 후천의 인존시대는 신봉어인(神封於人)임을 하교. 감천의 토질이 종토임을 하교. 풍신제(風神祭)를 언령(言靈)으로 지내심.
1957.	1. 1.	한시 한 구를 외어주심. 중부도인 전원이 세배를 올리고자 하는 임원들의 청원을 윤허하심. 정사 앞 광장에서 일제히 올리는 세배를 받으시고 유시(諭示)를 내리심. 세배 전에 내리던 비가 세배를 마치자 그치고 춥던 날씨가 온화해짐. 세배인원이 3천명이 되었으며 '이는 개문납객(開門納客)하니 진시삼천지반(盡是三千之班)도수의 시작이라' 하심.
	1. 5.	기도시간에 소화하는 납폐지를 각 3장씩 9장으로 변경하심. 농악을 이것이 장차 선악이 되리라 하심.
	1. 8.	전학원 공민학교 학생들의 연극을 관람하시고 격려금을 하사하심. 혹세무민하는 사술(詐術)을 엄히 경고하심.
	1. 15.	봉축주, 진법주의 무극주를 통극신으로 고치시고 기도시 주문을 다 읽은 후 기도주, 태을주를 각 24독씩 하게 하심.
	1. 말.	목수들을 거느리고 동래 금정산 범어사에 임어하셔서 그 구조와 설비를 하교.
	2. 3.	도인들의 뒤에는 보호신이 따름을 하교. 잉어가 홍수 때에 크는 일과 낙동강 황어의 옥관자(玉貫子) 다는 일을 하교.

연 도	월 일	정산선생 행장요약
1957.	2. 9.	정사 앞의 판잣집을 옮기고 임원회관을 짓도록 하명하시며 그 경역을 정해 주심. 대지를 정리할 때 축대를 쌓던 농아인 원갑선을 치하하시더니 그 농아가 풀려 정상인이 되는 기적이 일어남. 축대를 쌓는 돌을 옥녀봉에서 굴려 내릴 때 그 위험함을 꾸짖으시니, 잠시 멈춤으로써 위험을 면하는 기적 일어남. 정지공사 후에 기초작업부터 다른 회의실과 달리하게 하심. 임원들의 건의로 2층을 올리도록 하시고 28일 입주(立柱)하심.
	2. 말	5년 전에 모종, 분재하신 은행나무를 도장으로 이식(移殖)시키심(지금의 남문 안에 있는 나무).
	3. 1.	신축건물 2층에서 상량치성을 올릴 때 강풍이 일어남은 천지대신명이 운집하기 때문이라 하심. 상량축문을 몸소 지으셔서 임규오에게 읽게 하심. 동천에서 서천으로 날아가는 구름을 보시고 '여동빈이 가는구나. 옥추문은 내가 잠그고 왔는데...'하심.
	3. 3.	적벽부(赤壁賦)의 객(客)은 여동빈임을 하교.
	3. 중순	1감쪽, 6감 아래쪽, 옥녀봉 동록의 지세를 하교.
	4. 4.	도중의 중대사는 4월에 이루어짐을 하교. 상급임원의 도장상근(常勤)을 명하심. 공부종필(終畢)의 도수가 얼마 남지 않음을 하교. 일불(一不)이 살백통(殺百通)을 하교. 감천용담은 황하와 낙수(洛水)로 통하는 낙동강과 동해의 수회처(水廻處)임을 하교. 너희는 삼계개벽의 역군이 되어야 함을 하교. 신축공사의 세부까지 감검하시고 그 시범도 보여 주심. 도인들 모두가 공사에 자진 참여하여 불일성지(不日成之)로 추진됨. 목수들이 좀 더 훌륭하게 지을 것을 상신하니 후일에는 그리하더라도 지금은 현실에 맞게 한다 하심.
	4. 하순	신축건물을 대강전으로 명명. 대강전의 신성성을 하교. 대강전 각 부분의 명칭과 용도를 하명. 영선부원으로 하여금 영대의 모든 설비를 시키시며 내 일을 내가 하다니...하심.
	4. 26.	봉축주, 진법주, 납폐지의 통극신을 무극신으로 환원시키고 황극을 세웠노라 하심.
	4. 28.	영대에 15신위를 봉안하시고 대강전 영건과 영대봉안의 치성을 아울러 봉행. 주문왕의 영대 영소(靈沼)를 하교하시더니 후일 도장을 정비할 때 영소가 자연히 이루어짐. 법단에 공부설석하시고 도법이 출어법단(出於法壇)이니 내말이 도법이라 하심.
	4. 29.	옻에 오르셔서 도인들의 옻오름을 대속(代贖)하심.
	5. 1.	중부 전체 도인의 봉심행사를 시행.
	5. 초.	용화문 밖 광장의 진흙탕을 고르게 하시며 이곳이 대강전의 1층과 같다고 하심. 산불조심을 명하시며 한시 한 절을 읊으심. 지금이 신명시대임을 하교. 태을주의 의의 하교. 의제가 초패왕을 저버림을 하교. 기도시의 합동기도를 하교.
	5. 15.	전학원의 임원을 개편하심. 전학원 임원에게 교육의 중요성 하교. 박한경이 금괴매입대금으로 받은 돈을 금광 덕대에게 투자했다 사기 당함을 엄책하심.
	7.	나의 공부는 1만2천 도통군자를 일시에 내는 공부임을 하교. 대학 수석합격자에 관한 하교. 복은 남보다 먼저 짓고 늦게 받을 생각을 하라고 하교. 때는 알고 말하면 누설죄, 모르고 말하면 기만죄에 걸린다고 하교.
	7. 말.	대강전에 대한 출입제한 강조.
	윤8. 8.	지리산 쌍계사로 향발하시며 백의군왕, 백의장상도수 하명. 쌍계사 영주각에서 공부하시는 밤에 뇌성벽력과 우박이 내리고 공부실 문이 찢기며 문고리가 뽑히는 이변이 일어남. 지리산 신령은 여신령이라 하시며 한시 한 절을 외어 주심.
	7. 12.	정북창의 공부에 관한 상제님의 말씀을 상기하시며 공부 않고 성공할 생각 말라 하심.(한시 한 수 읊으심) 김현우의 진정사건으로 도중이 불안 초조하였으나 당국의 조사로 사실무근임이 판명.

연 도	월 일	정 산 선 생 행 장 요 약
1957.	윤8. 16.	도주님 환어하신 후에 지리산 산불이 크게 나서 끄지 못하다가 '산이 다 타서야 되겠느냐'하신 후에 폭우가 내려 자연 진화됨.
	7. 19.	지리산에 관한 전설 하교.
	7. 23.	은진 관촉사의 미륵불상과 연산 개태사의 철확을 관감하시며 도수를 보시고 그 전설 하교.
	7. 26.	윤금현의 묵시록과 주역 정괘 단전의 이야기를 들으시고 봉천명 이래의 공부하신 일과 도수보신 일, 천서·천보를 모신 일 등의 경과사를 하교. 15 진주에 관한 하교.
	9. 중순	도인들에게 9궁, 8괘, 생기법, 12운법을 가르치게 하시고 한시 한 수를 외어 주심.
	9. 13.	청구가 무의식중에 옥체진영(玉體眞影)을 카메라로 촬영함. 사진사를 불러 진영을 정식으로 촬영하게 하시고 이를 확대하게 하심.
	9. 18.	영대의 옥황상제 위지를 떼어 소화하시고 그 자리에 진영을 봉안하심. 진영봉안의 진의(眞意)를 깨닫지 못한 임원들이 상제위 등극을 재삼 청원. 치성 진설(陳設)에 정산선생 진영 앞에도 진설해야 되는지를 여쭈니 '뜻대로 하라' 하셔서 진설함.'현무경의 모든 도수를 마치고 이 한장의 도수만 남았다'하셨으나 임원들은 그 장을 확인하지 못함. 진영을 법단과 보수도정 영대에도 봉안하심(그때 남은 한 장은 현재 봉심실에 봉안되고 있음.)
	11. 1.	현세의 무도(無道)한 시국을 개탄하시며 한시 한 수를 읊으심.
	11. 2.	대강과 도통의 전제인 도인들의 진법공부를 하교하시고 명단제출을 하명. 명단으로 제출된 인원이 8천여 명임. 수도사무원을 임명하시고 공부반 편성, 공부절차 등을 상세히 하교. 시학원, 정급, 진급을 선임하시고 회원, 내수, 외수의 호칭을 정하심. 주문의 봉송격식을 축문식, 경문식, 호령식으로 정하시고 그 읽는 방법과 배례방법을 재 연습시키심. 종운(鍾韻)을 지으셔서 정급이상 임원은 외우게 하심. 정급이 기도시간을 알리는 종을 칠 때의 종운 외는 방법을 하교. 수도공부실을 지정하심.
	11. 15.	3일 후에 공부할 시학 제1호 제1반의 명단을 편성, 공표하고 해당 방면 포정으로부터 확인을 받게 하심. 확인된 명단의 녹명지를 올려 재가를 받도록 하심. 시학 제1호의 제1반부터 10반까지의 시학원(책임자)과 부책임자를 임명하시고 시학관은 당번제로 근무하게 하심.
	11. 17.	각 공부실을 몸소 설석하심. 하오 9시에 다음날 공부할 시학반의 호명, 점검을 하게 하심. 시학반의 공부방법과 유의사항을 공표, 시행하게 하심.
	11. 18.	시학공부를 개시하게 하시고 법단에서 백일공부를 시작하심.
	11. 25.	지금까지 시행한 공부는 연습이라 하시며 28일부터 정식공부를 봉행토록 하명. 보관하시던 금은괴로써 영대의 양위를 금상(金像)으로 조상(彫像)할 방도를 모색하심.
	12. 3.	당초에 영대의 구천상제 진영보다 5푼 낮게 하셨던 진영 좌대(座臺)를 동일한 크기로 고쳐서 봉안하심. 초강, 합강, 봉강의 의식절차를 하교하셔서 이날 초강식을 봉행하게 하심. 초강식 중에 '이 강식은 건극(建極) 개강식이며 우주행진이라'하심. 초강식 후에 '너희들이 곧 신선이 되리라' 하시고 한시 한 절을 읊으심.
	12. 8.	중부 각 방면의 표시를 한글 자음으로 기호하게 하심.
	12. 11.	시학 각 호의 제1반 책임자를 그 호의 책임자(호책)로 명하심.
	12. 13.	시학 제1호 15개 반의 합강식을 봉행하게 하심. 합강식 중에 '이 강식은 성둔도수니라' 하심. '강식의 자리가 좁아도 좁다 하지 말라. 항오를 잃은 낙오자가 되지 말라.' 하심.
	12. 14.	'이 공부법방이 50년 공부의 결정이며 삼계광구의 유일한 진법'임을 하교. 이 법방의 수도인이 된 긍지를 하교.

연 도	월 일	정산선생 행장요약
1957.	12. 16.	녹명지를 제시간에 올리지 않음을 꾸중하시고, '만약 이 도수를 어기면 내가 50년 공부를 다시 해야 한다' 하심. 법방수행에 호리의 차착도 없이 할 것을 재강조. 자신의 운수만을 소원하며 가정과 생업을 잊고 수련에 몰두하려는 자에 대한 효유 하교.
	12. 25.	호(號)에 관하여 하교하시고 각자 지어올리게 하심.
	12. 26.	각자 올린 호를 '호의 기품이 아니라' 하시고 상급임원들에게 사호(賜號)하심.
	12. 28.	'도통성취에 나만, 나부터 하려는 생각은 버리라' 하심. 도통진경은 개인의 소원만이 아니고 3계우주 전체를 광구(匡救)하려는 큰 이상에 입각해야 함을 하교. 산에 들어가 수도에만 전념하려는 자에 대한 훈교. 나의 법방을 누가 모방하더라도 가법(假法)일 뿐임을 하교.
	12. 말.	장래의 도장정비계획을 하교. 수십년 전에 배알한 사람의 주소, 성명, 훈교 내용도 기억하심. 항상 의관을 정제하시고 누구와 대좌하신 듯 법좌하심. 정월 보름 치성은 보수도정 영대에서 모시도록 명하심. '상대(上臺)에는 임원보다 수본이 많이 참예하리라' 하시고 '임원은 죄가 없어야 한다' 하심.
1958.	1. 1. (도기50년)	'상제의 전서(典書)는 내 비결, 내 전서는 그대들의 비결이라' 하시고, '문명(文命)은 후일 진경(眞經)으로 나온다' 하신 상제님의 말씀 하교. 문자와 언설(言說)의 이면에 내재한 진리 즉 무극 시 태극의 체용을 깨달아야 함을 하교. '숫자나 일자(日字)맞추기에 손가락을 꼽지 말라' 하심. '나의 여의주는 여기 있다' 하시며 혀를 들어 보이심.
	1. 8.	24절과 28수주로 공부하는 방법을 5일간 시행하심. '시법공부는 즉석강식이라' 하심.
	1. 18.	시법공부를 시행하심. 노약자와 불구자도 한 번씩은 공부시켜 자리를 확보토록 하명. 시법공부의 신성성 하교. 삼생(三生)의 인연과 수도공부가 함께 중요함을 하교. 시학과 시법을 마치면 선경의 신선이 됨을 하교. 수도에 전념하기 위하여 학교공부를 중지하려는 자에 대한 훈교. 장교자패(將驕者敗)에 관한 하교.
	1. 20.	시학공부반의 인원을 36인으로 변경하심.
	1. 23.	'포덕은 도인의 수효로 따지지 말고 성심자를 성심으로 찾으라' 하심. 배도, 배신자가 도중에서 나오고 상급자에 있기 쉬움을 하교. 대강은 대강전에서, 도통은 진법공부에서만 얻을 수 있음을 하교. 도 안팎에서 사칭되는 진법과 대두목에 관한 하교.
	1. 28.	제1회 봉강식을 봉행하시고 봉강문 하달. 봉강식 절차를 몸소 수범하심. 김일부의 정역에 관한 하교. 도(道)의 정의 하교. 도와 교의 차이하교. 9령 3정에 관한 하교. 8만 4천 모원신에 관한 하교. 법좌시의 심법과 마련에 관한 하교. 도통은 배워서 되는 것이 아님을 하교. 후천의 신인조화에 관한 하교. 천붕지통, 지붕지통, 고분지통에 관한 하교.
	2. 5.	시학반 편성방법의 최종확정. 공부인원 채우기 어려움을 예시. 배도자, 사술자에 현혹되지 말 것을 경고.
	2. 15.	청실기주(靑失其柱), 향무일점(香無一點)의 비결을 '너희 스스로 알게 된다' 하심.
	2. 23.	박한경을 도전으로 임명하심. 신임도전의 직무를 하명.
	2. 25.	도전직무에 관한 하명. 신임 도전직의 권리 의무에 관한 하교. 방촌지목도 가사고어 잠루에 관한 하교. 무자기에 관한 하교. 가도(假道), 비도(非道)에 대한 개탄. 이단난적에 대한 경계. 박중하, 이윤섭이 도주님의 주송을 경청하고 감복.
	2. 28.	법단에 설석하신 백일공부 마치시고 50년 공부 종필을 선언하심. '나도 인신을 해탈하고 옥경으로 돌아가리라'하심. 50년 공부 종필에 따른 증정지도, 덕, 교, 학, 수, 화가 성취됨을 하교. 나의 공부와 상제의 도수가 음양, 동정, 본말, 전후, 백중의 관계임을 하교. 나는 도, 도인의 심령신대 가운데 함께 있음을 하교. 나의 수도법방은 삼계의 진법, 5만년 동안 도인의 규구로서 수신, 수도, 영통, 도통이 이에 있음을 하교. 밤에 옥체가 미령하셔서 회룡재로 모시고 철야 시탕하였으나 차효 없으심.

연도	월일	정산선생 행장요약
1958.	2. 29.	도중가족들에게 급보하고 의사들을 불러 지성으로 치료하였으나 여전하심.
	3. 5.	인시경 산회당으로 옮겨 누우셔서 의약을 쓰지 못하게 하시고 화천을 예시하심. 간간이 드시는 냉수에 천식의 특효약을 몰래 타서 올렸으나 미리 아신 듯 물리심. 창생의 질병과 고생을 50년 고행으로 대속(代贖)하셨음을 하교.
	3. 6.	묘시경에 쾌차하신 듯 소세하시고 새 옷을 갈아입으시므로 수라를 올렸으나 역시 물리심. 진시경에 도중 공유물(公有物)을 물려 주심. 사시경에 도중가족 대표와 상급임원들에게 유명을 내리심. 도적놈 내쫓으라 하심. 하오 1시경에 화천하려 하시므로 청봉이 단지하니 '시간만 늦다'하심. 하오 1시 37분에 '대강 대강'의 옥음과 함께 화천하시니 인세 향수(享壽)는 64년이심. 15일 도장으로 감나무 골에서 인산을 모시고 정산릉으로 봉대함.

종교윤리와 정산사상

저 자 : 김 용 환
발행처 : 도서출판 개신 (충북대학교 출판부)
발행인 : 임 동 철
주 소 : (361-763) 충북 청주시 흥덕구 성봉로 410
전 화 : (043) 261-2952, 3014
팩 스 : (043) 274-1256
이메일 : presscbu@chungbuk.ac.kr
등 록 : 제1983-2001-7호
초판1쇄 : 2009. 8. 15.
편집 및 인쇄 : (주)윤일문화 02)498-6161

ISBN 978-89-7295-155-1 93220

값 26,000원